절대음악 혼자 간다

– 잊힌 음악사를 말하다 –

부록(附錄) II

[총 4권 중 제4권]

이여진

(李如辰, EUGENE LEE)

ஐ 부록(附錄) II: 목차 ௐ

[C] 이여진(李如辰)   1329

[C] 이여진(李如辰, EUGENE LEE)

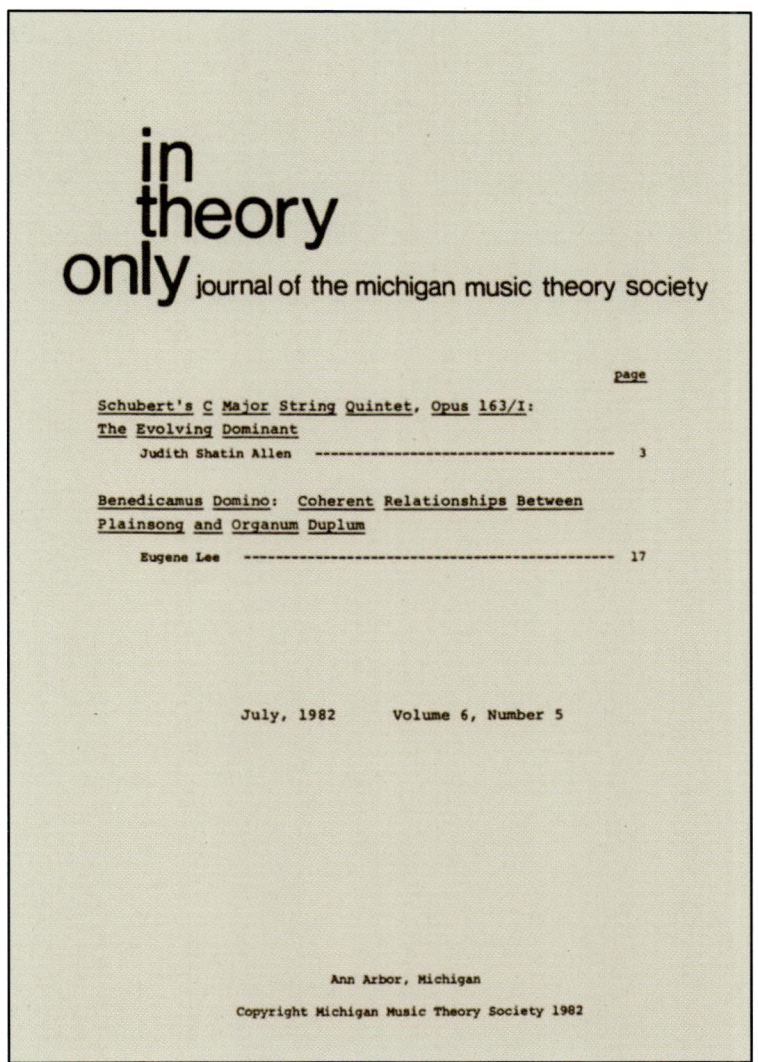

in
theory
only journal of the michigan music theory society

July, 1982   Volume 6, Number 5

✤

In Theory Only ("오직 이론으로만")는 미국 앤 아버(Ann Arbor)에 위치한 미시간 대학의 후원으르 출간되는 순수 음악이론과 분석만을 다루는 "미시간 음악이론 학술지"(Journal of the Michigan Music Theory Society)이다.

BENEDICAMUS DOMINO [1] :
COHERENT RELATIONSHIPS BETWEEN *PLAINSONG* AND *ORGANUM DUPLUM*

EUGENE LEE
[이여진, 李如辰]

More than ten centuries ago, Hucbald stated:

> anyone who wishes to understand melodies in some way
> should pay strict attention to both the quality and the pitch of
> each tone ⋯ He must differentiate between equal tones and
> unequal tones; he must also know the distance by which they
> are separated, and in how many ways it is possible for them
> to be arranged. All these elements are arranged by a most
> fitting logic of numbers, and everything is composed and put
> together according to their likeness. [2]

The meaning of Hucbald's statement can be revealed by replacing
each key word above with its corresponding medieval term. Thus,

---

1) *In Theory Only* 6/5 (1982), Journal of the Michigan Music Theory Society (Ann
   Arbor, MI., U.S.A.) pp. 17-48.
2) I have used the English translation of the manuscript, *De Institutions Harmonica* from
   the Brussels Library (*Bibl. Royale de Belgique, Codex Bruxell* 10078-95) by R.
   Weakland, "Hucbald as Musician and Theorist," *Musical Quartely* 42/1 (January
   1956): p. 74.

"quality" would be read as *vox* or hexachordal function, "Pitch of each tone" as *locus* or *clavis*, and "equal and unequal tones" as unison and intervals. "Possible ways to arrange" include *deduction* and *proprietas*, "elements" can be understood as basic intervallic relationships, and "likeness" as modal *affinity*. "Logic of numbers" refers to discant theory and "everything is composed and put together according to their likeness" means that elements form a unity of total relationships based on *modus*. These basic concepts bear on ideas of unity and coherence in music and, in my opinion, constitute a fundamental assumption which has not been broken throughout the history of Western Music.

It is my purpose in this paper to demonstrate some of these basic concepts by examining one of the early examples of polyphony: an *organum duptum* of Compostela,[3] and the *plainsong* "*Benedicamus Domino*",[4] on which the *organum* is based. Before going into a discussion of the *plainchant*, I will discuss the theory available at the time this piece was composed.

---

3) Liber Sancti Jacobi, *Codex Catixtinus*, fol. 190r; H. Angles, *El Codex Musical de Las Huelgas*, 1938, III, 47; A. Davison and W. Apel, Hist*orical Anthology of Music*, #28b, p. 24.

4) *Liber Usualis*, p. 124. The text "*Benedicamus Domino, Deo Gratias*" is translated as "Let us praise the Lord. Thanks be to God."

Theoretical Concepts

Pitch may be identified by *locus*, which is the placement of a note among ten lines and ten spaces (e.g., A_3 on a line or A_2/A_4 in spaces), and *clavis*, which is the letter notation of a placement: A, B, C, D, E, and F, based on octave identity (A_2 *graves*, A_3 *superiores*, or A_4 *excellentes*).

The basis of practical theoretical treatises throughout the medieval period, and the most important and widely quoted mnemonic device, was the so-called *Guidonian Hand*, which represents the total pitch content of the medieval system *(gamut)* and defines pitch function by hexachord. In the *gamut* there are three different hexachords, each a group of six diatonic pitches symmetrical around the semitone: (1) *hexachord durum*, which contains B♮(B-natural); (2) *hexachord molle*, which contains B♭(B-flat); and (3) *hexachord naturale*, which contains neither.

The most important consideration in all different facets of medieval theory is the correct placement of the semitone, which gives to any pitch its quality, that is its function in the hexachord. Broadly, *vox* means a tone; however more strictly, it is the hexachordal function of pitch, i.e., the particular position of a specific pitch in the arrangement of a specific hexachord. *Vox* of A_3 *(la, mi, re)* defines

A_3 as the sixth degree of *hexachord naturale*, the third degree of *hexachord molle*, and the second degree of *hexachord durum*.

Deductio is a particular hexachord in a specific range. There are seven *deductions* in the *gamut:* those on G_2, C_3, F_3, G_3, C_4, F_4 and G_4. *Deductions* can be associated by means of *vox*, e.g., A_2 *re* in the first *deduction* is equivalent to D_3 and D_4 in the second and the fifth *deductions,* G_3 and G_4 in the third and the sixth *deductions,* and A_3 and A_4 in the fourth and the seventh *deductions.*

Proprietas is the interpretation of linear functions in the possible hexachordal relationships, e.g., given A_3 *(la, mi, re),* then by extension, any pitch in the *gamut* may function similarly except Γ *(ut),* C_3 *(fa, ut),* F_3 *(fa, ut),* B^b_3 *(fa),* C_4 *(sol, fa, ut),* F_4 *(fa, ut)* B^b_4 *(fa),* and C_5 *(sol, fa).* *Proprietas* is a particular arrangement of pitches in any hexachord according to certain hexachordal functions, regardless of the position in the *gamut;* e.g., given the *re-fa* third A_2-C_3, then the same *propriety* can be extended to D_3-F_3, G_3-B^b_3, A_3-C_4, D_4-F_4, G_4-B^b_4, and A_4-C_5.

Affinity is a correspondence in a group of transformations. It can be achieved through similarity, *deductio, proprietas,* and transformation sharing identical functions. When the transformed segment does not share identical functions with its original statement, it requires, however, a coordinate axis between the original and its transformation. Due to the very nature of the concept, it is aptly associated with *mutation,* which is, in effect, a theory of hexachord transposition.

[Ex. 1]

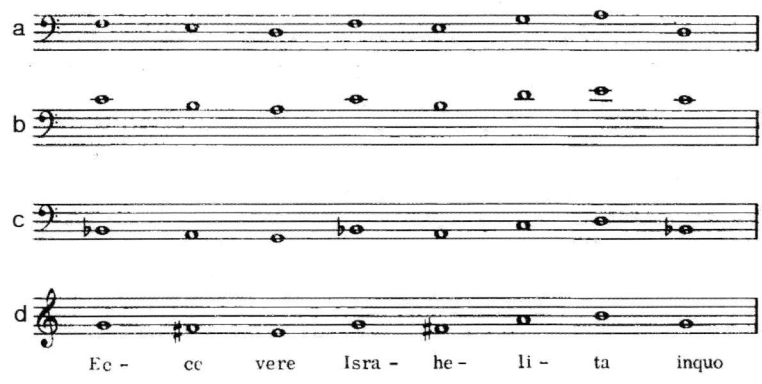

The concepts of *affinities* and *mutation* existed before Guido. Hucbald's early *Daseian notation,*[5] with its indications of S *(semitonium)* and T *(tonus),*[6] could logically lead to a consideration

---

5) Philipp Spitta, *Viertetjahrsschrift für Musikwissenschaft* V, 1889, pp. 443ff.

of *affinities* and *mutation* based on similarity in the simplest sense. A segment of Hucbald's *Ecce vere Israhelita inquo* (Ex. 1) can be transcribed not only into staff notation as in Example 1a,[7] but also as in Examples 1b, c, and d, according to the *Daseian* scale.

[Ex. 2]

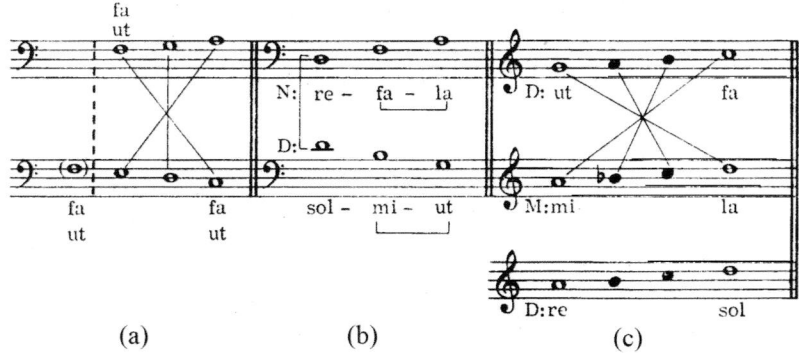

(a)   (b)   (c)

Affinity can also be defined as a change of pitch in an order of pitches in which one coordinate axis is shared by both original and transformed statements while pitches at any point are intervallically parallel or functionally related to the axis. Thus, allowing the selection of a particular location of a specific function among proprieties, e.g., given A_3–G_3 with F_3 *(fa, ut)*, then E_3–D_3 corresponds with C_3 *(fa, ut)*, not with F_3 *(fa, ut)* (Ex. 2a); Example 2b shows a

---

6) R. Weakland, *De Institutione Harmonica*, fol. 86r. *Codex Bruxell.*

7) E. J. Grutchfield, *"Hucbald: Millenary Commemoration,"* *The Musical Times* (June 1930): p. 510.

change of one proprietors to another by sharing a coordinate axis. D_3-F_3-A_3 *of re-fa-la* in *hexachord naturale* corresponds with D_4-B_3-G_3 of *sol-mi-ut* in *hexachord durum*, i.e., the *semiditonus fa-la* (F_3-A_3) is transformed into the *semiditonus mi-ut* (B_3-G_3) by means of the common coordinate *clavis* D_3 and D_4.

In Example 2c a transformation in pitches leaves the distance between any two pitches unchanged with a change in *vox* but produces a symmetrical internal structure, e.g., the *ut-fa diatessaron* G_4-C_5 in *hexachord durum* corresponds to *mi-la* of A_4-D_5 in *hexachord molle* (TTS to STT) but does not correspond to *re-sol* of A_4-D_5 in *hexachord durum* (TST).

The *Plainsong, Benedicamus Domino*

[Ex. 3]

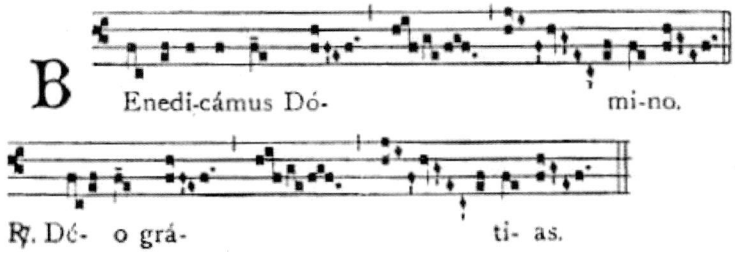

Because of the *finalis* D_3, lying in the middle of the *ambitus* A_2-A_3, the *cantus* belongs to Mode II (Ex. 4). Even though the *ambitus* is perfect,[8] spanning an ascending fifth and descending fourth from the *finalis*, it lacks both the B♮ and B♭ and is thus incomplete. This incompleteness, however, does not create a "modal ambiguity" allowing two possible interpretations within the *gamut*, TST or STT, since there is no B♭ in this octave. And indeed the *hexachord molle* is not used in the manipulation of the material, neither in the *cantus* nor in the *organum*. There are a few possible transpositions within the *gamut* of the above *diatessaron* and *diapente*, both parallel (Ex. 5A) and in inversion(Ex. 5B). Among them, the bracketed transpositions are not used, because they are in *hexachord molle*.

[Ex. 4]

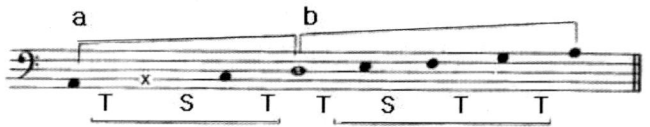

---

8) With respect to the *ambitus* of plagal modes, there were three different modes: a perfect mode, which ascends to the fifth and descends to the fourth from the *finalis;* an imperfect mode, which does not complete either the fifth or the fourth from the *finalis;* and a more than perfect mode, which exceeds the range of the fifth and the fourth from the *finalis*. See Johannes Tinctoris, *Concerning the Nature and Propriety of Tones*, chap. XXVI, p. 26, trans. by Albert Seay (Colorado Springs: Colorado College Music Press, 1967).

[Ex. 5]

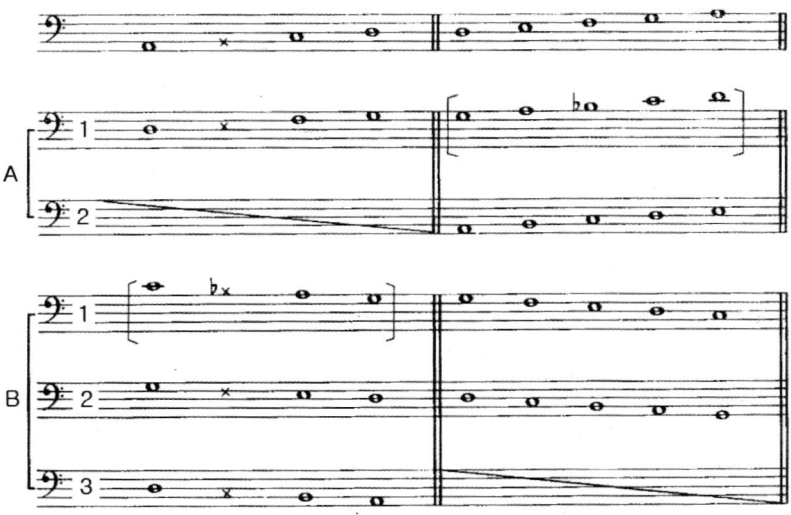

The placements of *hexachord durum* and *naturale* in the *cantus* (Ex. 6) by "hidden transposition"[9] are:

pitches #1~8	*hexachord durum* [A]
pitches #8~28	*hexachord naturale* [B]
pitches #28~33	*hexachord durum* [A']
pitches #33~38	*hexachord naturale* [B']

---

9) Apel calls the transposition "hidden" when it occurs within the four finals, D, E, F, G, because "the melodies do not show any outward sign of being transposed" (W. Apel, *Gregorian Chant*, p. 166). Such transposition can also result from the missing semitone as shown in Ex. 5.

[Ex. 6]

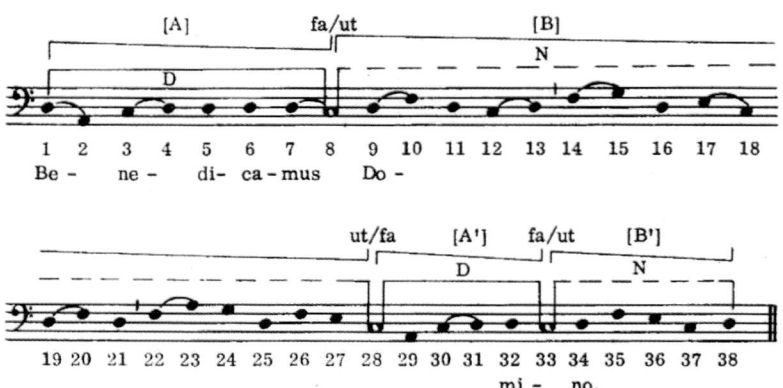

The organization of the *plainsong* is based on a limited number of interrelated motives: the modal fourth A_2-D_3 (represented in the following examples by $\boxed{X}$), A_2-C_3-D_3, the A_2-D_3 fourth containing a passing C_3 (represented by $\boxed{Y}$), and A_3-F_3-D_3, which contains the identical *vox, fa,* within the modal fifth, *la-re* (represented by $\boxed{Z}$).

One of the most fundamental manipulations for developing the modal fourth in the *cantus* is based on *affinities* of similarity in connection with identical function. The initial skip D_3-A_2 of the *cantus* in *hexachord durum* (Ex. 7, X^D)[10] appears as G_3-D_3 in *hexachord*

---

10) The following example is given to show the interpretation of symbols for basic ideas:

$$-----> \text{Hexachord N : } \textit{naturale}$$
$$\text{D : } \textit{durum}$$
$$\text{M : } \textit{molle}$$

naturale at pitches #15~16 and #24~25 (Ex. 7, X^D), maintaining the same vox, *sol-re*. The skip D_3-A_3 at the beginning returns to the starting pitch D_3 through C_3 (Ex. 8, Y^D). The three note segment *re-fa-sol* of *hexachord durum* at pitches #2~4 and also at pitches #29~31 (Ex. 8, Y^D) is identical in *vox*, but not in *locus* or *clavis* with D_3-F_3-G_3 in *hexachord naturale* at pitches #13~15 (Ex. 8, Y^N).

[Ex. 7]

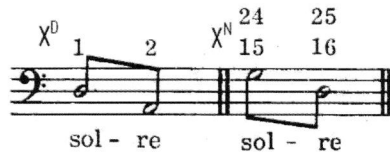

sol - re   sol - re

[Ex. 8]

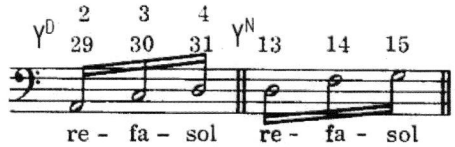

re - fa - sol   re - fa - sol

Basic
motivic   <--- Y^N_2/RI --->   RI : Retrograde-inversion of Y^N_2 or
idea   R : Retrograde
                                   I : Inversion

-----> Idea derived from Y

[Ex. 9]

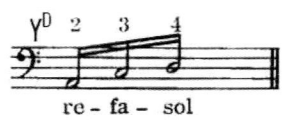

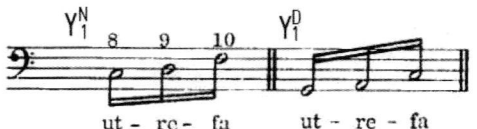

(a)

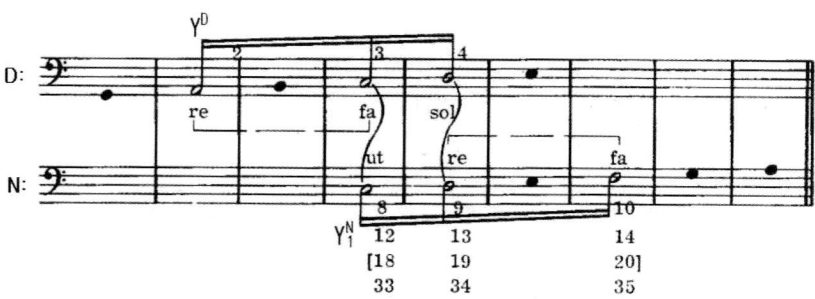

(b)

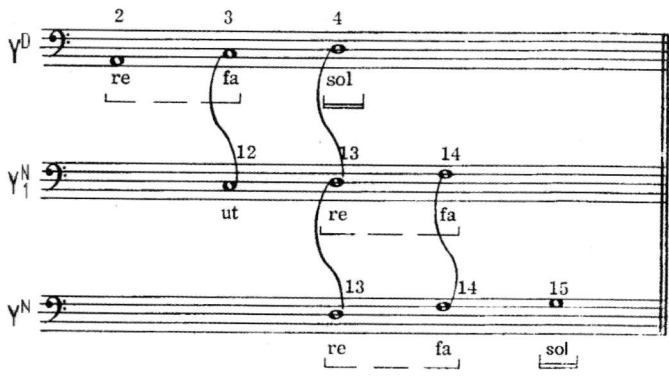

The basic idea is cleverly developed from one melodic segment to another in such a way that the common function of segments is presented in different *loci*, while keeping the identical *locus* with different *vox*. In the first variant of Y^D, the segment Y^N_1 (at pitches #8~10, #12~14, #18~20, and #33~35), two manipulations are in effect: (1) the *re-fa* third in *hexachord durum* at pitches #2~3 (Ex. 9) is mutated into *hexachord naturale* at pitches #9~10, while the pitches C_3-D_3 are maintained at the same *locus*, (2) since C_3 and D_3 possess a double *vox*, the same *locus* could suggest another function (Ex. 9a, Y^D and Y^N_1), thereby serving as an axis between A_2 and F_3. This segment *ut-re-fa* further appears at the same *locus* in three different places, at pitches #12~14, #18~20, and #33~35.

Another symmetry is produced from pitches #12~14 by the mutation of the *re-fa* third into *hexachord naturale* at pitches #13~15 (Ex. 9b). The *vox re-fa* is kept throughout Y^D, Y^N, and Y^N_1. However, while C_3-D_3 is the common *locus* between Y^D and Y^N_1, D_3-F_3 becomes the common *locus* between Y^N_1 and Y^N. Y^N is, in fact, the mutation of Y^D from *hexachord durum* into *hexachord naturale* (Ex. 8). The segment in *hexachord durum* (Ex. 9, Y^D_1) which would exceed the perfect *ambitus* is excluded in the *cantus;* however, it is explored later in the two-voice *organum* (see Ex. 30, Y^D_1/R).

A similar procedure, but without the symmetry seen in Example 9, is used with motive Z and its first variant Z^N_1/RI (Ex. 10). The pitches E_3-C_3 have the identical *locus*, but with different *proprietas:* the *la-fa* third functions in *hexachord durum*, the *mi-ut* third in *hexachord naturale*. Again, the two different concepts of interval and pitch are ingeniously combined, so that, while maintaining the identical *locus* E_3-C_3 in different *proprietas*, the different *locus* A_2 (pitch #29) and the locus D_3 (pitch #38) share the identical *vox, re*.

[Ex. 10]

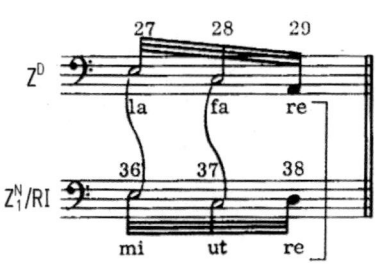

Another sophisticated way for achieving unity is the employment of octave identity along with modal division: i.e., the correct placement of the same pitch function within the modal divisions of the octave segment. For example, the *re-sol* fourth A_2-D_3 (pitches #2~4, Ex. 11) and the *re-la* fifth D_3-A_3 (pitches #21~23) share the same *clavis*, D_3 as modal division of the octave A_2-A_3, yet keep the same *vox, fa* on both C_3 and F_3 (pitch #3 and pitch #22 respectively) in the two different hexachords. Whereas C_3 is the only possible pitch between A_2-D_3 of Y^D since B is lacking in the pitch collection, there are three possible pitches, E_3, F_3, and G_3, between A_3 and D_3 of Z^N/R. Among them E_3 is out of the question, since B of Y^D is lacking. Of the two possible pitches, F_3 and G_3, F_3 is wisely chosen, because it shares the same *vox, fa,* witch C_3.

[Ex. 11]

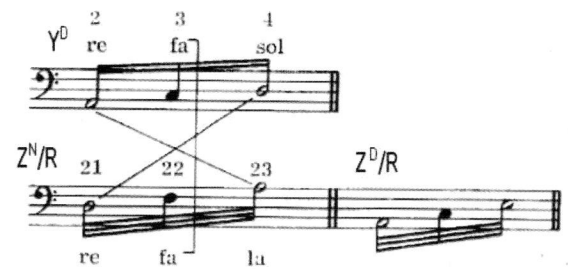

(a)

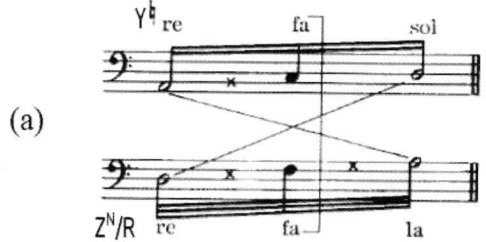

Affinities can be achieved between pitches with different *vox* by means of inversional relationships (Ex. 12). Pitches #14~16 and pitches #15~17 share a common *locus* G_3-D_3, while F_3 and E_3 are inversionally related (Ex. 12a).

[Ex. 12]

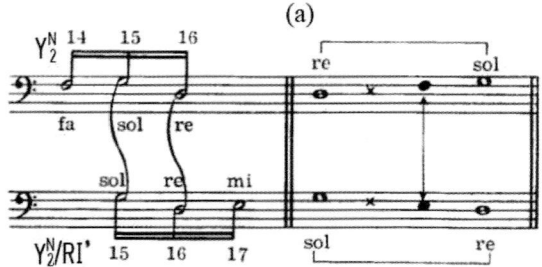

[Ex. 13]

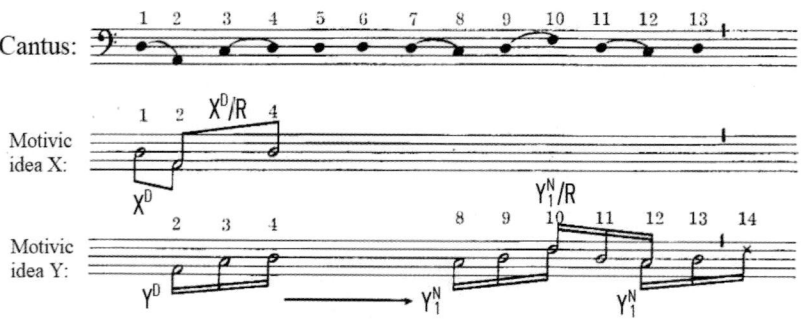

Example 13 shows the first phrase with a summary of the basic structural idea. The too obvious symmetry between X^D and X^D/R is mitigated by adding the passing pitch C_3 within X^D/R which, because pitch B is lacking, is the only possible linear step after A_2. X^D/R with pitch C_3, which is emphasized by one of the text syllables "*ne-*", (see Ex. 6) is treated as a unit (Y^D) and transformed into Y^N_1 and Y^N_1/R (Exx. 9 and 13). The symmetrical relationship between X^D and

X^D/R is reflected in the relationship between the first Y^N_1 and Y^N_1/R, and also between Y^N_1/R and the second Y^N_1. The common *vox* among Y^D, Y^N_1, Y^N_1/R is the *re-fa* third which functions not only as axis between Y^N_1 and Y^N (Ex. 9b), but also as a connection between the first and second phrases (Ex. 14).

[Ex. 14]

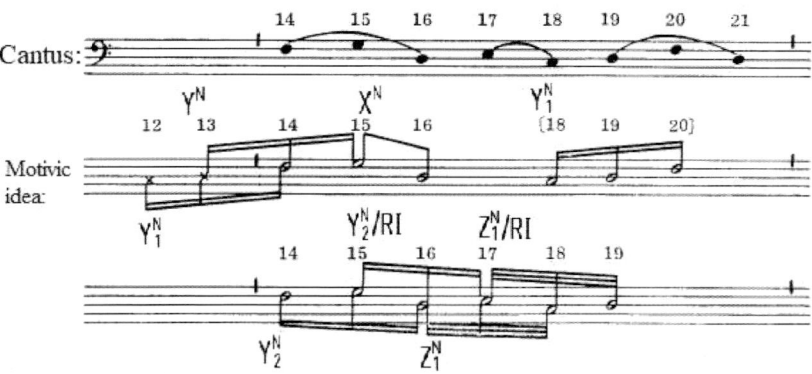

The symmetrical relationship between Y^N and X^N in the second phrase is analogous to that between X^D and Y^D in the first phrase as shown in Example 15. The second phrase, however, is developed by chain-like symmetries based on overlapping axes as illustrated in Example 14, Y^N_2/RI (G_3-D_3-E_3), is the retrograde inversion of Y^N_2 (F_3-G_3-D_3) while Z^N_1/RI (E_3-C_3-D_3) is the retrograde inversion of Z^N_1 (D_3-E_3-C_3). The second phrase ends with the same motivic idea, Y^N_1, with which it began.

[Ex. 15]

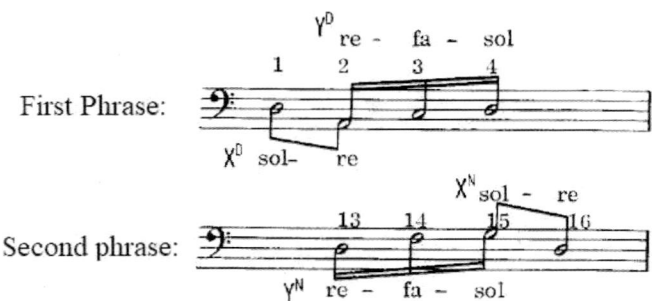

First Phrase:

Second phrase:

[Ex. 16]

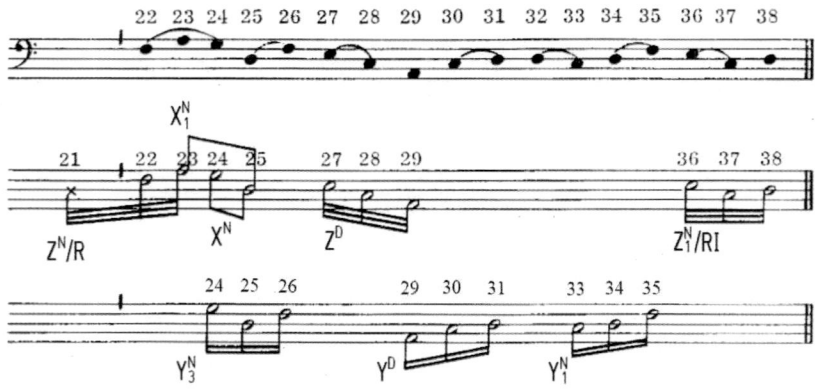

Example 16 shows the entire third phrase. The beginning of the third phrase, with the last pitch of the second phrase as the connection for the two phrases, is a transformation both of the relationships at the beginning of the *cantus* and of the connection between the first and second phrases, as shown in Example 17.

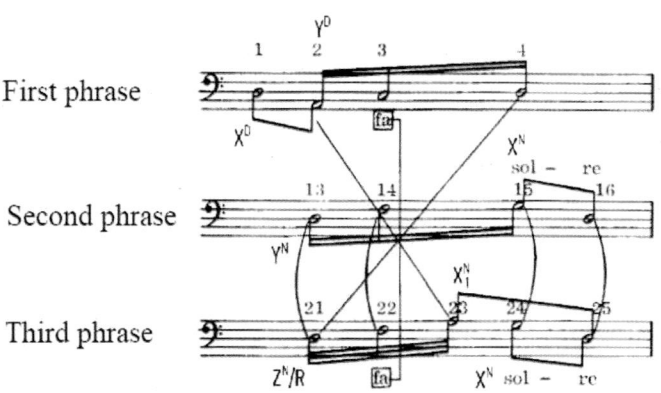

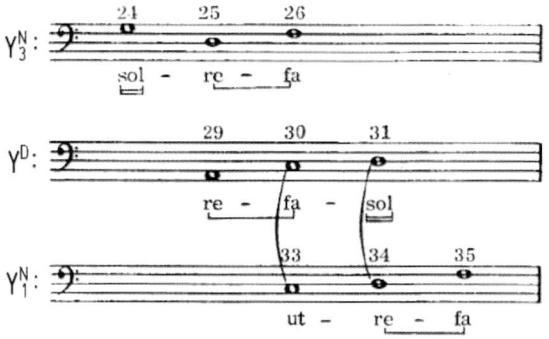

As you can see in the example, Y^D (A_3-C_3-D_3) in the first phrase is transformed into Z^N/R (D_3-F_3-A_3, Ex. 11) in the third phrase, while X^D (D_3-A_2) becomes X^N_1 (A_3-D_3) based on the modal division of the octave. X^N_1 contains the pitch G_3 which is related to X^N (G_3-D_3) in the second phrase. Y^N_3 (G_3-D_3-F_3), Y^D (A_2-C_3-D_3), and Y^N_1 (C_3-D_3-F_3)

on the lowest staff of Example 16, are all related to each other as shown in Example 18 (see Ex. 9). Y^N_3 (F_3-D_3-F_3) is also closely related to Y^N (D_3-F_3-G_3, Ex. 8) by a pitch permutation. The third phrase as a whole also shows a symmetrical arrangement, i.e., the alternation of the main ideas from Z and Y with alternative participations of *hexachord naturale* and *durum*, as indicated below:

$$\begin{bmatrix} X^N_1 \\ X^N \end{bmatrix}$$

$$\underbrace{Z^N/R \qquad Y^N_3}_{N} \quad \underbrace{Z^D \qquad Y^D}_{D} \quad \underbrace{Y^N_1 \qquad Z^N_1/RI}_{N}$$

By observing the pitch fields in connection with the pitch functions in the three phrases, we can find another example of the extreme care with which the whole is arranged (Ex. 19). The symmetrical arrangement of the pitch fields is clearly shown by means of the graphic notation in the example. As we can see in the first phrase (I), besides the main pitches (D_3 as *finalis* and F_3 as *tenor*), A_2 is employed to state Mode II as economically as possible. In the second phrase (II) C_3 and G_3 function as structural neighbors to the *finalis* and *tenor* within the narrow compass. All available pitches of Mode II are presented for the first time in the third phrase (III): A_2-A_3 defines the perfect *ambitus* of Mode II with *finalis* on D_3 and *tenor* on F_3.

[Ex. 19]

Pitch filed:

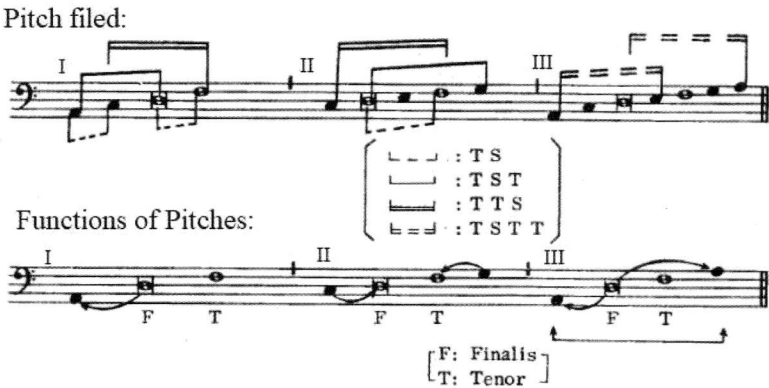

└ _ ┘ : T S
└___┘ : T S T
└═══┘ : T T S
└═╧═┘ : T S T T

Functions of Pitches:

F   T   F   T   F   T

[F: Finalis]
[T: Tenor]

The two-voice *organum, Benedicamus Domino*[11]

[Ex. 20]

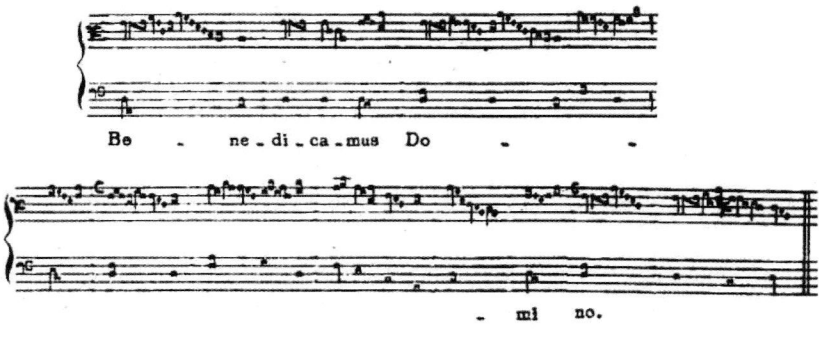

Be _ ne _ di _ ca _ mus Do _ _

_ mi no.

---

11) Based on fol. 190r in the *Codex Calixtinus.*

With the addition of the counter-melody we confront a new dimension: the simultaneities created by the combination of two different melodies. Theories of *organum* and *discant*[12] were the only available means for handling polyphony until the emergence of theories of counterpoint in the fifteenth century.

---

12) The terms *organum* and *discantus* (i.e., the Latin for *diaphony*) were used interchangeably in *Ad Organum Faciendum.* (The so-called *Milan Treatise*, Milano, Biblioteca Ambrosiana, M 17 Sup., written c. 1100 by an anonymous post-Guidonian author, contains this statement: "Diaphony, which we ourselves call organum." *Ad Organum Faciendum* and *Itemde Organo*, II, ed. and trans. J. Huff (New York: Institute of Medieval Music, 1969, p. 60).

The earliest clear distinction between *discantus* and *organum* was made by *La Fage's Anonymous* (Florence, Biblioteca Nazionale Centrale, Magliabecchiana XIX, 19ff. 1U5, which was identified by J. Handschin, *"Zur Geschichte der Lehre vom Organum,"* *Zeistschrift für Musik-wissenschaft* 8/10 (March 1926): p. 321; also *Acta Musicotogica* 14 (1942): pp 23-26, as belonging to the circle of St. Martial, dating from around 1150-1200).

The difference, according to that treatise, is that *discantus* is a consonant note-against-note correspondence between the *cantus firmus* and the added voice, while *organum* is a sustained tone style (W. Waite, "Discantus, Copula, Organum," *Journal of the American Musicological Society* 5/1 (Spring 1952): pp. 77-87; also *The Rhythm of Twelfth Century Organum,* 1954, p. 107). This distinction is reaffirmed in the *Vatican Organum Treatise* (Biblioteca Vaticana, Ottob. lat. 3025; H. M. Bannister, *Monumenti Vaticani di Pateografia Musicale Latina,* Tavole and Testo, 2 v., Leipzig, 1913; R. V. Ficker, *"Der Organumtraktat der Vatikanischen Bibliothek,"* *Kirchenmusikatisches Jahrbuch* 27: pp. 65-74; F. Zaminar, *Der Vatikanische Organum-Traktat, Organum-Praxis der fruhen Notre Dame-Schule und ihrer Vorstufen,* Tutzing, 1959) which is said to belong tot he early Notre Dame School around 1200.

For my purpose in this paper, it is unnecessary to discuss stylistic differences between *organum* and *discantus,* by comparing in detail the differences among those treatises on this subject. However, it is important to understand the basic concepts behind the theories of simultaneities prevailing at the time the piece was composed. *Discant* theory deals with a two-part consonant structure, progressing mainly by unison, fifth, and octave.

The model for phrase structure such as those in the *Milan Treatise* (Coussemaker, *Histoire,* p. 229), *Quiconques vent deschantez* (Coussemaker, pp. 245~246), or the *Anonymous III* (Coussemaker, *Scriptorum* I, p. 324) is based on contrast of intervallic progression with the limitation of consonant intervals to unison, octave, fifth, and minor third (sparingly). Even though the five modes of *organum* in the *Ad Organum Faciendum*[13] were prescribed as a way of achieving contrast within phrases by varying the intervals, one of the most important factors in distinguishing parts of the phrase was contrasting types of motion between two voices. I maintain that contrary

---

13) The explanation of this theory by H. Riemann in his *History of Music Theory* (pp. 70-73) is distracting, not only because he put the musical examples in a wrong order, but also because he interpreted the modes as rules for a fixed composition, rather than directions to performer for varying the repetitions. The five modes of *organum* "are not in any instance directions for deriving the intervals of those regions from the preceding regions of the same phrase." (J. Huff, *Ad Organum,* pp. 18-19).

motion[14] occurs between *inceptio* and *medium,* and at *copulatio,* while similar motion occurs mainly within *medium.* This interpretation is more useful in correctly applying the theory to music than is a limited and fixed rule for choices of intervals.[15]

The first phrase is presented in Example 21 (the *organalis* above, the *cantus firmus* below). In the graph, the pitches of the *organalis* are distinguished as structural or embellishing. White notes represent the linear structural pitches; black notes the embellishing pitches with the *discant* structure[16] (contrary motion is represented by ↔ ; parallel

---

14) The consideration of contrary motion as the leading principle after the long practice of *parallel organum* is especially important, since it became the turning point from heterophony to polyphony. Cotton, in his *De Musica,* wrote that "*diaphony* is practiced in many ways; but the most easily comprehensible manner is when contrary motion be especially considered -- in which the organizing part descends while the *cantus firmus* ascends, and vice-versa" (Gerbert, *Scriptores* II, p. 264; J. Pulver, "The English Theorists," *The Musical Times* 1933: p. 893).

15) We can find more specific statements about selecting intervals. "Organal intervals are usually fourths or fifths, less often thirds or sixths, but never unison or octave," F. Blum, "Another Look at the *Montpellier Organum Treatise,*" *Musica Disciplina* 13 (1959): pp. 15-24; the *Montpellier Treatise* was written slightly after the *Ad Organum Faciendum.*

16) "Linear structure" in my writing means a pitch structure based on the main motivic idea associated with the modality. "Embellishment" means passing or neighbor notes in the melodic line. Even though it is not structural from a linear point of view, it can be associated with motivic imitation of the main idea, or a melodic embellishing pitch on the surface can be functional as a part of the discant structure in a limited local area.
"*Discant* structure" means the structural pitches between the *oreanalis* and the *cantus* which proceed in an orderly vertical progression in order to make a phrase.

motion, by ═). The *inceptio*, a perfect fifth proceeds to the *medium* of parallel octaves which rise a minor third in order to prepare for contrary motion that finally leads to the *copulatio* in unison. The first vertical octave, A_3/A_2, is produced by rhythmic displacement. F_3 in the *organalis* functions not only to produce contrary motion between the *inceptio* and *medium*, but is also very important in the linear consideration. The octave doubling of A_2 and C_3 is a prolongation in a structure based on contrary motion.

[Ex. 21]

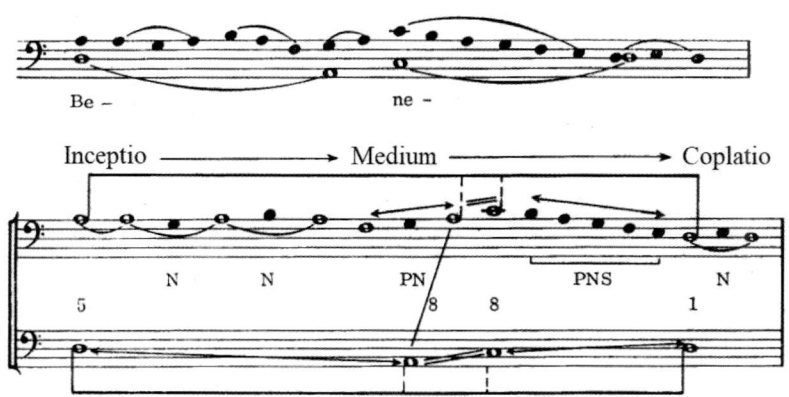

In Example 22, only the structural pitches (i.e., the *discant* structure) are summarized. The initial interval D_3-A_2 in the *cantus* (X^D) makes it possible to start the piece by vertical modal division with the identical *clavis* A_3/D_3 (X), which is similar to the purely linear situation we observed before in Example 11.

[Ex. 22]

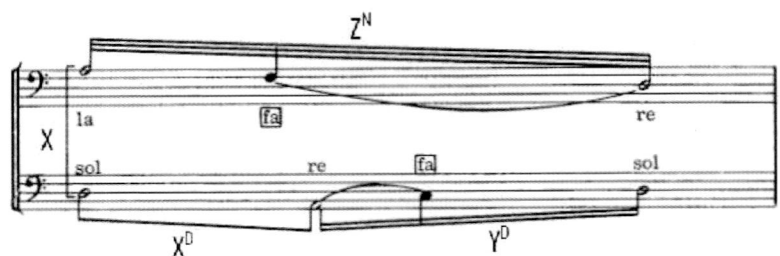

At the same time, the initial vertical interval of the fifth confirms one of the specific rules of *discant* theory in the *Quiconques vent deschanter:* "if the *cantus* descends, we must take the fifth."[17] The *re-sol* fourth (A_2-D_3) in the *cantus* (Y^D) and the *la-re* fifth (A_3-D_3) in the *organalis* (Z^N) again share the same *clavis* by modal division of the octave A_3/A_2, while maintaining identical *vox, fa,* on C_3 in the *cantus* and on F_3 in the *organalis* from the two *hexachords durum* and *naturale,* respectively. Again, if we compare this with Example 11, we can realize how keenly the composer was aware of the main structural line in the *cantus* and how rightly he transformed the purely linear function of the *cantus* into a harmonic function.

---

17) *"... se il avale, nous devons prendre la quinte note,"* Coussemaker, *Histoire*, pp. 245-246; Manuscript #313, Paris, *Bibliotheque Nationale*, fol. 269r-270r.

[Ex. 23]

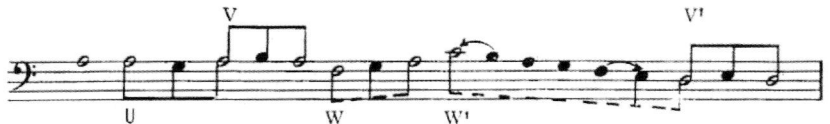

The particular placement of embellishing pitches is determined chiefly by symmetrical procedures, In Example 23, the lower neighbor of A_3, at U, is inverted at V to become an upper neighbor (both *tonus,* or whole tones); V is mutated to *hexachord naturale* at V'. In W, G_3 divides the *ditonus* F_3-A_3 into two equal parts of *tonus.* The structural pitches, C_4 and D_3 at W', are registrally emphasized: the former as the highest pitch; the latter as the lowest. C_4 is further emphasized by the *semitonium* B_3 and F_3, in turn, emphasizes E_3 at W' (indicated by arrows). E_3 is further emphasized by repetition just after D_3 at V'. The relationship between W and W' is rather complex, not only because different hexachords are involved, but also because W' itself contains two hexachords, while W has only one. Since W' exceeds the range of any single hexachord, as seen by the *solmization* in Examples 24a and 24b, we must consider as well the complete modal range in order to compare the relationship with W. If we may consider the entire range of Mode II as modally complementary to that of Mode I, we can complete the pitch field of Mode II as in Example 24b, W, where x-headed notes represent the unused pitches in the perfect *ambitus.*

[Ex. 24]

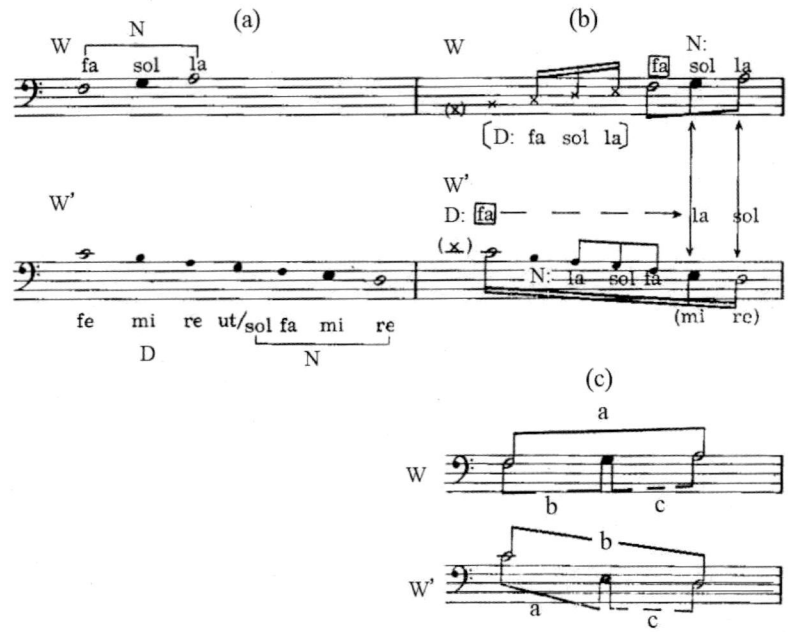

The modally related scales of W and W' in Example 24b are also inversionally related to each other. The three-note segment, F_3-G_3-A_3 of W, is identical in *locus* with A_3-G_3-F_3 of W'. Also, D_3 and E_3 are the identical *locus* in each, while C_3 of W and C_4 of W' are related by identical *clavis*. The G_3-A_3 of W is inversionally related to E_3-D_3 of W', while F_3 of the former and C_4 of the latter share the same function of *vox, fa*. The reason that the *fa* of F_3 in W' cannot be matched with the *fa* of F_3 in W in relation with *sol–la* (G_3-A_3) of W is that inversionally these two *fas* do not share the identical *proprietas*, even though they maintain the same *locus* and *vox;* i.e., the interval between F_3–G_3 in W is *tonus* against that of F_3–E_3 in W', which is *semitonus.*

The corresponding relationships between W and the most emphasized pitches of W' are graphically represented in Example 24c. This is a genuine transformation of the one basic idea, the symmetrical W, hidden under the asymmetrical foreground of W', following the symmetrical distribution of U and V (Ex. 23).

[Ex. 25]

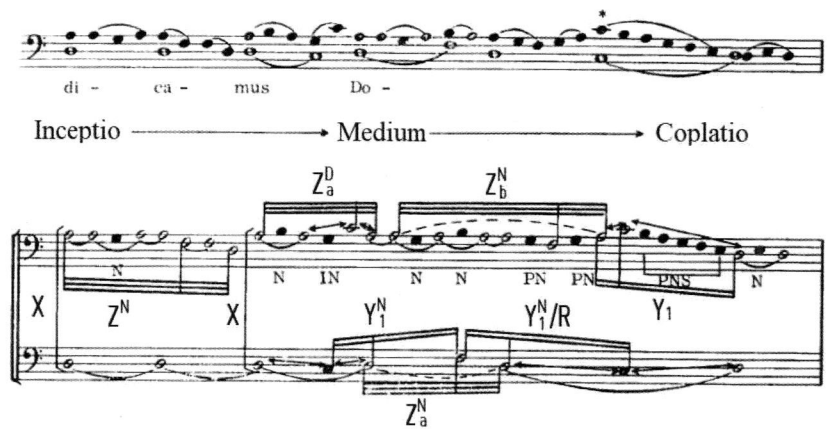

The second phrase and a graph of its structural pitches and linear embellishments are shown in Example 25. This phrase begins with a clear statement of the basic structural line of the first phrase, A_3–F_3–D_3, with a static *cantus* on the *finalis,* D_3, rather than a moving *cantus,* D_3-A_2-C_3-D_3, as in the first phrase. The initial vertical interval, a perfect fifth in the *inceptio* (X), is restated as a prolongation just before proceeding to the *medium.* Then, the *medium* is reached by contrary motion.

The C_3 of the *cantus* in the *medium* can be interpreted in two ways: as a lower neighbor, or as part of the symmetry of Y^N_1 (C_3-D_3-F_3) and Y^N_1/R (F_3-D_3-C_3, Ex. 9). By the first interpretation, Z^D_a (A_3-C_4-A_3) in *hexachord durum* of the *organalis* is the mutation of Z^N_a (D_3-F_3-D_3) of the *cantus* in *hexachord naturale.* The *re* of Z^D_a in *hexachord durum* is mutated into A_3, *la,* of Z^N_b (A_3-F_3-A_3) in hexachord *naturale.* The *fa-re* third of Z^D_a together with the *la-fa* third of Z^N_b constitute the interval content of Z^N, in retrograde inversion, as shown in Example 26.

[Ex. 26]

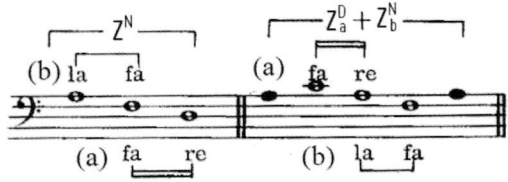

We should not ignore the second possible interpretation, not only because the octave C_4/C_3 is important as the penultimate interval, but also because there is a different function of pitch within the repetition of the *organalis* (indicated with ✻ in Ex. 25). In contrast to C_4 in the first phrase, C_4 at Y_1 (Ex. 25) is approached by contrary motion. The fragment *re-fa* third (Ex. 27), D_3-F_3, of Y^N_1 in *hexachord naturale* is mutated into *hexachord durum* on A_3-C_4 at Y_1, while maintaining the same *clavis* C_3-D_3 and C_4-D_3. Here we remember the relationship between Y^N_1 and one of the fundamental ideas, Y^D, in the first phrase (Exx. 9 and 22).

[Ex. 27]

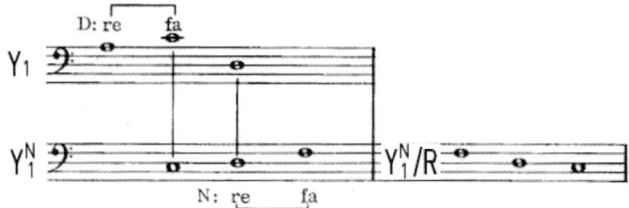

The *discant* structure of the second phrase is graphically represented in Example 28.

[Ex.28]

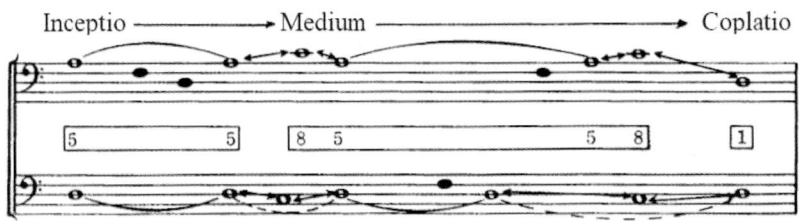

[Ex. 29]

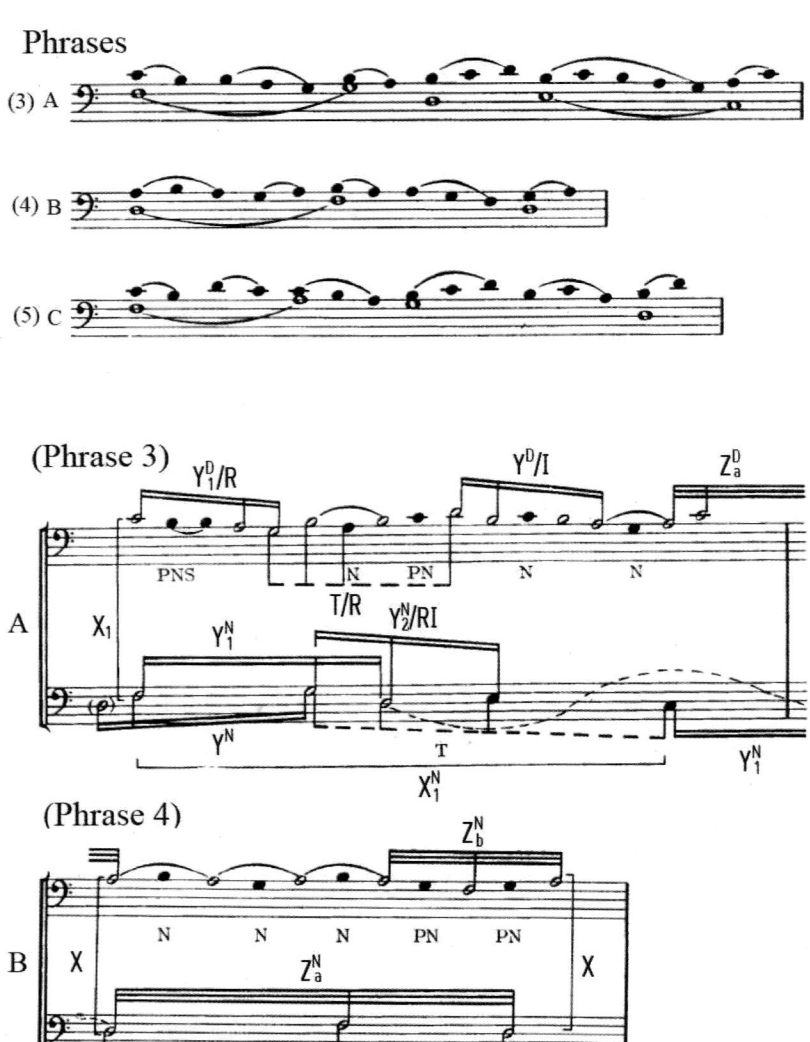

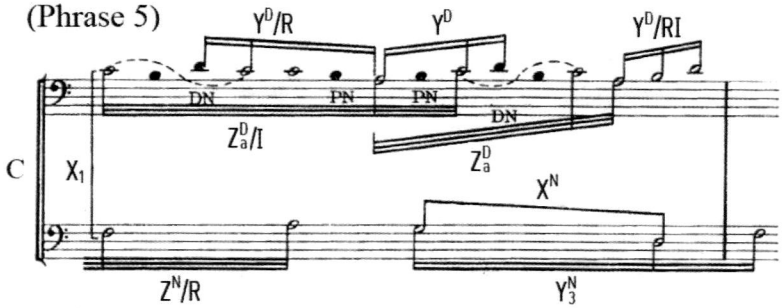

(Phrase 5)

The third phrase overlaps the fourth, and the fourth phrase overlaps the fifth, constituting one complete "structural phrase"[18] in which the

---

18) I have used the term "structural phrase" to represent the phrase structure which contains *inceptio, medium,* and *copulatio.* Before concluding this paper, I would like to point out two differences in various sources:

(1) Pitch alteration: pitches #20 and #36 of the *cantus* in the *plainsong* alone (Ex. 6) and those of the *cantus* in the *organum* (Ex. 20) are different. They are both E in the former; F and D, respectively, in the latter. Since pitch #20 is the embellishment in both cases, it does not affect the structural consideration of both instances. However, the two different pitches at #36 slightly alter the local interpretation as explained earlier (Ex. 10). I am not able to document the priority of either one. In my analysis, nevertheless, both pitches make good sense, simply because they are involved in the different phrase structures with different considerations: the purely horizontal consideration in the former (Ex. 10); the vertical consideration through horizontally conceived organization in the latter (Ex. 40, V). Because of these various considerations, one might suspect that the alteration of the E to D in the latter was intentional by the organizer of the *organum.*

(2) Different phrase indications: the phrase indication differs in *HAM* and in the *Codex Calixtinus.* The third, fourth, and fifth phrases, and the sixth, seventh, and eighth phrases of *HAM* are indicated as one phrase in the *Codex.* In view of penmanship, the phrase indications in the *Codex,* however, were, in my opinion, put in much later by someone other than the original copyist of the *Codex.* For this

structural line extends beyond the boundaries of the single phrases (Ex. 29). As shown in Example 29A, the last pitch of the *cantus* in the second phrase (D_3) and the beginning pitches of the third phrase (F_3-G_3, cf. Exx. 8 and 23) connect the two phrases without interruption. The initial vertical interval in this phrase (X_1) is also a perfect fifth, as was the case in the two previous phrases, but here it is made up of F_3 in the *cantus* and C_4 in the *organalis*. The *cantus* ends on C_3 in this phrase, so that the relationship between the vertical X_1 (C_4/F_3) and the linear X^N_1 (F_3-C_3) is analogous to that of X (A_3/D_3) and X^D (D_3-A_2) in the first phrase (Ex. 22). Y^N is similar to Y^D_1/R in that they share the same function of *vox, re-fa,* in different *clavis* (Ex. 30): D_3-F_3 at Y^N and C_4-A_3 at Y^D_1/R, while maintaining the identical *locus,* G_3, in different *vox.*

[Ex. 30]

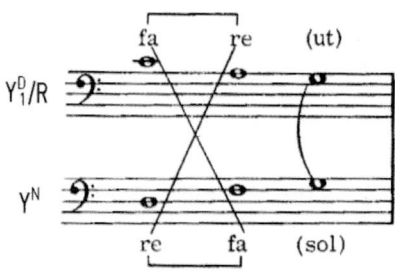

reason I based my analysis on the phrase indications of *HAM,* even though the old manuscript is, after all, a step closer to the main structural idea of the organizer's inner world of beauty.

[Ex. 31]

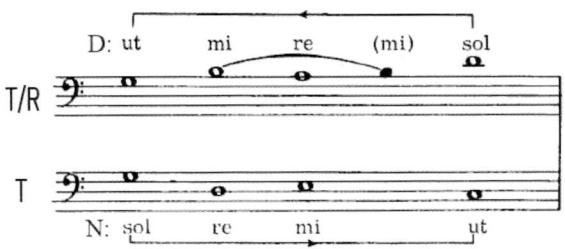

G_3-D_3, the axis between Y^N_1 and Y^N_2/RI, along with E_3 and C_3 of the *cantus* in *hexachord naturals* (Ex. 29A, T), appears in retrograde at T/R of the *organalis* in *hexachord durum* as can be observed in Example 31. If we eliminate the lower neighbor A_3 from T/R, the three-note segment G_3-B_3-D_4 is inversionally related to the structural Z^N (A_3-F_3-D_3, see Ex. 22), as is shown in Example 32. The coordinate axis between Z^N and Z^D/I is the *finalis* D_4/D_3.

[Ex. 32]

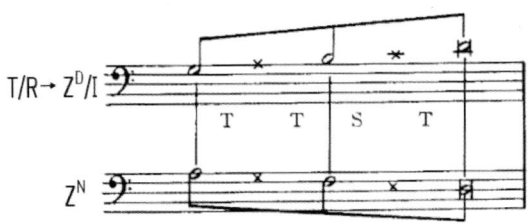

The *vox, sol-re-mi,* of Y^N_2/RI (G_3-D_3-E_3) in the *cantus* (Ex. 29A) is permuted into *sol-mi-re* at Y^D/I (D_4-B_3-A_3). Y^D/I is, however, more than a simple permutation of Y^N_2/RI in that it is also. inversionally related to the structural Y^D (A_2-C_3-D_3), as in Example 33. The axis between them is the identical *clavis, re-sol* fourths (A_2-D_3/D_4-A_3).

[Ex. 33]

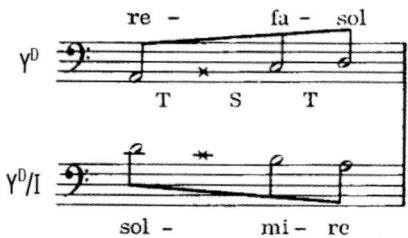

The final pitch in this phrase (C_3) minimizes the feeling of *copula* at this particular moment, not only because of the strong motivic connections in both *cantus* and *organalis,* but also because of the possible linear interpretation of E_3-C_3 in the *cantus* as double neighbors in a larger structural context. The main linear elements from the end of the third phrase to the end of the fourth phrase (Ex. 29B) are almost identical structurally with the *medium* of the second phrase (Ex. 25): the linear functions of Z^N_a, Z^N_b, and Y^N_1 are similar in both Example 29B and Example 25. Vertically, however, the fourth phrase returns to the original tonal area, A_3/D_3, of X. The last pitch of the *cantus* in the fourth phrase (D_3) together with the first two pitches in the fifth phrase (F_3-A_3) establish Z^N/R. The first vertical interval of the fifth phrase (Ex. 29C, X_1) is identical to the first vertical interval of the third phrase. Nevertheless, the fifth phrase ends on the *finalis* D_3 rather than C_3, as though it were the *stretto* of both the third and fourth phrases. The basic figures, Z^D_a/I (C_4-A_3-C_4) and Z^D_a (A_3-C_4-A_3) in this phrase still imitate those in the fourth phrase in *hexachord naturale,* as shown in Example 34. The embellishing foreground pitch, D_4, is chosen with further consideration of basic figures, Y^D/R (D_4-C_4-A_3) and Y^D (A_3-C_4-D_4). Y^D/RI (A_3-B_3-D_4) over X^N (G_3-D_3) is also analogous to Y^D/I (D_4-B_3-A_3) over X^N_1 (F_3-C_3) in the third phrase.

[Ex. 34]

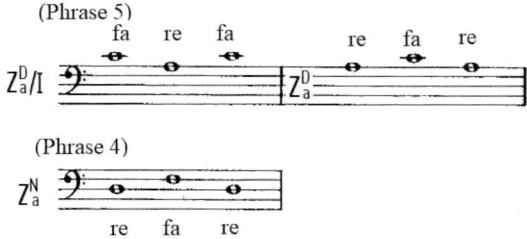

[Ex. 35]

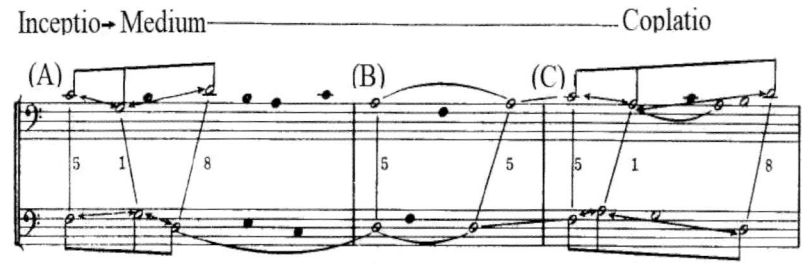

In Example 35, we can now clearly see that the above three phrases constitute one "structural phrase." Both *medium* and *copulatio* are approached by contrary motion with rhythmic displacement. After the *medium* has begun by the disjunction of the same notes (unison and octave) with rhythmic displacement, the *cantus* prolongs D_3 until the end of the fourth phrase. The *copulatio* is reached by contrary motion, again with rhythmic displacement at the beginning of the fifth phrase, and ends the structural phrase by contrary motion.

[Ex. 36]

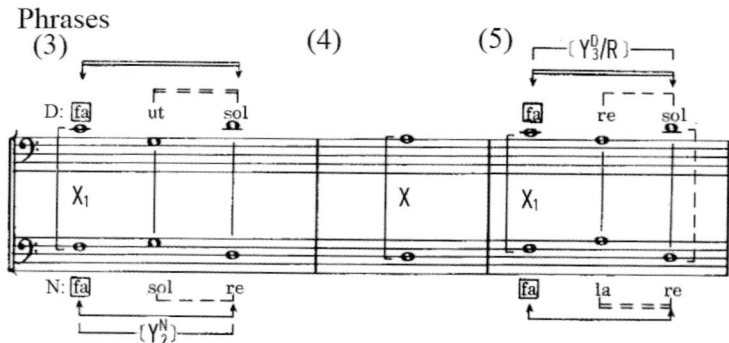

Example 36 shows the essential pitches of the *discant* structure of the above three phrases without prolongation, embellishment, or rhythmic displacement. The structural pitches of the *discant* are carefully organized, not only between *cantus* and *organalis*, but also among the different phrases. In the third phrase, *cantus* and *organalis*

share the identical *clavis*, G_3-D_3 and G_3-D_4, while maintaining the identical *vox*, *fa*, in *hexachord naturale* and *durum* (F_3 and C_4, respectively). In the fifth phrase, also, the two voices share the same *clavis*, A_3-D_3 and A_3-D_4, in different *vox*, while maintaining the identical *vox*, again, *fa* (F_3 and C_4). The third and fifth phrases have a similar structure: while each phrase in the *cantus* is based on *fa-re* in *hexachord naturale* on the *locus* F_3-D_3 (indicated by ⌞⌟), the basis of each phrase in the *organalis* is *fa-sol* in *hexachord durum* on the same *locus* C_4-D_4 (⌐⌐). The *sol-re* fourth in *hexachord naturale* on G_3-D_3 of the *cantus* in the third phrase (⌊_⌋) is identical in *vox* with the *re-sol* fourth in *hexachord durum* of the *organalis* in the fifth phrase. The *ut-sol* fifth in *hexachord durum* on G_3-D_4 of the *organalis* in the third phrase (⎅) is inversionally related to the *la-re* fifth in *hexachord naturale* on A_3-D_3 of the *cantus* in the fifth phrase. Also, notice that the vertical interval, C_4/F_3 (X_1), of the third phrase is symmetrically placed in the beginning of the fifth phrase, after returning to the main vertical interval, A_3/D_3 in the fourth (X).

Next, we must consider the final four phrases of the piece together (Ex. 37), because again the structural line extends beyond the limits of a single phrase. Here, however, the concealment of phrase endings stems from a different source than in the previous structural phrase. Example 37 shows two structural phrases, the first one (Ex. 37A) ending in the middle of the seventh phrase. The second structural phrase (Ex. 37B) starts on one of the text syllables in the middle of the seventh phrase, and ends the piece. The conclusion of the very long duo on the text syllable *"Do-(mi-no)"* before the turn to the next text syllable *"(Do)-mi-(no)"* is, in my opinion, well thought out. The *copula*, furthermore, is wisely placed in the middle of the seventh phrase, thus minimizing the feeling of complete rest on the *finalis*, D$_3$, before the actual end of the piece. The last structural phrase begins with contrary motion to the *medium*, which shares the same vertical interval, X (A$_3$/D$_3$), with the *inceptio*. This prime vertical interval is strongly emphasized, twice on the text syllables *"-mi-"* and *"-no,"* and once again at the end of the *medium*. The final *copulatio* is reached by contrary motion and ends on the unison D$_3$, the *finalis*.

[Ex. 37]

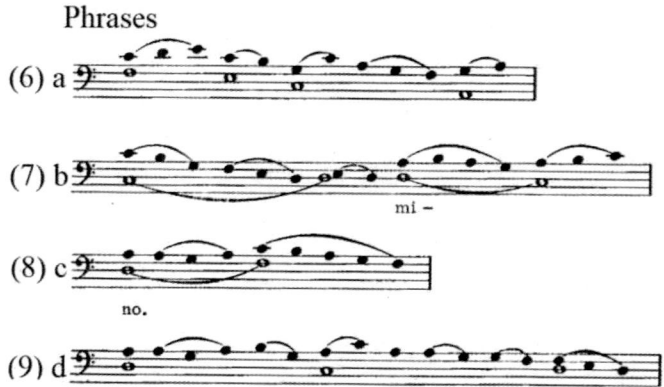

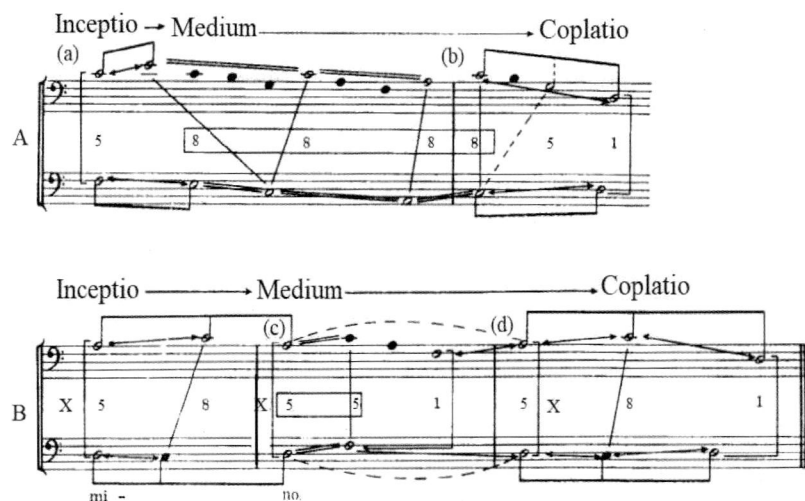

A comparison of the second structural phrase (Ex. 25, from the second X) and the last structural phrase (Ex. 37B) shows that, although they share similar linear progressions, the result is two quite different situations.

The second phrase is a straight forward progression with a prolongation of the *medium,* in contrast to the heavily emphasized *copulatio* in the last structural phrase.

The motivic ideas of the last two structural phrases with the distinction between structural pitches and linear embellishment are shown in Example 38. The graphic notation demonstrates the motivic relationships. All basic elements and their derived elements, especially in the last structural phrase (Ex. 38B), are almost exact duplications of those in the second phrase (Ex. 25).

[Ex. 38]

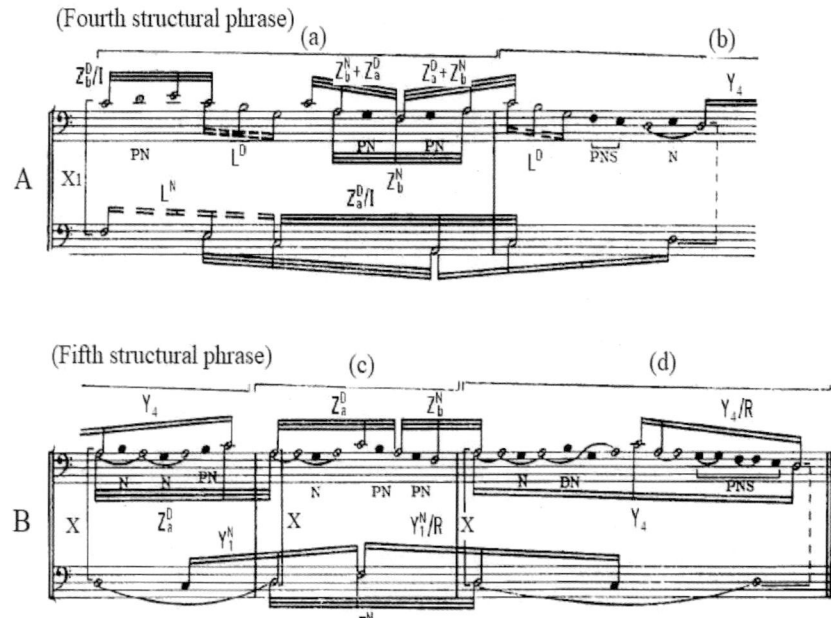

[Ex. 39]

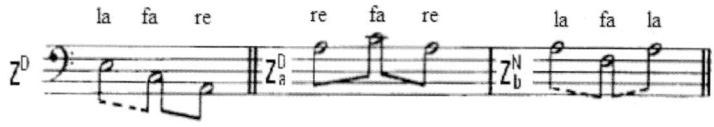

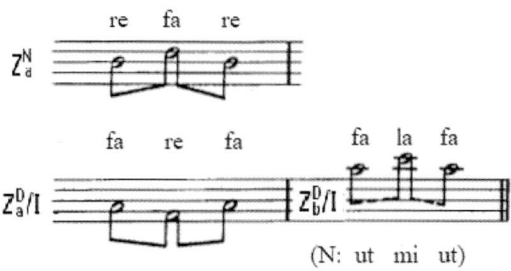

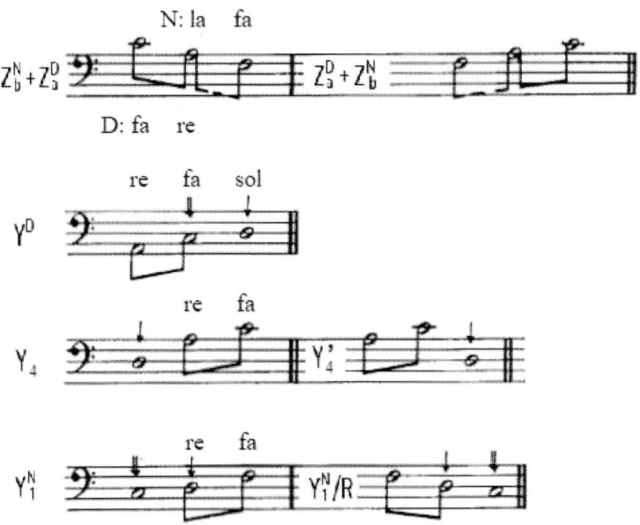

The beginning pitch of the *cantus* in the fourth structural phrase (F_3 in Ex. 38A) was also associated motivically with the end of the third structural phrase (Ex. 29C, Y^N_3). This F_3, along with E_3–C_3 produces the only new element in this phrase: L^N in *hexachord naturale,* which is mutated into *hexachord durum* at L^D. The remaining elements have been explained in connection with previous phrases, I will summarize their relationships in Example 39: ⌐⌐ represents the relationship of *vox, re-fa;* ⌐⌐⌐ preresents that of *vox, la-fa;* ↓ represents the relationship of *clavis,* D_3; and ⇓ represents that of *clavis,* C_3.

Finally, the whole piece is summarized in Example 40. The nine phrases in this piece have been grouped into five structural phrases. However, in a broader structural consideration of the piece as a whole, one phrase might function more dominantly over others. As seen in the example, the second and fifth structural phrases function as prolongations of the first and fourth structural phrases, respectively. The second phrase could stand alone as an independent phrase. However, C_3 of the *cantus,* as an embellishing note, makes the *discant* structure in this phrase less directional compared with that of the first phrase, in which every pitch of the *cantus* is structural. D_3 of the *cantus* at the end of the first structural phrase is simply extended through the second, making the second structural phrase a prolongation of the first. The third structural phrase differs from the previous ones in the vertical dimension. For instance, C_4/F_3 in the beginning of the third structural phrase contrasts with the A_3/D_3 in the first. At the same time, the main structural usage of linear fourths and fifths contrasts with the predominant use of thirds in the previous ones; compare, for example, C_4-G_3-D_4 of the *organlis* in the third structural phrase with A_3-F_3-A_3-C_4 in the first. The fourth structural phrase begins with the same vertical interval as the

[Ex. 40]

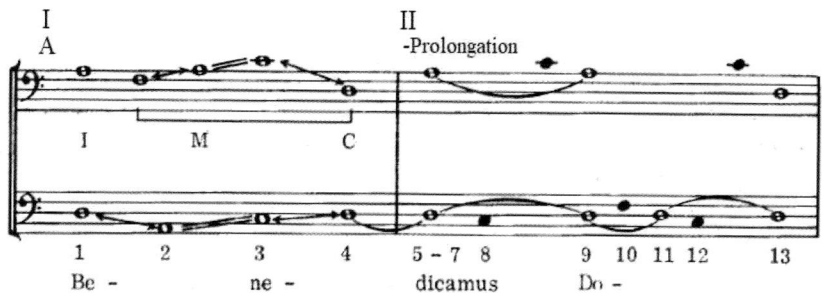

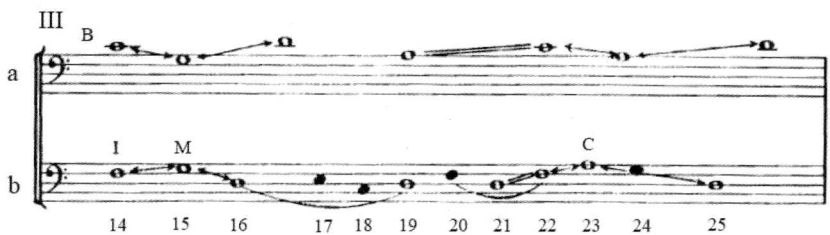

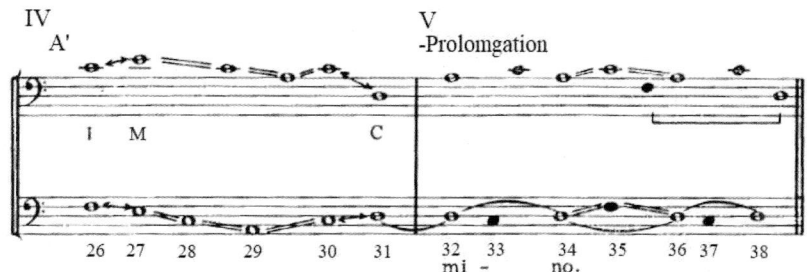

┌ I, II, III, IV and V : Structural phrases ┐
│   I : Inceptio   │
│   M : Medium   │
│   C : Copulatio   │
└   A, B, A' : Formal Structure   ┘

third structural phrase, but progresses to the original tonal (modal) area on D_3. Here the structural linear progression of the *organalis* is again based on thirds: C_4-E_4-C_4-A_3-C_4 (Ex. 40A').

[Ex. 41]

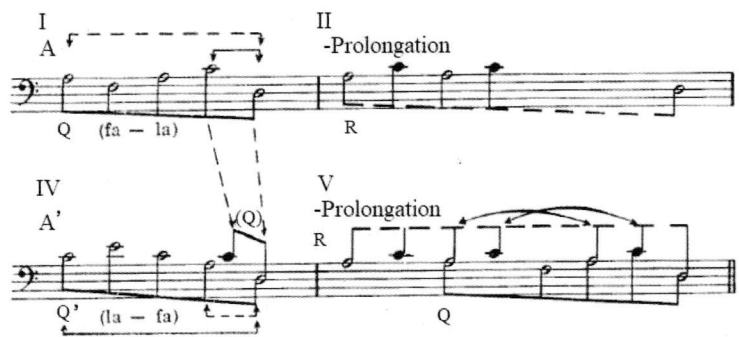

The transitions of the first to the second structural phrase and fourth to the fifth structural phrase are parallel: the last pitch of the *cantus,* D_3, is held throughout the following phrase. F_3 in the *organalis* is wisely placed in the last structural phrase, so that it not only produces contrary motion at this moment, but also imitates the linear progression of the first phrase. The relationships among these linear structures of the *organalis* are revealed in Example 41. R is the reduction of Q, and Q' is the transformation of Q by *affinity.* The relationships between Q and Q' are graphically represented in the example: identical *clavis,* A_3-D_3 (⌐⌐) and C_4-D_3 (⌐⌐), and *vox,* *fa-la* in *hexachord naturale* (F_3-A_3) and in *hexachord durum* (E_4-C_4).

These structural lines are again organized by the main structural idea of the *cantus* in the first phrase (Ex. 22): Y is the germ-idea of both A and A'; their prolongations in the development of the B part is largely based on X (Ex. 40).

Finally, it is interesting to observe the pitches which carry the text both in the *plainsong* alone and in the *organum* as in Example 42. The *finalis*, D_3, is used for all the text syllables except *"-ne-"*: C_3 in the *plainsong* and C_4 in the *organum*. Notice that all the text syllables are on the structural pitches as shown in Example 40.

[Ex. 42]

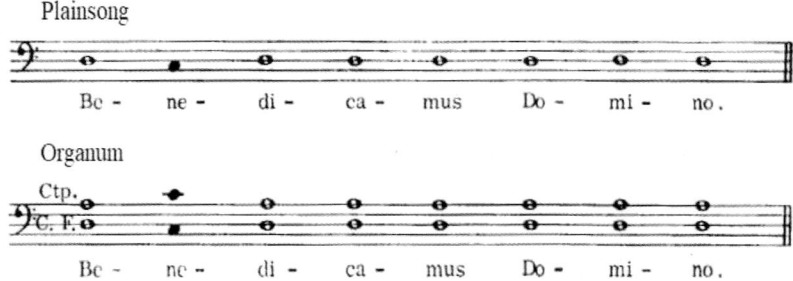

This paper has been an attempt to understand the composition in the light of theoretical concepts available at the time this piece was composed. The anonymous composer of this period had, I believe, nothing other in mind but the humble desire to reveal a small bit of truth, the intellectual order of his period which expressed a boundless beauty, through original creativity — a creativity based on conservative tradition — the true art of all time.

16. A Notational System for Third-tone Music

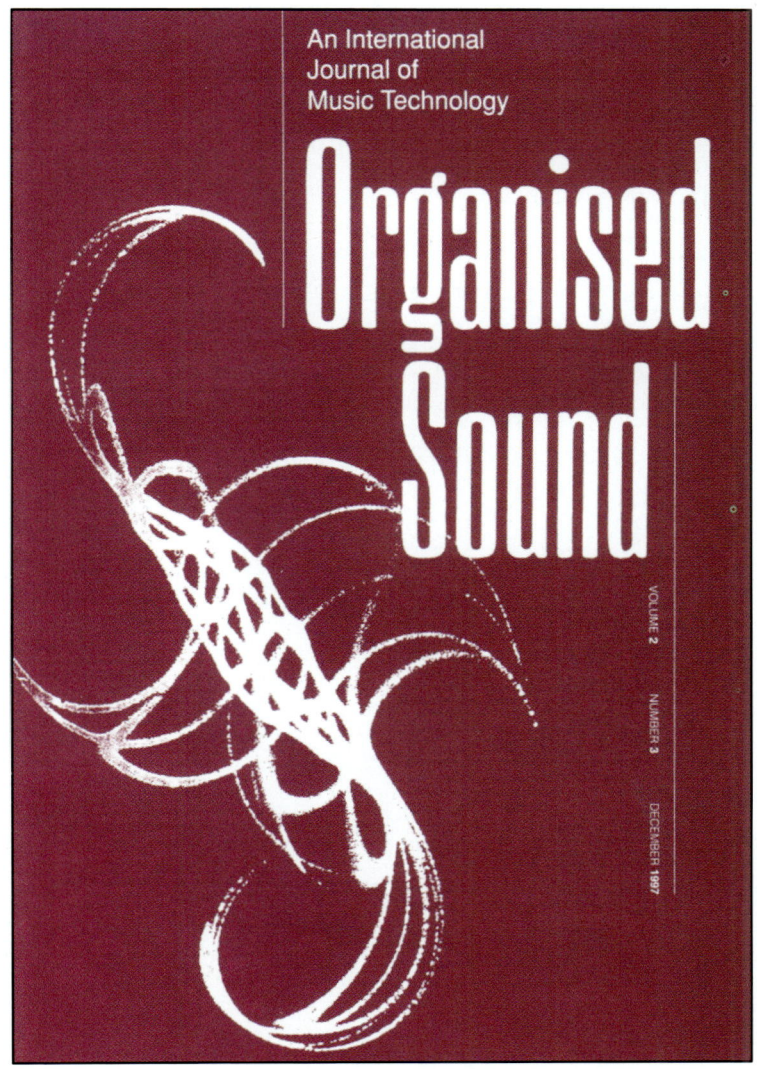

An International
Journal of
Music Technology

Organised Sound

VOLUME 2

NUMBER 3

DECEMBER 1997

＊

Organised Sound ("조직화된 소리")는 영국 캠브리지(Cambridge) 대학 출판사에서 출간되는 "국제 음악 기술 학술지"(An International Journal of Music Technology)이다.

Organised Sound 의 편집인들 중에는, 예를 들어 컴퓨터 음악계의 대부(代父)인 Jean Claude Risset(장클로드 리세트)와 세계적 작곡가 Iannis Xenakis(이안니스 크세나키스) 등이 포함된 명실공히(名實共히) 세계 최고의 국제 음악 테크놀러지(Technology) 전문 이론지이다.

A Notational System for
Third-tone Music[1]

EUGENE LEE
[이여진, 李如辰]

1. THE NEED FOR A NEW NOTATIONAL SYSTEM

Evolution in musical notation has been intimately tied to the development of music theory and performance.

Invented by Guido d'Arezzo [2], the four-line staff notation had an impact on both the quality and quantity of music composed during the Middle Ages and the Renaissance. Later in the Middle Ages, the five-line staff was used for keyboard music, but did not become standard until the seventeenth century.

At the close of the twentieth century, the computer the latest advance in music media, stands to revolutionise performance and music theory. Not only do computers afford an unprecedented control

---

1) *Organised Sound:* An International Journal of Musical Technology, Volume 2, No. 3 (December 1997), pp. 215~223. Cambridge University Press, UK.
2) Guido d'Arezzo (c. 990~1050) was a music theorist and the author of *Micrologus,* the earliest comprehensive treatise on musical practice.

over pitch and rhythm beyond the limitations imposed by human performers, but they also expand the horizons for music theory by making possible limitless microtonal and microdurational divisions, as well as unlimited resources in timbre. Obviously, the traditional five-line staff notation is inadequate for the task of representing the complex microdivisions of pitch that computers can achieve. Thus, it appears that computers will drive the next transformation in music notation.

During the twentieth century, many attempts have been made to represent music in ways other than the standard five-line staves, giving rise to such systems as *Klavarscribo* [3], *Equitone* [4] and *Notagraph* [5], which continued to represent only 12 semitones of equal temperament. As early as 1950, graphic notation appeared and was widely used in compositions where precise pitch and definite duration were not required.

During attempts to use microtonal intervals before computers were readily available, a number of experimental systems employed signs other than the traditional accidental marks. None of these

---

3) The *Klavarscribo* system uses staves which run vertically with horizontal bar-lines, attempting to resemble the layout of a keyboard instrument.
4) The *Equitone* system uses two lines to the octave with notes in five different positions relative to them to eliminate accidentals.
5) The *Notagraph* system uses a seven-line staff with the space between them divided proportionally to represent intervals without leger lines for the most part.

experiments led to a new standard of representing microtonal intervals, perhaps because they devised so many new symbols that they became too cumbersome to use.

When the computer is used as a musical instrument, music notation comes in the form of binary codes and programming language. However, binary codes and programming language are limited compared to traditional staff notation in assisting musicians, especially performers, who have a traditional musical education including harmony, counterpoint, keyboard harmony, sight singing, instrumentation and orchestration. Traditional staff notation is better suited to the illustration of such aspects as melody, rhythm, chords, dynamics and articulations.

Numeric notation was used to represent pitch long before the appearance of computer music, as in the figured bass [6] of the early seventeenth century. However, the computer uses binary codes which can be considered a form of numeric notation to represent all the different parameters of music, including dynamics, duration, articulations, timbre, as well as pitch. During a live concert, a human performer would be hopelessly overwhelmed trying to sight read

---

6) The figured bass is a reference term for the bass part of an ensemble work furnished with Arabic numbers and other signs indicating the harmonies implied above the bass.

from a purely binary code or a computer algorithm, or even the output data generated from a computer program.

At present, the growth of computer music requires a form of staff notation for the benefit of performers comparable to the standard notational system which all musicians are familiar with, but which can precisely represent the new microtonal possibilities of computer-generated sound.

2. A PROPOSAL FOR EQUAL TEMPERAMENT USING ONE-THIRD TONES

Before developing a new staff notational system that can accommodate computer music, it is necessary to decide upon a microtonal system and to establish the intervals

The history of tuning and temperament can be traced back almost three thousand years. The temperament of 12 equal divisions in the octave is one such system among hundreds of different possible tunings, and has only been practiced for the last three hundred years of Western civilisation. The microtonal divisions of the octave by more than 12 notes is not a modern discovery. It dates back to more than two thousand years ago. For example, during the third century BC, King Fang in China calculated a scale based on 59 consecutive intervals of 3:2 that resulted in 60 *lü* [7]. King Fang also devised the 53-tone equal temperament.

In the West, Zarlino(1517~90) mentions a harpsichord made by Dominico Pesarese which permitted the playing of quarter tones. In 1555, Nicola Vicentino described the construction of his Arcicembalo with 35 keys in the octave, while in 1636 Mersenne described his keyboard with 32 notes in the octave. There were many others who advocated keyboards with any number of keys between 24 and 60 in the octave, including Salinas(1577), Fabio Colonna(1618), G. B. Doni(1635~40), Galeazzo Sabbatini(1650), and Athanasius Kircher (1650). In the nineteenth century, R. H. M. Bosanquet built the Enharmonic Harmonium that was based on 53 equally tempered tones per octave. Furthermore, there are countless numbers of ethnic tunings which have survived all over the world. For example, the Indian *sruti* [8] which consists of 22 pure intervals for the performance of *raga* [9] is still practiced today.

However, the serious investigation of microtonality in the West is a rather recent phenomenon. Microtonal music has given rise to many

---

7) The *lü* is a Chinese term for a fundamental pitch. The 60 *lü* refers to a theoretical system of 60 pitches within the octave.
8) The *sruti* is an Indian term for the distances between seven degrees in the scale which are measured by means of 22 *sruties*, each roughly equal to a quarter tone.
9) The *raga* is an Indian term often translated as mode, scale or melody type.

divergent developments in recent years. Among the famed micro-
tonalists, Julian Carrillo divides the octave evenly into 96 tones,
while Wendy Carlos uses various divisions of 12, 19, 31, 34, 53, 65
and 118 equal steps per octave. Also, Alois Haba, Ivan Alexandrovich
Vyshnegradsky, Charles Ives, Joseph Yasser, Harry Partch and many
others have made tremendous contributions to the development of
microtonal music.

In this paper I propose the utilisation of a new third-tone system of
equal temperament, or the divisions of whole tones by one-third.
Since the Greek word *diatonos* translates as "proceeding by whole
tones" and chromatic refers to half tones, I propose using the term
'diathirdtonic' to refer to a whole interval in my third-tone system. A
chromatic tone would then refer to a half interval of the *diathirdtonic*
interval, or a one-sixth interval of a whole tone. The *diathirdtonic*
interval then corresponds to an 18-tone scale and the chromatic
interval corresponds to a 36-tone scale.

While it is not the intent or within the scope of this paper to
elaborate upon the advantages of a third-tone system. it is not an
arbitrary choice. A new third-tone system would have many
advantages over other similar music already in existence. One very
significant advantage is that the third-tone system would remain
consistent with all the theoretical developments from the time of

Schoenberg to the present. Most concepts of 12-tone music can be applied to third-tone music. Such concepts as combinatoriality, derived sets, and all-interval sets can be implemented for third-tone music. For example, $T_0P\{0\ 3\ 1\ 4\ 2\ 5\ 6\ 8\ 7\ A\ B\ 9\ C\ G\ E\ F\ D\ H\}$ [10] is used to generate combinatorialities of 2-, 3-, 6-, 9- and 18-voiced polyphonies in my "*Theme and 14 Variations* for Computer-generated Trumpet Sound." [11]

The 18-voiced combinatorial polyphony which is used in the 14th Variation is represented in the matrix form in Table 1. The matrix grants only a glimpse into the tremendous possibilities inherent in a third-tone system. *'Diathirdtonic'* music alone allows six thousand trillion more possible orderings [12] of its 18 distinct elements than 12-tone music allows with its 12 distinct elements.

An important aspect in this music is that the equally tempered *diathirdtonic* scale is well within the range of easy audio-cognitive

---

10) A, B, C, D, E, F, G and H represent 10, 11, 12, 13, 14, 15, 16 and 17, respectively.

11) Eugene Lee. "*The Theme and 14 Variations*" was premiered at Chopin Hall in Seoul, 25 May, 1993.

12) The statistical comparison of possible orderings of pitches between 12-tone and third-tone music is astonishing. While 12-tone music has 479,001,600 possible orderings, *diathirdtonic* music has 6,402,373,705,728,000 possibilities. Chromatic third-tone music has 371,993,326,789,901,217,467,999,448,150,835,200,000,000 possible orderings of its 36 distinct elements.

discrimination of the human ear. *Diathirdtonic* music and its chromatic counterpart have distinct linear and harmonic characteristics which add to the vocabulary available to the composer for psycho-emotional expression.

0	3	1	4	2	5	6	8	7	A	B	9	C	G	E	F	D	H
3	0	2	H	1	G	F	B	E	B	A	C	9	5	7	6	8	4
1	G	0	F	H	E	D	B	C	9	8	A	7	3	5	4	6	2
4	7	5	8	6	9	A	C	B	E	F	D	G	2	0	1	H	3
2	5	3	6	4	7	8	A	9	C	D	B	E	0	G	H	F	1
5	2	4	1	3	0	H	F	G	D	C	E	B	7	9	8	A	6
6	9	7	A	8	B	C	E	D	G	H	F	0	4	2	3	1	5
8	B	9	C	A	D	E	G	F	0	1	H	2	6	4	5	3	7
7	4	6	3	5	2	1	H	0	F	E	G	D	9	B	A	C	8
A	D	B	E	C	F	G	0	H	2	3	1	4	8	6	7	5	9
B	8	A	7	9	6	5	3	4	1	0	2	H	D	F	E	G	C
9	6	8	5	7	4	3	1	2	H	G	0	F	B	D	C	E	A
C	F	D	G	E	H	0	2	1	4	5	3	6	A	8	9	7	B
G	1	H	2	0	3	4	6	5	8	9	7	A	E	C	D	B	F
E	H	F	0	G	1	2	4	3	6	7	5	8	C	A	B	9	D
F	C	E	B	D	A	9	7	8	5	4	6	3	H	1	0	2	G
D	A	C	9	B	8	7	5	6	3	2	4	1	F	H	G	0	E
H	E	G	D	F	C	B	9	A	7	6	8	5	1	3	2	4	0

Table I.   Eugene Lee. *"Theme and 14 Variations* for Computer-generated Trumpet Sound", the matrix of Variation XIV.

3. A NOTATIONAL SYSTEM FOR EQUALLY TEMPERED THIRD-TONE MUSIC

3.1. Staff

The staff in third-tone music is composed of six lines instead of the normal five lines in traditional music.

3.2. Clefs

The traditional G, F and C clefs are based on *hexachordum durum*, *hexachordum molle* and *hexachordum naturale* of the Medieval period, respectively. Since the reference pitch for the modern tuning system is A_4, I propose the standard clef should be changed to represent A. Therefore, the most common clefs in third-tone music are A, AA, AAA, a and aa clefs instead of G, F and C clefs, as shown in figure 1.

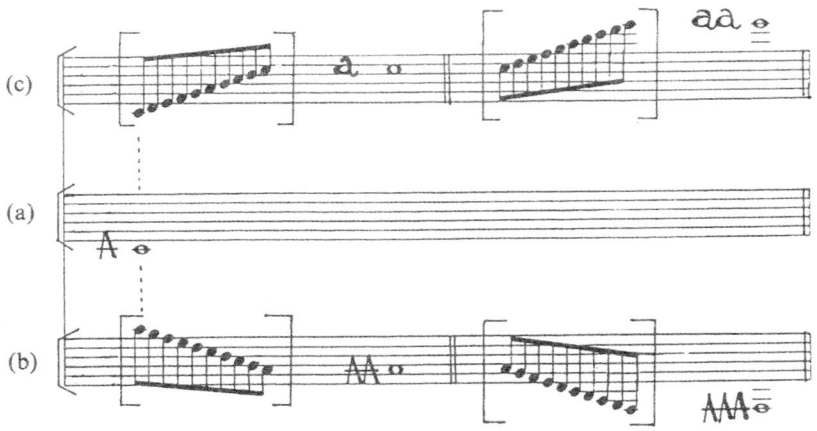

Figure 1. Positions of the A, AA, AAA, a and aa clefs.

The first leger line below the six-line staff, where the horizontal line of the A clef lies, represents 440 cycles per second (cps), as illustrated in figure l(a). The second space of the six-line staff, where the horizontal line of the AA clef lies, represents 220 cps, which is nine steps below the *locus* of the A clef. The horizontal line of the AAA clef, which is placed another nine steps below the locus of the AA clef, i.e. the third leger line below the six-line staff, represents 110 cps, and so on, as illustrated in figure 1(b).

The fourth space of the six-line staff, i.e. nine steps above the *locus* of the A clef, where the belly of the a clef rests, represents 880 cps. The belly of the aa clef, which is placed another nine steps above the *locus* of the a clef, i.e. the third leger line above the six-line staff, represents 1760 cps, and so on, as illustrated in figure 1(c).

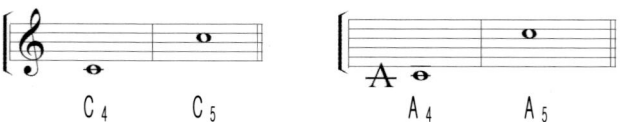

Figure 2. Reference pitches of the five-line and six-line staff notations.

It is also noteworthy that the *loci* of the reference pitches between the five-line and the six-line notational systems are analogous. C4 of the five-line staff wiith G clef and A4 of the six-line staff with A clef are both on the first leger lines below the staves, while C5 of the five-line staff and A5 of the six-line staff are both in the first spaces from the top of the staves, as shown in figure 2.

3.3. Diathirdtonic scale

3.3.1. Ratios, frequencies and cents

The ratios, frequencies and cents relative to reference A = 440 cps for 18 equally sized intervals contained within the octave are as shown in table 2.

Notes	Ratios	Frequencies	Cents
0	1:1	440.00	0.00
1	53:51	457.27	66.67
2	27:25	475.23	133.33
3	55:49	493.88	200.00
4	771:661	513.27	266.67
5	137:113	533.42	333.33
6	63:50	554.37	400.00
7	127:97	576.13	466.67
8	83:61	598.75	533.33
9	99:70	622.25	600.00
10	97:66	646.68	666.67
11	139:91	672.07	733.33
12	100:63	698.46	800.00
13	193:117	725.88	866.67
14	667:389	754.37	933.33
15	98:55	783.99	1000.00
16	50:27	814.77	1066.67
17	102:53	846.76	1133.33
18	2:1	880.00	1200.00

Table 2. Ratios, frequencies and cents of *diathirdtonic* notes.

3.3.2. Pitch notation

The *diathirdtonic* notes from 440 to 880 cps are represented on the six-line staves, as shown in figure 3.

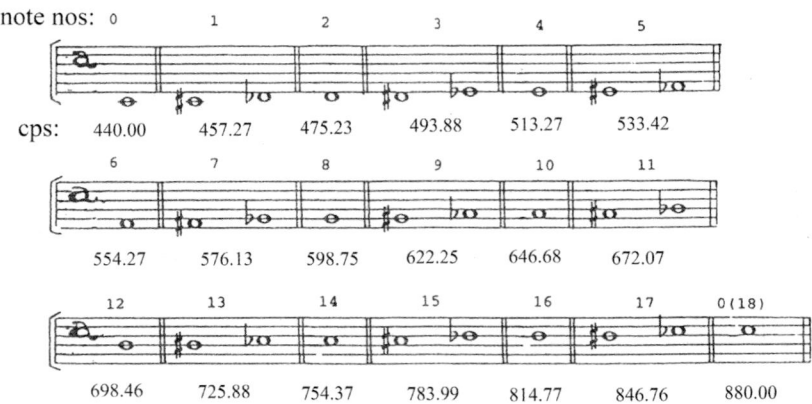

Figure 3. *Diathirdtonic* pitches.

The new system includes only those symbols used in the traditional five-line staff notations, sharps (♯) and flats (♭), to accurately represent all 18 different pitces of the *diathirdtonic* scale. However, unlike the traditional five-line staff notation, sharps and flats never represent chromatic pitches or accidentals, but rather the *diathirdtonic* pitches of the new system.

3.4. Chromatic pitches

3.4.1. Ratios, frequencies and cents

The ratios, frequencies and cents of the chromatic pitches relative to reference A = 440 cps of the *diathirdtonic* scale contained within the octave are as shown in table 3. The total number of pitches in the resultant chromatic scale of third-tone music becomes 36, including 18 *diathirdtonic* notes and 18 chromatic notes.

Notes	Ratios	Frequencies	Cents
0.5	105:103	448.55	33.33
1.5	89:84	466.16	100.00
2.5	98:89	484.46	166.67
3.5	111:97	503.48	233.33
4.5	44:37	523.25	300.00
5.5	110:89	543.79	366.67
6.5	131:102	565.14	433.33
7.5	275:206	587.33	500.00
8.5	197:142	610.39	566.67
9.5	173:120	634.35	633.33
10.5	409:273	659.26	700.00
11.5	109:70	685.14	766.67
12.5	89:55	712.03	833.33
13.5	37:22	739.99	900.00
14.5	187:107	769.03	966.67
15.5	89:49	799.23	1033.33
16.5	168:89	830.61	1100.00
17.5	155:79	863.21	1166.67

Table 3. Ratios, frequencies and cents of chromatic notes for the third-tone system.

3.4.2. Pitch notation

The chromatic notes between 440 and 880 cps in the *diathirdtonic* scale are represented on the six-line staves, as shown in figure 4.

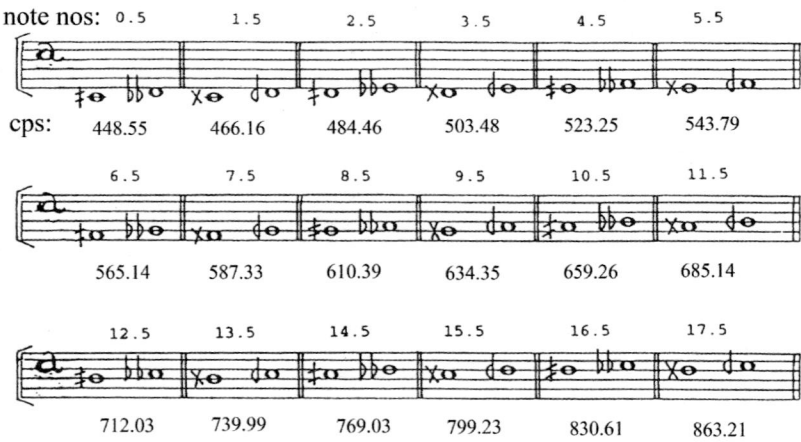

Figure 4. Chromatic pitches of the third-tone system.

The new chromatic system uses the symbols ♯ and ♩ as well as their enharmonic symbols, the double flat (♭♭) and the double sharp (×), used in traditional five-line staff notation. The symbols ♯ and × represent a half step up from their corresponding *diathirdtonic* pitches, as illustrated in figure 5(a), while the symbols ♩ and ♭♭ represent a half step down from their corresponding *diathirdtonic* pitches, as illustrated in figure 5(b). The advantage to the sight reader is that ascending and descending linear progressions of the chromatic scale can be represented in a logical order of either sharp or flat symbols, as illustrated in figure 5.

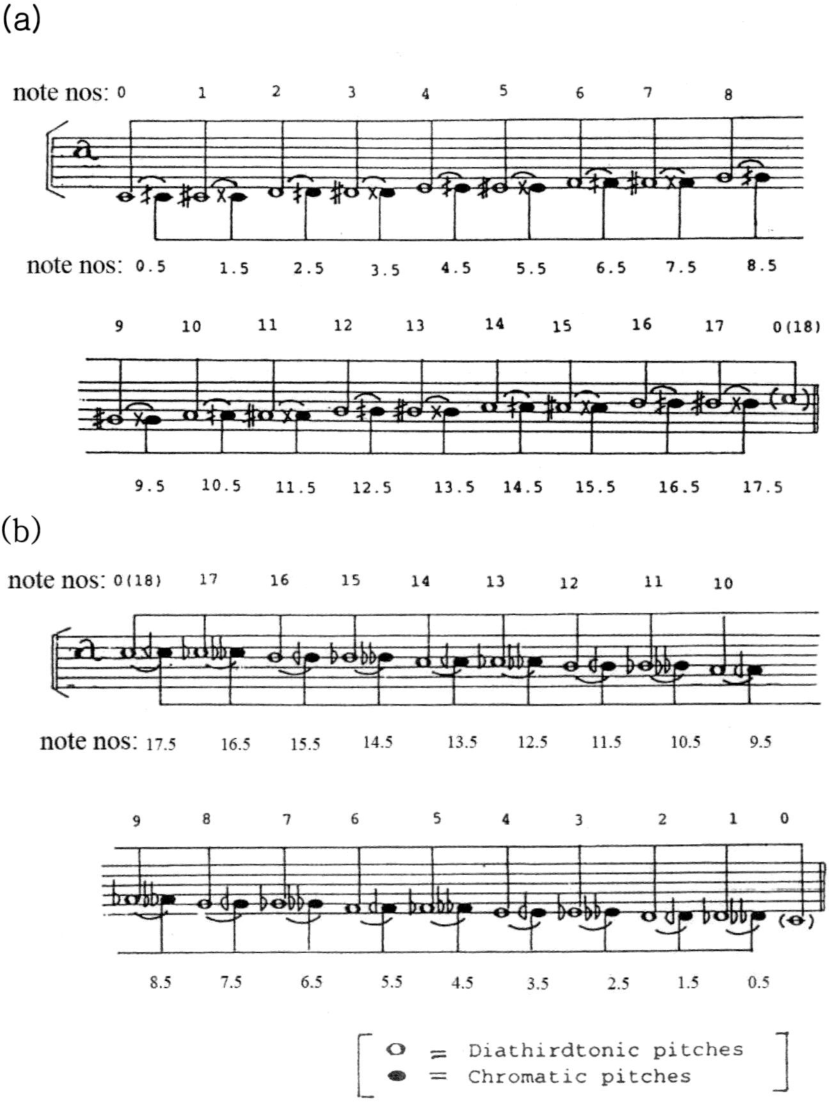

(a)

note nos: 0   1   2   3   4   5   6   7   8

note nos: 0.5 1.5 2.5 3.5 4.5 5.5 6.5 7.5 8.5

9   10   11   12   13   14   15   16   17   0(18)

9.5 10.5 11.5 12.5 13.5 14.5 15.5 16.5 17.5

(b)

note nos: 0(18) 17 16 15 14 13 12 11 10

note nos: 17.5 16.5 15.5 14.5 13.5 12.5 11.5 10.5 9.5

9   8   7   6   5   4   3   2   1   0

8.5 7.5 6.5 5.5 4.5 3.5 2.5 1.5 0.5

O = Diathirdtonic pitches
● = Chromatic pitches

Figure 5. The notes of (a) the ascending, and (b) the descending chromatic scale of the third-tone system.

Double sharps and double flats, as well as ♯ and ♩ never represent *diathirdtonic* pitches of the new system; instead they represent chromatic pitches of the new system. The × and ♯ represent a three-sixth tone or half tone up from their corresponding *diathirdtonic* pitch, as illustrated in figure 6(a), while the ♭♭, and ♩ represent a three-sixth tone or half tone down from their corresponding *diathirdtonic* pitch, as illustrated in figure 6(b).

(a)

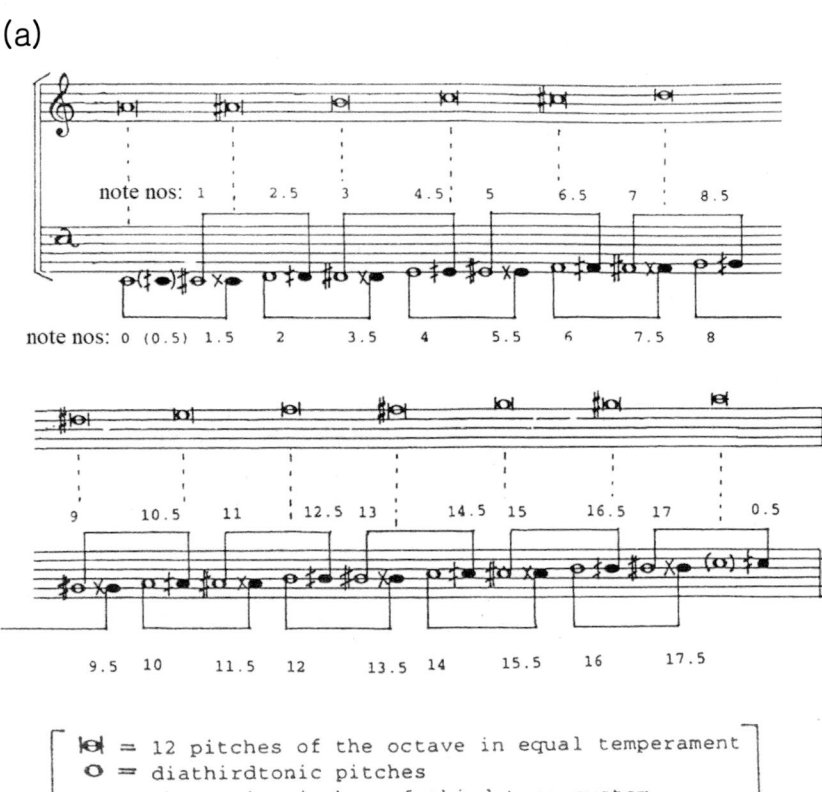

(b)

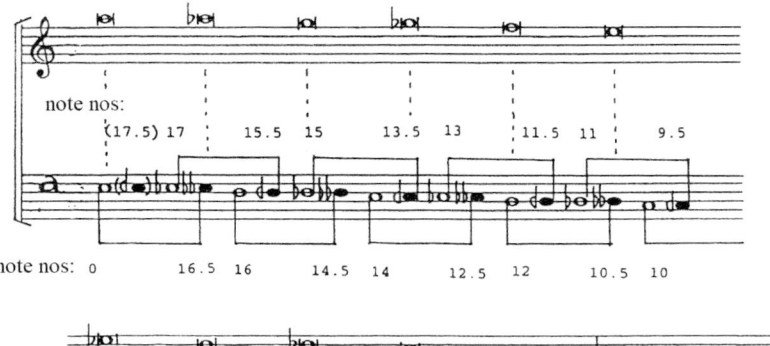

note nos:
(17.5) 17   15.5 15   13.5 13   11.5 11   9.5

note nos: 0   16.5 16   14.5 14   12.5 12   10.5 10

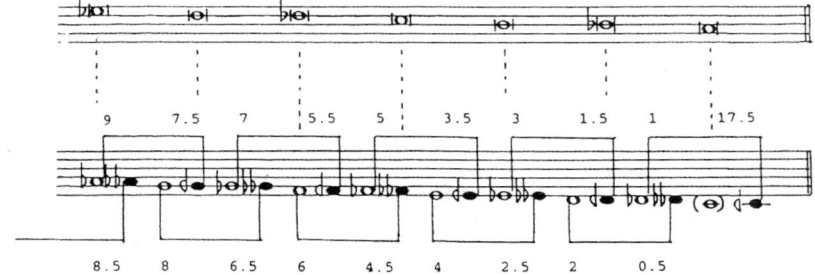

9   7.5   7   5.5   5   3.5   3   1.5   1   17.5

8.5   8   6.5   6   4.5   4   2.5   2   0.5

Figure 6. Intervallic relationships of three-sixth or half tones in (a) the ascending, and (b) the descending chromatic scale of the third-tone system.

4. MUSIC EXAMPLES UTILISING THE NEW NOTATIONAL SYSTEM

Measures 5 and 6 in the Third Movement of my "*Trihexadral Ballads with Three Violins and Computer-generated Sound*"[13] are repre-

---

13) "*The Trihexadral Ballads*" was premiered by the CGNJ Performance Ensemble for the Capital Music Festival on 20 May, 1997 at Princeton University's Taplin

sented in figure 7(a) to illustrate an actual music score written in the equal temperament of third-tone music.

(a)

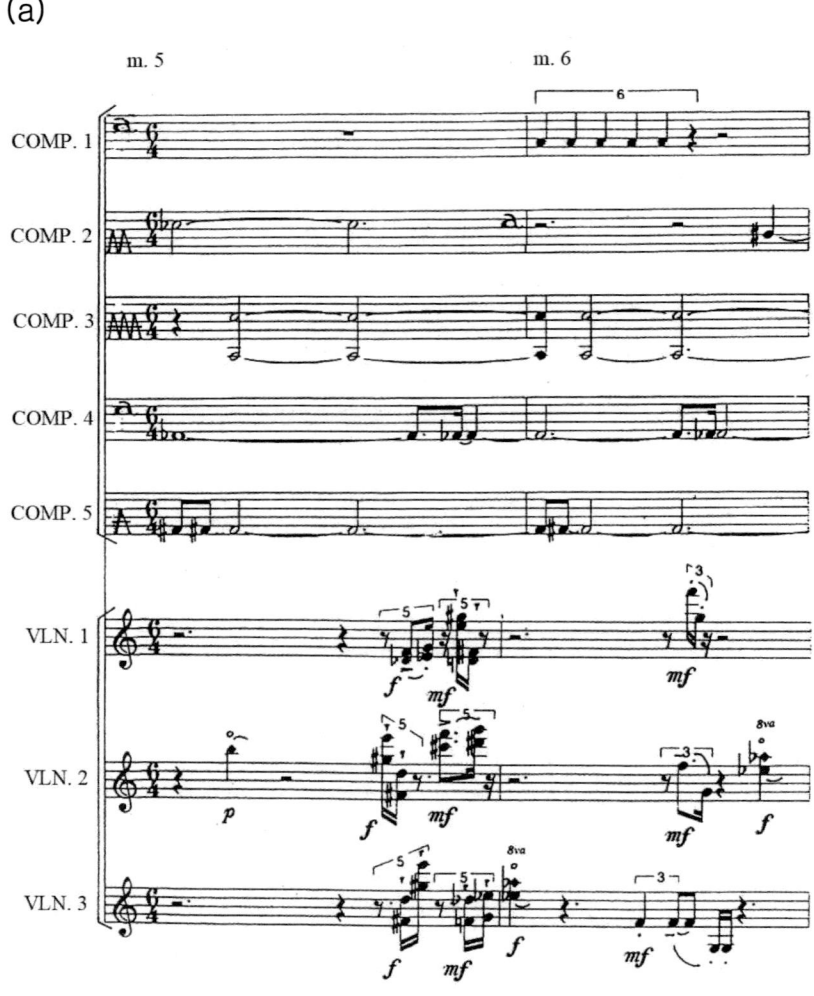

(b)

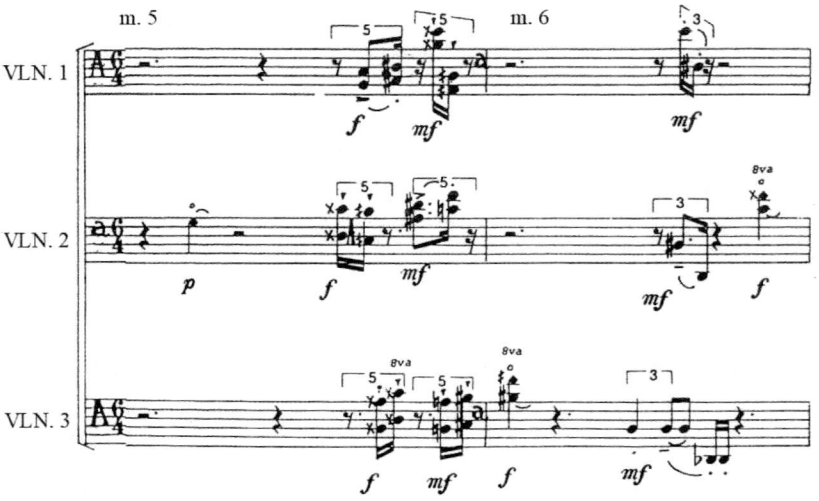

Figure 7. Eugene Lee. *"Trihexadral Ballad* for Three Violins with Computer-generated Sound", (a) Movement III, mm. 5-6, (b) *Ibid.*, violin parts only.

COMP. 1 to COMP. 5 represent the computer parts, while VLN. 1 to VLN. 3 represent the three violin parts. Table 4 illustrates the consequent output in cps of pitches in figure 7(a).

As with traditional convention, the clef can be changed within a single voice line, and/or a particular clef can be changed from its normal *locus* up to the next higher clef *locus* or down to the next lower clef *locus* in the staff for notational convenience. For example, within COMP. 2 of figure 7(a), the AA clef changes to the a clef, and within COMP. 3, the AAA clef is placed at the AA clef *locus* in order to eliminate excess leger lines.

Another advantage of composing in the third-tone system is that slight alterations in the tuning of conventional instruments can achieve the appropriate third-tone pitches without requiring performers to learn to sight read the new six-line staves at the present time. For example, in figure 7(a) the three violin parts are notated in the traditional five-line staves. However, by tuning the three violins as indicated below, the resultant output of the pitches in the notation are those cps displayed in table 4:

Violin 1: A4 = 475.23 cps.
Violin 2: A4 = 457.27 cps.
Violin 3: A4 = 440.00 cps.

	Measure 5					Measure 6		
COMP. 1						646.68		
COMP. 2		288.06						725.88
COMP. 3		128.32 64.16						
COMP. 4		533.42						
COMP. 5		392.00						
VLN. 1		377.19 299.37	423.38 336.04	799.23 634.35	356.01 282.57	1508.75	846.76	
VLN. 2	2053.09	1370.26 863.21	610.38 384.52	1451.75 1152.26	1629.54 1293.37	725.88	407.38	2586.73
VLN. 3		587.32 369.99	1318.50 830.60	554.37 349.23	622.25 392.00	2489.02	349.23	196.00

Table 4. Eugene Lee. *"Trihexadral Ballads"*, Movement III, mm. 5-6, in cps.

Figure 7(b) is a transcription of the violin parts in figure 7(a) in the new six-line staff notation.

5. FINAL REMARKS

The computer has made it possible to compose music in microtonal divisions beyond the 12 of equal temperament. Composing in the third-tone system seems the logical choice, because it remains consistent with 12-tone music theory while remaining within the range of easy auditory discrimination.

However, while composing third-tone music, it becomes evident that there is a need for a new notational system capable of accurately representing computer-generated microtones while facilitating human performance of third-tone music.

This proposal for a notational system for third-tone music endeavours to permit sight-reading by maintaining a staff notation with the *loci* of reference pitches analogous to traditional five-line staves, and by representing linear progressions along the *diathirdtonic* and chromatic scales in a logical fashion while limiting the use of new confusing symbols. As with traditional staff notation, this system allows a view of the composition from the perspective of its totality. By easing the illustration of melody, rhythm, chords, dynamics and articulations, it may help to advance the meaningful discussion of microtonal music theory.

By being able to write microtonal pitches produced by computers together with specially tuned instruments in musical notation, microtonal music theory can be readily manipulated and exploited in the same fashion as 12-tone music. Then, computer music can move beyond the role of producing sound effects and back into the logical continuum of traditional music theory.

17. Some Aspects of Eighteen-Tone Composition

SONUS

A Journal of Investigations into Global Musical Possibilities

Volume 20, No. 2   **SPRING 2000**

KOREA PAST AND PRESENT

IN-PYONG CHUN
Man Zhong Kuai Musical Form in Chinese and Korean Music

OH-SUNG KWON
Perspectives on Musicology in Korea

JAE-SUNG PARK
Korean Contemporary Music: A Brief History

EUGENE LEE
Some Aspects of 18-Tone Composition

YONG-SHIK LEE
Pookchung Lion Dance Music

❖

Sonus ("소누스")는 미국에서 출간되는 "글로벌 음악적 가능성 조사에 관한 학술지"(A Journal of Investigations into Global Musical Possibilities)이다.

제20권, 제2호(Volume 20, No. 2)는 "한국의 과거와 현재"(Korea Past and Present)라는 특집으로 출판되었다.

Some Aspects of Eighteen-Tone Composition[1]

EUGENE LEE

[이여진, 李如辰]

In the article, "Some Aspects of Twelve-Tone Composition,"[2] Milton Babbitt developed many new concepts for Schoenberg's original serialized Twelve-Tone Music. Nearly half a century since the article first appeared, techniques such as combinatoriality, derivation, secondary sets, aggregates, and source sets also significantly developed by Babbitt, have greatly expanded the possibilities for composition. In more recent years, the computer has made possible composing in serialized microtonal divisions beyond twelve equal temperament-divisions, thus stretching the perceptual limit of sonic design.

In my essay, "A Notational System for Third-Tone Music,"[3] I

---

1) *SONUS:* A Journal of Investigation into Global Musical Possibilities, Volume 20, No. 2 (Spring, 2000), pp. 37-55. Persuasive Press, Cambridge, MA 02140-1120.
2) Milton Babbitt. "Some Aspects of Twelve-Tone Composition", *The Score and I.M.A. Magazine* 12, (London), June 1955, pp. 53-61.
3) Eugene Lee. "A Notational System for Third-Tone Music," *Organised Sound,* Cambridge University Press, December 1997, Vol. 2, Number 3: pp. 215-23.

proposed the use of a new third-tone system of eighteen equal temperament-division in an octave, or the division of class interval 2 into one-thirds which I termed the *"Diathirdtonic scale"*. As I outlined there this scale presents significant advantages: it remains within easy audio cognitive discrimination while performance is readily achieved after the appropriate tuning of conventional musical instruments; it allows the continuing expansion upon the theoretical advancements developed for Schoenberg's 12-tone serial system. This paper presents some of the inherent characteristics of serialized 18-tone music.

Sixteen All-Combinatorial Source Sets in 18-Tone Music

The properties of all-combinatoriality in 12-tone music have been well exploited in many compositions and articles. Like the six all-combinatorial source sets in 12-tone music, there are sixteen all-combinatorial source sets in 18-tone music, Ex. 1.

[Ex. 1] All-Combinatorial Source Sets in 18-Tone Music.

```
(01)     0 1 2 3 4 5 6 7 8 / 9 A B C D E F G H
(02)     0 1 2 3 4 5 6 8 G / 7 9 A B C D E F H
(03)     0 1 2 3 4 6 8 E G / 5 7 9 A B C D F H
(04)     0 1 2 3 4 7 8 E F / 5 6 9 A B C D G H
```

(05)	0 1 2 3 5 6 7 8 D / 4 9 A B C E F G H
(06)	0 1 2 4 5 6 8 C G / 3 7 9 A B D E F H
(07)	0 1 2 4 5 8 C F G / 3 6 7 9 A B D E H
(08)	0 1 2 4 6 7 8 C E / 3 5 9 A B D F G H
(09)	0 1 2 4 6 8 C E G / 3 5 7 9 A B D F H
(10)	0 1 2 5 7 8 C D F / 3 4 6 9 A B E G H
(11)	0 1 2 6 7 8 C D E / 3 4 5 9 A B F G H
(12)	0 1 3 4 6 8 B E G / 2 5 7 9 A C D F H
(13)	0 1 3 4 7 8 B E F / 2 5 6 9 A C D G H
(14)	0 1 3 5 6 8 B D G / 2 4 7 9 A C E F H
(15)	0 1 3 5 7 8 B D F / 2 4 6 9 A C E G H
(16)	0 2 4 6 8 A C E G / 1 3 5 7 9 B D F H

A, B, C, D, E, F, G and H represent 10, 11, 12, 13, 14, 15, 16 and 17, respectively.

X/Y represents the harmonic relationship between X and Y.

X-Y represents linear relationship between X and Y.

0 1 2 / 3 4 5 represents the division between 0 1 2 and 3 4 5.

Xa/R represents retrograded Xa.

$T_H P$ represents the prime set with transpositional number 17.

I represents inversion.

R represents retrograde.

RI represents retrograde-inversion.

Among these 16 source sets, set 11 has the property of creating combinatorial relationships at three transpositional levels which is analogous to the third order in 12-tone music; set 16 has nine such levels and is analogous to the fourth order in 12-tone music; and sets 1 through 10, 12~15 have only one such level and are analogous to the first order in 12-tone music.

As in 12-tone serial music, all-combinatorial source sets in *diathirdtonic* music can be arranged to create polyphony. In my composition, *"Theme and 14 Variations* for Synthesized Trumpet Sound Generated by Computer"[4] I use the all-combinatorial source set 1. The theme of the piece presents the ordered prime set {0 3 1 4 2 5 6 8 7 A B 9 C G E F D H}. The all-combinatorial ordered set is arranged in 2, 3, 6, 9 or 18 equal divisions to create 2-, 3-, 6-, 9-, or 18-voiced polyphonies. Combinatorial sets in pairs, T_0P/T_9P, T_8I/T_0R, T_8I/T_HI, T_0R/T_8RI, are used to create 2-voiced polyphony in Variations 1, 5, 7, 13 of this composition. Combinatorial sets in ternate $T_0P/T_6R/T_BRI$, $T_BI/T_HI/T_6R$, and $T_0R/T_CR/T_5I$, are used to create 3-voiced polyphony in Variations 2, 7, 11. Combinatorial sets in sextets $T_0P/T_0R/T_0I/T_5RI/T_CR/T_BRI$, $T_0P/T_4P/T_8P/T_1I/T_5I/T_9I$, and $T_0P/T_0R/T_5I/T_5RI/T_CR/T_BRI$, are used to create 6-voiced polyphony in Variations 4, 8, 12. Combinatorial sets in nonets $T_0P/T_4P/T_8P/T_CP/T_EP/T_GP/T_2P/T_6P/T_AP$ are used to create 9-voiced polyphony in Variation 6. Finally, the 18-voiced combinatorial polyphony which is used in Variation 14 is represented in matrix form in Ex. 2.

---

4) Eugene Lee. *"Theme and 14 Variations* for Synthesized Trumpet Sound" Generated by Computer" premiered at Chopin Hall in Seoul, 25 May 1993.

[Ex. 2] The Matrix of Variation 14 from *Theme and 14 Variations for Synthesized Trumpet Sound Generated by Computer*".

```
0 3 1 4 2 5 6 8 7 A B 9 C G E F D H
3 0 2 H 1 G F D E B A C 9 5 7 6 8 4
1 G 0 F H E D B C 9 8 A 7 3 5 4 6 2
4 7 5 8 6 9 A C B E F D G 2 0 1 H 3
2 5 3 6 4 7 8 A 9 C D B E 0 G H F 1
5 2 4 1 3 0 H F G D C E B 7 9 8 A 6
6 9 7 A 8 B C E D G H F 0 4 2 3 1 5
8 B 9 C A D E G F 0 1 H 2 6 4 5 3 7
7 4 6 3 5 2 1 H 0 F E G D 9 B A C 8
A D B E C F G 0 H 2 3 1 4 8 6 7 5 9
B 8 A 7 9 6 5 3 4 1 0 2 H D F E G C
9 6 8 5 7 4 3 1 2 H G 0 F B D C E A
C F D G E H 0 2 1 4 5 3 6 A 8 9 7 B
G 1 H 2 0 3 4 6 5 8 9 7 A E C D B F
E H F 0 G 1 2 4 3 6 7 5 8 C A B 9 D
F C E B D A 9 7 8 5 4 6 3 H 1 0 2 G
D A C 9 B 8 7 5 6 3 2 4 1 F H G 0 E
H D G D F C B 9 A 7 6 8 5 1 3 2 4 0
```

This composition also arranges sets in unequal divisions to create 4- and 12-voiced polyphonies. The unequal division of sets $T_0P/T_0R/T_5I/T_5RI$ is used to create the 4-voiced combinatorial polyphony in Variation 4, Ex. 3.

[Ex. 3] *Theme and 14 Variations* for Synthesized Trumpet
Sound Generated by Computer", Variation IV.

T_0P: 0 3 1 / 4 2 5 6 8 7 A B 9 / C G E F D H
T_0R: H D F E G C / 9 B A 7 8 6 5 2 4 / 1 3 0
T_5I: 5 2 4 / 1 3 0 H F G D C E / B 7 9 8 A 6
T_5RI: 6 A 8 9 7 B / E C D G F H 0 3 1 / 4 2 5

Set Derivation in 18-Tone Music

Sets in 18-tone music can be transformed by utilizing fractional
identities of the octave and by rotations of pitch-classes. Since the
octave represents the whole intervallic identity based on interval
class 1, 2, 3, 4, 5, 6 and complementary intervals 7, 8, 9, 10, 11,
thus one-half, one-third, and one-sixth of the octave represent
fractional intervallic identities, or 9, 6, 3 respectively.

Set derivation in 18-tone music is illustrated in the violin parts in
the fourth movement of my composition *"Trihexadral Ballads* for
Three Violins with Computer-generated Sound."[5] $T_8P/T_HD1/T_6D2$
represent three combinatorial sets with $D1(T_H)$ and $D2(T_6)$

---

5) Eugene Lee. *"Trihexadral Ballads* for Three Violins with Computer-generated
Sound" premiered at The Capital Music Festival, Princeton University, 20 May
1997. Correspondences for score, parts, and synthesized tape or CD, Veritas
Musicae Publications in Korea, and its U.S. representative, Composers Guild of New
Jersey.

representing two derived sets from among five derived sets: Dl to D5, as shown in Ex. 4.

[Ex. 4] *"Trihexadral Ballads* for Three Violins with Computer-generated Sound," Movement IV.

$$P(T_8): \quad 8\ 7\ A\ 9\ C\ B\ /\ G\ H\ 0\ F\ E\ D\ /\ 6\ 3\ 2\ 5\ 4\ 1$$
$$D1(T_H): \quad H\ G\ D\ 0\ F\ E\ /\ 1\ 2\ 3\ 6\ 5\ 4\ /\ 9\ C\ B\ 8\ 7\ A$$
$$D2(T_6): \quad 6\ 3\ 2\ 5\ 4\ 1\ /\ 8\ 7\ A\ B\ C\ 9\ /\ G\ H\ 0\ D\ E\ F$$
$$D3(T_9): \quad 9\ C\ B\ 8\ 7\ A\ /\ H\ G\ D\ E\ F\ 0\ /\ 1\ 2\ 3\ 4\ 5\ 6$$
$$D4(T_G): \quad G\ H\ 0\ D\ E\ F\ /\ 6\ 3\ 2\ 1\ 4\ 5\ /\ 8\ 7\ A\ 9\ C\ B$$
$$D5(T_1): \quad 1\ 2\ 3\ 4\ 5\ 6\ /\ 9\ C\ B\ A\ 7\ 8\ /\ H\ G\ D\ 0\ F\ E$$

The interval contents of the sets listed in this example are represented with their ascending (a) or descending (d) directions in Ex. 5.

[Ex. 5] Interval Contents of Table 4 in Ascending and Descending Orders.

(*iord*.#	0	1	2	3	4	/	6	7	8	9	10	/	12	13	14	15	16)
P:	ld	3a	ld	3a	ld	/	la	la	3d	ld	ld	/	3d	ld	3a	ld	3d
DI:	ld	3d	5a	3d	ld	/	la	la	3a	ld	ld	/	3a	ld	3d	ld	3a
D2:	3d	ld	3a	ld	3d	/	ld	3a	la	la	3d	/	la	la	5d	la	la
D3:	3a	ld	3d	ld	3a	/	ld	3d	la	la	3a	/	la	la	la	la	la
D4:	la	la	5d	la	la	/	3d	ld	ld	3a	la	/	ld	3a	ld	3a	ld
D5:	la	la	la	la	la	/	3a	ld	ld	3d	la	/	ld	3d	5a	3d	ld

The prime set $P(T_8)$ in Ex. 4 is rearranged by rotation to create five derived sets, Dl to D5, which have the same source hexachord [0 1 2 3 4 5] as the prime set's three hexachords and have interval contents that complement each other in terms of subfractional identity (if we denote that the intervallic identities of 9, 6, and 3, for instance, are a fractional, subfractional, and sub-subfractional identity of the octave).

For example, in the first hexachords of P and Dl, *iord.*(interval order number) #0 and #4 have the identical interval class 1 in the same descending order. The first hexachords of P and Dl further complement each other in terms of the subfractional identity of interval class 3 of *iord.* #1 and #3, as well as *ics.*(interval class) 1 and 5 found in *iord.* #2 in different directions. Likewise, the first hexachords of D2 and D3 complement each other with identical *ics.* 1 in the same descending order at *iord.* #1 and #3, while the subfractional identities of *ics.* 3 of *iord.* #0, #2 and #4 complement each other in different directions. In the first hexachords of D4 and D5, the *ics.* 1 of *iord.* #0, #1, #3 and #4 are identical in the same ascending order, while the subfractional identity of *ics.* 5 and 1 of *iord.* #2 complement each other in different directions to *stimmentausch* in tonal music, the interval content of D5 which is all la (Ex. 5) results from the 'exchange of intervals' between P (*iord.* #0, #2 and #4) and D2 (*iord.* #1 and #3) with a reversal in direction.

Another possible derived set of the interval contents of 3-3-3-3-3 created by the exchange of intervals between P (*iord.* #1 and #3) and D2 (*iord.* #0, #2 and #4) is not used because it would create a different source hexachord [0 2 4 5 7 9] from that of P.

The second hexachords of sets P, D2 and D4 are paired with those of Dl, D3 and D5, respectively, having identical interval contents (1-1-3-1-1, 1-3-1-1-3, and 3-1-1-3-1) in the same corresponding interval-pitch-class interval order-numbers (#6 to #10). All of the *ics.* 1 in the three pairs are in the same directions. However, the subfractional identity of *ics.* 3 complement each other in opposite directions.

The palindromic distribution of *ics.* 1-1-3-1-1 in the second hexachord of P reflects the two segments, 1-1-3 and its retrograde 3-1-1. As a result, the first rotation of 1-3-1-1-3, which occurs in set D2 and D3 is the sum of segmental rotations (2), (3), and (4) which returns to (1), as shown in Ex. 6.

[Ex. 6] The First Rotation Resulting in Derived Sets D2 and D3.

(1) 1-1-3
(2)   1-3-1
(3)   3-1-1
(4/1)   1-1-3

```
----------------
      [1-] 1-3-1-1-3
```

Likewise, the second rotation of 3-1-1-3-1, which occurs in sets D4
and D5 is the sum of segmental rotations (3), (4/1), and (5) which
returns to (2), as shown in Ex. 7.

[Ex. 7] The Second Rotation Resulting in Derived Sets D4 and DS.

```
(1) 1-1-3
(2)    1-3-1
(3)       3-1-1
(4/1)        1-1-3
(5/2)           1-3-1
-------------------
      [1-] 1-3-1-1-3-1
```

The third rotation returns to the original interval order of P again.
The third hexachords of P, Dl, D2, D3, D4 and D5 are identical to
the first hexachords of D2, D3, D4, D5, P and Dl.

Transformation by multiplicative rotations of order-number pitch-
number couples can be employed by 18-tone music as illustrated in
another work of mine, *"Interferences* for Three Flutes and Three
Violins with Computer-generated Sound"[6], third movement. In this

---

6) Eugene Lee. *"Interferences* for Three Flutes and Three Violins with Computer-

work T_0P {0 H 2 1 4 3 8 9 A 7 6 5 G D F C E B} is shared by three violins with the arrangement of order numbers, as shown in Ex. 8.1. The pitch numbers created as a result of the rotation of the order numbers in Ex. 8.1 are shown in Ex. 8.2.

[Ex. 8.1] Order Numbers.   [Ex. 8.2] Pitch Numbers.

Vln.I: 2 5 8 B E H   2 3 A 5 F B   (Xc)
Vln. II: 1 4 7 A D G   H 4 9 6 D E   (Xb)
Vln. III: 0 3 6 9 C F   0 1 8 7 G C   (Xa)

The order numbers of the prime set in Ex. 8.1 are multiplied by 5 (mod 18), as shown in Ex. 9.1, and the transformed pitch numbers which result are shown in Ex. 9.2.

[Ex. 9.1] Order Numbers.   [Ex. 9.2] Pitch Numbers.

Vln.I: A 7 4 1 G D   6 9 4 H E D   (Yc)
Vln. II: 5 2 H E B 8   3 2 B F 5 A   (Yb)
Vln. III: 0 F C 9 6 3   0 C G 7 8 1   (Ya)

The order numbers of the prime set in Ex. 8.1 are transformed again by the multiplication of 7 (mod 18), as shown in Ex. 10.1, and the

generated Sound" premiered at Mun-wha Ilbo Hall in Seoul, Korea, 24 November 1998. Correspondences for score, parts, and synthesized tape or CD, Veritas Musicae Publications in Korea, and its U.S. representative, Composers Guild of New Jersey.

pitch numbers which result are shown in Ex. 10.2.

[Ex. 10.1] Order Numbers.   [Ex. 10.2] Pitch Numbers.

M7 Vln. I: E H 2 5 8 B   F B 2 3 A 5   (Zb)
    Vln. II: 7 A D G 1 4   9 6 D E H 4   (Za)
    Vln. III: C 3 6 9 C F   0 1 8 7 G C   (Xa)

The sets derived by multiplicative rotations are also employed by three flutes. The order numbers of the prime set in Ex. 8.1 are multiplied by 11, 13 and 17 (mod 18), as shown in Ex. 11.1, and the pitch numbers transformed by multiplicative rotation of the order numbers in Ex. 11.1 are shown in Ex. 11.2.

[Ex.11.1] Order Numbers.   [Ex. 11.2] Pitch Numbers.

M11 Fl. I: 4 1 G D A 7   4 H E D 6 9   (Za/R)
     Fl. II: B 8 5 2 H E   5 A 3 2 B F   (Zb/R)
     Fl. III: 0 F C 9 6 3   0 C G 7 8 1   (Ya)

M13 Fl.I: 8 B E H 2 5   A 5 F B 2 3   (Yb/R)
     Fl.II: D G 1 4 7 A   D E H 4 9 6   (Yc/R)
     Fl.III: 0 3 6 9 C F   0 1 8 7 G C   (Xa)

M17 Fl.I: G D A 7 4 1   E D 6 9 4 H   (Xb/R)
     Fl.II: H E B 8 5 2   B F 5 A 3 2   (Xc/R)
     Fl.III: 0 F C 9 6 3   0 C G 7 8 1   (Ya)

Invariants among ordered hexachordal pitch-class sets which occur among the 18 hexachords above are shown in Ex. 12.

[Ex. 12] Invariants among Ordered Hexachordal Pitch-class Sets.

Xa in Exx. 8.2, 10.2 and 11.2;
Xb in Ex. 8.2, and Xb/R in Ex. 11.2
Xc in Ex. 8.2, and Xc/R in Ex. 11.2
Ya in Exx. 9.2, and 11.2;
Yb in Ex. 9.2, and Yb/R in Ex. 11.2;
Yc in Ex. 9.2, and Yc/R in Ex. 11.2;
Za in Ex. 10.2, and Za/R in Ex. 11.2;
Zb in Ex. 10.2, and Zb/R in Ex. 11.2.

Each instrument, however, completes an 18-tone set. For example, the first violin completes the 18-tone set {2 3 A S F B 6 9 4 H E D C G 7 8 1 0}, while the first flute completes the 18-tone set {1 8 7 G C 0 A 5 F B 2 3 E D 6 9 4 H}.

All-Interval Sets in 18-Tone Music

While there are thousands of potential all-interval 18-tone sets, 10 such possible sets chosen randomly are illustrated in Ex. 13.

[Ex. 13] All-Interval 18-Tone Sets.

```
(01)    0 7 H 2 E 1 3 G C D 4 F 5 B 8 6 A 9
(02)    0 D A H 7 5 E 6 2 4 G 1 C B F 3 8 9
(03)    0 8 F B 4 D C 6 A 2 5 3 G H E 1 7 9
(04)    0 E 8 C 4 1 H 7 D G B A 3 5 6 F 2 9
(05)    0 6 7 B 8 F 5 3 2 E 1 A C 4 H D G 9
(06)    0 F G C 2 5 A 8 7 B 6 H 1 D 4 E 3 9
(07)    0 2 B 3 H F 4 8 7 1 G 6 C 5 A D E 9
(08)    0 2 G 4 8 7 H A F 5 6 3 C 1 D B E 9
(09)    0 C 3 6 E B 4 8 D 2 G H 1 7 5 F A 9
(10)    0 G B 5 C F 3 H 8 7 4 6 A 2 D E 1 9
```

Timbral Structure in 18-Tone Music

Unlike conventional instruments, the computer as a musical
instrument does not have inherent timbre when producing pitch.
Instead, the oscillator generates a pure periodic waveform, but the
computer can perform overlapping tones which can function like
pseudo-overtones of a single pitch-class. They are termed,
pseudo-overtones because they do not have to be limited to the
fundamental and partials as described by Helmholtz and Fourier.
These overlapping tones can be represented as a set arranged in a
vertical order which would create a second dimension of structural
organization for a piece of music.

Although any set can be used to create the pseudo-overtones, the vertical set should have some compositional relationship to the linear progression. Mt work *"Trihexadral Ballads* for Three Violins with Computer-generated Sound" employs the all-interval 18-tone set {4 5 3 6 2 7 1 8 0 9 H A G B F C E D} for this purpose. All 17 different intervals: 1 / 16 / 3 / 14 / 5 / 12 / 7 / 10 / 9 / 8 / 11 / 6 / 13 / 4 / 15 / 2 / 17 are placed vertically in ascending order as illustrated in Ex. 14. For fundamental pitch-class #0, the first pseudo-overtone above is determined by the center interval which happens to be partial pitch #9 in this example. Since the 10th interval is *ic.* 8, the second pseudo-overtone is partial pitch #H; and the 11th interval is *ic.* 11, the third pseudo-overtone is partial pitch #A in the next octave. In this manner, successive pseudo-overtones above the original pitch-class are determined by the second half of the all-interval vertical set.

The first pseudo-undertone below the original pitch-class #0 is determined by the eighth interval which is *ic.* 10. Hence, the first pseudo-undertone for pitch-class #0 would be partial pitch #8 in the octave below the original register. In this manner, successive pseudo-undertones below the original fundamental are determined by the first half of the all-interval vertical set. Hence, the vertical set, {4 5 3 6 2 7 1 8 (0) 9 H A G B F C E D}, which happens to be identical to the original all-interval 18-tone set represents the pseudo-harmonics for pitch-class #0. Likewise, T_1P {5 6 4 7 3 8 2 9 (1) A D B H C G D F E} represents the pseudo-harmonics for pitch-class #1.

Since there are 18 transposition operators in the vertical all-interval set, the total number of partials involved is 324 (18 * 18). The matrix derived from the all-interval set for each fundamental is illustrated in Ex. 14.

To determine the frequencies for the partials, the cps (cycles per second) for pitch-class #0 is first multiplied by the frequency ratios of the *diathirdtonic* scale. Then the frequencies in the first half of the vertical set are multiplied by $1/2^n$ where n equals the number of octaves below the index register while the frequencies in the second half of the vertical set are multiplied by 2^n, where n equals the number of octaves above the index register. The frequencies for the partials of pitch-class #0 in any register are illustrated in Ex. 15.

Unlike a conventional instrument, the computer can produce pitch structures with varying timbral qualities by controlling the amplitude envelopes for each partial. All-interval verticality in Ex. 14 can be complemented by a matrix derived from *ics.* 17 / 2 / 15 / 4 / 13 / 6 / 11 / 8 / 9 / 10 / 7 / 12 / 5 / 14 / 3 / 16 / 1 in ascending order by replacing the harmonic pitch set with {E D F B G B H A 0 9 1 8

[Ex. 14] The Fundamental Pitch-Classes with Associated Partials used in "*Trihexadral Ballads.*"

Interval Number	Vertical ics.	Partial Pitches																	
		D	E	F	G	H	0	1	2	3	4	5	6	7	8	9	A	B	C
17	17																		
		E	F	G	H	0	1	2	3	4	5	6	7	8	9	A	B	C	D
16	2																		
		C	D	E	F	G	H	0	1	2	3	4	5	6	7	8	9	A	B
15	15																		
		F	G	H	0	1	2	3	4	5	6	7	8	9	A	B	C	D	E
14	4																		
		B	C	D	E	F	G	H	0	1	2	3	4	5	6	7	8	9	A
13	13																		
		G	H	0	1	2	3	4	5	6	7	8	9	A	B	C	D	E	F
12	6																		
		A	B	C	D	E	F	G	H	0	1	2	3	4	5	6	7	8	9
11	11																		
		H	0	1	2	3	4	5	6	7	8	9	A	B	C	D	E	F	G
10	8																		
		9	A	B	C	D	E	F	G	H	0	1	2	3	4	5	6	7	8
9	9	(Center ic.)																	
		0	1	2	3	4	5	6	7	8	9	A	B	C	D	E	F	G	H
8	10																		
		8	9	A	B	C	D	E	F	G	H	0	1	2	3	4	5	6	7
7	7																		
		1	2	3	4	5	6	7	8	9	A	B	C	D	E	F	G	H	0
6	12																		
		7	8	9	A	B	C	D	E	F	G	H	0	1	2	3	4	5	6
5	5																		
		2	3	4	5	6	7	8	9	A	B	C	D	E	F	G	H	0	1
4	14																		
		6	7	8	9	A	B	C	D	E	F	G	H	0	1	2	3	4	5
3	3																		
		3	4	5	6	7	8	9	A	B	C	D	E	F	G	H	0	1	2
2	16																		
		5	6	7	8	9	A	B	C	D	E	F	G	H	0	1	2	3	4
1	1																		
		4	5	6	7	8	9	A	B	C	D	E	F	G	H	0	1	2	3

2 7 3 6 4 5}. This complementary relationship can extend the above mentioned all-interval verticality even further.

[Ex. 15] Frequency Ratios of the Diathirdtonic Scale with
Multiplication Numbers of the Index Number for the Partials
of Fundamental Pitch-class #0.

Partials		Frequency Ratios	Multiplication Numbers
1	=	(cps * 1/1)	* 1
2	=	(cps * 53/51)	* .5
3	=	(cps * 27/25)	* .25
4	=	(cps * 55/49)	* .125
5	=	(cps * 771/661)	* .0625
6	=	(cps * 137/113)	* .0625
7	=	(cps * 63/50)	* .125
8	=	(cps * 127/97)	* .25
9	=	(cps * 83/61)	* .5
10	=	(cps * 99/70)	* 1
11	=	(cps * 97/66)	* 2
12	=	(cps * 139/117)	* 4
13	=	(cps * 100/63)	* 8
14	=	(cps * 193/117)	* 16
15	=	(cps * 667/389)	* 8
16	=	(cps * 98/55)	* 4
17	=	(cps * 50/27)	* 2
18	=	(cps * 102/53)	* 1

Concluding Remarks

The computer has rendered composing and performing in an 18-tone system possible. A workable 18 tone system should represent a significant advance upon 12-tone system. The 18 distinct elements of *diathirdtonic* music allow for six thousand trillion more permutations than 12-tones. Furthermore, the sixteen all-combinatorial source sets for 18-tone music vastly expands upon the six all-combinatorial source sets in 12-tone music.

This tremendous increase in possibilities would be daunting, were it not for the fact that familiar concepts developed for 12-tone music can be adapted to this new system. Although examples are limited to the few 18-tone compositions that have been published or performed, this article has hopefully demonstrated some basic characteristics of *diathirdtonic* music theory, particularly set derivation and the generation of timbre. The 18-tone system should particularly represent a significant advance for computer music. Early computer music has ranged from the generation of simply sound effects to the renderings of purely mathematical formulae.

While 18-tone music can be performed on traditional instruments, the computer will clearly play a central role in the performance of *diathirdtonic* music. With computer performance, 18-tone music will help bring computer music back into the theoretical continuum of music history while introducing a new system with distinct linear, harmonic and timbral characteristics.

18. 동(東)·서(西) 고정 음악 관념으로부터의 해방

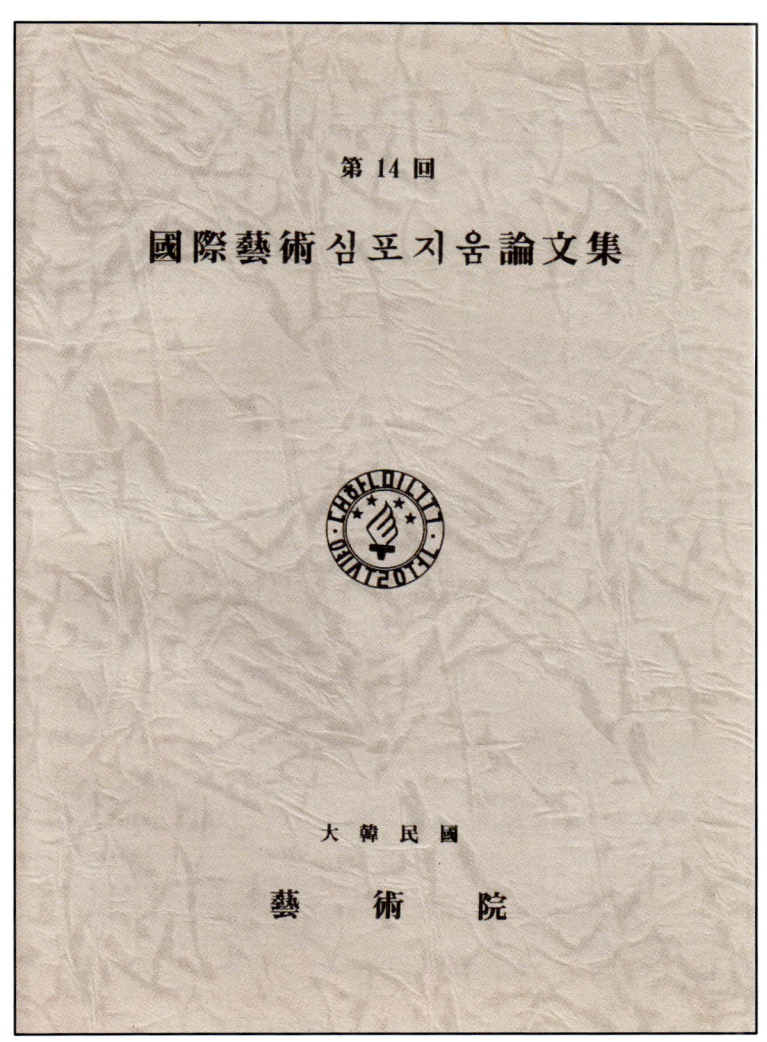

第 14 回

國際藝術심포지움論文集

大 韓 民 國

藝 術 院

目　　次

동(東)·서(西) 고정 음악 관념으로부터의 해방[1]

이여진(李如辰)

최근 100여 년 사이 동양과 서양 음악 사이의 의식적 시도에 의한 상호 영향은 과거 동양과 헬레니즘(Hellenism) 요소들의 혼합으로 이루어졌던 비잔틴(Byzantine) 음악 이후 오랜 결여 후 현대음악 예술발전에 중요하게 부각되는 가장 괄목할만한 현상 중 하나로 나타나고 있다.

서기 3세기경 서양의 많은 고(古) 성가(chant)들은 동양선율 사용 방법에 의해 작곡되었을 뿐만 아니라, 8 에코이(*echoi*)의 비잔틴(Byzantine) 체계는 8 교회선법(*ecclesiastical* mode)이라는 중세 서양음악 이론 체계 확립에 막대한 영향을 미쳤던 것이다. 동양과 서양 사이에 연주뿐만 아닌 이론을 통한 상호 영향으로 이루어졌던 당시의 다면적 상황과는 달리 19세기 초반으로부터 현재까지 이루어진 수준은 동양주의(Orientalism), 상징주의(Symbolism), 이국주의(Exoticism), 또는 신(新)-이국주의(Neo-exoticism) 등으로 불릴 만큼 주로 장식적, 아니면 음악 외적인 것들(extra-musical)로 성격 지워지듯 표면적 모방에 불과한 정도인 것이다.

---

1) 본 논문은 『대한민국 예술원』 주최 "제14회 국제 예술 심포지엄"에서 1985년 9월 25일 (세종문화회관 대회의장) 발표되었다. 이 자리에 국악계의 원로이신 이혜구(李惠求) 박사가 위원으로 참석하셨다는 것은 본 논문에 국악이 일부 포함되었다는 점에서 내게는 큰 영광이었다. 발표회가 끝나고 이혜구 박사께서 "논문은 이렇게 쓰는 거야!"라며 격려해 주셨다.

중국과 한국 그리고 일본 음악에는, 예를 들어 중국의 금(琴, *chin*) 연주를 위한 54 손가락 기교 표기인 감자(減字, *chien-tzu*)가 대변하듯, 막대한 양의 아티큘레이션(articulations), 믿기 힘들 만큼 미묘한 음색(timbre)의 수식방법(modification), 다양한 음도(pitch)의 억양조절(inflection), 강약 (intensity)의 넓은 기폭(fluctuation) 등 이들은 모두 음악 연주에 있어서 전혀 다른 강조와 집약의 결정체인 것이다. 음형의 반복(figurative reiteration), 또는 유기적 관련 없이 한 요소와 다른 요소의 병치 (juxtaposition) 등을 통한 표면적 모방은 장식적으로 쉽게 처리될 수 있는 것으로서 이들이 어떤 영향을 설혹 미친다고 하더라도 스타일(style)에 고작일 뿐일 것이다. 이는 마치, 예를 들어 Haydn(하이든)과 Mozart(모차르트) 사이 스타일의 차이점들을 열거한다면 아마도 우리 단어의 부족함을 절감할 바와 같을 것이다. 스타일이 작곡기법을 결정짓느냐, 아니면 기법이 스타일에 영향을 미치느냐 하는 문제 역시 또 다른 하나의 중요한 질문 임에 틀림없으나 우선 한 작품이 어떻게 일관되게 조직되느냐 하는 문제는 어떻게 장식되느냐 하는 문제보다 먼저 고려 되어져야만 할 것이다.

동양음악 관념의 본체(本體)로서 "단일음"(單一音, single tones)에 대한 곡해 ─ 이는 마치 우리에게는 음(sound)만 존재하고, 구문법(syntax)은 부재하달까 ─ 는 특히 서구의 총열화(總列化, total serialization)의 성취를 위해 모든 음악적 요소(parameters)들, 즉 음도(pitch), 음길이(duration), 음색(timbre), 강도(intensity), 아티큘레이션(articulations)의 해체와 분리를 통한 작곡기법의 발전 이후 음악 조직 안에서 장식적 요소들을 구조화하기보다 오히려 이들을 구조적 요소 그 자체로 취급하도록 작곡가 자신들을 현혹시키고 있다.

Pierre Boulez(피에르 불레즈)의 "2 피아노(Pf.)를 위한 *Structures*"[2] 중 1c (3악장)[3], mm. 141~142를 Ex. 1 에서 잠시 살펴본다면, 이 중 Pf. II 의 한 선율은 m. 141 왼손 음도 E^b_2에서 마지막 32분음표 음도 A_5, 그리고 m. 142의 2번째 음도 D_6를 거쳐 저음 E_1, 그리고 이 소절의 마지막 음도 F_3…로 진행한다.

[Ex. 1] Pierre Boulez. "*Structures*" 1c, mm. 141-142.

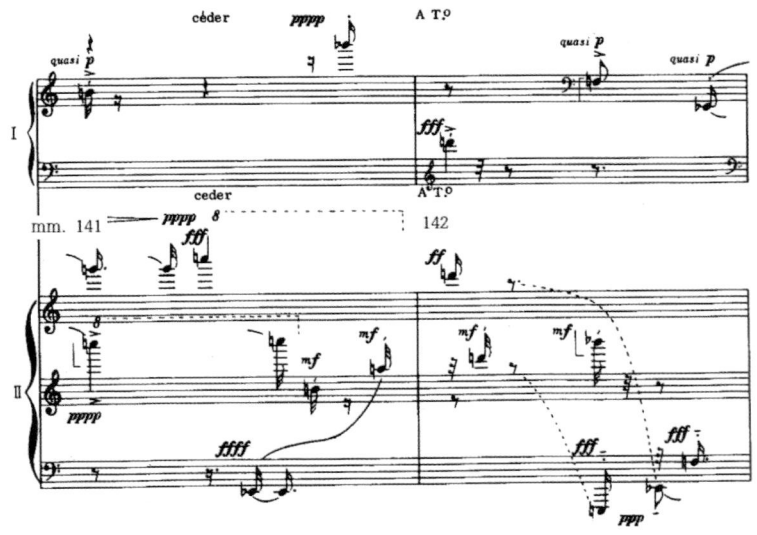

이는 Ex. 1.1에서 제시하는 바와 같이 주어진 서열 집합(ordered set)의 원형(Prime)중 서열번호(order number: ord. #로 표기) ord. #8~12, 즉

2) Pierre Boulez. "*Structures*", Premier livre 2 pianos à 4 mains, Universal Edition 12267, 1955.
3) *Structures*" 중 1a(1악장)에 대한 분석은 다음 참조: Gyorgy Ligeti. "Pierre Boulez", *Die Reihe*, Vol. 4, Universal Edition, 1960.

음도 번호(pitch-class numbers: *pc.* #로 표기) *pc.* #10, 9, 7, 2, 8의 T_4(transposed by *pc.* 4), 즉 *pc.* #4에 의한 이도(移度)된 *pc.* #14, 13, 11, 6, 12에 mod. 12(계수 12)한 역행(T_8R + T_4R = $T_{12}R$ = T_0R), 즉 *pc.* #0, 6, 11, 1, 2인 것이다.[4]

[Ex. 1.1]

ord.#	1	2	3	4	5	6	7	8	9	10	11	12
pc.#	0	11	6	5	4	3	1	10	9	7	2	8

[Ex. 1.2]   [Ex. 1.3]

1	2	3	4	5	6	7	8	9	10	11	12
2	8	4	5	6	1	1	9	12	3	7	10
3	4	1	2	8	9	10	5	6	7	12	11
4	5	2	8	9	12	3	6	11	1	10	7
5	6	8	9	12	10	4	11	7	2	3	1
6	11	9	12	10	3	5	7	1	8	4	2
7	1	10	3	4	5	11	2	8	12	6	9
8	9	5	6	11	7	2	12	10	4	1	3
9	12	6	11	7	1	8	10	3	5	2	4
10	3	7	1	2	8	12	4	5	11	9	6
11	7	12	10	3	4	6	1	2	9	5	8
12	10	11	7	1	2	9	3	4	6	8	5

4) 12음 음악과 관련된 용어 설명은 다음 참조: 이여진. 음악용어사전, 『12音 음악언어』 (*"The Language of Twelve-Tone Music"*), 서울: 음연, 1995 (ISBN 89-86385-00-7).

음가(durations)는 Ex. 1.2에서 제시하는 바와 같이 32분 음표를 기준으로 12길이 집합(durational set)으로서 Ex. 1.3의 서열번호(order number)로 이루어진 주배열(master array)에 X로 지적된 ord. #4, 2, 5, 3, 10 ···, 즉 𝅘𝅥 (E♭₂) + 𝅘𝅥 (A₅) + 𝅘𝅥 (D₆) + 𝅘𝅥 (E₁) + 𝅘𝅥 (F₃)이다.

[Ex. 1.4]   [Ex. 1.5]

ord. #	Dynamics
1	pppp
2	ppp
3	pp
4	p
5	quasi p
6	mp
7	mf
8	quasi f
9	f
10	ff
11	fff
12	ffff

ord. #	Modes of Articulation
1	>
2	ꞋꞋ
3	·
4	none
5	normal
6	⌢
7	▾
8	sfz ⋀
9	>▾
10	none
11	ꞋꞋ
12	⌢

pppp 로부터 *ffff* 까지의 12 강약(dynamics) 역시 Ex. 1.4에서 제시하는 바와 같이 열화(列化)되어 Ex. 1.3의 매트릭스(matrix)에서 Y로 지적된 대각선 ord. #12, 7, 7, 11, 11··· 즉, *ffff* (E♭₂) + *mf* (A₅) + *fff* (D₆) + *fff* (E₁) ···로 정해졌다.

뿐만 아니라 아티큘레이션 역시 Ex. 1.5에서와 같이 ord. #4와 #10이 임의로 제외(none)된 후 열화(列化) 됨으로써, ⌒ (E^b_2) + ▼ (A_5) + ▼ (D_6) + ᷇ (E_1) + ᷇ (F_3) … 또한 Ex. 1.3의 Y로 지적된 대각선 ord. #12, 7, 7, 11, 11, …의 순열을 따랐다.

이 밖에도 Pf. I을 포함하여 4개의 다른 음열(T_1RI, T_9I, $T_{10}R$, T_4P)들은 제 각기 독립적인 음가와 강약, 그리고 아티큘레이션으로 mm. 142~143에서 일어나고 있다.

Tempo(템포), 음역(register), 기타 더 이상 논하지 않더라도 이와 같이 음 (音)의 매개 변수(parameters) ― 즉 음정, 박자, 강약, 음가, 음질 등 ― 의 완전 분해 후 '완전 자동화'(automatization)에 의한 소위 Total Serialization, 즉 전열화(全列化)는 모든 요소들의 '완전 평등화'로 결과된 다. 이는 곧 근본적으로 음악의 '수식적 요소'들을 '구조적 요소'들과 아무런 차이 없이 동등하게 받아들이게 됨으로써 Boulez로 하여금 완전한 자유 ― 심지어 창작성 마저로 부터도 ― 를 단독으로 성취, 내지는 음악예술 안에 서 혁명을 이루었다고 착각하게 만든 것이다. 그가 혁명적 이념의 창시자로 내세웠던 Anton von Webern(베베른)은 그러나 Boulez의 무차별한 관념과 는 오히려 상반되게 음악적 동기로 이루어지는 구조(structure)를 더욱 선 명한 texture(결, 또는 질감)로서 정확히 표현하기 위하여 모든 음들의 완 전한 조정(control)을 통하여 한 음이 가질 수 있는 각각의 요소들을 명확 히 규명하였던 것이다.

예를 들어, Webern의 Cello(Vcl.)와 Piano(Pf.)를 위한 "*Drei Kleine Stücke*", Op. 11[5] 중 Ex. 2에 제시하는 제3악장은 불과 10 마디로 언뜻

보기에 서로 간에 아무런 연관 없이 한 음(音), 한 음이 완전 독립된 것처럼 보인다. 즉, Vcl.의 m. 1, *am Steg*(암 스테그)에 의한 E^b_2-F^b_2 trill(트릴); m. 2, harmonics(배음) 음도 C_4는 triplet(3연음부)의 3번째 박(beat)에서 *ordinario*(오르디나리오) 음도 $B^\natural_2$; m.3 첫 박에서 점 4분음표의 B^b_2; mm. 5~6에 거쳐 3박자 길이의 음도 F_4; 그리고 mm. 8~10에서 각기 쉼표를 사이에 둔 harmonics 음도 A^b_4, D_5, $C^\#_6$.

그러나 이들 음도는 Pf.와의 대화를 통한 상호연관 관계에서 그 참뜻을 발견할 수 있다.

[Ex. 2] Anton Webern. "*Drei Kleine Stücke*" Op. 11, Mov. 3.

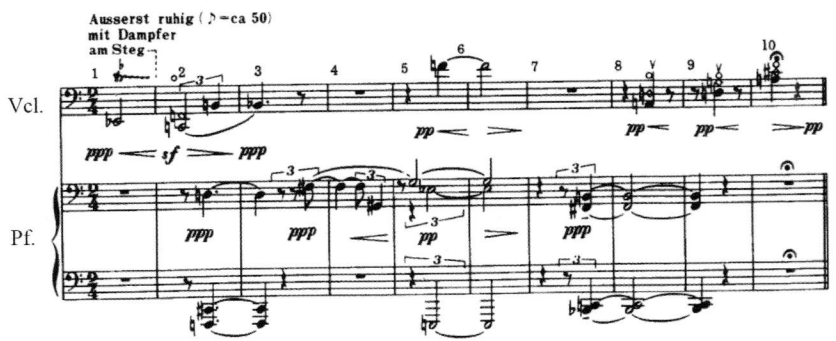

Pf., m. 2의 8분 쉼표 후 점 4분음표 trichord(3음) 시작은 마치 Vcl.의 첫 phrase(악구)가 끝나는 m. 3, 점 4분음표와 8분 쉼표의 역행(retrograde)처럼 들리며, Vcl., m. 2의 triplet은 Pf., m. 3의 triplet과 리듬적 연결을 피할 수 없다. 3연음부 리듬으로 연결되는 Vcl.의 mm. 2~3, 음도 C_4-$B^\natural_3$-B^b_3과 Pf.의 mm. 3~4, 음도 $F^\#_3$이 이루는 tetrachord(4음)는 Pf.의

5) Anton Webern. "*Drei Kleine Stücke*" Op. 11, Universal Edition 7577, 1924.

mm. 7~9, tetrachord 음도 $B\natural_2/F^\#_2/C_2/B^\flat_1$ [6] 과 동일한 화음이다. 뿐만 아니라 Pf.의 mm. 2~6, 즉 Coda 직전까지의 상성 음도 D_3-$F^\#_3$-$G^\#_2$-G_3 역시 앞에서 제시한 tetrachord의 원형집합(Prime set: [ ]로 표기)인 *pcs.* [0 4 5 6][7]의 T_8, 즉 *pcs.* [8 0 1 2]이다.

그렇다면 여기에서 Vcl. m. 2에서 왜 유독 음도 C_4, 한 음만을 harmonics 로 처리했을까 라는 의문이 생길 것이다. 이 음도 C_4는 mm. 8~10, Coda 부분의 3 harmonics 음도 A_4-D_5-$C^\#_6$와 연결되는 한편 동시에 이 음도 C_4 는 또한 Pf., m. 2의 trichord 음도 $D_3/C^\#_2/F_1$와 함께 *pcs.* [0 3 4 5][8]의 T_8I, 즉 *pcs.* [8 5 4 3]을 형성하기 때문이다.

이 밖에도 trichord의 상호연관 또한 중요하나 여기에서 지적하고자 함은 어느 것과도 무관하게 보이는, 예를 들어 Vcl.의 m. 2, harmonics 음도 C_4 의 처리가 이 한 음의 고립된 독립을 목적함이 아니요 보다 높은 구조적 차원에서의 유기적 상호연관 관계를 이룩한다는데 그 참뜻이 있다는 사실 이다.

극도로 상업화된 현 사회구조 안에서 음악 정치로 인한 사회적 명성과 예 술작품의 진가와는 많은 경우 무관할 수밖에 없으며, 이상에서 단편적 예를

---

6) 음도의 선적 연접(conjunct) 진행은 " - "으로, 이접(disjunct) 진행은 " -- "으로, 그리고 수직적, 즉 화성적 음도들은 " / "으로 표기된다. 예를 들어, A-B는 음도 A가 B로 선적으 로 연접 진행한다는 의미이고, A--B는 음도 A가 B로 선적으로 이접 진행하는 의미이며, A/B는 음도 A와 B가 수직적, 즉 화성적으로 배치되어 있다는 의미의 표기이다.

7) *pcs.* [0 4 5 6]은 원형(Prime set) [0 1 2 6]의 RI(Retrograde-inversion, 역전회).
참조: 이여진. 『음악용어사전: 12음 음악언어』 (FN #4).

8) *pcs.* [0 3 4 5]는 원형 [0 1 2 5]의 RI.

통해 보았듯이 Boulez와 Webern 작품의 진정한 가치평가란 우리의 예술성 뿐만 아니라 이성적, 학문적, 그리고 분석적 판단을 요구하는 것이다.

작품에서 뿐만 아니라 문헌에서도 Joseph Needham의 *"Science and Civilization in China"*, 또는 Robert Hans van Gulik 의 *"The Lore of the Chinese Lute"* 등 동양문화에 관한 귀중한 외국 역저(力著)들도 몇몇 존재하나 동양음악에 대해 믿고 의존할만한 서적을 찾아보기란 여간 어려운 일이 아니다. 뿐만 아니라 많은 경우 잘못된 번역과 왜곡된 내용은 어떤 식의 공헌에 앞서 동양문화에 오히려 피해를 끼칠 위험성마저 지니고 있는 것이다. 동·서 사이의 상호 영향과 발전은 어느 한쪽 또는 양쪽 전통의 부정 또는 그들 각각의 역사와 과거의 불인정(不認定)으로부터 접근되어서는 아니 될 것이다. 오히려 이는 동·서간 전통의 구조적 관념들을 넓힐 수 있고 서로 다른 독창성과 자생성, 그리고 원천성이 합쳐 다양한 아이디어 (idea)들을 개발하고 통일성 있게 그리고 논리적으로 발전시킬 수 있는 보다 많은 새로운 가능한 방법들을 개발하고 제시할 수 있는 기회로 삼아야만 할 것이다. 현대 예술가들이 과거로부터의 완전 이탈로서만이 자신들의 진정한 표현법칙을 창조할 수 있다는 환상이야말로 전통적 가치에 기초한 관념의 이간만이 오직 자신의 방어인 미로 속으로 우리를 인도할 뿐이다.

동양과 서양의 음악가들은 그들의 서로 다른 전통과 훈련, 그리고 경험에 의해 전혀 다르게 조건 지어져 왔다. 심지어 영감마저도 그들 과거 관습과 훈련에 의해 지배되어 온 것이 사실이다. 심지어 같은 서양이나 동양 이라 할지라도 그리고 서로 단 150년의 시간 차 뿐 없다할지라도, 예를 들어 Palestrina(팔레스트리나)와 Bach(바흐)는 얼마나 유사하면서도 또한 다른

가! 음악적 훈련이 없는 이에게 그들의 작품은 아마도 비슷하게 들릴 것이요, 선법(modal)과 조성(tonal)체계의 차이를 아는 이에게는 전혀 다르게 들릴 것이다. 허나 기본 작곡 개념의 필연적 발전을 통한 이론역사와 음악의 근원적 개념과 이의 발전, 그리고 논리(logic)를 추구하는 이들에게는 이 두 작곡가의 작품들은 또한 일관(!)되게 들릴 것이다. 어떻게 8 *echoi* 가 교회 선법*(ecclesiastical* modes)에 영향을 미쳤으며 그리고 서구 성가*(chant)* 가 그 후 어떻게 발전되었는가에 대한 해답 역시 대단히 중요한 것이겠으나 그보다 앞서 더욱 근본적으로 고려되어야만 할 문제는 그들 간에 상호 영향(interaction)을 가능토록 만든 공통분모(denominator)는 과연 무엇인가에 대한 것일 것이다.

B.C. 1세기경 집성된 공자식(Confucius) 음악 관념의 禮記*(Yueh Chi)*[9]에 서 다음과 같이 언급되어 있다: 즉, "음(音)을 알기 위해서 소리를 조사하여야만 하고, 음악을 알기 위해서는 음을 조사하여야만 한다."

지금으로부터 10세기가 넘는 이전에 Hucbald(헉발드)는 *De Harmonica Institutione*[10]에서 "선율을 조금이라도 이해하고자 원하는 자는 누구나 할 것 없이 각 음의 질(quality)과 음도(pitch) 양쪽에 대해 철저히 신경을 써야만 한다."라고 서술하고 있다.

---

9) *Yüeh Chi,* 樂記*(Li Chi),* Chap. 19. compiled by Tai Sheng: trans. by James Legge, Yo Ki, Li Ki, Vol. XXVII-XXVIII of *The Scared Books of the East,* Oxford, 1885.

10) Hucbald. *De Harmonica Institutione.* M. Gerbert, *Scriptores ecctesiastici de musica sacra potissimum,* I, 125-47, 1784: trans. by Warren Babb, Yale Univ. Press, 1978.

중국의 조율체계(tuning system)가 혹시 Pythagoras(피타고라스), 또는 Babylonian(바빌로니아)의 영향으로 이루어진 것이 아니냐, 또는 음계체계 (*gamut* system) 확립에서 Pythagoras가 먼저냐, 중국의 伶倫(Ling Lun)이 먼저냐, 내지는 이 두 이름이 동일인의 것이 아니겠느냐 라는 추론의 유혹 까지를 저버린다 치더라도 이상 인용된 문구를 통해 동양과 서양에서 통용 되었던 음악에 대한 기본개념이 놀랍게도 얼마나 유사한지 통감하지 않을 수 없지 않은가!

초기 Polyphony(다성음악)의 한 예 중, Compostela의 2성 오르가눔 *(Organum)*인 "*Benedicamus Domino*"[11]에서 작게는 한 악구(phrase)의 세부적 요소로부터 크게는 형식구조에 이르기까지 *organalis*(오르가날리스) 안의 모든 관계들은 *cantus*(정선율)의 음 구조에 조직적으로 기초하고 있 다. *Cantus*의 기본 음정 관계들을 발전시키기 위한 가장 중요한 방법으로 *deduction*(더덕션)과 *proprietas*(푸로프리에타스)를 기초로 동일 *vox*(복 스)의 연관을 유사관계의 *affinities*(어휘니티즈)를 통해 서로 다른 *locus* (로쿠스)의 두 분절(segments)이 공동으로 나뉘는 경우와, 다른 *vox*임에도 불구하고 동일한 *locus*를 소유하는 경우이다.[12] 수식적 요소들과 연장요 소, 그리고 리듬(rhythm)의 변격위치(displacement)를 제거한 모든 구조적

---

11) 이에 대한 자세한 분석과 이론적 설명은 다음 논문 참조:
   Eugene Lee(이여진). "*Benedicamus Domino:* Coherent Relationships Between *Plainsong* and *Organum Duplum*", *In Theory Only*, Journal of the Michigan Music Theory Society, Vol. 6, No. 5, July 1982.
   이여진. 『창작과 분석』 Vol. I, pp. 36-80, 음악춘추사, 2002.
12) 중세 음악이론에 대해 다음 참조:
   이여진. 『창작과 분석』 Vol. I, 제1장 Modality, 음악춘추사, 2002.

음들은 *cantus*와 *organalis* 사이에서 뿐만 아니라, 다른 악구들에서 까지 *Discant*의 구조적 음도(structural pitches)들에 의해 경이할 만큼 조직적으로 완벽하게 구성되어 있다.

[Ex. 3.01] "수제천(壽齊天)".

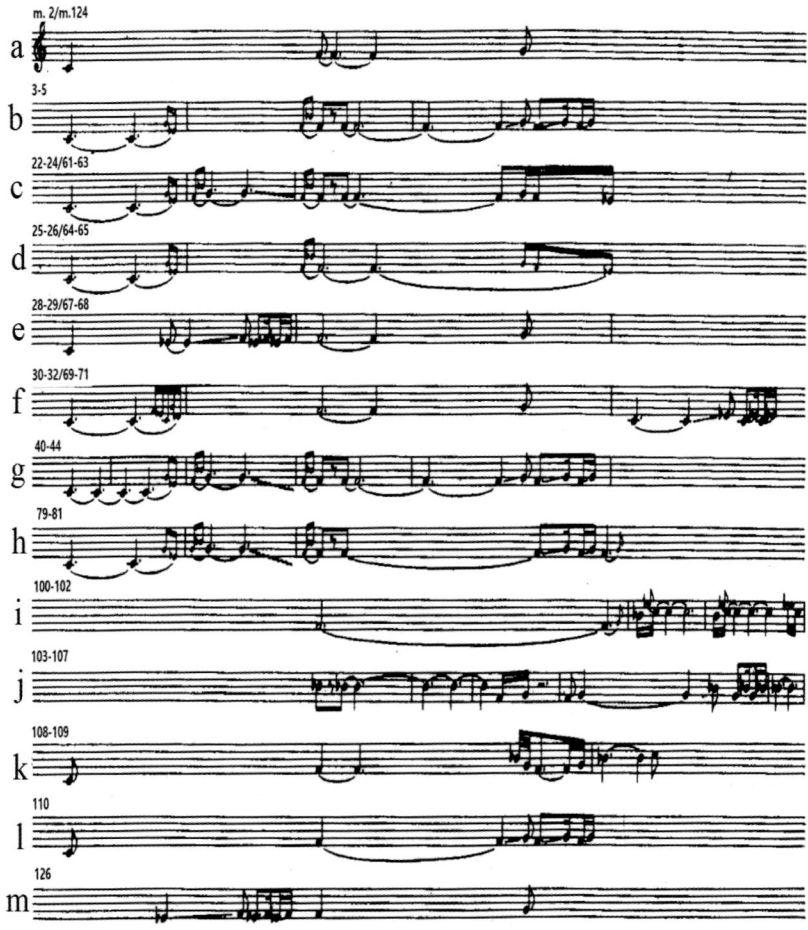

약 1,300년 전 작곡된 것으로 전해지는 우리의 "수제천"[13]은 근본적으로 4층의 소리, 즉 (1) 플루트(flute)와 같은 소금과 대금, (2) 오보(oboe)와 같은 피리, (3) 타악기인 장구와 좌고, 그리고 (4) 현악기인 해금과 아쟁으로 구성되어 있다. 각 악기들은 비길 바 없이 세련된 자신의 선율을 각 악기 고유의 특성을 마음껏 살리며 연주한다. 다양한 연주기법, 음색, 아티큘레이션(articulation), 음 억양(pitch inflection), 부분적 변경(modification), 그리고 장식(ornamentation)들이 더 할 나위 없는 호기심을 불러 일으킨다 하더라도 이 작품의 기본 구조는 서구의 Chant(성가)와 마찬가지로 역시 음 조직(pitch organization)에 가장 중요한 구조적 기반을 두고 있다.

[Ex. 3.02]

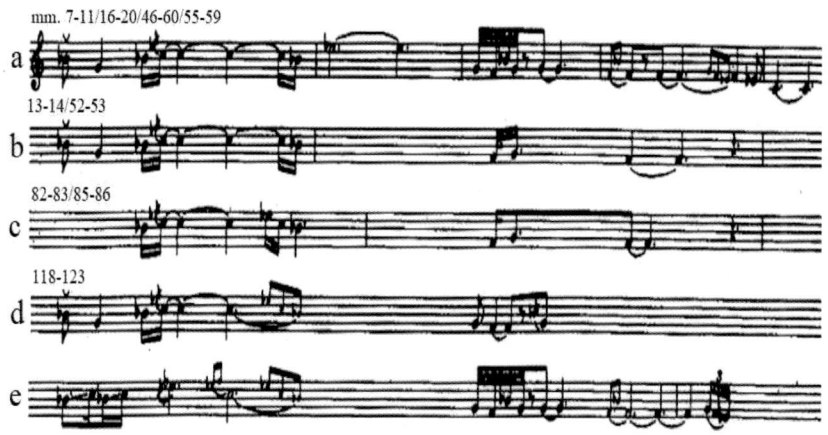

13) "수제천", 김기수 편보. 한국음악 제1집, 국립음악원 발행, 1969.
   본 논문에서 사용한 이상의 악보 중 다음의 오류가 있음을 지적한다. 즉,
   (1) p. 13의 윗단(mm. 25-27)과 아랫단(mm. 22-24)의 순서가 서로 바뀌었고,
   (2) p. 23의 m. 84, 아쟁 C_4-D^b_4는 B^b_3-C_4가 잘못된 것이며, 그리고
   (3) p. 27의 윗단(mm.103-105)과 아랫단(mm. 100-102)의 순서 역시 바뀌어 있다.

[Ex. 3.03]

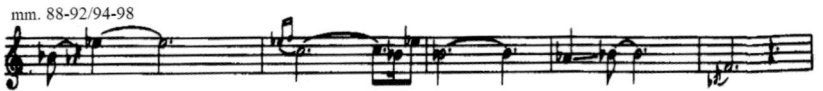

mm. 88-92/94-98

4층의 소리 중 피리는 자체의 가장 강한 소리로서 주선율을 인도하며 전 4 악장을 통해 Exx. 3.01, 3.02 그리고 3.03에서 제시하는 세 가지 선적 부류로 구분 지을 수 있다.

초장 시작 m.2 피리의 주제적 원형은 Ex. 3.01a에서 제시하는 바와 같이 어떤 장식이나 변화음 없이 한 번도 다시 나타나지 않다가 마지막 4장 끝 부분 m. 124에서 단 한번 그 원형이 아무런 수식 없이 신비하게 나타난다.

[Ex. 3.04]

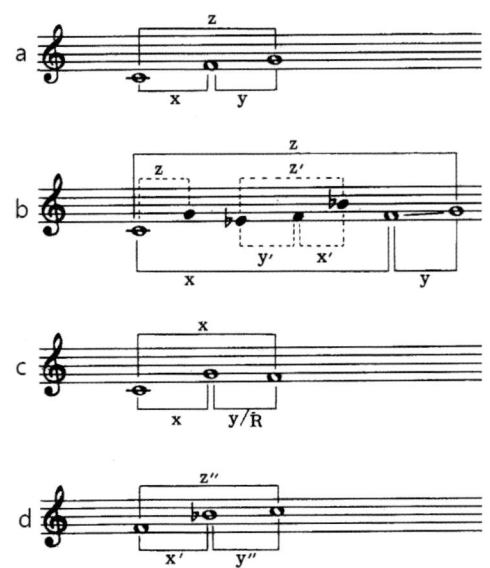

이 작품에서 가장 주된 m. 2의 주제적 요소 *pcs.* [0 5 7]은 Ex. 3.04a에서 제시하는 바와 같이 음도 C_4-F_4, 완전 4도(x)와 음도 F_4-G_4 장2도(y)의 연접(conjunct) 음정과, 음도 C_4--G_4, 완전 5도(z)의 이접(disjunct) 음정으로 구성되어 있다. 이에 이어 mm. 3~5에서 Ex. 3.01b의 주선율과 동일한 음도 C_4--F_4-G_4는 장식음도 G_4, E^b_4, F_4, B^b_4가 첨가되며 이들의 상호연관은 Ex. 3.04b에서 제시하는 바와 같이 주(主)음정 x(음도 C_4-F_4) 안에 장식적 z(음도 C_4-G_4)와 z'(음도 E^b_4--B^b_4, 그리고 장식적 z'안에 y'(음도 E^b_4-F_4)와 x'(음도 F_4-B^b_4) — 이들 z', y', x'가 형성하는 *pcs.* [3 5 10]은 x, y, z가 형성하는 주제적 요소 *pcs.* [0 5 7]의 $T_{10}RI$ 이다 — 로 수식되며, 결과적으로 주선율에 연접 진행되었던 x는 장식음으로 인해 이접 진행된 후 장식음 없는 y로 연접 진행되나 마지막 음도 G_4는 음도 F_4로부터 "밀어 올려서"*(glissando)* 얻어지는 미묘한 변주를 보여주고 있다.

여기에서 가장 주목할 만한 사실은 최소의 장식음을 통해 평조, 즉 너 황조의 pitch-field(음도 영역)를 정확히 제시하는 한편 선율구성 자체는 계면조, 즉 누 황조를 제시하고 있다는 것이다.

이 밖에 음도 C_4-G_4-F_4, 즉 Ex. 3.04c에서 제시하는 바와 같이 x, y, z의 음정 요소들은 순열(permutation)됨으로써 주선율에서 연접 진행되었던 x가 이접 진행됨과 동시에 y가 역행(retrograde)된 상태는 Exx. 3.01c, 3.01g, 3.01h에서 보여주고 있다.

Exx. 3.01i와 3.01j에서 제시하는 mm. 100~107은 Ex. 3.04d에서 제시하는바와 같이 x'(음도 F_4-B^b_4), y"(음도 B^b_4-C_5), 그리고 z"(음도 F_4--C_5)로

전체 음형의 *pcs.* [5 10 0]은 *pcs.* [0 5 7]이 T₅P 된, 여기에서 특히 놀랍게도 흥미로운 사실은 Ex. 3.04d의 구조적 요소 x'는 Ex. 3.04b에서 장식음으로 이미 예시되어 있었을 뿐만 아니라 Ex. 3.04d의 z"인 음도 F_4--C_5는 주선율 x인 음도 C_4-F_4(Ex. 3.04a)를 옥타브 기준으로 전회 (inversion)한 것이라는 사실이다.

뿐만 아니라 기본요소와는 무관하게 보이는 Ex. 3.01j, 즉 Ex. 3.05a에서 제시하는 mm. 103~107의 선율 역시 Ex. 3.05b에서 제시하는 바와 같이 기본선율이 최소로 변형되었던 Ex. 3.01f, 즉 mm. 30~32와 mm. 69~71 의 선율과 고차원적으로 상호연관을 이루고 있다는 사실이다.

[Ex. 3.05]

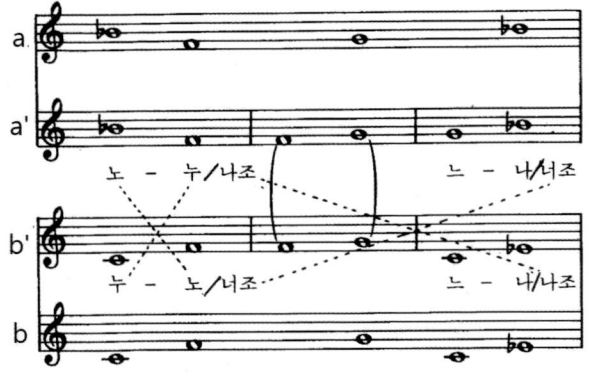

즉, Ex. 3.05에서 (a') 음도 B_4-F_4는, 우리 고유의 구음(口音)을 빌린다면, 나조의 '노-누'요, (b') C_4-F_4는 누조의 '누-노'로 서로 성부교체(*stimmen-tausch*) 되어있다. 그리고 (a') 음도 F_4-G_4와 (b') 음도 F_4-G_4는 서로 동일

음도를 공유한다. (a') 음도 G_4-B^b_4는 누조의 '느-나'요, (b') 음도 C_4-E^b_4는 누조의 '느-나'로 서로 음도는 다르나 기능(vox)은 서로 동일하다. (a') 마지막 음도 B^b_4는 첫 음도 B^b_4와 동일 음도이며, 따라서 (b') 다섯 번째 음도 C_4 역시 첫 번째 음도 C_4와 동일 음도로 진행되나 '느-나'의 완성을 위해 음도 E^b_4까지의 진행은 필연적인 것이다. (b') 음도 C_4-E^b_4는 앞서 설명한 바와 같이 누조의 '느-나'이나 또한 나조의 '누-너' 그리고 (a') 음도 G_4-B^b_4 역시 나조의 '누-너'의 해석 또한 가능함으로써 (a')의 음도 B^b_4-F_4의 나조로부터 공통 음도 F_4-G_4를 통해 음도 G_4-B^b_4 누조로의 구음진행은 (b') 음도 C_4-F_4의 누조로부터 공통 음도 F_4-G_4을 통해 음도 C_4-E^b_4 나조로 이르는, 즉 (a') 구음에 의한 조성 진행이 (b')에서 역행 내지는 (a') 음도 B^b_4-F_4와 (b') 음도 C_4-F_4 사이에서 구음의 성부 교체가 성립되듯, 나조와 누조 사이에서 역시 '조성적 성부 교체'가 성립된다.

[Ex. 3.6]

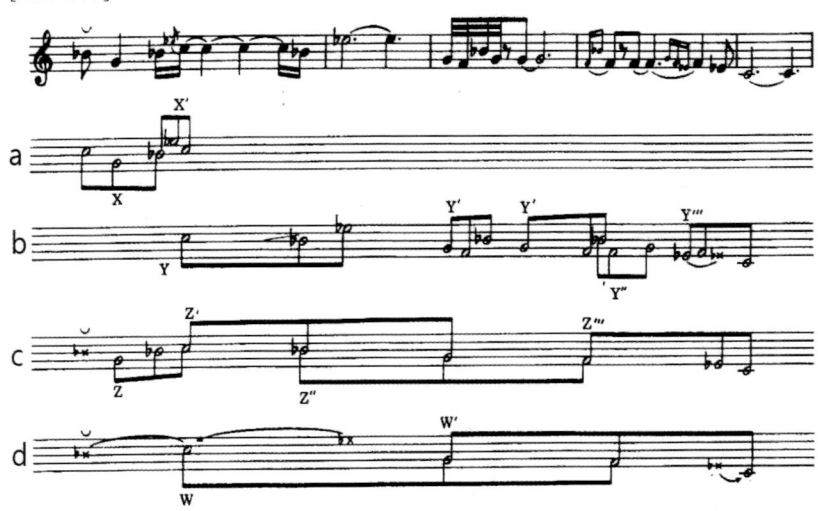

제2와 제3 선적 부류 중 Ex. 3.02와 Ex. 3.03에 대한 분석은 Exx. 3.07과 3.08에 각각 부분적으로 제시되어 있다. 여기에서 제1 선적 부류의 3음 음형을 각각 V, W, X, Y, Z로 칭하여 분류한다. 이들 중 V(Ex. 3.07a, 음도 B^b_4-A^b_4-E^b_5)와 W(Ex. 3.06d, 음도 C_5--G_4-F_4)의 source trichord(원 3음)는 *pcs.* [0 5 7]로서 제1 선적 부류에서 주제적 원형이였던 Ex. 3.04a의 음류집합(음도 C_4-F_4-G_4)과 동일하며, X(음도 C_5-G_4-B^b_4), Y(음도 C_5-B^b_4-E^b_5), Z(음도 G_4-B^b_4-E^b_5)는 source trichord, *pcs.* [0 3 5]을 공통으로 하고 있다. Exx. 3.07a, 3.07b, 3.07c의 상호관계들은 Ex. 3.06d의 총괄적 진행으로 결과되며 그리고 Exx. 3.07a, 3.07b, 3.07c는 B^b_4의 강조로 요약된다.

[Ex. 3.07]

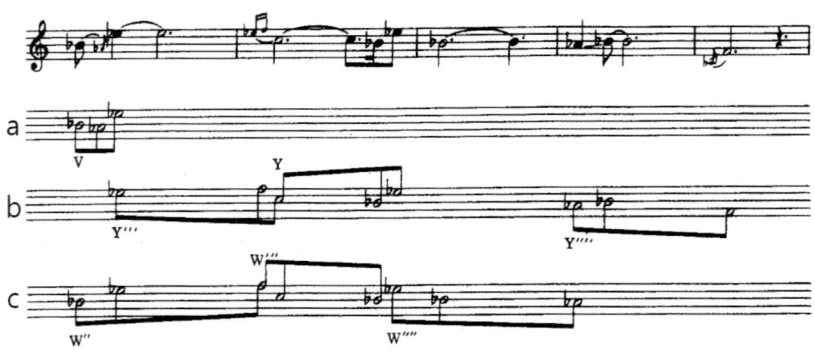

이와 같은 기본음(音) 조직의 발전은 Ex. 3.08에서 제시하는 바와 같이 기본적으로 2 rhythmic modes(리듬 선법) M(M'은 M이 늘어나지 않은 형태)과 N과 합쳐 Ex. 3.09에서 제시하는 바와 같이 작품 전체를 통해 A A B Coda의 형식적 구조를 형성하고 있다.

[Ex. 3.08]

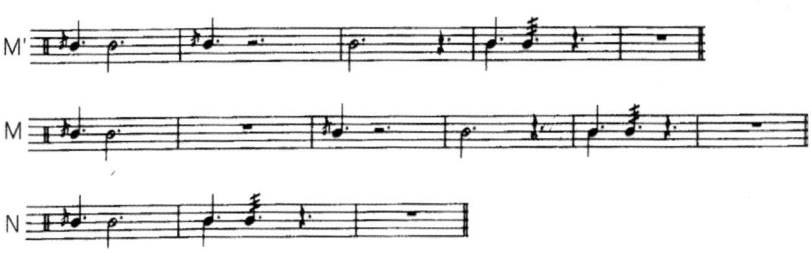

[Ex. 3.9]

	mm. (마디)	1	7	13	16	22*	28	34	
I	Melody (선율)	a	b	b1	b	a1	a2	cta.	A
	Rhythm (리듬)	M'	M	N	M	M	M	none	
	mm.	40	46	52	55	61	67	73	
II	Melody	a1	b	b1	b	a1	a2	cta.	A
	Rhythm	M'	M	N	M	M	M	none	
	mm.	79	85	88	94	100	106[108]**	112	
III	Melody	a1	b1	c	c	a3	a4	cta.	B
	Rhythm	M'	N	M	M	M	M	none	
	mm.	118	124-(129)						
IV	Melody	b3	a5						Coda
	Rhythm	M'	M						

[* FN 10 참조; ** 선율시작]

[Ex. 3.10]

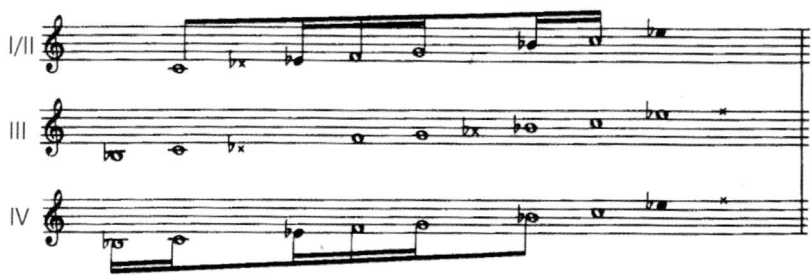

여기에서 더욱 경이 할만한 사실은 피리의 주요 음도들이 너 황조 pitch-field임에도 불구하고 구조적 선율구성에 있어서 Ex. 3.10에서 제시하는 바와 같이 제1과 제2장의 계면조(누 황조)로부터 제3장의 경과적 음도 구성(pitch-arrangement), 즉 제1, 제2장과 제4장의 음도 구성을 합친 상태로부터 제4장의 평조(나 황조)로 바뀌며 이때 평조는 앞서 계면조의 역전회(retrograde-inversion)관계라는 점이다. 뿐만 아니라 이러한 악장간의 계면조로부터 평조로의 조성변화[14]에 의한 선율구성은 놀랍게도 앞에서 언급한 바 있는 m. 2와 mm. 3~5 사이의 평조 pitch-field 안에 계면조 선율구성이라는 한 악구(phrase) 안에서 이미 예시된 바 있었다.[15] 뿐만 아니라 Ex. 3.05a'에서 지적한 나조로부터 누조, 그리고 Ex. 3.05b'에서 지적한 누조로부터 나조로의 가능한 조성적 진행은 이들이 구성하는 구음의 성부교체의 대칭적 구조와도 결코 무관하지 않은 것이다.

---

14) 조성변화에 관하여 Joseph Needham의 *Science and Civilization in China*, Vol. IV, pp. 168~169에 다음과 같이 언급되어 있다:

"The musicians of ancient China were particularly sensitive not only to the obvious changes in character of music caused by the displacing of the semitones in heptatonic modes, and of the 'gaps' in pentatoni modes, but also to the subtler changes in character caused by transposition of a melody from one key to another within the same mode. Whether or not they were all used is uncertain, but there are references to sixty (pentatonic) and to eighty-four-(heptatonic) mode-keys (*tiao*)."

즉, 고대 중국 음악인들은 8음 음계(modes) 안에서 반음의 장소, 또는 5음 음계(modes) 안에서 음 사이의 도약 된 거리의 변경으로 인한 음악적 성격의 바뀜 뿐 아니라, 같은 조성(mode)안에서라 할지라도 한 조(key)에서 다른 조로 선율이 이조(移調, transposition) 됨으로써 일어나는 성격의 미세한 변화에도 대단히 예민하였다. 모든 조가 다 사용되었는지의 여부는 확실치 않으나, 60개의 5음 음계와 84개의 8음 음계조(mode-keys)가 언급되어 있다.

15) 이와 같은 이유로서 "수제천"의 현대 악보화에서 4 flats(플랫)의 조기호보다, 3 flats (E^b=황종)을 사용함으로써 D^{b}을 임시 기호로 처리함이 더욱 타당할 것이다.

Josquin de Prez(조스캥 드 프레, 1440~1521)의 Missa, *"L'Homme Armé"* 중 Ex. 4에서 제시하는 *"Benedictus"* 의 Bass I을 『Sonic Design』[16] 이라는 최근 한 유명 외국 저서에서 Ex. 4.1에서 보여주는 바와 같이 분석하고 있다. 즉, 주요 음 진행은 흰 음표로 표기된 mm. 1~5에서 음도 D_3--A_3로 이들 사이에는 모두 경과음(passing tones)인 음도 E_3-F_3-G_3가 순차 진행되며, mm. 6~9까지의 주요 음 진행은 음도 D_3--A_2로 이들 사이에 보조음(neighboring tone) 음도 E_3을 거쳐 다시 음도 C_3-B_2의 경과음을 갖고 있다는 설명으로 mm. 1~9까지의 분석이 요약된다. 언뜻 보기에 그럴싸하게 보이는 이 결과는 그러나 음의 상호연관 관계를 무시한 대단히 큰 과오를 범하고 있는 분석결과이다.

[Ex. 4] Josquin de Prez. Missa *"L'Homme Armé"*: *"Benedictus"*.

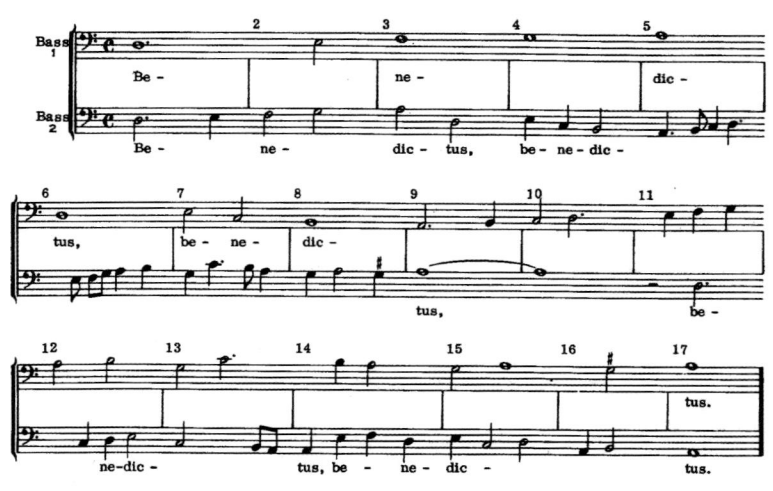

---

16) Robert Cogan and Pozzi Escot. *"Sonic Design*, The Nature of Sound and Music", pp. 17~24, Prentice-Hall, Inc., N.J. 1976.

[Ex. 4.1]

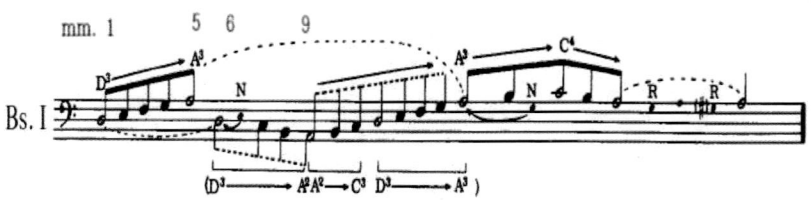

[Ex. 4.2]

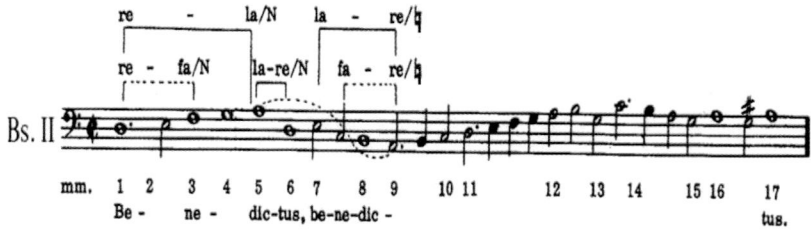

Ex. 4.2에서 제시하는 바와 같이 m. 1, 음도 D_3는 점 온음표로 가사 syllable(음절) *"Be-"*로 시작되며, m. 2의 2분음표 음도 E_3를 경과음으로, *Hypodorian* (하이포도리아)의 *Tenor* (테너)인 음도 F_3, 가사 syllable *"-ne-"*에 도달하고 있다. 그리고 m. 3의 음도 F_3는 m. 4의 경과적 음도 G_3를 거쳐 m. 5에서 부분적 클라이맥스(climax)를 *ambitus*(암비투스)의 윗 경계(boundary) 음도인 A_3에서 가사 syllable *"-dic-"*으로 순차(step) 상행진행을 통하여 이루며 곧 이어 m. 6의 *Finalis* (피날리스) 음도 D_3로 도약(skip) 하행 진행함으로써 mm. 1~5의 음도 D_3--A_3와 mm. 5~6의 음도 A_3-D_3 간에 대칭적 악구(symmetrical phrase)를 형성한다. 그런 다음 m. 7의 음도 E_3와 m. 9, *ambitus*의 아래 boundary 음인 A_2는 Hexachord *durum* (강 6음계: ♮ 로 표기) *la-re* 로서 mm. 1~5의 음도 D_3--A_3나 mm. 5~6의 음도 A_3-D_3가 Hexachord *naturale* (자연 6음계: N으로 표기)에서

각각 *re-la* 와 *la-re* 관계인 것과 기능적으로 동일하다. 다시 mm. 1~5의 진행은 앞에서 언급한 바와 같이 mm. 1~3과 mm. 3~5로 구분지어 짐으로써 이루어진 음도 D_3-F_3, 즉 Hexachord *naturale*의 *re-fa* 는 mm. 7~9의 음도 C_3--A_2, 즉 Hexachord *durum* 의 *fa-re* 와 기능적으로 동일하다. 이와 같이 볼 때 m. 7의 음도 E_3는 『Sonic Design』에서 분석한 보조음으로서의 비구조적(non-structural) 음도가 결코 아니요, mm. 1~6과 mm. 7~9의 대칭 관계를 이루는 구조적(structural)으로 대단히 중요한 자리에 위치한 음도인 것이다. 바로 m. 7의 음도 E_3가 보조음(incomplete neighboring tone)이었다면 구조적 음도(structural pitch)가 아닌 이 음도에 가사(text) *"Benedictus"* 중에서도 가장 중요한 첫 syllable, *"Be-"*를 Josquin은 결코 놓지 않았을 것임은 의심할 여지조차 없겠다.

이 같은 순수음에 대한 분석을 통해서만이 동양음악, 예를 들어 "수제천"과 서양음악의 Chant 사이에서 음(音)에 대한 개념적 유사성, 즉 *deduction, proprietas, vox*의 기능을 통한 *affinities* 개념 등, 이는 분명 서양음악에서 정의된 것들 임에 틀림없으나 이 같은 음에 대한 개념들이 우리 정악(正樂)에서 역시 찾아 볼 수 있다는 기대 밖의 분명한 기적 같은 사실을 찾을 수 있는 것이다.

Josquin의 이 작은 분석을 통해 밝혀진 또 하나의 사실은 이같이 수 세기에 걸쳐 증명된 작품마저 지금 이 시각까지도 서양음악 이론가 자신들에 의해서마저 왜곡되는 경우가 허다하다는 매우 우려스러운 비학문적 결과들의 난무한 현실이다.

Wagner(바그너)로부터의 환멸로 인해 Debussy(드뷔시)는 상징주의(Sym-bolism)와 인상주의(Impressionism)로 유도되었고, 1889년 Paris(파리) 국제 박람회에서 인도네시아의 Gamelan(가믈란) 음악을 들은 그는 동양적 요소들과 결합 된 전음계(whole-tone scale)를 *slendro*(스렌드로) 음계로부터 받아들이게 되었다고 Debussy의 음악은 통속적으로 해석되어 오고 있는 실정이다. 뿐만 아니라 서구 작곡가로서 그때까지 서양음악에서 찾아볼 수 없었던 "동양음악의 음계체계와 철학 등을 통해 근대 음악을 불러온 창시적 작곡가"로서 그는 인정받아 오고 있는 실정이다.

[Ex. 5] Claude Debussy. *"La fille aux chevaux de lin"*, mm. 13-16.

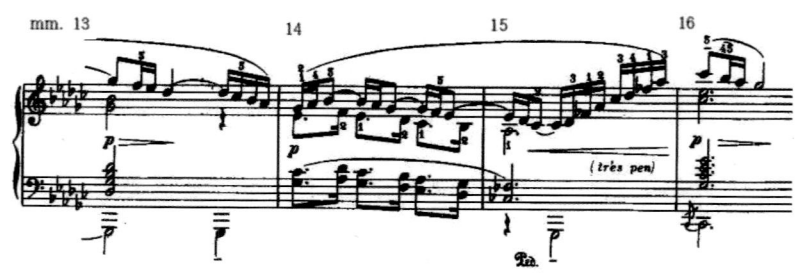

[Ex. 5.1]

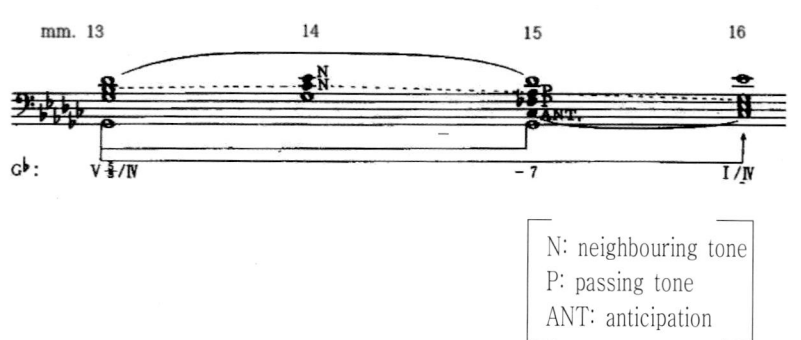

N: neighbouring tone
P: passing tone
ANT: anticipation

Debussy의 *"La fille aux chevaux de lin"*[17] 중 Ex. 5에서 제시하는 바와 같이 m. 14 왼손의 병행(parallel) 완전 4도 진행이라든가, m. 15의 pitch-field, 즉 음도 C^b-D^b-F^b-G^b-A^b은 그야말로 심지어 우리 국악의 5음 음계와 한 치의 차이도 없이 동일하다거나 그의 음악에 대한 분석, 내지 설명 책자라면 어김없이 언급되는 전음계(whole-tone scale) 사용 외에도 그밖의 외적 모습의 설명을 하자면 끝이 없겠다. 그러나 Ex. 5의 진정한 구조적 진행은 Ex. 5.1에서 제시하는 바와 같이 m. 13, G^b 장조(Major)의 V^5_3/1V로부터 m. 14의 2중 보조음도(neighbouring tones) E^b_4/C^b_4와 경과적(passing) $^6_4$-화음을 거쳐 m. 15의 2중 경과적 계류음도(suspension) A^b_3/F^b_3와 예상 음도(anticipation) C^b_3과 함께 V/IV는 m. 16에서 I/1V로 해결되는 너무도 정통 기능화성에 의한 구조적 선적 진행을 보여주고 있다.

역사적으로 병진행, 특히 병행 4도의 구조적 사용은 약 850년경 쓰인 논서 *Enchiriadis*에서 이미 찾아볼 수 있으나 *Gui de Chalis*, 또는 *Louvain Codex* 이후 반진행(contrary motion)이 구조적 진행(structural progression)으로서 서양음악 이론에서 체계 확립되었던 것으로 Debussy가 병행($^6_4$-화음) 음정들을 비구조적 진행(non-structural progression)으로 다룬 것은 저으기 타당하다 하겠다. 이미 J. S. Bach는 심지어 병행 5도라 할지라도 그것이 비구조적 진행일 경우 허용하였던 것으로 Ex. 6 에서 보여 주는 바와 같이 Chorale(코랄), *"Freuet euch, ihr Christen"*,[18] m. 16에서와 같이 Soprano(소프라노)의 8분음표 음도 A^b_4가 예상음이고, Tenor(테

---

17) Claude Debussy. *"La fille aux chevaux de lin,"* Prelude Book I, No. 8, Durand et Cie.
18) J. S. Bach. *"Freuet euch, ihr Christen"*, 371 Four-Part Chorales, No. 8, Associated Music Publishers, Inc., N. Y.

너)의 8분음표 음도 D^b_4가 m. 16의 첫 박 음도 E^b_4와 세 번째 박 음도 C_4 사이에서의 경과음인 이상 B^b_4/E^b_4-A^b_4/D^b_4의 병행(parallel) 5도마저도 허용하였던 것이다.

[Ex. 6] J. S. Bach. *"Freuet euch, ihr Christen".*

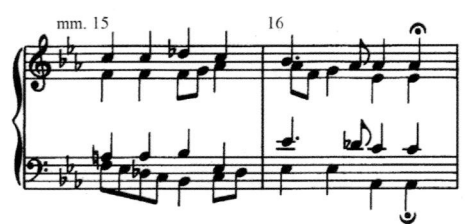

이러한 비교들을 통해 입증될 수 있는 사실은 어느 작품일지라도 그 내적 구조가 지니고 있는 진정한 의미의 파악이란 어디까지나 '이론역사 발전에 따른 정확한 이론적 분석'에 기초하여야만 하며 그렇지 않을 경우 어떠한 그럴 듯 해 보이는 해석도 오해와 곡해로 결과될 뿐이며, 예로 든 Debussy 마저도 상징주의, 인상주의 내지는 이국주의라는 지나치게 단순하고도 비음악적 분류(classification)에 그치고 말 것이라는 것이다.

전음계(whole-tone scale)의 사용 역시 사실은 Debussy에게만 한정된 것도 아니요, 또는 Scriabin(스크리아빈) 뿐만 아니라 1902년 Schoenberg(쇤베르크)는 그의 *"Pelleas und Melisande"*에서 6성 전음계 화음을 D 단조(minor)의 동형진행상에서 이미 사용하였던 것이다.[19] 그러나 이 같은 전음

---

19) 현대음악발전에 대한 음악적 근거와 이유는 다음 글 참조:
이여진. "전통과 예술: 전위 음악에 대한 소고", 漢音 창간호, 한양대학교 음악대학학도호국단, 1983; "제4회 콘써트 심포지움에 즈음하여," 한양대학교 음악연구소, 1984.

계 또는 앞서 예로 든 5음 음계의 사용 역시 극히 상층구조(foreground) 차원에서 생성되는 수많은 표면적(superficial) 상황 중 하나이고 보면 우리는 지금까지 너무도 오랫동안 오히려 비구조적 요소들을 마치 구조적 요소인 양 지나치게 강조해 온 것이 아닌가 싶다.

Schoenberg의 12음 기법이 확립되는 Opp. 23과 25 사이의 작품 *"Serenade"* [20] 중 제3악장 *"Variations"* 는 1923년 완성된 것으로 작곡 이론상 개념의 커다란 발전상을 보여주는 작품이다. 한 음, 한 음이 독특한 아티큘레이션(articulations)을 지니고 있는 이 *"Variations"* 의 주제(Theme)와 제1변주(Var. I)의 예를 통해 이 모든 것들이 단순히 순간적, 감정적 차원의 결과에서가 아니라면 다음 질문을 하지 않을 수 없겠다.

첫째, Ex. 7에서 제시하는 바와 같이 이 작품의 Theme에서 음도 D와 음도 F#이 가장 강조되어 있는 이유. 즉, 음도 D는 이 주제(Theme)중 m. 3에서 가장 긴 2분음 음가(音價)인 동시에 mm. 5와 7에서 가장 낮은 음도 D_3인 반면에 음도 $F^{\#}_4$은 mm. 4와 8에서 가장 높은 음으로 강조되어 있다.

둘째, Ex. 8에서 제시하는 바와 같이 Var. I의 mm. 12~16에서 Gt.(기타)의 음도 A_3, 그리고 mm. 17~22에서 Md.(만돌린)의 음도 B_5가 반복되어 나타나는 이유.

이 작품은 12음 음악 직전의 음열(serial) 작품으로 제3악장은 11개의 음류

---

20) Arnold Schoenberg. *"Serenade,"* Op. 24, Wilhelm Hansen Edition, Nr 2400, Copenhagen.

(pitch-class)들로 이루어진 14음 집합(set)으로 구성되어 있다. Ex. 7.la에서 제시하는 바와 같이 주어진 14음 집합(set)의 원형(Prime) 중 음도 D(ord. #6과 #12), F#(ord. #8과 #13), Ab(ord. #5와 #10)이 중복되어 있는 반면 음도 B가 12 반음으로부터 결여되어 있다.

[Ex. 7] Arnold Schoenberg. *"Serenade"* Op. 24, mm. 1-11.

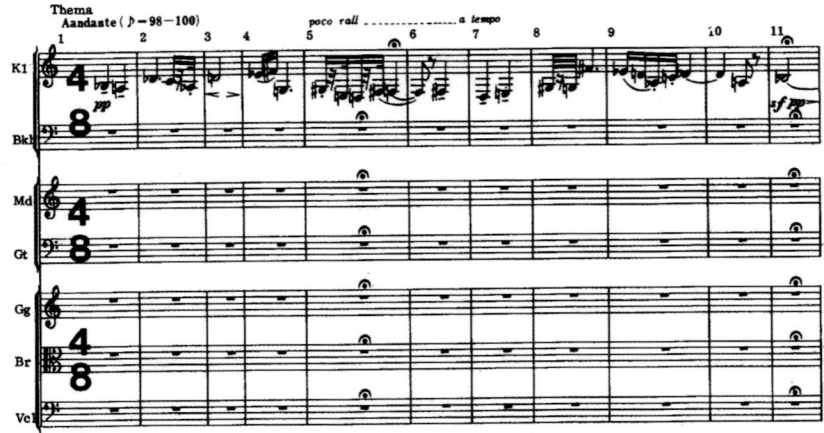

[Ex. 7.1] 14음 집합(set).

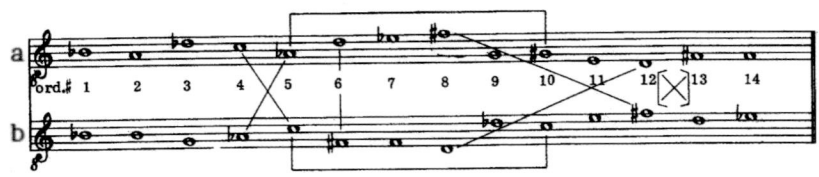

Ex. 7.1b는 전회형(Inversion)으로 음도 C(ord. #5와 #10), 음도 F#(ord. #6과 #12), 음도 D(ord. #8과 #13)가 중복되어 있는 반면 음도 A가 결여되어 있다. 그리고 이 악장 전체를 통해 Ex. 7.1에서 제시한 Prime(원형)과

Inversion(전회), 그리고 이의 Retrograde(역행)와 Retrograde-inversion (역전회) 외의 어떤 이도(移度, transposition)된 집합도 전혀 사용되어 있지 않다.

[Ex. 8] Arnold Schoenberg. *"Serenade"* Op. 24, mm. 11-25.

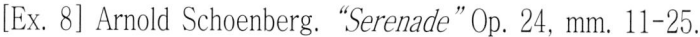

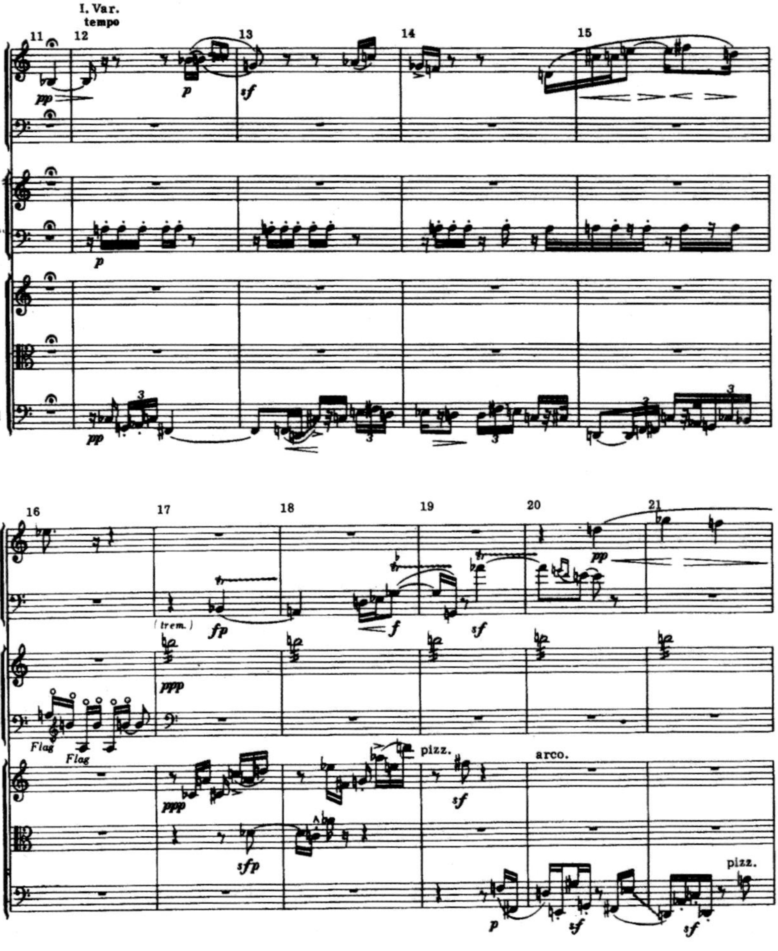

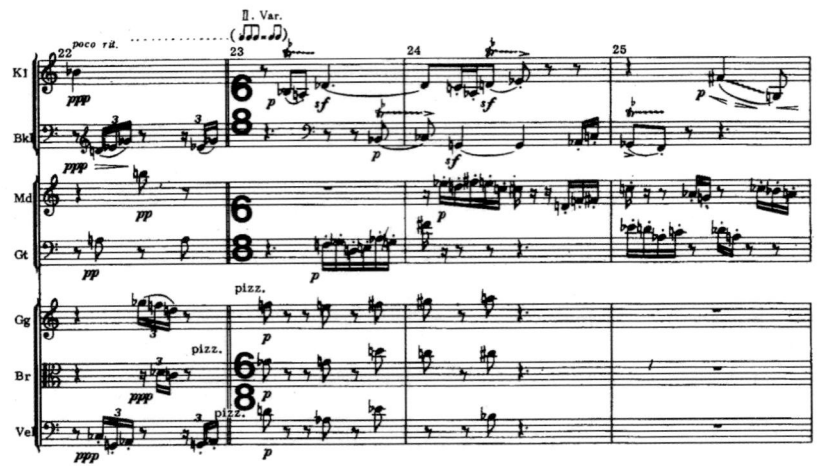

우선 두 번째 질문부터 답을 구한다면, Var. I의 Antecedent, 즉 선행선율 (mm. 12~16)에서 Inversion과 Retrograde-inversion된 집합이 사용되었으며, Consequent, 즉 후행선율(mm. 17~22)에서 Prime과 Retrograde된 집합이 사용되었다. 이때 Antecedent와 Consequent에서 결여되었던 음도 A_3와 음도 B_5가 Gt.와 Md.에서 각각 pedal tone(페달 음)으로 사용된 것이다. 이와 같이 Inversion과 Retrograde-inversion, 그리고 Prime과 Retrograde에서 각각 결여되었던 음도 A와 음도 B는 Var. I이 시작되는 m. 12에서 첫 화성 음정으로, 즉 Gt.의 음도 A_3와 Vcl.의 음도 C^b_3로 강조되며, 이때 Vcl.의 시작 음도 C^b_3은 Inversion의 ord. #2로 ord. #1의 음도 B^b이 생략되어 있다. 그 이유는

1) mm. 11~12에서 Kl.(클라리넷)의 음도 B^b_3이 Retrograde의 ord. #14인 동시에 Inversion의 ord. #1을 암시하기 때문으로 이는 mm. 5~6에서 F_3가 Prime의 ord. #14인 동시에 Retrograde의 ord. #1로 연결됨과 동일한 처리에 근거하며,

2) Prime에 결여되었던 음도 B(Vcl.)의 강조를 위함이요, 그리고

3) 음역(register) 조정, 즉 m. 15에서 음도 B^b_2에 도달하기 위함에서이다.

첫 번째 질문에 대한 대답으로는, 우선 Kl. solo로 이루어지는 Theme은 Prime의 Antecedent(mm. 1~6), 그리고 Retrograde의 Consequent(mm. 6~11)로 구성되어 있다. Theme의 Antecedent 중 가장 높은 음, m. 4의 음도 $F^\#_4$는 Prime의 ord. #8로, 이는 Var. I의 Antecedent 중 가장 높은 m. 15, Kl.의 음도 $F^\#_5$, 즉 Inversion의 ord. #12와 연관된다. 역시 Theme 의 Antecedent에서 가장 낮은 음도, m. 5의 음도 D_3는 Prime의 ord. #12 로 이는 Var. I에서 가장 낮은 음도, m. 13의 Vcl. 음도 D_2, 즉 Inversion 의 ord. #8과 연관된다. 여기에서 Prime과 Inversion의 ord. #8과 #12는 성부교체(*stimmentausch*)로 음도 D와 $F^\#$은 공통음 관계일 뿐만 아니라 Prime과 Inversion의 시작 음 B^b과 합쳐 옥타브를 동등하게 3 등분하는 음 도들이라는 특수한 상호관계를 이루면서 이들을 extreme register(가장 높 고, 낮은음도)로 표현하고 있다.

Theme에서 가장 긴 음가인 m. 3의 음도 D_4는 동시에 < >(*crescendo-decrescendo*)로 아티큘레이션되며 이는 Var. I에서 가장 긴 음가인 m. 12, Vcl.의 $F^\#_2$와 각각 Prime과 Inversion의 동일한 ord. #6인 특수 상호 관계로 연관 지어진다. 이와 같은 상호연관 관계는 Theme과 Var. I의 Consequent에서도 일관되게 일어나고 있다. 예를 들어, Theme의 Consequent 중 가장 긴 2분음 음가인 m. 9의 Kl., 음도 D^b_4는 Var. I의 Consequent 중 가장 낮은 음도인 m. 21, Vcl.의 음도 D^b_2와 각각 Retrograde의 ord. #12로 상호 관련되며, 이는 Consequent에서 가장 높은

음인 m. 18, Gg.의 또다시 음도 D_6(!), 즉 Prime의 ord. #12와 연관된다. 뿐만 아니라 Gg.의 m.17, 음도 C_5와 m. 18, 음도 A^b_5에 악센트(accent) >, 그리고 Br.의 m. 18, 음도 C_4에 악센트 ∧로 아티큘레이션 됨은 Prime의 ord. #5와 #10, 그리고 Retrograde-Inversion의 ord. #5와 #10이 각각 동일한 음도 A^b인 반면, Inversion의 ord. #5와 #10, 그리고 Retrograde-inversion의 ord. #5와 #10은 동일한 음도 C인 이유에서뿐만 아니라, Prime과 Inversion ord. #4와 #5에서 음도 C와 A^b은 ord. #12와 #13의 음도 D와 $F^{\#}$외에 유일하게 성부 교체되는 음들인 이유 때문이다. (물론 음도 D와 $F^{\#}$은 앞에서 제시한 성부 교체를 상호연관 관계로 고수하고 있다.)

Register(음역) 역시 Theme에서는 음도 B^b_3을 기준으로 음도 $F^{\#}_4$와 D_3 (다시 음도 D-$F^{\#}$ 관계!)까지의 상, 하행 반음계적 관계이며, Var. I의 Antecedent에서는 Kl.과 Vcl.가 Theme에서의 음역 관계를 각각 한 옥타브 위와 아래로 이도(移度)한 상태에서 이루어지고 있다. 이 밖에도 trills(트릴), *glissandi*(글리산디), dynamics(강약), rhythmic grouping(리듬 군(群)) 등의 사용은 음악적 아이디어(idea)의 상호 복합관계하에서 정확한 표현을 위한 결과로 이루어진 것이다.

Schoenberg에 의한 서구 전통음악의 발전은 음, 리듬, 음색, 음역, 아티큘레이션 등 음악의 모든 요소들을 통하여 한 음, 한 음의 구조적 기능(*vox*)을 보다 명확히 전달할 목적에서 이루어진 것이다. 그가 주장한 "구조적 관현악법"(structural orchestration) 역시 이러한 관념의 소산인 것이다.

서양음악은 *Gregorian chant*(그레고리아 성가)로부터 Schoenberg에 이르기까지 "음 구조의 시간건축"이라는 복합적이며 항시 새로운 예술을 역사의 어느 한순간에도 끊김이 없이 19세기 초반의 수학, 20세기 초반의 물리학 등 어느 다른 학문 발전과 비교해서도 결코 뒤지지 않는 발전을 계속해 오고 있다. 이러한 새로운 발전을 통해 그들의 과거는 다시 한번 새로운 계시로서 되살아나고 있는 것이다. 현재에 살아 남아있는 과거의 개념만이 오직 진정한 가치를 지닐 수 있을 뿐만 아니라, 과거 음악 예술에 새로운 생명을 다시 한번 불어넣어 줄 수 있음 역시 과거가 현재와 연관될 수 있을 때뿐이라면 과거 답습적 보존에만 지나치게 치우쳐온 우리 음악은 전통에 대한 지식과 느낌마저 우리로 하여금 오히려 잃어버리게 하는 불행한 결과를 초래하였다고 본다.

"수제천"의 모든 상징적, 암시적 의미들은 결코 음악 예술역사의 일부가 될 수 없으며, Boulez의 (필자의 정의에 따른다면) '숫자적 표제음악' (Numerical Program Music)을 첨단 현대음악으로의 추종, Debussy를 서구적 동양주의로의 착각, 그리고 무엇보다도 과거 동(東)·서(西) 문헌의 현대와의 무분별한 연관 맺기 등으로부터의 해방은 역사를 따지기 이전에 구조상의 문제를 논할 수 있고, 그리하여 우리를 발견할 수 있는 기법을 통하여 기법의 완성이 아니요, 이를 통한 음악적 사고의 근원을 추구함으로써 진정한 의미의 "한국적"이란 곧 본연의 우리 자신들임을 다시 한번 확인하는 것이 되어야만 할 것이다. "수제천"의 sound(소리)로부터 우리가 수긍할 수 있는 syntax(構文法)를 찾는 노력은 음 구조상의 문제인 것이며, 창조적이란 결코 하나의 지정된 어떤 식의 구체적 관념을 향하여, 내지는 그러한 관념으로부터 indoctrinate(사상적 주입)되는 것이 결코 아닌 것이다. 따라서 Bach가 있기에 Brahms가, 그리고 Brahms가 있기에 Schoenberg가 존재할 수 있다는 전개론은 Schoenberg가 있기에 Brahms가, 그리고

Brahms가 있기에 Bach의 모든 예술이 다시 재탄생될 수 있다는 소급론과 결국 동일하게 결과 될 수밖에 없다고 믿는다.

그동안 동양음악과 음악이론에 대한 원천자료(primary materials)의 부족은 다양한 문화발전에 기초한 음악학(Musicology)의 결핍으로 결과되어왔다. 최근에 와서 동양음악의 현대 보표화 — 이로 인한 음정 조직에 대한 많은 희생과 피해가 따르며 이에 대한 해결책 역시 시급한 과제 임에 틀림없으나 — 와 더불어 동양음악 이론 고전서의 번역 등은 전통 안에서만이 진정한 창조를 추구하는 우리 작곡가들에게 더없이 커다란 희망을 주고 있다.

음악의 진정한 의미를 학문적, 분석적, 그리고 무엇보다도 음악적 조사를 통하여 추구함으로써 결코 겉치레의 장식적, 수식적 또는 인위적 차원에서가 아니요, 서구의 고전적 Sonata-allegro(소나타) 외의 형식, Polyphony (폴리포니) 원칙 너머의 다성적 구조, 평균율 외 음정조율의 이론을 통한 실용화, 다양한 비율 등등 우리가 갖고 있는 고유의 문화를 저버리지 않으면서 모든 음악적 관념과 실습을 통하여 동(東)·서(西)간에 공통의 목적을 오직 "음(音)" 안에서 다시 한번 발견할 수 있게 되기를 기원한다.

다시 한번 음악을 그 자체의 충동과 의지, 그리고 자발성(自發性, spontaniety)로 충만하도록 하여 진정한 음악 예술작품이 지니고 있는 자체의 가치(virtue) 외의 어떤 다른 고려로부터도 독립될 수 있도록 음악적 관념을 규정된 관습 — 스타일(style), 친숙감, 개인적 기호(taste), 기억, 도덕적 동기, 음악 외 철학 등등, 그리고 무엇보다도 동양과 서양 — 으로 부터 우리 함께 하루속히 해방시키자!

19. 과학과 기술의 발전으로 열린 음악의 새로운 지평

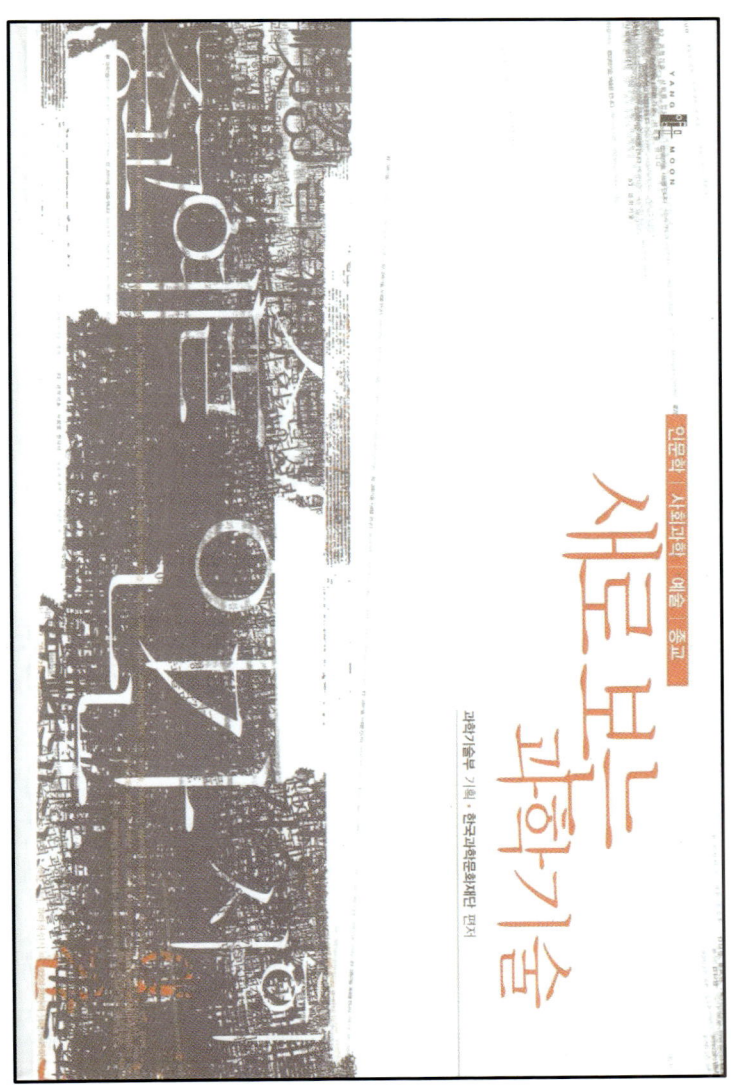

개 회 사

존경하는 김우식 부총리 겸 과학기술부 장관님,

김용배 예술의 전당 사장님,

기조강연을 맡아주신 김병익 한국문화예술위원회 위원장님, 그리고 바쁘신 가운데도 우리나라의 과학기술계와 예술계가 서로를 향해 중요한 대화를 시작하는 뜻 깊은 자리에 참석해 주신 내외 귀빈 여러분들께 진심으로 감사의 말씀을 드립니다. 이번 포럼은 우리 사회의 새로운 가능성을 모색해 보고자 기획한 '새로 보는 과학기술'의 두 번째 모임입니다. 과학의 발전은 외로운 섬에서 이루어지는 과정이 아닙니다. 세계의 한 가운데에서 현실과의 대화를 통해 자라는 꿈나무입니다. 치밀한 계산과 논리, 그침없는 실험 그리고 문제를 해결하려는 집념과 투지가 어우러져 있습니다. 그리고 그 나무의 뿌리는 무엇보다도 창조정신의 원천인 상상력에 닿아 있어야 한다고 믿습니다. 그 상상력의 원천이 바로 예술입니다. 과학과 예술의 부단한 만남이 인류의 삶을 풍요롭게 일구어 왔다는 사실은 역사 속에 이미 잘 나타나 있습니다. 예술적 감수성과, 과학기술적 창의성이 함께 한다면 더욱 높은 삶의 질과, 풍요로운 우리나라의 미래를 일구어 나갈 수 있을 것입니다. 오늘 여러 분야의 소중한 고견을 경청함으로써 그 첫걸음을 시작하겠습니다. 앞으로도 『새로 보는 과학기술』포럼은 계속 이어집니다. 더 많은 관심과 성원을 보내 주시길 간곡히 부탁드립니다.

감사합니다.

2006年 10月 31日

한국과학문화재단 이사장 나 도 선

축 사

존경하는 김병익 문화예술위원회 위원장님,

김용배 예술의 전당 사장님,……

임홍빈 교수님을 비롯한 발표자와 토론자 여러분, 자리를 함께 하신 내외 귀빈 여러분! 오늘「과학기술, 예술을 만나다」포럼에 참석하여 축하와 격려의 말씀을 드리게 된 것을 매우 기쁘게 생각합니다. 과학기술과 여타 학문 분야와의 접목을 통해 새로운 발전 가능성을 모색해 보고자 마련된 「새로 보는 과학기술」포럼 시리즈가 오늘 두 번째를 맞이하게 되었습니다.

지난 달 개최되었던 「과학기술, 인간을 만나다」포럼에서는 문학, 역사, 철학 등 인문학적 관점에 비춰진 과학기술의 다양한 모습을 조명하는 좋은 계기가 되었습니다. 그리고 오늘은, 예술과의 관계조명을 통해 과학기술에 대한 식견을 한 단계 더 넓혀 보고자 합니다.

내외 귀빈 여러분!

프랑스의 시인이자 비평가인 폴 발레리가 일찍이 "예술과 과학은 반대개념처럼 보이나 실제로는 불가분의 관계"라고 말한 바 있듯이 과학과 예술은 매우 밀접한 관계를 구축해 왔습니다. 위대한 예술작품이나 과학적 업적의 기저에는 풍부한 감성과 상상력을 바탕으로 '창의적 수월성'이 놓여져 있을 뿐 아니라 첨단 과학기술은 인간의 예술적 영감을 현실화 하고 확장하는데 효과적인 도구가 되어 왔습니다. 아울러 레오나르도 다 빈치는 위대한 예술가이면서 저명한 과학자였고, 아인슈타인도 음악적 감수성(바이올린연주자)이 뛰어났으며, 러플린 前 KAIS 총장도 피아노 연주가 수준급이라는 점에서도 우리는 과학기술과 예술의 접점을 확인할 수 있습니다.

존경하는 내외 귀빈 여러분!

과학기술에 대한 국민적 이해와 공감이야말로 진정한「과학기술중심사회」를 구축하는 핵심 요소라고 생각됩니다. 이를 위해 정부에서는 매년 다양한 과학 대중화 및 생활화 사업을 추진하고 있습니다. 금번「새로 보는 과학기술」연속 포럼도 국민들이 과학기술을 새롭게 이해하고 더욱 가깝게 인식할 수 있는 좋은 계기가 되길 바라마지 않습니다.

오늘, 과학기술이 예술을 만난 이 자리가 여러 전문가들의 알찬 발표와 열띤 토론을 통해 과학기술 뿐 아니라 학제 간 융합연구의 새로운 지평을 여는 전기가 되기를 기대하며, 이를 바탕으로 친근한 과학기술과 창의적인 문화예술이 우리 국민의 삶을 더욱 풍요롭고 따뜻하게채워줄 수 있기를 기대합니다. 오늘 이 뜻 깊은 포럼을 준비하느라 노고를 아끼지 않으신 관계자 여러분 모두에게 깊은 감사의 말씀을 드리며, 자리를 함께 하신 여러분 모두에게 건강과 행운이 함께 하시길 기원합니다.

감사합니다.

2006年 10月 31日

부총리 겸 과학기술부 장관 김 우 식

기 념 사

안녕하십니까?

예술의 전당 사장 김용배 입니다.

존경하는 김우식 부총리 겸 과학기술부 장관님, 오늘 이 자리를 만들어 주신 나도선 이사장님, 기조강연을 맡아주신 김병익 위원장님을 비롯하여 주제발표와 토론을 맡아주신 분들, 그리고 과학기술과 문화예술을 사랑하는 전문가 여러분들께 깊은 감사를 드립니다. 과학기술계와 문화예술계, 각계각층의 다양한 시각을 수용하고, 이를 토대로 지속적인 상호 교류협력과 공동발전을 모색하기 위해 마련한 '제2회 과학기술, 예술을 만나다' 포럼을 저희 예술의 전당에서 갖게 된 것, 또한 매우 뜻 깊게 생각합니다.

내외 귀빈, 그리고 참석자 여러분!

주시하는 바와 같이, 21세기는 문화예술의 시대이며, 과학기술의 시대입니다. 문화예술을 통하지 않고는 삶의 질 향상을 기대하기 어려우며, 과학기술이 없이는 선진국 대열에 들어설 수 없을 것입니다. 오늘 이 자리를 빌어 자연과학과 인문학 사이에 벌어진 과학전쟁과 같이 세계적인 담론까지는 아니라도, 일찍이 피타고라스가 밝힌 음악과 정수 사이의 신비로운 관계나, 프랑스 수학자 푸리에가 주장한 악기의 소리와 음성이 사인함수의 합과 무관하지 않음 정도는 생각해 볼 수 있는 자리 이상은 되어야 할 것으로 기대합니다. 카라얀이 공대 출신의 전문지식인이었기에 그의 70-80년대 명반들은 오늘날에 들어도 풍성하고 시원한 스테레오 사운드를 만끽할 수 있습니다.

새로운 세기, 새로운 세대를 위한 오늘의 이 자리는 진정, 문화예술의 감수성과 과학기술의 창의성이 만나는 공동발전의 출발이자, 장이 되었으면 하는 바람입니다. 다시 한번 오늘 이 행사를 위해 노고를 아끼지 않으신 관계자 여러분들께 경의를 표하며, 이 자리에 계신 모든 분들의 가정에 늘 건강과 행복이 함께 하길 기원합니다.

감사합니다.

2006年 10月 31日

예술의 전당 사장 김 용 배

진 행 순 서

일 정	내 용 구 성	비 고
14:00 ~ 14:30	등 록	
14:30 ~ 14:45 (15분)	개회사	나도선(한국과학문화재단 이사장)
	축 사	김우식(부총리 겸 과학기술부장관)
	기념사	김용배(예술의 전당 사장)
14:45 ~ 15:00 (15분)	【기조강연】 예술과 과학, 그 만남의 새 모습	김병익(한국문화예술위원회 위원장)
15:00 ~ 15:10	Coffee break	
	【주제발표】	좌장 : 이덕환(서강대 화학과 교수)
15:10 ~ 15:35 (25분)	(미학) 예술, 진리, 과학적 인식	임홍빈(고려대 철학과 교수)
15:35 ~ 16:00 (25분)	(음악) 음악의 과학적 실체 - 서양음악을 중심으로 -	이여진(이화여대 작곡과 교수)
16:00 ~ 16:25 (25분)	(미술) 과학기술과 시각예술 - 쟁점과 전망 -	성완경(인하대 미술교육학과 교수 겸 광주비엔날레 예술감독)
16:25 ~ 16:35	Coffee break	
16:35 ~ 17:35 (60분)	【종합토론】 - 좌장 : 토론유도 및 종합정리 - 토론 : 각 주제별 10분간 토론	- 양현승(KAIST 컴퓨터공학부 교수) - 성평모(서울대 전기공학부 교수) - 김용석(영산대 학부대학 교수) - 김기정(연세대 정치외교학과 교수) - 이명옥(사비나미술관 관장) - 서승택(아트센터나비 학예실장)
17:35 ~ 18:00 (25분)	질의응답 및 폐회	참석자 전원

[C] 이여진: 19. 과학과 기술의 발전으로 열린 음악의 새로운 지평 1467

음악의 과학적 실체
-서양음악을 중심으로-

이 여 진 (이화여대 작곡과 교수)

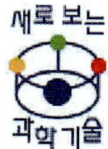

새로 보는
과학기술

과학과 기술의 발전으로 열린 음악의 새로운 지평[1]
- 서양 절대음악을 중심으로 -

이여진(李如辰)

대규모 관현악 작품이나 오페라를 거론하지 않더라도 심지어 한 작은 독주곡 역시 음악은 어떤 다른 예술에서 찾아 볼 수 없는 인류문화와 문명의 총 집합체이며 결정체이다.

1816년 작곡된 베토벤(Ludwig van Beethoven, 1770~1827)의 "피아노 소나타 제29번" 일명 "햄머클라비에르"*(Hämmerklavier)*를 한 예로 들어보자. 이 악보는 언어로서는 도저히 표현할 수 없는 베토벤의 음악적 사고와 아이디어를 일정한 물리적 진동에 의해 생성되는 각기 다른 음 높이들로 구성되어 있으며 이들의 강약 그리고 아티큘레이션(articulations)과 함께 논리에 근거한 화성과 대위 이론 전개에 따른 음 진행을 통해 형성되는 형식을 상징적 기호인 기보에 의해 기록한 것이다. 연주자는 당시까지 인류가 축적한 최고의 물리학, 수학, 공학, 음향학 등 과학지식과 기술의 결정체로써 제작된 피아노라는 악기를 통해 수십여 년에 걸쳐 연마해온 기교에 의해 가장 효과적인 방법으로 베토벤의 음악적 사고의 상징적 기호들을 우

---

1) 본 논문은 '한국학술협의회' 위촉논문으로 『지식의 지평 5』 기획 특집: "과학기술 발전의 영향과 변화"에 게재됐다. 아카넷, pp. 116-135, 2008 (ISBN 978-89-5733-143-903000).

리의 청각을 통해 지각할 수 있는 소리 정보로 변환시킨다. 그리고 여러 다른 음색과 음질의 다양한 소리들의 완벽한 음향전달을 최우선으로 고려하여 건축된 공간, 즉 연주홀에 모인 청중들에게 인지시킴으로써 심적 공감을 통해 그들 자신의 경험의 한계마저 초월한 추상적 아름다움을 실제처럼 상상할 수 있게 하는 것이다.

다양한 학문적 복합체로서 음악이 지닌 심리적, 인지적, 미학적 측면과 같은 무형의 추상적 특성에 대한 논의는 다음 기회로 미루기로 한다. 그러나 유형의 실체만을 고려하더라도 음악은 과학발전 및 기술과 밀접하게 병행하는, 즉 테크노-음악적 발전인 것만은 분명한 사실이다. 피아노를 한 예로 들어보자.

피아노 (The Piano-forte)

230여 개에 달하는 피아노의 금속 현들은 각각 165 파운드(pound)의 장력으로 총 18 톤(ton)이 넘는 엄청난 힘을 지탱하고 있다. 88개의 건반으로부터 연결된 소위 액션(Action)으로 불리는 현을 때리는 햄머(Hammer)의 작동은 각각 60여 개에 서로 다른 부품들로 구성됨으로써 한 대의 피아노는 총 8,000여 개의 정교한 부품들로 이루어진다. 현의 진동을 브리지(Bridge)와 연계시켜 소리를 울려주는 공명판, 울림을 지속시키는 페달(Pedal)과 정지시키는 댐퍼(Dampper) 등등 이들 외에도 피아노는 목공, 철골주물, 직물, 피혁 등과 관련된 첨단의 과학지식과 기술의 집합체인 것이다. 햄머와 현의 전달 파간의 상호관계에서 이상적인 현의 변위 $y(x,t)$는 $c=\sqrt{\dfrac{T}{\mu}}$가 현의

장력과 1차 질량 밀도에 의한 파장 속도라고 할 때

$\dfrac{\delta^2 y}{\delta t^2} = c^2 \dfrac{\delta^2 y}{\delta x^2}$ 라는 단순한 파장등식[2]으로부터,

K와 Y가 물질의 속성으로 연관될 때, m이 표본 질량, 그리고 ρ는 밀도 라면 $A = \dfrac{KYm^3}{\rho^3}$가 성립됨으로서 A는 햄머가 현을 때렸을 때 받는 액션 과 접촉하는 펠트(Felt)와 피혁의 압축 저항과의 비례를 나타내는 공식[3]에 이르기까지 피아노를 구성하는 8,000여 개의 부품들은 그 하나하나 음향과 관련된 모든 과학적 논리와 물리법칙 그리고 수학적 계산에 따른 공학적 설계를 5/100 mm의 오차도 허용됨 없이 정밀 조립되는 것이다. 그리하여 탄생된 피아노는 이제 음도 A_0[4]로부터 음도 C_8까지 $7^{1}/_{2}$ 옥타브를 27.50 cps[5]로부터 4,186 cps까지 $\sqrt[12]{2}$에 의한 비율, 즉 평균율(Equal Tempe-rament)에 의해 조율된다.

과학의 음악적 수용에 대해 크리스토포리(Bartolomeo Cristofori, 1655~ 1731)에 의해 피아노가 최초로 제작된 1700년 초보다 좀 더 과거로 돌아 가 서양음악의 기원으로부터 음악 발전사를 따라 대략적으로나마 고려해 보기로 하자.

조율 (Tunings)

---

2) Anatoli Stulov (2004). "Piano String Motion and Spectra", *The International Symposium on Musical Acoustics,* ISMA.
3) C. M. van Wyk (1946). "Note on the Compressibility of Wool", *Journal of the Textile Institute,* 37: 285-292.
4) 음도 C_4는 중앙(Middle) C(주파수 261.6)를 나타낸다.
5) cps는 주파수(cycle per second)의 약자이다.

음악의 원천을 이루는 음류6) 상등(相等, identity) 관계인 옥타브(octave)는 피타고라스(Pythagoras, B.C. 570~B.C. 500)에 의한 비율 2:1이라는 수학적 논리에 근거한 것으로 서양음악이 과학적 사고에 기초하였음을 단적으로 입증하는 한 예(例)라고 하겠다. 비율 2:1의 옥타브와 3:2의 순정 5도를 기초로 생성된 소위 피타고라스 음계는 그러나 이를 12음 이상으로 확장하였을 경우, 예를 들어 음도 B#은 이의 이명동음인 음도 C와 비율 531441:524288, 또는 대략 74:73, 그리고 이것은 통상적으로 24 센트(cent)7)가 초래된 것으로 간주 됨으로서 이 같은 오차를 가리켜 '피타고라스 콤마'8), 또는 '온음계적 콤마'라고 일컫는다. 그런가 하면 순정률 음계(Just Intonation)로 알려진 프톨레미(Ptolemy, c. 100~c. 170)의 온음계적 신토논(Syntonon)은 비율 2:1과 3:2 뿐만 아니라 비율 5:4의 순정 장3도를 음계 계산에 추가함으로써 두 다른 장2도인 음의 비율, 즉 9:8(Major tone)과 10:9 (Minor tone)를 초래하게 된다. 이를 극복하기 위해 아론(Pietro Aron, c. 1480~c. 1550)의 중간음률(Meantone Temperament)에서는 장3도의 비율 5:4로부터 이의 절반인 음의 비율 $\sqrt{5:2}$을 장9도인 음의 비율 $\sqrt{5:1}$로 전환한 후 한 옥타브 내 완전5도의 비율 $\sqrt[4]{5:1}$을 추출함으로써 '신토닉 콤마'(Syntonic comma), 즉 순정 장3도(5:4)와 피타고라스 3도(81:64) 사이의 음정 비율 81:80인 21.5 센트가 초래됨으로써 중간음률의 5도는 결국 $1/4$ 콤마 줄어든, 다시 말해 (702-5.4=) 696.6 센트로 결과 된다.

---

6) 음류(pitch-class)란 평균율에 의한 음도 C부터 B까지를 정수 0부터 11로 나타낸 옥타브 상등의 음도들 중 하나를 뜻한다. 참조: 이여진. 『음악용어사전: 12音 음악언어』 ("The Language of Twelve-Tone Music"), 서울: 음연, 1995 (ISBN 89-86385-00-7).
7) 센트(cent)란 음정측정 단위로 평균율 반음은 100 cents이다.
8) 콤마(comma)란 조율 상 오차를 말한다. 통상적으로 온음의 $1/9$에 해당하는 오차를 뜻한다.

고대 그리스와 중세에서 사용된 조율체계는 이 밖에도 수십여 종에 이르며 이들은 온음계(Diatonic)뿐만 아니라 반음계(Chromatic)와 이명동음 (Enharmonic) 조율로 각각 세분화되며 그 수는 무려 100여 종에 달한다. 얼마나 많은 다양한 조율 방식과 이에 대한 비율이 수학적으로 계산되고 또한 실제로 음악에 적용되었으면 일찍이 아리스토크세누스(Aristoxenus, B.C. 37~B.C. 360)는 수학적 비율보다 우리 귀에 의한 판단이 더 중요하다는 주장을 하였겠는가!

실로 그 많은 다양한 조율에 관한 수학적 비율들은 그러나 그 자체의 추상적 전개가 아닌 음악 이론 발전과 병행하여 이루어진 결과이다. "그레고리아 성가"(Gregorian chant)로 대표되는 극히 제한적 음역을 지닌 단선음악으로부터 옥타브 또는 5도나 4도 병행 오르가눔(Parallel Organum)9)을 거쳐 선법(Mode)과 조성(Tonality)에 의한 다성(Polyphony) 음악에 이르는 과정에서 순정률은 비율 4:5:6의 장3화음을 생성하게 됨으로써 더 이상 단선율 또는 오르가눔이 아닌 여러 다른 성부가 동시에 함께 울리는 다성음악에서 피타고라스 조율에 의한 그것보다 모든 성부들을 훨씬 더 조화롭게 울려줄 수 있게 된다. 그럼에도 불구하고 순정률 계산에 의한 두 다른 장2도의 결함을 보완해 주기 위해 고안된 중간음률 역시 순정5도보다 작은 5도를 초래하게 됨으로써 결국 두 체계 모두 서로 다른 가능한 24조(key)를 불행하게도 전부 사용할 수 없었던 것이다.

---

9) 병행 오르가눔 (Parallel Organum)은 상성 (vox principalis)의 정선율 (cantus firmus)을 대성부 (vox organalis)가 4도, 또는 옥타브나 5도를 중심으로 병진행하는 9세기부터 12세기에 거쳐 사용된 초기 다성음악이다.

이의 해결책으로 바흐(J. S. Bach, 1685~1750)는 평균율을 채택하였으며 그의 불후의 작품 "평균율"(*The Well-Tempered Clavier*)에서 각기 다른 24개의 모두 가능한 조(調)들을 사용함으로서 현재까지 사용되는 평균율 체계의 실용성을 최초로 증명한 역사적 작품을 남기게 된다.

사실 평균율에 의한 완전5도(700 센트)와 순정5도(702 센트)와의 차이는 불과 2 센트요, 중간음률의 작은5도(697 센트)와의 그것은 겨우 3 센트에 불과하다. 다시 말해 반음이 100 센트인 상황에서 평균율에 의한 완전5도인 700 센트로부터 2 또는 3 센트의 미세한 차이를 실제로 알아듣기란 거의 불가능 함에도 불구하고 수학 법칙이 그러하듯 음악 법칙과 이론 역시 한 치의 오차도 용납되지 않는 것이다. 스테빈(Simon Stevin, 1548~1620)[10]이 1596년 $\sqrt[12]{2}$의 계산을 해결[11]한 후 불과 한 세기도 지나기 전에 바흐가 이를 그의 음계체계로서 전격 수용하였다는 역사적 사실은 수학과 음악이 밀접한 관계를 넘어 공통의 일치된 영역임을 다시 한번 재확인시키는 명백한 증거일 것이다. 음악 이론의 문제는 음악적 뿐만 아니라 나아가 수학적 해결을 요구하며 수학의 발전은 곧 음악의 발전으로 이어져 온 것이다. 그리고 음악 이론의 발전은 그 음악을 표현하기에 가장 적합한 악기의 발전으로 다시 이어지게 된다. 예를 들어 화성의 다양한 화음을 표현하기 위해 선적 중심의 하프시코드(Harpsichord)는 보다 울림이 좋은 피아노로 발전하게 되었고 여기에는 앞서 언급한 다양한 첨단 과학기술들을 응용하게 되었던 것이다.

---

10) Simon Stevin (c. 1600). *Van de Spiegeling der Singconst*, edited by D. Bierens de Haan, (Amsterdam), 1884.
11) Stevin의 해결보다 앞서 1584년 중국의 황태자 朱載堉은 그의 律學新說에서 2의 제곱근을 이미 해결한 바 있다.

12음 음악 (Dodecaphony)

17세기 초 선법(Modality)으로부터 조성(Tonality)으로의 커다란 음악적 도약이 이루어졌던 것과 같이 20세기 초에도 괄목할만한 또 다른 변화와 발전이 이루어진다. 그리고 그 중심에 쇤베르크(Arnold Schönberg, 1874~1951)가 자리하게 된다. 당시 후기 낭만파의 과도한 반음계주의와 조성 이론 자체에 내재(內在) 된 자아 파멸적 요소인 서브도미난트(Subdominant)의 지나친 강조12), 그리고 조성에 의한 새로운 진행의 고갈 등은 쇤베르크로 하여금 12음 음악을 창시하기에 이른다. 조성에서의 모든 음들이 기본적으로 불과 7개의 다른 3화음(triad)13) 에 소속되어 이루어지는 화음 진행으로부터 12음 음악에서는 각각의 12음들을 그와 같은 제한적 화음으로부터 해방시키게 된다. 다시 말해 기수 번호(cardinal number) 0부터 12는 총 4,096개의 상등 음류집합의 종류, 곧 음류(pitch class)들을 나눌 수 있는 각기 다른 방법을 지니며 이들 중 예를 들어, 기수 12에 의한 집성(aggregate), 즉 전(全)반음계적, 다시 말해 12 다른 음들로 구성된 서로 다른 집합(set)14) 은 무려 총 479,001,600개에 달한다.

배빗(Milton Babbitt, 1916~2011)은 쇤베르크의 12음 음열15) 에 대한 개념을 보다 이론화, 체계화하는 과정에서 새로운 많은 음악용어를 이들 개념

---

12) 서브도미난트(Subdominant)의 지나친 강조는 타닉(Tonic)을 서브도미난트의 도미난트(Dominant)화 하는 결과를 초래한다.

13) 타닉(Tonic)부터 서브타닉(Subtonic)까지 7 기본 회음들.

14) 집합(set)이란 요소들의 비(非)서열 된 집단을 의미하나 서열 된 음류집합(pitch-class set)의 의미로도 종종 사용된다. 참조: 이여진(1995). 『음악용어사전: 12音 음악언어』, (음연).

15) 음열(series)이란 집합(set)과 동의어로서 특정하게 서열 된 12 다른 음도들을 뜻한다.

과 일치되는 수학 용어, 예를 들어 집성(aggregate), 조합(combinatori-ality), 분절화(segmentation), 분할(partition)16) 등을 인용함으로서 수학에서의 집합론(Set Theory)은 이제 음악에서 또한 '음악적 집합론'으로 확대되는 계기를 마련하였다.

비율 (Proportions)

크세나키스(Iannis Xenakis, 1922~2001)는 1958년 건립된 필립 파빌리온(Pavillion Philips) 건축양식을 음악적 모델로 삼아 "메타스타시스"(*Metastasis*)라는 새로운 소재와 양식과 방법으로 창작된 작품을 선보이게 된다. 그러나 돌이켜 보면, 건축양식을 음악에 적용한 방법 면에서는 큰 차이가 있겠지만, 이미 1436년 피렌체의 성당(Santa Maria del Piere) 봉헌을 위해 듀파이(Guillaume Dufay, c. 1400~1474)는 이 성당 건축 양식의 주된 비율을 사용하여 모테트(Motet), "이제 장미꽃이 피었네"(*Nuper rosarum flores)* 를 작곡한 바 있다. 그럼에도 불구하고 듀파이가 정선율*(cantus firmus)17)* 을 비롯하여 작품 구조를 성당 건축 비율인 6:4:2:3에 근거한 것 자체는 새로울지 모르나 다양한 종류의 수학적 비율들이 놀라울 만큼 정교하게 음악에서 사용되었다는 것은 그리 새로운 사실이 아닐뿐더러 중세(Medieval)와 특히 르네상스(Renaissance) 시대에서 비율이론은 당시 음악 이론 중에서도 가장 중요한 특성 및 위치를 차지하고 있었던 것이

---

16) 12음 음악과 관련된 용어들은 다음 참조: 참조: 이여진(1995).『음악용어사전: 12音 음악 언어』, (음연).

17) 정선율*(cantus firmus)* 이란 중세와 르네상스 시대의 다성음악에서 "그레고리아 성가"*(Gregorian chant)* 의 선율이 사용된 성부를 가리킨다.

었다. 예를 들어, 팅토리스(Johannes Tictoris, 1435~1511)의 논서[18]에는 5유형의 기본 음가(音價) 비율이 제시되어 있으며 이들은 다시 각각 5종으로 세분되어 총 25종의 불균등 비율이 기술되어 있다. 가장 간단한 비율 2:1로부터 현대 기보법으로도 표기하기 난해한 비율 14:5에 이르기까지 수학적 비율은 실제 음악에서 하나의 중심 개념으로 자리하고 있었던 것이다. 우리 시대를 대표하는 작곡가 엘리엇 카터(Elliott Carter, 1908~2012)의 "피아노와 하프시코드를 위한 2중 콘체르토"(Double Concerto)에서 두 그룹의 악기들 중 한 그룹은 비율 35 : 31.5 : 28 : 24.5 : 21 : 17.5, 그리고 또 다른 그룹은 비율 35 : 29$\frac{1}{6}$: 25 : 21$\frac{7}{8}$: 19$\frac{4}{9}$: 17.5의 서로 다른 음가들의 동시 사용(소절 44*ff*), 또는 박자 전조(metric modulation)[19] 개념 역시 중세와 르네상스 음악 이론, 즉 비율에 그 근원을 두고 있다. 이 같은 수학적 비율들은 20세기가 진행되면서 고도의 수학 법칙들과 연계되어 보다 적극적으로 음악에 응용되기에 이른다. 예를 들어, 크세나키스는 그의 "피토프라크타"(Pithoprakta)에서 확률공식 $f(v) = \dfrac{2}{a\sqrt{\pi}} e^{-v^2/a^2}$ [20]을 적용하여 총 1,148개의 다른 음가들을 추출한 후 이를 다시 가우스(Gauss) 법칙에 의해 58개의 특정 가치로 재환산하여 사용함으로써 소위 확률음악(Stochastic Music)을 탄생시키기도 하였다.

---

18) Johannes Tinctoris (1475). *Proportionale Musices*, trans. by Albert Seay, (Colorado: Colorado Spring College Music Press), 1979.

19) 박자 전조(metric modulation)란 하나의 박자(meter) 또는 템포(tempo)로부터 공통의 음가(duration) 또는 맥박을 유지하면서 다른 박자나 템포로 변환(transition)하는 것을 뜻한다.

20) 기능 $f(v)$는 속도 v의 확률, 정수 a는 소리 주변의 온도, v의 상가평균은 $a/\sqrt{\pi}$, 그리고 표준편차는 $a/\sqrt{2}$이다.

전통음악의 한계

이상에서 극히 제한적으로나마 논의한 예들은 음악의 기초를 이루는 음(音), 음계를 위시하여 음악 이론과 개념에 이르기까지 그리고 이를 실현하는 악기, 이 모든 것들이 역사적으로 수학, 물리, 공학 등 과학개념 및 기술과 얼마나 밀접하게 그리고 직접적으로 연계되어 있었는가를 입증하고자 제시되었던 것이다. 이 같은 고도의 지적(知的) 음악에도 불구하고 기존 전통음악의 한계는 최근에 이르기까지 극복되지 못했던 것이 사실이다. 즉, 우리 청각이 감지할 수 있는 주파수 범위는 20 Hz [21] ~20,000 Hz에 달하는데도 불구하고 심지어 모든 과학적 집약체로서의 피아노의 가능한 주파수는 고작 27.50 Hz(A_0)~4,186 Hz(C_8)로 우리 청각이 허용하는 범위의 극히 제한적인 1/5 정도에 불과한 것이다. 다양한 모든 악기가 총동원된 오케스트라의 음역 역시 피아노의 그것과 대동소이하다. 음량 역시 피아노는 3 m 거리에서 최대 94 dB [22] 정도로 우리 청각이 고통을 느낄만한 130 dB까지 이르기에는 많은 여유가 남아있다. 19세기 당시에는 연주 불가능했던 베토벤(Beethoven)의 "피아노 소나타 제29번", 일명 "햄머글라비에르"(Hammerklavier)나 "교향곡 제9번", 또는 차이코프스키(Peter Ilyich Tchaikovsky, 1840~1893)의 "바이올린 협주곡" 등은 이제 무난한 작품으로 여겨질 만큼 연주자들의 기술 또한 놀랍게 향상된 것만은 분명하지만 그럼에도 불구하고 리듬 하나만을 예로 들더라도 인간 연주자의 능력은 극히 제한적인 단순분할 외에 그 정확성을 잃는 것이 사실이다. 뿐만 아니라 최근 250년 동안 모든 서양악기를 단 한 가지, 즉 평균율 조율로 고정시킴

---

21) Hz.는 Herz(헤르츠)의 약자로, 1초 동안의 진동수를 뜻 한다.
22) dB는 decibel(데시벨)의 약자로 음량의 수량적 단위를 나타낸다.

으로써 그 밖의 다른 조율로의 연주는 거의 불가능한 실정이다. 더욱 심각한 제약은 한 악기의 음색은 그와 같이 한 가지 특정 음색으로 고정되어 있으므로 심지어 모든 악기가 합류하는 오케스트라라 할지라도 목관, 금관, 현악기에서 각각 4종류의 다른 기본 악기들로부터의 가능한 다른 음색들은 총 12가지에 불과하다. 이상에서 언급한 제약들 중 특히 제한적 음색으로 부터의 탈피를 위해, 예를 들어 베베른(Anton von Webern, 1883~1945)은 그의 현악 4중주 "6 바가텔"*(Sechs Bagatellen)*에서 현의 정상적인 연주기법 외에 특수주법[23]을 사용함으로써 통상적인 현 소리로 부터 새로운 음색을 추구하였다. 크럼브(Georgy Crumb, 1929~2022) 역시 그의 피아노를 위한 "마이크로코스모스"*(Microcosmos)*에서 피아노의 현을 손으로 뜯는다든지, 긁는다든지 하는 다양한 방법으로 건반을 쳐서 내는 정상적인 피아노 소리와는 전혀 다른 음색의 소리를 고안했다. 그런가 하면 바레즈(Edgar Varèse, 1883~1965)는 그의 13인 타악기 연주자를 위한 "이오니세이션"*(Ionisation)*에서 심지어 악기로 여겨지지 않는 사이렌 두 대를 포함하여 무려 40개가 넘는, 그리고 이들 중 많은 것들은 당시까지 일반 오케스트라에서는 사용되지 않던 타악기들을 기용함으로써 음색의 폭을 넓히고자 시도하였다. 새로운 과학기술의 덕분으로 소리를 저장할 수 있게 된 에디슨(Edison)의 축음기는 1925년 레스피기(Ottorino Respighi, 1879~1936)로 하여금 그의 "로마의 소나무"*(The Pines of Rome)*에서 녹음된 나이팅게일 새소리를 재생함으로써 이는 아마도 구체음악*(Musique Concrète)*[24]의 시발로 보아야 할 것이다. 그러나 실제 자연의 소리를 소

---

23) *am Steg, pizzicato, harmonics, mit Dämpfer,* 등.
24) 구체음악*(Musique Concrète)*이란 외부소리를 녹음한 후 전자음향기기를 사용하여 조작, 편집하여 테이프에 고정시킨 음악을 말한다.

재로 음악작품을 만드는 작업은 녹음테이프의 발달과 함께 1949년 쉐이퍼(Pierre Schaeffer, 1910~1995)와 앙리(Pierre Henry, 1927~2017)에 의해 주도된다. 그것도 잠시, 1951년 콜론(Cologne)에 이어 1952년 "컬럼비아-프린스턴 전자음악 센터"(Columbia-Princeton Electronic Center)의 설립으로 인해 기존 악기로서는 구현할 수 없었던 새로운 전자음향들이 전자 기기에 의해 생성되고, 합성되고, 테이프에 저장되고, 이 자료들은 작곡가의 의도에 따라 편집된 후 이 같은 합성음들로 구성된 전자음악 작품들은 더 이상 인간 연주자에 의존함 없이 스피커를 통해 관중에게 직접 전달되게 된다. 이 같은 새로운 소재를 위한 새로운 표현 방식들은 전자음악 자체뿐만 아니라 전통 작곡기법에까지 그 영향을 미치게 된다. 예를 들어 바레즈는 그의 "오케스트라와 테이프를 위한 데서르트*(Déserts)*"에서 테이프에 담긴 전자음향과 오케스트라 음향 사이의 자연스러운 연속성에 대해 크게 만족할 정도로 전자음향은 전자음악이 아닌 기존 전통 악기의 연주 양식에까지 큰 영향을 미치게 된다.

컴퓨터 음악 (Computer Music)

음악사를 통해 쇤베르크 이후 20세기에 이룩한 최대의 음악적 도약은 아마도 1960년 초 매튜스(Max Mathews, 1926~2011)에 의해 포트란(Fortran)[25] 컴퓨터 언어로 개발된 "MUSIC 5"(뮤직 5)[26]로 인한 것이라

---

25) 포트란(Fortran)이란 Formula Translation에서 나온 단어로 대량의 숫자계산에 적합한 대수적 컴퓨터 프로그램 언어이다.
26) Max Mathews (1969). *The Technology of Computer Music*, M.I.T. Press (Cambridge, MA.).

고 여겨진다. 이를 기초로 컴퓨터는 이제 만능 '악기'로서, 19세기 초반 피아노가 음악에 혁명을 몰아왔듯이 21세기 음악으로 발전되는 계기를 마련하게 된다.

이로부터 불과 반세기 남짓 지난 오늘 컴퓨터는 인류 역사상 최초로 작곡가를 진정한 의미의 창작가로 재탄생시켰다. 즉, 이전의 어떤 기발한 작품도 작곡가는 자신이 창조하지 않은 악기, 다시 말해 이미 과거 수백 년 동안 특정 악기마다 주어진 고정된 특정 음색에 오직 음들만을 작곡해 온 것이다. 이제 작곡가는 사상 처음으로 음(音) 뿐만 아니라 그 음을 연주할 음색, 다시 말해 자신만의 가상 악기를 동시에 창안해 냄으로써 이제까지의 반쪽 작곡가로부터 그야말로 완전한 창작가로 거듭나게 된 것이다.

컴퓨터 음악 작곡가는 한 작품을 만들기 위해 기본적으로 두 가지 다른 작업을 하여야만 한다. 하나는 기존의 작곡을 하듯이 악보를 만드는 것이고, 다른 하나는 이 악보를 연주할 구체적인 음색, 즉 음 합성기법을 통해 가상의 악기를 만드는 것이다. 우선 악보를 만드는 과정에서 기존 방법과 다른 점은 음고(音高), 음가(音價), 강약, 아티큘레이션(articulations) 등 각 음을 구성하고 있는 요소들에 대한 정확한 정보, 즉 데이터(data)를 하나하나 개별적으로 지정하고 입력하여야만 하는 것이다. 이제 역사상 처음으로 작곡가는 그가 입력한 악보 데이터를 그가 상상하는 실제 소리로 전환하는 가상의 악기를 컴퓨터 언어의 알고리듬(algorithm)[27]으로 프로그램화(programming)[28] 해야만 한다.

---

27) 알고리듬(algorithm)이란 어떤 과제를 성사시키기 위한 단계적 절차로서 컴퓨터가 실행할 수 있는 프로그램 언어로 해석될 수 있다.

헬름홀츠(Hermann von Helmholtz, 1821~1894)는 1863년 음색연구의 새로운 장을 연다. 음색과 관련된 수많은 기본개념 중에서도 그는 음을 개시(attack), 지속(sustain), 쇠퇴(decay)의 3 부분으로 구성된 진폭 포락선(amplitude envelope)으로 된 파형으로 이루어져있다고 규명[29] 한다. 한편 푸리에(Jean-Baptiste Joseph Fourier, 1768~1830)는 이미 어떤 주기적 파형도 그것은 하나 또는 그 이상 각각의 특정한 진폭(amplitude)[30] 과 위상(phase)[31] 을 지닌 사인파(sine wave)[32] 의 총합으로 나타낼 수 있다는 사실을 밝혀냄으로써 파형을 스펙트럼(spectrum)[33] 으로 변환하는 수학 방정식 즉, 푸리에 변환(Fourier Transform)의 기본 공식을 다음과 같이 정의하게 된다.

$$X(f) = \int_{-\infty}^{\infty} x(t)e^{-\pi i f t}dt \ [34] \ \text{와} \ \ X(f) = \int_{\infty}^{-\infty} x(t)e^{-\pi i f t}dt.$$

푸리에 변환을 컴퓨터가 실행할 수 있도록 '숫자 기호에 기초한 푸리에 변환'을 "이산(Discrete) 푸리에 변환"이라 칭하며 이들 수학적 개념은 이제 컴퓨터 음악에서 실제로 들을 수 있는 음을 만들고, 이를 조정하고, 편집할

---

28) 프로그램화(programming)란 컴퓨터가 실행할 수 있도록 구체적 과제를 성사시키기 위한 일련의 명령이다.

29) Hermann von Helmholtz (1863). *On the Sensations of Tone as a Physical Bases for the Theory of Music,* transl. by A. Ellis, (London), 1885.

30) 진동 폭의 절반을 진폭(amplitude)이라 하며 음의 세기는 진폭의 크기에 좌우된다.

31) 위상(phase)이란 1 주기를 360°로 하여 파형의 주기적 변화의 시간적 위치를 도수로 지시한 것이다.

32) 사인파(sine wave)는 단지 한 개의 구성요소로 이루어진 주파수를 지닌 스펙트럼의 시누소이드 파형(sinusoidal waveform)이 위상 0(zero)인 경우이다.

33) 스펙트럼(spectrum)이란 하나의 신호를 이의 주파수 구성요소들로 나타낸 것이다.

34) 여기에서 $x(t)$는 시간 t의 기능; $X(f)$ 즉, $x(t)$의 스펙트럼은 주파수 f의 기능; e는 자연로그, 즉 2.7182818...; i 는 상상단위 즉, 정의 $i^2 = -1$이다.

수 있는 주된 하나의 음 합성기법인 부가합성(Additive Synthesis)을 탄생케 한다. 즉, 부가합성 기법에 의해 리쎄(Jean-Claude Risset, 1938~2016)가 고안한 종소리 음색의 가상 악기는 종을 쳤을 때 발생하는 무한대의 비(非)화성 배음(Partial)들 중 근음(Fundamental)과 첫 10 배음들 각각의 진폭과 지속시간을 각각 11 오실레이터(Oscillator)35) 단원 발전기(Unit generator)36) 들로, 그리고 이들 각각이 지닌 11 주파수들을 각각 또 다른 11 오실레이터 단원발전기들을 거쳐 이들 모두를 합하여 출력하는 방식으로 만들어 졌다.37)

이 밖에도 필터의 병렬, 또는 일렬 연결을 다양한 방법으로 조작하여 목적하는 음색을 얻는 감가합성(Subtractive Synthesis); 변조와 운송 오실레터를 연결하여 음색을 얻는 주파수 전조합성(Frequency-Modulating Synthesis); 음성의 음도, 속도, 진폭, 공진 구조를 조작하여 얻는 언어합성(Speech Synthesis) 기법38)은 컴퓨터 음악에서 가장 중요한 음 합성기법에 속한다.

이제 컴퓨터는 작곡가에게는 만능의 '악기'로서 우리가 상상할 수 있는 어떤 소리도 사실상 정확히 구현해 낼 수 있게 되었다. 과학기술의 놀라운 발전과 그리고 음악의 본질이 그러하듯 이를 적극 수용한 컴퓨터 음악은 지

---

35) 오실레터(oscillator)는 주기적 파형을 생성하는 장치이다.
36) 단원 발전기(unit generator)는 소리의 생성, 변형 또는 결합 등의 특정 기능을 수행하는 알고리듬이다.
37) Jean-Claude Risset (1969). *Introductory Catalogue of Computer Synthesized Sounds*, Bell Telephone Laboratories (Murray Hill, N. J.).
38) 이여진. "*76 Tears*", 『EUGENE LEE: 12- & 18-TONE MUSIC』 (Universal Music, DU 7398, Seoul, 2009).

금까지의 제한적 음역과 강약 그리고 리듬으로부터 이제 우리 청각의 한계에 도전하게 된 것이다. 이 같은 과거 제약들로부터의 해방으로 인하여 보다 더 심도 있는 새로운 관심사 중에는 그동안 우리의 상상 속에서만 가능했던 미분음을 가상의 컴퓨터 악기를 통해 구현하는 것이다. 뿐만 아니라 한 걸음 더 나아가 새로운 음색의 추구가 단순히 새로운 음향을 찾기 위한 흥미 위주의 초보 단계를 넘어 음색을 결정짓는 배음 자체를 작품 구조상 조정 가능케 하는, 불과 몇 년 전까지만 해도 상상조차 할 수 없었던 새로운 작곡 개념과 기법의 현실화인 것이다.

자신의 작품을 논하는 쑥스러움에도 불구하고 한 옥타브를 12등분 한 기존의 12음이 아닌 $\sqrt[18]{2}$ 에 의한 18음[39]으로 구성된 필자의 "3 바이올린과 컴퓨터 음향을 위한 *Trihexadral Ballads(*트라이헥사드랄 발라드*)*"에서는 18 미분음들을 음열 기법에 의해 구조화했다는 차원을 넘어 음열화된 18음들의 배음들을 이 작품의 구조적 음 진행과 연계하여 각 음들의 음색을 결정짓게 함으로써 음색 자체를 구조화한 현재까지 유일한 작품[40] 이기에 컴퓨터가 아니고서는 결코 실현 가능하지 않은 한 예로 제시하는 바이다. 뿐만 아니라 소위 음색선율[41]을 위시하여 지금까지 한 음색에서 다른 음색으로의 점진적 변화를 만들려면, 예를 들어 쇤베르크가 그의 *Fünf Orchesterstücke* ("5 오케스트라 작품") 제3악장 일명 *"Farben"* (채색)에서 사용한 바와 같이 플루트(flute)로 시작한 음을 일정 시간 후에 잉글리쉬 혼

---

39) Eugene Lee(이여진) (1997). "A Notational System for Third-Tone Music," *Organised Sound*, Vol. 2, No. 3 (Cambridge University Press, U.K.), pp. 213-223.

40) Eugene Lee(이여진) (2000). "Some Aspects of 18-Tone Composition," *Sonus*, Vol. 20, No. 2 (Cambridge, MA, U.S.A.), pp. 37-56.

41) 음색선율*(Klangfahbenmelodie)*이란 각기 다른 악기들의 음색이 사용된 선율을 뜻한다.

(English horn)이 동일 음으로 플루트와 함께 겹쳐서 얼마간 연주한 다음 플루트 소리는 사라지고 잉글리쉬 혼 소리만 지속되는 식의 소위 교차쇠퇴 (crossfade) 방식만이 가능 하였으나 *"Trihexadral Ballads"*에서는 진정한 의미의 변형, 즉 위의 악기로 비유한다면 두 다른 악기가 아닌 한 가상의 악기가 플루트로부터 점진적으로 잉글리쉬 혼으로 완전히 변해버리는 식의 완벽한 변형(transformation)은 컴퓨터 악기가 아니고서는 결코 실현 가능 하지 않은 것이다. 3대의 바이올린 역시 각각 서로 다른 조율[42], 즉 스코르다투라*(scordatura)*를 통해 기존의 바이올린 운지법을 고수하면서도 결과 적으로는 컴퓨터와 18 미분음을 함께 연주할 수 있도록 고안함으로써 인간 연주자와 기계 컴퓨터가 함께 협연하는 음악사적으로 현시점에서 과거와 미래를 잇는 작품으로 시도된 것이다.

역사적으로 모든 악기가 당시의 음악과 함께 그 시대를 반영하듯 컴퓨터 역시 21세기 음악적 관념과 사고를 정확히 반영하는 꿈의 건반악기로써 새 로운 찬란한 음(音)의 우주로의 여행을 실현 가능케 해주었다.

제언

그럼에도 불구하고 정작 이 만능의 컴퓨터 악기를 소유한 우리 자신들을 둘러싼 많은 문제점들은 절대음악(Absolute Music)을 진정으로 수호하려는 이들에게 여러 가지 어려움으로 다가와 있다.

---

42) 3 바이올린의 스코르다투라 *(scordatura)* 조율은 다음과 같다:
   Violin I, A_4 = 475.23 cps.; Violin II, A_4 = 457.27 cps.; Violin III, A_4 = 440.00 cps.

과거와 달리 현대 영상 시대에서 음악을 위해 대본이 쓰이고 안무가 만들어지던 시대는 지나갔고 오늘날 음악은 영상 음악 또는 영상의 효과 내지 보조 역할로 전락하고 말았다. 음악만을 즐겨 듣는 이라 할지라도 과거 음악 애호가들이 고성능 음향기기로 미세한 차이마져 놓칠세라 감상하던 것과는 달리 예쁘게 디자인된 간편한 MP3 하나면 충분히 만족할 만큼 클래식 음악 전반에 대해 오히려 무감각해 지고 있는 것이 사실이다. 컴퓨터 음악이 아니라 할지라도 절대음악, 그중에서도 현대음악은 이제 더 이상 어느 누구의 요구도 욕구도 없이 만들어진 어찌 보면 자아도취적 산물에 불과한 것으로 소속 그룹회원들에게 뿌려진 초대권으로 마지못해 참석한 소위 청중 아닌 청중들로 이루어진 인위적, 가식적 문화의 신기루에 불과하게 되었다. 이 같은 상황에서 컴퓨터 음악회장에서 시야에 들어오는 것이라고는 오직 덩그렁 무대 한옆에 세워진 스피커뿐으로 이를 통해 전달되는 숫자로 조작된 합성음을 인간적 감동으로 받아들이라고 요구하기에는 청중들의 과거 관습에 대한 향수가 아직까지 지나치리만큼 강력한 것이 분명하다. 설상가상으로 과거 어느 시대에서도 찾아볼 수 없었던 대중교육을 받은 일반 청중이 예술품의 승패는 물론 이의 존폐 여부마저 좌우하게 된 요즘 고도의 음악 이론과 첨단의 과학기술이 적용된 컴퓨터 음악의 이해를 구할 수 없다는 것은 어쩌면 너무나 당연한 결과일지도 모른다. 있어도 그만, 없어도 그만인 컴퓨터 음악을 포함한 현대음악의 전락은 그 자체의 심각성을 넘어 순수음악 예술 자체를 우리 삶의 중심으로부터 증발시키는 결과를 초래함으로써 한때 이것이 지녔던 일체의 영향력을 잃게 함은 진정한 음악 예술이 제시하는 우리의 이상을 향한 어떤 모습도, 우리가 꿈꾸는 어떤 아름다운 미래도, 갈구하는 세상도 더 이상 상상할 수 없게 하는 엄청난 지적

(知的) 재앙을 불러오게 된 것이다. 왜냐하면 순수 절대음악이야말로 우리의 내적 질서의 아름다움을 논리적 진행으로 표출한 형태, 즉 형식으로 추상적 진실을 마치 실제처럼 경험할 수 있게 하는 유일한 예술이기 때문이다.

환희와 절망이 교차하는 21세기 이 역사적 순간 절대음악이 우리를 다시 한번 구원할 수 있는 그 본연의 능력을 소생시키기 위해서 해결해야 할 많은 과제 중 가장 시급한 음악전문 교육과 일반교육에 대해 몇 가지 제언하고자 한다.

극히 소수에 지나지 않으나 쇤베르크와 같은 작곡가는 유명 그 자체보다는 우리의 지적 영역을 넓히고 새로운 아이디어(idea)를 표출하는데 더 큰 뜻을 두고 활동하였다. 그런 쇤베르크마저도 그의 음악이 난해하다는 이유 하나만으로 배척당하는 마당에 하물며 음악이 본직도 아닌, 그러나 그들의 위대한 업적이 없었다면 오늘날 순수음악이 결코 이 수준까지 도달할 수 없었던 수학자, 물리학자, 공학자, 예를 들어 사빈(W. C. Sabine, 1868~1919), 랑뮈르(I. Langmuir, 1881~1957), 매튜스 등에 대한 관심은 심지어 전문 음악인들 사이에서조차 전무(全無)한 것이 우리의 현실이다. 이 같은 결과의 주된 배경에는 우리 대학들이 근 200년 된 음악교육을 오늘날까지 구태의연하게 답습하고 있다는데 있다. 6개월이 멀다하고 업그레이드(upgrade)되는 컴퓨터 기술 발달만 보더라도 어제의 기술이 당장 오늘 더 이상 통하지 않는 무서운 학문적, 기술적 변화와 발전 속에서 유독 음악만은 과거 답습의 늪에서 헤어나지 못하고 있는 실정이다.

고대 그리스로부터 오늘날에 이르는 음악의 긴 여정을 통해 우리는 음악의 본질이 유흥이 아닌 인류의 모든 지적 사고의 총합체임을 분명히 직시하여야만 할 것이다. 따라서 21세기 전문 음악교육은 하루속히 과거 답습으로부터 탈피해 기초 음악 이론과 관련된 모든 훈련 과정 뿐만 아니라 이밖에 음향과 관련된 물리학, 컴퓨터 프로그래밍과 관련된 컴퓨터과학, 계수 신호처리와 관련된 공학, 그리고 인지와 심리 음향학과 관련된 심리학 또한 기본 과목으로 함께 교육되는 다(多)학문 교육체제로 시급히 전환되어야만 할 것이다.

지금까지 과학과 연계된 음악교육이 전무한 우리로서는 컴퓨터 음악과 같은 첨단 창작 분야는 물론 음향과 관련된 기준 단위, 예를 들어 주파수(frequency), 센트(cent), 데시발(decibal), 폰(phon), 손(sone) 등 전문 기본용어는 물론 이들로 표현되는 인체 반응 및 인지측정도 등 우리 연구 결과로 규명되고 규정지어진 것은 단 한 용어, 단 한 기준도 없이 전적으로 외국 규범에 의존해야만 하는 학문적 변방국이라는 오명으로부터 벗어나지 못하고 있다. 우리의 전문 음악교육이 과학과 연계되어 총체적으로 재정립되는 것만이 절대음악 예술을 우리의 지적(知的) 역사로서 그 문화적 가치를 인정받게 되는 첫걸음이 될 것이다.

어떤 단어를 어떤 특정한 음으로 전환할 수 없듯이 어떤 음 또한 어떤 특정한 단어로 설명될 수 없음에도 불구하고 그러나 언어에 문법이 있고, 구조가 있고, 형식이 존재하듯 음악에도 분명한 음(音)어법이 철저히 자리하고 있으며, 또한 음들의 구조와 이들 진행으로 이루어진 형식이 존재하며, 문자를 기록할 수 있듯이 음 역시 기보할 수 있고, 훌륭한 문학작품이 우리가 미처 체험하지 못한 육체적, 정신적 세계까지도 경험할 수 있게 하듯이 훌륭한 명곡 또한 우리의 의식과 영혼 너머의 아름다운 미지의 세계까지를 상상할 수 있게 하는 것이다. 역사를 통해 수 많은 명작들이 있듯 중세로부터 현재까지 수없이 많은 위대한 명곡들 또한 존재한다. 그럼에도 불구하고 우리의 일반 교육과정에서 음악 언어가 제시하는 논리적 사고에 따른 창의적 전개에 의해 탄생된 문화의 꽃, "음악"은 제2외국어로서의 고려는커녕 최소한의 교양교육 대열로부터 조차 전격 탈락 됨으로써 우리 어린 학생들은 그들 인생에서 너무도 소중한 많은 것들을 잃는 것은 물론 문화적 저능아로 성장하게 되는 것이다. 이 같은 결과는 곧 '노래방 문화'로, 그리고 '율동의 보조적 음악문화'로 이들을 내몰고 절대음악에 대한 최소한의 이해는커녕 관심조차 갖추지 못한 이들은 나아가 순수음악 청중의 빈사 상태로 이어지고 그 결과 우리의 문화란 단지 허상에 불과할 수밖에 없게 되는 악순환의 반복인 것이다. 궁극적으로 일반 대중이 고전음악, 순수음악에 대한 올바른 그리고 충분한 소양을 지니지 못하는 한 그것이 얼마나 훌륭하게 모든 예술적, 과학적 지식과 기술과 연계된 첨단의 창작품이라 할지라도 전통 절대음악에 기초한 21세기 음악의 장래는 물론 나아가 우리의 미래 순수음악 예술문화는 어떤 기대도 할 수 없을 것이다.

언어로 설명될 수 없는 수학기호와 부호들로 이루어진 추상적 공식들을 진리로 받아들이듯이 언어로 설명될 수 없는 음표와 이들이 화성과 대위 진행을 통해 이루는 은유적 구조와 형식의 아름다움 또한 진리로 깨달아야만 할 것이다. 우리의 많은 지식들이 분명 언어를 빌어 표현되나 표현이란 말로 설명될 수 없는 많은 형태를 지닐 뿐만 아니라 나아가 음악에서 소위 신비성이라는 것마저도 그것은 음악작품이 지닌 복합구조와 이를 구성하고 있는 요소들의 다차원적 연관 관계를 정확히 고찰하고 공리(axiom)화 할 수 없는 능력 부족의 소산일 뿐임을 인정해야 할 것이다. 음악 예술이 함유하고 있는 내적 그리고 외적 모든 복합 관계들이 오직 과학적 언어와 과학적 방법으로 설명되고 증명되고 그리하여 우리가 아직까지 이해할 수 없었던 현상의 해답을 찾음으로써 우리의 개념을 확대하고 그것이 궁극적으로 우리들 삶의 진실을 깨닫게 하는 것이야말로 순수음악 예술의 진정한 역할일 것이다.

수학을 위시한 과학이 진리에 기초한다면 음악은 아름다움을 그 근본으로 삼으며 결국 아름답다는 것은 그것이 오직 진리일 때뿐일 것이다. 진리의 아름다움과 아름다움의 진리는 곧 신의 모습을 조금은 빼어 닮은 우리 내면 가장 깊은 곳에서 울려 퍼지는 메아리이기 때문이다.

20. 현대(現代) 속의 전통:
한국 전통음악에 관한 다섯 가지
소고(小考)[1]

이여진(李如辰)

I. Symbolism vs Pitch Function (상징주의 對 음(音)기능) :
전통음악 연구의 문제점

동양과 서양음악 사이의 이념(ideology)적 대립과 마찰은 한국음악 활동 전반에 걸쳐 심각한 문제를 제기하고 있을 뿐만 아니라 이의 해결은 곧 한국음악의 미래 진로를 결정짓는 일이라 믿는다. 서양음악 예술의 수용과 교육제도의 도입으로 우리 국악 전통음악에서 역시 음악학(Musicology)과 인류학(Anthropology)을 동시에 함유한 종족음악학(Ethnomusicology)이라는, 과히 바람직하지 않은 명칭하에 우리 고유의 기술(technique)과 구문법(syntax, 構文法)을 발전시키는 미래 진취적 연구보다는 오히려 우리의 보수주의 사상과 결합되어 과거 보존적 내지는 과거사적 면들에 오히려 쉽게 치중될 수 있다는 우려이다. 우리가 음악 역사를 통해 우선적으로 다루어야만 할 문제는 전통음악 안에 "현재 살아있는 과거의 가치"일 것이다.

중국의 금(琴, chin) 음악에서 "지성(地聲, ti shêng)", "천성(天聲, tien

---

1) 본 논문은 "국악학회" 초청 강연에서 1986년 5월 8일 (한양대학교 국악합주실) 발표된 이다.

shêng)", "인성(人聲, jen shêng)", 즉 "땅의 소리", "하늘의 소리", "사람의 소리"라는 상징주의(symbolism)가 아니라, "산성(散聲, open string)", "범성(泛聲, harmonic)", 그리고 "실성(實聲, stopped note)" 이라는, 즉 실용적 기능에 의한 음악적 구조가 보다 중요하게 고려되어야만 하겠다.

오늘날 우리 고유음악의 미래 존속마저 위협받는 서양음악의 범람으로부터 외국의 모든 음악, 그리고 연주 방법마저 순수한 우리의 것으로 항시 재창조할 수 있는 지혜를 우리 선조들이 잃지 않았듯 우리도 다시 한 번 오히려 서양의 모든 음악과 음악 요소들을 'Koreanization'(韓國化) — 중국의 한(漢)과 당(唐) 시대의 Sinicization(中國化)에 대응되는 — 하기 위해서는 그 무엇보다도 앞서 음(音)의 순수 현상을 음 이외의 모든 고려로부터 독립된 상태에서의 전통음악 연구가 하루속히 더욱 강조되어야만 하겠다.

II. Treatise vs Text Book (논서 對 교재) : 전통 음악이론 교육의 문제점

서구음악은 해부학적 분류 과정을 통해 그 구성요소들이 분해된 후 초보자도 다룰 수 있는 기초 단계로부터 고차원의 예술적 수준에 이르기까지 부분적 과정들이 각각 연마되고 훈련된 후, 이 모든 요소들의 통합을 통해 하나의 완성품으로 이룩되어 왔다. 예를 들어 Palestrina(팔레스트리나)를 모델(model)로 삼은 Fux(푹스)의 Species Counterpoint(16세기 대위)라든지, Bach(바흐)를 모델로 한 18세기 Counterpoint(대위), 또는 Harmony(화성), Instrumentation(악기론), Orchestration(관현악론) 등등 음악가로서의 완성에 필요한 훈련 과정은 과학적으로 세분되어 수 세기를 거쳐 연구, 교육되어오고 있다. 이러한 서구음악 훈련 과정에 관한 원서와 번역물들을 들지 않더라도 우리 한국 음악가들(이 중에는 국악 전공인들도 다수 포함되며)에 의해 저술된 서양음악 이론 서적만 하더라도 이미 그 수를 헤아리기 어려울 정도로 많이 출판되어있는 실정이다. 물론 이렇게 많은 서양음악 출판물 중 정작 이론 논서(Treatise)는 찾아볼 길 없이 99.99%가 교재로서 그것도 대입 관련 책 장사 풍토의 우리 실정은 결국 음악의 학문적 발전과는 너무도 거리가 멀다 하겠다.

이에 반해 문헌과 역사를 제외한, 예를 들어 순수 우리 국악 작곡기법의 기초이론서를 불행하게도 필자는 아직까지 단 한 권도 접할 수 없었다. 역사적으로 우리에게 타 음악 예술문화를 포용할 수 있을 만한 아량과, 뿐만 아니라 우리 자신의 것으로까지 결국 이들을 동화시킬 수 있는 우성적(優性的) 고유성이 있다면 우리 국악 훈련, 이 중에서도 특히 창작 분야도 서구의 좋은 점들을 오히려 적극적인 자세로 폭넓게 수용하여 고대의 우리 고유음악 논서는 물론 중국의 원친 자료들의 조속한 번역과 함께 우리 교육에서 논서에 관한 연구를 일반화시킴으로써 우리 고유성에 대한 지식이 학문적 입장에서 명확히 규명, 정립됨과 동시에 이러한 논서들의 충분한 소화를 통해 현대적 감각으로 세분화 된 훌륭한 교재들 또한 하루속히 저작(著作)되어 실제 교육에서 원천자료(primary source)들과 함께 학술적으로 응용되기 바라는 마음이다.

III. Equal Temperament vs Just Tuning (평균율 對 순정율): 전통음악에서 사용되는 음계와 음계조직의 문제점

세계가 지구촌으로 바뀌는 21세기로 향한 이 시각에 그 어떤 상품은 물론 눈에 보이지 않는, 예를 들어 교육까지를 포함 이들의 품질은 우리의 모든 성패 내지 때로는 생사까지를 좌우한다 하여도 과언은 아닐 것이다. 그리고 이러한 질(質)은 끊임없는 연구와 새로운 기술로서 혁신적 발전을 거듭해 오고 있는 실정이다.[2] 과거 답습적 보존에 지나치게 치우쳐온 우리 전통음 악은 과연 그 질적인 면에서 세계 문화시장에 내놓아 손색이 없는 수준인 가 평가 아니해볼 수 없겠다. 질을 따지기 위한 이 어려운 논쟁의 범위를 최대한 축소하기 위해 동(東)·서(西)간의 작품을 이루는 기본자료인 음계 (*gamut*)와 음계체계(scale system), 특히 우리의 5음 음계를 중심으로 예를 들어 비교해 보자.

[Ex. 1] 음계 (김기수 著 國樂入門)

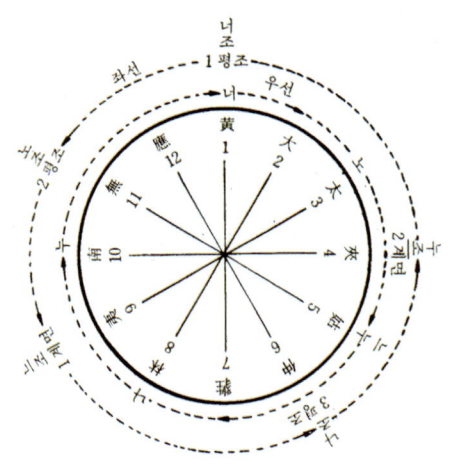

---

2) 참조: 이여진. "한국 전통음악에서 사용되는 음계와 음계조직의 문제점", 제8회 심포지엄, Program Note, 한양대학교 음악연구소, 1986.

김기수 저(著) 국악입문(國樂入門)에는 Ex. 1에서 보여주는 도표와 함께 "음계는 이·이·삼·이·삼(二·二·三·二·三)의 간격으로 우선하여 5음을 정하고 조(調)의 주음(主音)은 이·이·삼·이·삼(二·二·三·二·三)의 간격으로 좌선하여 첫째 음을 정하니 위의 도해와 같이 너 황음계의 5조가 생긴다"[3] 라고 음계 설명이 되어 있다.

그러나 중국의 가장 오래된 사마천(司馬遷, *Ssuma Chhien*)의 사기(史記, *Shih Chi*, B.C. 90)에 의하면 12음, 즉 12율(律, *lü*) *gamut*은 $2/3$ 또는 $4/3$ 의 배수 처리를 12번째 음까지 거쳐 한 옥타브(octave) 음역으로 옮겨 형성되었으며 이를 가리켜 생(生, *sheng*)이라 일컬었다.[4] 그리고 $4/3$의 배수로 얻어진 음들을 상생(上生), $2/3$의 배수로 얻어진 음들을 하생(下生)으로 명명하였다. 따라서 정확지는 않으나 B.C. 4세기경 좌전(左傳, Tso Chuan)이 언급한 5음을 5음 음계의 시초라 치더라도 최초로 12율이 체계화된 이래 85년 후의 발전상으로서 역사적 그리고 이론적으로 12율 산출에 필요했던 기본 계산원리가 5음 음계에도 역시 적용되었다고 추리할 수 있겠다.

즉, 조(調) 형성에서 Ex. 1에서와 같은 반음(semitone) 기준과는 달리 Ex. 2에서 제시하는 바와 같이 5도 기준으로서 황종(黃種)을 중심음(E^b)으로 하였을 경우 1평조(平調)와 1계면조(界面調)는 서로 대칭적 위치에서 이루어지며 3평조와 2계면조 역시 서로 대칭관계로 이루어짐에 반해, 2평조는 황종을 중심으로 자체 대칭(internally symmetrical) 관계의 조(調)인 것이

---

3) 김기수(金琪洙). 국악입문(國樂入門), p. 86, 대원인쇄소, 1972.
4) 이와 같은 계산법은 그 후 1583년이 지난 1493년 찬정된 우리의 악학궤범에서 삼분손익(三分損益), 즉 삼분손일(三分損一, 즉 비율 3 : 2)과 삼분손익(三分損益, 즉 비율 3 : 4)로서 12율을 얻는 기록으로서도 증명되어 있다.

다.5)

[Ex. 2] 음계.

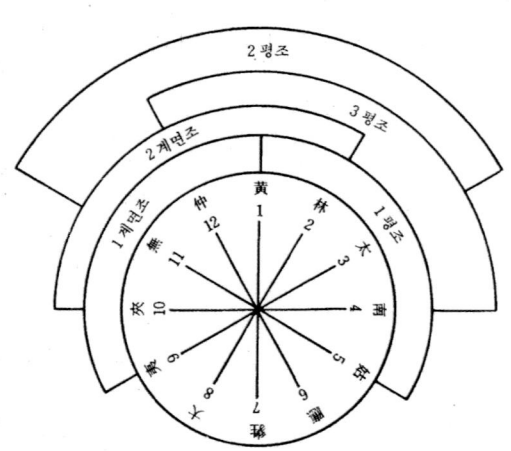

그러나 만일 우리가 Ex. 1에서 제시한 이론대로 그리고 그것은 현재 우리 국악계에서 보편화되어 가는 12 평균율에 의한 반음 관계로서 우리 고유의 음계를 고려하였을 경우, 즉 우리의 너노느나누(宮商角徵羽)의 5음 음계로부터 선법에 따른 3개의 평조와 2개의 계면조가 구성할 수 있는 음정 관계는 각각 동일한 interval vector(음정함량)6) [032140]으로서 그것이 1 평

---

5) 그러나 Ex. 2에서 보여주는 도표는 실상 Ex. 1의 도표와 비교하기 위하여 편의상 작성된 것으로 이론상 이는 결코 '완전한 원'(closed circle)일 수 없으며 순정 5도(Just 5ths)에 의한 '나선형'(spiral)일 때만, 예를 들어 황종(黃鐘)을 기준으로 하였을 때 응종(應鐘), 유빈(蕤賓), 대려(大呂) 이상 3음이 5음 음계 선법으로부터 생략되어져야만 하는 이론적 필연성 또한 자명해질 수 있을 것이다.

6) Interval vector, 즉 음정함량이란 주어진 음류집합(pc set)이 함유하고 있는 숫자로 나타낸 음정들을 뜻한다. 참조: 이여진. 『12음 음악언어』음악용어사전 *("The Language of Twelve-Tone Music")*, 서울: 음연, 1995 (ISBN 89-86385-00-7).

조든, 2 평조든, 3 평조든, 1 계면조든, 2 계면조든 이들 음계가 각각 나타낼 수 있는 음정적 특징은 전적으로 동일하며 이들 다섯 다른 선법이 근본적으로 서로 다르게 표현할 수 있는 가능한 음정 관계는 수학적으로 전무(全無)하게 된다. 이는 12율(律) 안에서 가능한 38개의 각기 다른 5음 집합(pentachord sets) 중 오직 단 한 집합(set)에 불과한 것으로 결과된다.

이에 반해 서양의 온음계적 음계(diatonic scale) 하나만도 6888의 가능한 화성진행(선적 진행이 아닌 Harmonic progression)이 있을 뿐만 아니라, 20세기 음열주의(Serialism) 이후 최소 220개의 가능한 음계(scale), 더 정확히는 집합(set)이 서구에서는 사용되고 있는 실정이다. 이는 평균율에 의한 우리 음악 기초자료의 이론적 가능성에 대한 극심한 한계7)를 통계학적으로 증명하는 것으로서 우리 전통음악이 이러한 방향으로 정립될 경우 앞으로 더욱 발전할 수 있는 가능성을 기대한다는 것은 사실상 희망적 착각에 불과하다고 믿는다. 이는 마치 서양의 조성(Tonality)의 마지막 가능성으로 간주되는 Schoenberg(쇤베르크)의 *Chamber Symphony*, Op. 9 이후 기능화성에 의한 새로운 작품들이 계속 다시 새롭게 창조될 것을 기대함과 마찬가지 희박한 확률로 보여진다. 이러한 심각성의 해결을 다음의 가능성에서 생각할 수 있겠다.

첫째 중국의 주재육(朱載堉, Chu Tsai-Yu)의 1584년 율학신설(律學新說,

---

7) 그러나 우리의 "살아있는 전통 음계*(gamut)*"는 역사적, 그리고 이론적으로 이와 같은 한계를 물론 갖고 있지 않는 반면에 12 평균율에 근거한 현행 이론과의 근본적인 차이는, 예를 들어 국악 연주 출신의 원로 학자들과 최근 음악 대학 출신 국악 이론가들 사이에서 흔히 빚어지는, 심지어 한 작품에서 기본음 하나를 정하는 문제에서까지도 이견(異見)이 생길 수밖에 없는 이유 중 하나라고 믿는다.

Lü Hsüeh Hsin Shuo)에서 사상 최초의 12평균율 확립 ($\sqrt[12]{2}$)은 (서양의 Simon Stevin[8])의 그것보다도 12년이나 앞선 것으로서 물론 이 두 평균율 계산방법 역시 조그만 차이가 있으나) 이로부터 적어도 1588여 년 전 5음 음계의 성립과 이의 60조(調, *tiao*)는 5도권에 의한 순정율(Just Tuning)에 근원한 것이었다고 확신하는 바이다. 현재 우리가 사용하는 5음 음계를 -- 주재육의 그것과도 계산법상 조그만 차이가 있는 -- 서양의 평균율(Equal Temperament)로 산출된 음들로 구성할 경우 우리 고유음계가 지니고 있는 순정율이 지닌 특성의 희생은 다음의 Ex. 3으로 간단히 증명할 수 있다.

[Ex. 3] 순정율 비율 2:3.

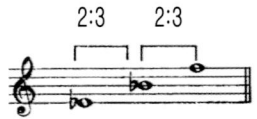

E$^\flat$-B$^\flat$은 완전 5도로서 2:3의 비율이며, E$^\flat$을 200 cents(센트)로 편의상 잡았을 경우 B$^\flat$=300 cents (∵ 200 cents × $^3/_2$); B$^\flat$-F는 다시 완전 5도로 B$^\flat$=300 cents라면 F=450 cents (∵ 300 cents × $^3/_2$)로, E$^\flat$-B$^\flat$의 첫 완전 5도 음정이 100 cents (∵ 300 - 200 cents)인데 반하여 두 번째 완전 5도 B$^\flat$-F 음정은 150 cents(∵ 450 - 300 cents)로 어느 음을 기준으로 하였느냐에 따라 전혀 다른 음정 결과가 산출된다. 이는 예를 들어, C=512 cents일 때 C-A는 3:5로 A=853.3 cents이며, D=576 cents (∵ C - D =

8) Simon Stevin(1548~1620). *Van de Spiegeting der Singconst*, pp. 26ff. 참조: 이여진. 『조율과 음률 역사의 살아있는 소리』 (*"History of Tuning and Temperament in Living Sound"*), 서울: 음악춘추, 2015 (ISBN 978-89-13-98510-2).

장2도, 즉 8:9)를 기준으로 할 때 D-A는 2:3으로 A=864 cents로서 C음을 기준으로 A음에 도달함과, D음을 기준으로 하여 A음에 도달한 두 A음 사이에는 10.7 cents의 차이로 결과 된다. 이러한 순정율에 의해 산출된 음들로 구성된 음계들은 각기 서로 다른 특징과 intonation(억양)을 가짐으로써 옥타브를 정확히 12 등분한 결과로 산출된 음정 관계, 즉 E♭을 중심음으로 하였을 때 평조와 계면조의 다섯 다른 조(調)에서 형성되는, 예를 들어 장 (Major) 2도 즉, E♭-F, F-G, G♭-A♭, A♭-B♭, B♭-C, C♭-D♭, D♭-E♭의 각기 다른 음들로 이루어진 7개 음정 관계들은 정확히 동일한 거리로 조율됨으로써 초래되는 각 음과 음 사이, 조와 조 사이의 뚜렷하고도 미세한 차이들의 희생이야말로 결국 우리의 섬세성과 완벽성마저 무시한 결과를 초래할 뿐만 아니라 우리의 진정한 고유의 특성마저 말살시키는 결과를 초래하는 것이 아닌가 사료된다. 국악 음계에서 서양의 평균율에 의한 음들의 사용이란 우리의 당면한 어려움에 대한 하나의 손쉬운 도피(逃避)에 지나지 않으며, 평균율의 편리한 점들이 반드시 우월성의 증명만은 아니라고 믿는다.9)

다음으로는 기본자료, 즉 음계와 음계체계 (물론 정립된 우리 고유의 체계 안에서) 서양의 것만큼, 내지는 그 이상의 Supratonality(起調性)로 확대 발전시키는 방법으로서 물론 이는 앞의 연구가 정립된 후에야 가능한 것이므로 이에 대한 구체적 제안은 본 소고에서 생략한다

---

9) 이와 연관하여 우리 고유의 음도(pitch)뿐 아니라, 정확한 음정(interval) 기보법의 개발과 함께 국악 연주자들을 위한 한국 전통 음(音)에 기초한 청음 훈련 개발과, 그리고 한국 전통음악의 5선보로의 무분별한 악보개작(transcription)으로 부터의 해방, 한국 전통 음계 (gamut)과 음계체계에 기초한 새로운 창작곡들을 통해 우리 전통 음(音) 조직의 개발과 이론의 정립과 발전 및 실용화, 그리고 이들이 결과하는 우리만의 새로운 순수 형식의 추구에 우리의 모든 노력이 모아져야만 하겠다.

IV. Instrumental Development vs Music Theory (악기발전 對 음악이론): 전통악기 개선과 동·서양악기 혼합사용의 문제점

서양의 근대 음악 발전사에서 고대 선법(Mode)로부터 벗어나 전조진행 (modulatory progression), 즉 모든 음도명(degree)들의 음구(音區, region) 성립이 가능토록 발전된 온음계적 화성(Diatonic Harmony)은 결국 Schoenberg(쇤베르크)에 의해 '12음 반음계적 화성'으로까지 비약하는 음악 이론의 발전 외에도 그들의 또 다른 중대한 성취는 악기 제작을 위한 고도의 과학적, 기술적 성취에 있다고 할 수 있겠다.

즉, 200 Ib(파운드)까지의 힘을 견딜 수 있는 진동 줄, 또는 피아노의 진동판 등은 주조물 작업의 가장 섬세한 기술 중 하나로 현재까지 인정받아 오고 있는 것이다. 우리의 악기는, 예를 들어 고르지도 않은 대나무에 서너, 너덧 개의 뚫은 구멍으로 그 어느 하나도 동일하지 않을 뿐더러, 수백 개의 정교한 부품들로 이루어진 서구의 악기들과 비교해 볼 때 너무도 비과학적으로 제조되어 오고 있음을 실감하지 않을 수 없다. 아무리 우리의 "살아있는 전통"[10]이 이렇게 정교하지 못한 악기를 사용함에도 불구하고 서양의 어느 악기도 따를 수 없는 미세한 음정과 강약, 아티큘레이션(articulations) 등을 조절할 수 있다손 치더라도, 악기의 구조적 차원에서 또한 세계 수준에서 평가되어 손색이 없기 위하여서는 우리 악기도 그 질적인 면, 즉 음향학적, 물리학적, 과학적 측면에서 계속 보다 많은 향상이 있어야만 되겠고,

---

10) 참조: 이여진, "한국적이란? - 음악의 측면에서 본 한국 예술문화 형성의 문제점", 제6회 심포지엄, Program Note, 한양대학교 음악연구소, 1985.

그러하기에 이러한 방향으로 많은 노력이 기울어지고 있는 줄로 알고 있다. 그러나 여기에서 반드시 기억하여야만 할 점은 서양의 경우 폴리포니(Polyphony)로 인해 하프시코드(Harpsichord)가, 호모포니(Homophony)로 인해 피아노가, 그리고 음렬화(Serialization)로 인해 컴퓨터의 필요 불가결한 존재성을 받아들인다면 우리 악기의 질적 향상의 방향이나, 또는 우리음악 연주에서 서양악기의 수용 문제 역시 그 악기가 지니고 있는 특성 이상의 고려가 따라야만 하며, 이는 우리의 음악적 관념과 이론적 개념을 포함하는 것이어야만 한다고 믿는다.

예를 들어, J. S. Bach(바흐)의 *The Well-Tempered Clavier*("평균율")를 곧 평균(조)율(Equal Temperament)의 구체화로 인정한다면 본질적으로 두다른 조율체계에서 제작된 동(東)과 서(西)의 악기 혼합으로 이루어진 작품이야말로 한 작품 안에서 두 다른 진행(progression), 두 다른 목적, 두 다른 형식(form)을 추구하는 두 개의 머리를 가진 당나귀 격이 아닐런지? 따라서 앞으로의 창작적 요구뿐만이 아닌 이론적 구체화가 동시에 따를 때만이 악기의 그 어떤 질적 향상도, 또는 선택도 의미 있는 일이라 믿는다.

[그림]

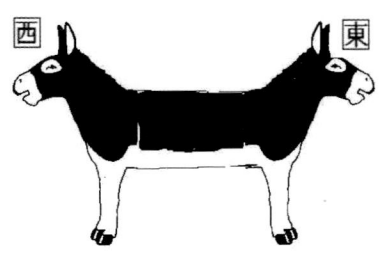

V. Creativity vs Imitation(창의 對 모방): 전통의 현대적 수용
   에 관한 문제점

과거로부터의 해방, 심지어 자신의 과거, 그리고 과거의 관념과 기술로부터
의 해방에 창의를 향한 예술가의 모든 목적이 있다고 믿는다. "그래, 아시
다시피, 모든 이들에게는 아버지가 있어야만 하지 않소?"라고 말한
Piccaso(피카소)의 말대로 과거로부터의 해방은 그러나 결코 과거 전통에
대한 부정을 의미하는 것은 아니다. 아들이 아버지를 부정함으로서가 아니
요, 아버지를 보고 성장함으로써 결국 한 인간으로서 독립되듯, 우리 독창
성과 전통 역시 결코 서로 상반된 것이 아닌 것이며 오직 전통 안에서만
미래를 예시할 수 있는 것이다.

새 시대는 구(舊)시대의 부정에서의 시작이 아니요, 전(前)시대의 문제점들
을 해결 함으로서만이 가능하였다고 믿는다면[11], 하루속히 우리는 우리 자
신의 반복으로부터 벗어나 철학의 한계를 실감하고, 작곡의 한 방법에 의한
결과가 아니요, 우리 고유음악 예술의 본체에 따른 특성으로 이루어진 순수
음(音)의 상호 유기적 연관과 이에 따른 진행, 그리고 이들이 형성하는 구
조(structure)를 발견함으로써 우리 국악도 음악 예술로서의 보편적 세계성
을 하루속히 확립하여야만 하겠다.

---

11) 참조: 이여진. "전통과 예술: 전위 음악에 대한 소고", 한음(漢音) 창간호, 한양대학교 음악
   대학 학도호국단, 1983.

21. Milton Babbitt(밀톤 배빗)과의 대담[1]

❖

우리 시대 최고의 작곡가며 음악 이론가 Milton Babbitt(1916~2011)을
추모하며 다음의 글을 다시 올린다.

❖

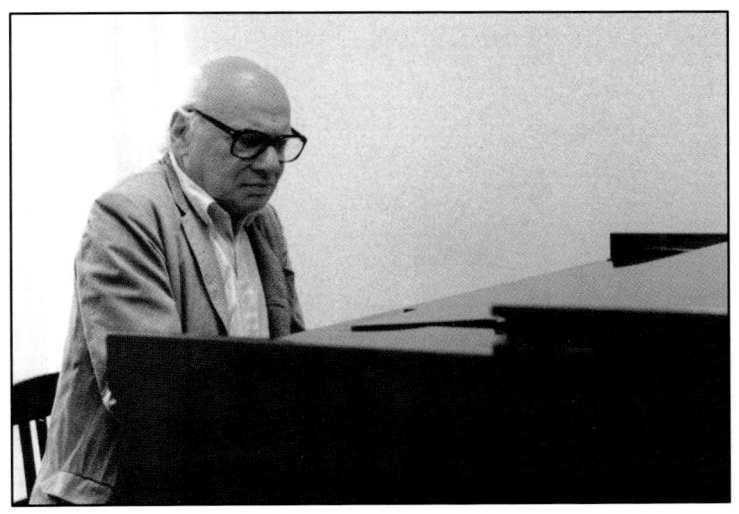

사진:
1983년 8월 11일 뉴욕 Juilliard(줄리아드) 음악학교에서
필자가 촬영한 Milton Babbitt(밀톤 배빗) 교수

---

1) "Interview - Milton Babbitt". 음악논단, 한양대학교 음악연구소 (1984), I: 232-257.

[Milton Babbitt 교수(B로 표기)와 이여진 교수(L로 표기)와의 본 대담은 1983년 8월 11일 뉴욕 Juilliard(줄리아드) 음악학교에서 있었다.]

L: 유아 시절에 받은 음악교육, 좋아했던 음악, 영향, 그리고 활동 등에 대해 간단히 말씀해 주십시오.

B: 나는 4살부터 바이올린을 배웠으며 6살 때 이미 연주를 하였네. 8살 때부터는 클라리넷(clarinet)와 색스폰(saxphone)을 배워 학교 밴드(Band)에서 연주도 했고, 물론 나는 남쪽의 작은 도시에서 자랐기 때문에 그런 보수적인 곳에서 연주하는 대개의 지정된 고전음악 작품들을 지방 관현악단에서 연주하며 자랐지만 나의 이 어린 시절에는 대중음악(popular music)도 좋아해서 특히 1925~30년 당시 유행했던 음악은 거의 모두 알고 있었다네. 그러나 이러한 모든 것보다도 나에게 가장 큰 영향을 미친 사람은 나의 삼촌이었네. 당시 나는 10살이었는데 매해 여름이면 어머니를 따라 필라델피아(Philadelphia)에 사시는 삼촌 댁을 방문하곤 했다네. 그분은 작곡도 했지만 당시 훌륭한 피아니스트로서 〈Curtis(커티스) 음악학교〉 선생이었네. 내가 방문할 때면 그는 Schoenberg(쇤베르크)의 Op. 11, Stravinsky(스트라빈스키)의 피아노 소나타 등을 내게 들려주었고, Reger(레거)와 Honegger(오네게르)의 클라리넷과 피아노를 위한 곡을 나와 함께 연주하기도 했다네. 이 영향이야말로 나의 현대음악에 대한 추구에 동기가 되어 15살 때 〈Pennsylvania(펜실베니아) 주립대학〉을 들어갈 무렵에는 당시 현대음악에 대해 남다른 지식이 있게 되었다네.

L: 어떻게 15살에 대학을 들어가실 수 있었나요. 월반(越班)을 여러 차례 하셨던 모양이지요?

B: 그렇게 어린 나이에 대학 공부를 하였다는 것이 돌이켜보면 즐거운 기억만은 아니었지만, 전공 분야에 종사하는 부모님 덕택에 일찍 언어와 수학을 깨우쳐 5살 때 초등학교 2학년으로 시작했고, 월반도 했고, 아무튼 17살 때 Marion Bauer(마리온 바우어)라든가 당시 유명 교수들이 많이 모였던 〈뉴욕 대학〉으로 옮겼으며, 뉴욕이라는 대도시에서 벌어지는 정말 많은 음악회를 찾아 다녔다네.

당시 뉴욕으로 옮긴 다른 이유 중에는 1933년, Schoenberg가 미국으로 이민 와서 처음에 Boston(보스턴)으로 갔었으나 그의 건강이 그곳 기후에 맞지 않아 다음 해에 〈뉴욕 대학〉으로 온다는 풍문 때문이기도 하였네. 19살에 졸업한 후 3년 동안(1935~38) Sessions(세션즈)와 개인적으로 공부했고 그리고 22살 때 〈Princeton(프린스턴) 대학〉 교수가 되었네.

L: Roger Sessions(로저 세션즈) 교수와 어떤 공부를 하셨나요?

B: 그로부터 Species Counterpoint(엄격 대위)와 Double Counterpoint(이중 대위)를 배웠네. 그리고 Beethoven Sonata 등을 분석했고, 가장 기초적인 것을 다시 철저히 한 셈이지. 당시 그는 Schoenberg 주의자라기보다 Stravinsky 파를 추종했던 관계로 작곡 레슨은 거의 받지 않았다네. 한번은 당시 내가 쓴 피아노곡을 잠시 보고는 성까지 냈으니까.

L: Sessions가 Pro-Stravinsky(프로 스트라빈스키)셨다면 어떻게 그분과 공부하실 수 있었나요?

B: 그가 Pro-Stravinsky였다는 말은 그가 Stravinsky의 *Oedipus Rex*에 대해 긴 글을 쓴 적이 있고 Stravinsky를 존경하였기 때문에 쉽게 그렇게 부른 것이고 사실 'Stravinsky 파'는 아니었네. 뿐만 아니라 나는 Bach(바흐), Mozart(모차르트), Wagner(와그너) 등 전통고전에 대해 그

와 공부했고 Stravinsky에 대해서는 *Piano Concerto* (피아노 협주곡)에 대해 조금 이야기한 적은 있어도 아무튼 현대음악에 대해 그와 공부한 것은 아니었네. 고전음악 중에서도 이상하게 내가 가장 존경하는 Brahms(브람스)를 그는 별로 치지 않았네. 아무튼 그로부터의 영향은 한마디로 어떤 구체적 음악기법에 대한 것이었다기보다는 구라파적 지성을 통한 서구적 예술문화의 전반적인 접촉이었다고 말할 수 있겠네.

L: 그러시다면 어떻게 12음 음악에 대해 공부하실 수 있으셨나요?

B: 1937~38년 무렵만 하더라도 Schoenberg의 *Verklärte Nacht, Gurre Lieder,* Opp. 11, 19 등이 가끔 연주되었을 뿐 그 외의 Schoenberg 곡은 전혀 연주되지 않았다네. 다행히도 58번가에 있는 공립도서관에 그의 모든 작품들이 비치되어 있었던 관계로 늘 악보를 통해 과연 어떤 결과가 날까 연구하곤 했네. 그러던 중 그의 *Variations for Orchestra* 악보를 구입할 수 있었네. 그래서 한동안 그 곡을 나의 성서처럼 여기고 지냈다네. 그후 그의 *String Quartet* No. 4가 42번가에 있는 공립도서관에서 "Kolish(콜리시) 현악 4중주단"에 의해 초연 되었을 때 나는 지금까지 상상할 수 없었던 것을 듣게 되었을 뿐 아니라 그때까지 읽었던 모든 12음 음악에 대한 서적들을 무시하게 되었고 그 이상의 음악을 상상할 수 있게 된 가장 중요한 동기가 되었네.

L: 그러면 당시 Schoenberg나 그의 제자들을 직접 만나실 수 있었나요?

B: 물론이네. Schoenberg와는 가까워질 만큼 만날 기회가 많았던 것은 아니었지만 여러 차례 만났고, Schoenberg 부인과는 대단히 친숙한 사이였다네. 그의 제자들도 당시 구라파로부터 많이 망명했고, Eric Itor Kahn(에릭 이토 칸), Leibovitz(라이보비츠), Monod(모노드) 등, 그리고 Berg(베르크)의 제자 Schlotz(슈로츠), Webern(베베른)의 제자 Kurt

List(커트 리스트), Schoenberg의 매부되는 Zemlinsky(젬린스키) 등,
그리고 Krenek(크세네크)가 도착했을 때는 Sessions와 함께 마중도 나
갔었고, Bartok(바르토크)… , 그리고 물론 Stravinsky와는 절친한 사이
로 지냈다네.

L: 초기 쓰신 글 중에 Bartok의 *String Quartet*에 대한 논문이 있으신데
초기 발전에 Bartok의 영향이 얼마나 있으셨는지요?

B: 그건 사실 좀 우연찮게 출판된 글이라네. 나의 젊은 친구들("Juilliard
String Quartet")이 Bartok의 *Quartet*을 연주하게 되었는데 그 곡에 대
해 당시만 해도 아는 사람이 별로 없었다네. 그래서 나더러 프로그램에
실릴 해설을 써달라고 해서 쓴 글이 후에 내게 알리지도 않고 *The
Musical Quarterly*에 실려 버렸더군. 내가 실어 달라던 12음음악에 관
한 글은 매번 거절하면서 말이네. 내게 Bartok의 영향은 처음부터 별로
없었고 나는 항상 Schoenberg와 두 번째로 Webern, 그리고 Berg의
영향이 주가 되었네. Berg의 영향은 별로 사람들이 알아차리지 못하지
만 그의 *Lyric Suite, Der Wein*, 또는 *Violin Concerto* 등은 나의 어린
시절부터 많은 영향을 미쳤다네. 나는 Berg가 대단한 지성인이었다고
항상 생각하고 있네.

L: <Princeton 대학> 교수가 처음 되셨을 당시에는 어떤 과목을 가르치셨
나요?

B: Harmony(화성), Counterpoint(대위), 기초 음악 이론 전반에 걸쳐 가르
쳤고 음악 감상 시간을 담당한 적도 있었다네.

L: 수학도 가르치셨다고 들었는데 사실인가요?

B: 아, 그건 훨씬 후, 2차 대전 당시 일이네. 전쟁 중에 군 관계의 여러 가
지 일들로 수학을 할 수 있는 사람들이 많이 필요하게 되었네. 그래서

1941년 Princeton에서, 그리고 다음 해에 Washington(워싱턴)에서 특수 사복군인으로서 수학을 가르쳤네.

L: 그 후 두 번씩이나 〈Princeton 대학〉 교수직을 사직하셨던 이유는 무엇인가요?

B: 맞네! 두 번씩이나 사직했었지. 자네도 알겠지만 가르친다는 것이 우리 작품 생활을 얼마나 자주 중단시키나. 그뿐인가? 추천서 써줘야지, 이런저런 사무일 등에 피곤하고, 특히 음악에 피곤하게 되거든. 다시 말해 10개의 새 작품들을 봐줘야 하고, 12개의 다른 생각과, 15개의 다른 음악을 논해야 하고 말이네.

L: 그러나 그 교수직으로 말미암아 안정된 생활을 하실 수 있지 않으셨습니까?

B: 물론 나를 생존시켜준 점에 대해서 감사히 생각하네. 그러나 학교생활이라는 것이 점점 더 사무 생활이 되어가는 것에 불만이었네. '작곡가'라는데 대한 인식이 전혀 부족한 점에 정말 불만했었지. 그래서 다른 직업으로 생계를 찾아보려 두 번씩이나 시도했었지.

L: 다음은 좀 철학적 질문이 될 것 같은데요.

B: 아, 괜찮아!

L: 음악의 정의를 어떻게 규정지으십니까?

B: 어허, 참…. 먼저 이렇게 이야기하지 –. 나는 음악적으로 뿐 아니라, 모든 면에서 "Vienese(비엔나) 학파"라고 말하고 싶네. 음악의 정의를 말하기 힘든 것은 나는 항시 과거의 것보다 조금 더 무엇을 추구하기 때문이네. 음, 음정, 음 길이, 음색, 강약 등 새로운 발전은 내가 사고하는 음악이라는 범위를 항시 확장시켜 주고 있지. 그렇다고 해서 "무엇이나 음악이다"라는 식의 「총체주의(總體主義)」를 믿는다면 "아무것도 음악

이 아니다"라는 말이 되는 것이나 다름이 없으니 그런 무분별한 이야기를 하는 것은 아니네. 음악의 첫째 조건은 음 진행(어떤 의미로 간에 음 이외의 다른 요소가 음 진행 그 자체보다 더 중요하다는 것을 나는 믿지 않네), 그리고 음의 길이, 강약 등이 어떻게 새롭고, 흥미롭고, 그리고 상상력 있는 방법으로 전개될 수 있는가 하는 문제들이 지금까지의 음악이 어떻게 발전되어 왔기 때문에 나의 지식이 그에 따라 어떻게 한 걸음 더 확장 시켜 나갈 수밖에 없는가 ─ 어떤 새로운 것이 음악이 될 수 있는가보다는 말일세 ─ 하는 것이 나에게는 중요하네.

L: 그렇다면 작품을 통해 선생님께서 표현코자 하시는 가장 주된 것은 무엇인가요?

B: 글쎄, 어떤 식의 말을 한들 충분한 대답은 거의 불가능하겠지. 어떤 음들의 상호관계를 원한다든지, 또는 어떤 구체적인 조직을 해결할 수 있는 아주 풍부한 구성을 원한다든지로 대신할 수도 있겠지만, 나는 실히 그런 방향으로 음악을 생각하지 않네. 나는 내게 가장 흥미를 주는 것에 대해 쓰는 것이 어떤 form(형상)을 이루고, 아이디어(idea)가 Form (양식, 樣式)을 이루고 말일세. 그럴 때 12음기법이라는 음어법(音語法)으로 우연케도 표현된다는 것은 12음 음어법이야말로 내가 50여 년을 써온, 내가 타고난 언어(native language)인 이유이지. 이 12음기법이야 말로 정말 풍부하고, 결실있는 음어법이라고 믿으며, 이는 아직도 최소의 표면만이 밝혀진 상태라고 믿네. 그러나 역시 다시 돌아가 대답한다면, '내게 가장 흥미를 주는 것에 대해'라고 말할 수밖에 없을 것 같네. 내게 이 흥미를 주는 것이라는 것은 너무나 복합적인 것을 이야기하는 것이기 때문에 간단히 설명할 수 없는 것으로 그런 간단한 대답은 정확하지 못한, 불충분한 대답이 되고 말기 때문이네. 글쎄, 무엇을 표현한

다, 안한다, 하는 것이 문제가 되기보다는 내가 쓰고 싶은 작품이라면 모든 다른 요소들의 차이점들을 감지할 수 있고, 이 모든 것들이 구성적이며 또한 하나하나가 모두 중요한 그런 풍만한 작품이기를 원하네.

L: 그러면 작곡하실 때 가장 중요하게 고려하시는 면은 어떤 것인가요?

B: 한마디로 나는 음(音)-작곡가(pitch-composer)라고 말할 수 있겠네. 물론 음이라는 것은 항시 시간적 길이, 음색, 강약 등등의 여러 다른 요소들과 합쳐 존재하지만, 그러한 많은 음악 요소 중 '음'과 '음정' 이야말로 상호조직에 가장 풍부하고 복합적 관계를 제시하고 있다고 믿네. 쉬운 예로, 두 개의 음으로 이루어진 음정은 다른 두 개의 음으로 꼭 같이 표현될 수 있으나 이러한 상호관계란 다른 음색, 강약 또는 시간적 길이 관계로서는 표현될 수 없는 것이 아닌가. 이러한 면에서 12음 기법의 음에 대한 관념과 연관하여 암시되는 시상(時相) 관념이란 모든 리듬(rhythm)과 이의 관련된 분야까지를 포함해서 우리에게 커다란 흥미를 주는 것이지. 이것은 시간에 대한 방향이며, 시간에 대한 조직이며, 순서이며, 관계이며, 다시 그러한 상호관계의 순열이며, 단순한 집합성과는 다르지. 이러한 순열이라는 것은 근본적 조직 자체의 내면성을 이야기하는 것이며, 어떤 반음계적 표면을 이야기하는 것은 아니네. 자네 질문에 한마디로 다시 한번 대답한다면 '음' 이라고 말하겠지만 음은 그 음 자체 만으로서는 존재할 수 없는 것이 아닌가.

L: 1938년, combinatoriality(조합) 2) 에 대한 이론을 발표하실 당시 어떤

---

2) Combinatoriality(조합)란 포괄적인 말로 semi- (불완전)와 all-combinatoriality(완전 조합)을 내포한다. 불완전 조합이란 특정한 한 쌍의 집합형(set) 사이에서 제2차 집합(secondary set), 또는 집성(aggregate)을 성립시킬 수 있는 특성을 말함이고, 완전 조합이란 제2차 집합, 또는 집성이 여러 쌍의 집합형 사이에서 하나나 그 이상의 이도상(移度上)으로 이루어질 수 있는 것을 뜻한다.

것이 동기가 되었으며, 또한 Schoenberg 자신은 이에 대해 언급하신 적이 있으신지요?

B: 전쟁 중 도저히 작품에 손을 댈 수 없었기 때문에 Schoenberg의 작품을 분석한 결과 그와 같은 이론에 도달하게 되었으며, 이에 대해 Schoenberg와 이야기를 나눈 적이 있네. 물론 Schoenberg는 이에 대해 아무것도 남기지 않았네만. 당시 그는 영어가 부족했기 때문에 독일어로 이야기 해 줄 것을 요청하였으나 영어를 빨리 배우겠다는 열의 때문에 부족한 대답밖에 들을 수가 없었지. 내 말에 대해 결국 그가 얼마나 이해할 수 있었는지조차 잘 모르겠네. Stravinsky와의 대화 때도 마찬가지였고.

L: Time-point system(시점(時點) 체계)[3]에 의해 쓰인 첫 작품은 무엇인가요?

B: *Three Composition for Piano* 이네. 그것을 음의 길이(duration)로 보는 사람들도 있지만 나 자신은 시점(time-point)으로 보네. 결국에 가서는 같은 이야기가 되고 말수도 있지만….

L: 그러나 그것은 12 시점(時點) 작품이 아니지 않습니까?

B: 그렇지. 앞서 말한 곡에서는 당시 지나친 복잡성을 피하기 위해 제한된 시점(時點)을 썼네. 첫 12 시점 작품은… 글쎄, 생각이 나지 않는데. 왜냐하면 몇 개의 시점을 사용한다는 것 역시 전적으로 그 곡을 조정하는 음 관계로 말미암은 것이지 결코 12개면 12개의 시점 그 자체로서 시작이 아니기 때문이네. 그러나 아마도 첫 번째 12 시점 작품이라면

---

3) Time-point system(시점(時點) 체계)이란 음정(pitch interval), 즉 음과 음 사이의 거리를 음의 시점(始點)과 다음 시점(始點) 사이의 거리(시간 간격), 즉 시정(時程, time interval)과 상등하게 해석함으로써 이루어지는 시상(時相) 조직이다. 참조: 이여진.『12음-음악 언어』, p. 389.

Composition for Tenor and 6 Instruments 같네. 어려워서 *"Group"*[4] 에서 한두 번 연주된 것이 아직까지는 고작이지만.

L: Time-point system에 대한 첫 개념을 갖으시게 된 해를 기억하시는지요? 그리고 Boulez(불레), Stockhausen(슈톡하우젠) 또는 Nono(노노) 등을 중심으로 구라파에서 일어난 리듬의 총열화(總列化, Total rhythmic serialization)는 그 근본 개념 자체가 전혀 다르다는 것을 압니다만, 아무튼 시점(時點)이라는 선생님의 개념이 처음 생각됐을 무렵 그들의 체계에 대해 알고 계셨는지요?

B: 물론 기억하지. 1941년 〈Princeton 대학〉에서 특강을 할 때였네. 그 동기라면 뭇 사람들이 'Schoenberg는 리듬에 대해서는 별 흥미를 보이지 않았다' 라는 무책임한 말을 그냥 듣고 넘길 수가 없었다네. 그래서 나는 Schoenberg의 여러 작품들을 통해 보여준 12음열과 관련된 시상(時相)과 이로 인해 여러 면에서 관련된 리듬들을 인용하여 순열이라는 그 본질은 이미 리듬 개념 안에서도 인정되는 것을 지적하였네. 뿐만 아니라 그가 사용한 고정음정의 확보를 위한 전후 관계의 음열과 음열 내 음들의 전후 관계와 이들의 거리 관계를 어찌 리듬 관계를 고려하지 않고 조정할 수 있겠는가를 지적했다네. 따라서 음도 관계가 없는(non-pitched), 예를 들어 타악기만을 위한 곡에서 반드시 12음에 의한 것이 아니라 할지라도 몇 개의 리듬으로 순열(順列)된 리듬 조직(serial rhythmic system)을 가능케 할 수 있다는 생각을 처음 하게 되었네. 구라파 작곡가들에 대한 나의 의견은 과거에 이미 표명한 바가 있다네. *Musical Quarterly*를 비롯하여 여러 전문지에서 오랫동안 나의 글을

---

4) *"The Group for Contemporary Music"*은 뉴욕을 중심으로 활동하고 있는 현대음악만을 전문적으로 다루는 연주 단체이다.

받아주지 않던 중 1955년경에 *Score* 잡지사의 부탁으로 *"Some Aspects of Twelve-Tone Composition"*[5]이란 글을 쓰게 되었네. 물론 당시 내가 사용한 용어에 대해 많은 사람들이 모르고 있었기 때문에 편집인의 요청에 따라 주(註)에 주(註)까지 달아야 하는 지경이었지만. 1940년 후반 Boulez, Stockhausen, Nono, Searle(셜즈) 등 이미 우리로부터 잊혀져가는 Darmstadt(다름슈타트)를 중심으로 한 작곡가들이 추종하는 것은 결국 숫자에 의한 표제음악(Program Music)에 깊이 빠져 있다는 것을 지적하였지. 그들의 방법이란 음의 분석과 해석에서의 결과가 아니고 숫자의 나열에 불과한 것이어서 이러한 비논리적인 것에 근거한 그들 작품의 개념 또한 시상(時相)의 상호의존과 시상의 전개를 전혀 고려하지 않은 점에 대단한 실망을 금치 않을 수 없었네.

L: 리듬의 의미 있는 조직에 대한 연구는 사실 중세(Medieval) 이후 오랫동안 계속되어오고 있다고 믿습니다.

최근 Carter(카터) [6] 선생님을 중심으로 새롭게 시도되어오는 Poly-rhythmic(복합 리듬) 구성에 대해서는 어떻게 생각하십니까?

B: Carter의 소위 metric modulation - 내가 '소위'라는 말을 쓰는 것은 Carter 자신이 modulation(전조)이란 표현을 쓰기 싫어하기 때문이네 - 에서 보여주는 템포(tempo)의 점차적 빨라짐과 느려짐, 템포의 조합과 반영, 템포의 재해석 등 나의 박자 관념과 공통되는 점이 많이 있으나, 근본적으로 내가 템포를 바꿀 경우 이는 time-point의 기본단위를

---

5) Milton Babbitt. *"Some Aspects of Twelve-Tone Composition,"* The Score and IMA Magazine, 12:53-61, 1955.

6) Elliot Carter(1908~2012)는 Walter Piston, Archibald T. Davison, 그리고 Gustav Holst 와 Harvard 대학원에서 공부했으며, 1932년 Nadia Boulanger와 파리에서 공부한 후 귀국하여 세계적인 작곡가로서 활약하였다.

마치 음에서 옥타브(octave)를 바꾸는 것과 흡사하게 바꾸는 것이지. 따라서 Cater의 방법이나 나의 방법으로 생긴 결과가 경우에 따라서 동일하게 되는 경우도 있겠지만 음의 조직이 다른 데에서 출발되는 근본적인 이유 면에서는 다르다고 생각하네. 물론 커다란 면에서 time-point도 순열 조직이고, 어느 박자 조직이라도 그것은 결국 어떤 식으로든이든 간에 시간적 순열 조직이고 마니까 서로 간에 밀접한 연관성이 있겠네만.

L: 선생님의 작품으로 다시 돌아가서 전(全)음열주의(Total Serialization)로 구성된 첫 작품 역시 *Three Composition for Piano*가 아닙니까?

B: 나는 Total Serialization을 총괄적인 입장에서 생각해낸 것은 결코 아니네. 그런 것보다는 음정 관계의 순열화 즉, 원형(Prime), 전회(Inversion), 역행(Retrograde), 그리고 역전회(Retrograde-inversion)는 음 외에 다른 경우에도 근본적으로 사용되고 해석될 수 있다는 생각이었네. 음과 음정이 고정되나 음의 의존관계는 유동적이지. 또는 음이 다르고 음정은 동일한 관계 등 이러한 유사성은 항시 내게 중요한 의미를 주었네. 물론 12음음악에서 음정 순열이란 개개의 곡에 따라 그 작품만이 갖는 주어진 음열로 인하여 정해지는 고로 더욱 전후 관계의 짜임과 구성이 치밀한 것이지. 따라서 이러한 작용들은 계통적, 실제적, 그리고 감지할 수 있는 내에서 다른 차원에서도 활용할 수 있다는 생각이었네. 첫째로 이는 시상(時相)에 적용되었으며 음정의 거리와 시간의 거리 즉, time-points 사이의 시간적 거리의 유사성은, 예를 들어 마치 옥타브라는 것이 음정 관계의 어떤 기본단위를 이룬다는 것은 박자적 기본단위 설정으로도 직접적으로 명시될 수 있다는 것이네. 물론 이러한 기본단위들은 곡의 진행에서 분명히 제시되어야만 하겠지. 이런 생각으로부터

발전한 것이지, 강약 또는 악기 등의 총괄적인 순열 면에서 Total Serialization을 생각해본 적은 없네. 따라서 음과 음정의 순열을 나타내는데 있어 박자와 함께 악기 또는 강약 관계도 비유하여 생각될 수 있는 것이라 믿는 것으로서 듣는 이로 하여금 그 많은 가정(假定)에도 불구하고 최소의 도움으로 이러한 고차적 복합성을 이해하기에 음악의 모든 면들이 서로 의존하고, 동일한 개념 표현의 다양한 해석은 곧 그 작품을 풍만히 그리고 한 걸음 더 지적(知的)으로 만든다고 믿는 데에서의 추구이었지 총괄성을 위한 하나의 방법은 결코 아니었네.

L: 잘 이해하겠습니다. 그러나 이미 작품이 완성된 후 과거 개념의 타인들에 의해서는 Total Serialization이라고 정의할 수 있는 곡을 완성하셨다고는 생각지 않으십니까?

B: 그렇게 말한다고 해서 글쎄, 별 상관은 없겠지만, 한 20년 전에 (누구라고는 말하지는 않겠어) 어느 책에 나의 *Three Composition for Piano*의 분석을 싣기 위해 1, 5, 4, 2 이런 숫자를 뽑아내어 "당신, 이런 숫자에 의해 쓰지 않으셨소?"라는 질문엔 정말 어처구니가 없었다네. Beethoven(베토벤)의 Sonata 중 어느 작품이 8소절, 8소절, 8소절 그런 식의 통일성이 어떤 찰나에 표면에 나타날 수 있는 것과 마찬가지로, 내 작품에서 발견할 수 있는 유사한 것들도 나의 개념의 결과로서 나타난 것이지 그것이 창작 동기나 개념의 요인인 것은 결코 아니네. 만일 그러한, 예를 들어 리듬의 규칙성을 요인으로 의식하였다면 최후의 구조상 발전의 차원에서 어떤 의미에서 간에 그것을 바꾸려 노력했을 것이네. "12음 음악의 문제성은 너무 기계적이기 때문이다."하는 말은 종종 듣지만, 이와는 반대로 지나치게 기계적이 아니요, 억압되지 않은 면일 것이네.

모든 음악적 조건의 연관관계와 상호관계가 작품 하나하나 안에서 독립적으로 완전 충족되는 그러한 작품들은 연주자나, 감상자나, 심지어는 창작자에게까지도 그와 같은 특수한 조건 자체 때문에 일어나는 독특한 문제점들이 있기 마련이네.

L: 어디선가 '12음 주파수 음계(12 tone frequency scale)'에 대해 말씀하신 것으로 기억되는데 그것은 평균율과 개념적으로 어떻게 다른가요?

B: 진동수의 모든 변화가 무한히 가능한 Synthesizer(신시사이저)를 사용함에 있어 평균율에 의한 음류(pitch-class) 뿐 아니라, 때로는 음색 관계를 표현하기 위한 단일진동의 결과가 아닌 데에서 얻어지는 단일 음정 관계를 말하네. 그러나 그 단일진동이라는 것을 여러 개의 복합적인 주파수로 형성시킴으로써 단일 음정 관계 안에서 beating choral tone [7]이 형성될 수 있다는데 착안한 생각이지.

L: 전자 음악 소리의 원천으로 Tape(테잎)이나 Computer(컴퓨터) 대신 Synthesizer를 선택하신 특별한 이유라도 계신지요?

B: 그 대답은 좀 수월하겠네. Vdamier(브다미에)와 Otto(오토)[8]에 의해 초기 전자음악에서 사용된 것은 Tape이었지. 당시 Tape은 정확한 음과 이들의 연결을 중요시하는, 앞에서도 전제했듯이 음(音)-작곡가(pitch-composer)인 나에게는 전혀 적합하지 않았네. 30년대에 나는 손으로 써넣는 방식의 Tape을 통해 전자음악에 이미 손을 대고 있었기 때문에 새로운 Tape의 발전은 많은 기대를 모았으나 곧 이것이 내가 추구하

---

7) Beating chorale tone이란 2개 이상의 미분음들이 동시에 울렸을 때 이들의 진동수 차이로 인해 음의 강조(intensity)가 규칙적인 시차로 나타나는 자연 음향 현상이다.

8) Vdamier Ussachevsky(1911~1990)와 Otto Luening(1900~1996)은 1952년 세계 최초의 전자 음악 연구소를 Columbia 대학 안에 설립한 작곡가 겸 교수들로서, 전자 음악의 선구자들이다.

는 음을 조절할 수 있는 것은 아니라는 것을 확신하게 되었네. 그리고 는 몇 년 지나지 않아 Synthesizer가 개발되었지. 그 후 발전된 Computer의 초기 개발 당시 "Bell(벨) 회사"에서 내가 참여해 주기를 원했지만 나는 이미 Synthesizer에 너무 익숙해 있었을 뿐 아니라 궁극 적으로 나는 나의 귀를 믿었기 때문이었네.[9] 기계라는 것은 고장 날 뿐 아니라 때로는 부정확하고 더욱이 우리가 모르면서 저지르는 잘못으로 일어나는 잘못된 결과, 여러 채널(channels)의 혼합 시 일어나는 음의 중화(中化) 등, 잘못을 알아차릴 수 있는 것은 우리 귀 밖에 없는 것이 지. 여기서 한 가지 지적하고 싶은 것은 어떤 새로운 음향을 찾기 위해 내가 전자음악에 손을 대고 있는 것이 아니라는 것이네. 음향 자체만을 따진다면 나는 관현악 음향만으로도 충분히 만족할 수 있지. 그러한 불 만에서가 아니라 전통적인 연주 상황에서 빚어지는 수 많은 문제점들, 즉 parts(파트) 사보시의 잘못으로부터, 불충분한 연습, 그에 따른 불만 족한 연주 등등, 자네나 나나 항상 직면하는 불행한 현실에서부터 우리 를 해방시킬 뿐 아니라, 무엇보다도 시상(時相)에 관련된 리듬의 모든 면을 정확히 표현할 수 있다는 것은 대단한 장점 중의 장점이 아닐 수 없네.

L: Computer까지를 포함해서 전자음악의 장래를 어떻게 보십니까?

B: 그랜드 피아노(Grand piano)보다도 싼값으로 제작되기 시작한 Micro-computer(소형 컴퓨터)의 출현은 전자음악 장래를 대단히 확고히 만들 어 주고 있네. 이 자그마한 Computer를 이용해서 작곡상의 모든 면과 결정을 작곡가가 원하는 대로 조작하여 녹음할 수 있는 것이지.

---

9) Babbitt은 절대 음감을 갖고 있을 뿐만 아니라, RCA Synthesizer의 특징 중 하나는 지시 결과를 당시 다른 전자 음악과는 달리 그 즉석에서 들을 수 있었다는 것이다.

L: 그러나 이러한 전자 음악은 재해석이 불가능하다는 약점이 있지 않습니까?

B: 그렇지! 연주자와 합치지 않은 순수 전자소리만을 사용한 곡의 문제점은 나도 알겠네. 물론 항상 같은 것의 되풀이지. 그러나 전자 음악 외의 일반 작품에서도 그 곡의 구조 자체가 연주 때마다 변하는 것이 아니라 연주가 매번 달라지는 데에 흥미가 있는 것이라면 순수 전자 음악에서도 하나의 요소를 변화시킴으로써 이에 따른 전체의 변화는 - 그렇게 됨으로써 더 좋은 곡이 되느냐, 아니 되느냐는 작곡가 자신에 달렸지만 - 더욱 구조적인 결과일 것이라고 생각하네. 전자음악이 소유하는 가장 중요한 요소 중 하나는 어떤 것이라도 우리가 감지할 수 있는 것이라면 그것을 구성화 할 수 있다는 것이네. 일관성과 균일성과 그리고 규칙성을 통한 어떤 최소의 감지할 수 있는 다른 점일지라도 한번 만들어진 것은 그대로 재생할 수 있다는 것이지. 따라서 인간의 귀로 알 수 있는 어떤 최소의 차(差)일지라도 그것은 구조적으로 취급될 수 있다는 것이네.

L: Synthesizer 중 Mark(마크) I 과 Mark II의 중요한 차이점은 무엇입니까?

B: Mark I 은 비밀리에 제작된 기계였네. (제작과정의 여러 이야기 생략.) Mark II 는 I 의 binary digital form(2진 숫자 형식)에 의한 punching-in instruction(구멍을 뚫어 넣는 지시)를 analog system(아날로그 시스템)을 기초로 하였으나 많은 것이 정교화되어 전혀 다른 기계가 되었네. 예를 들어, Mark I 에서는 Disk(디스크)를 사용해서 녹음하는데 비해, II 는 Tape을 사용한다든가 … .

L: Mark I 에서 II 로 바뀐 해를 기억하시나요?

B: 1956년경이네. 1959년에 〈Columbia-Princeton(프린스턴-컬럼비아) 전자 음악 연구소〉에 들여왔고, 그 후 현재까지 계속 나는 Mark Ⅱ를 사용하고 있네.

L: 가격은 얼마나 되나요?

B: 현 가격이 얼마나 되는지 전혀 모르겠지만, 그 당시 제작비만 25만 불 이상이었네. 800개 이상의 튜브(tube)를 사용한 정말 복잡한 기계이지. 옛날 방식의 기술을 사용한 기계이나 이의 개념은 아직까지도 다른 기계가 못 따라오고 있네.

L: *Composition for Tenor and Six Instruments* 나 *Sounds and Words for Soprano and Piano* 등에서 무의미 음운(音韻)을 사용하신 이유는 무엇입니까?

B: 무의미 음운을 사용한 첫 작품은 *Sounds and Words* 이고, 두 번째가 *Tenor and Six Instruments*, 세 번째가 *Phonemena*, 그리고 네 번째가 아직까지 연주되지 않는 12성 *Chorale* 인데 육성을 모든 면에서 악기처럼 다룬 것이네. 즉, 모음을 음색 결정소로 사용함으로써 어느 지정된 음이 여러 가지 다른 모음에 따라 수없이 달라지는 음색과 형태를 만든 것인데 이때 그러한 모음은 노래 부르는 방법을 지시함이지 그 의미를 듣기 위함이 아니라네. 반면에 자음은 리듬의 목적으로 사용되었으며, 물론 이 모든 것은 근본적 구조와 치밀한 관계 하에 일어나는 것이지. 그렇다고 해서 정상적인 시(詩)를 싫어해서가 아니라, 자네도 잘 알겠지만 최근 쓴 곡들에서도 시를 사용하고 있지 않은가?

L: Gesture(제스츄어)나 향수(nostalgia) 같은 것들이 선생님의 작품 안에서는 일절 배제되어 있다는 의견에 동의하십니까?

B: 하하(웃음). 내 음악이 이제쯤은 '구식'일 텐데…, 글쎄. 향수야 있겠지.

직접적인 영향이 아니라 하더라도 Schoenberg 음악을 통한 개념의 일반화라든가, Webern 개념의 여러 면이라든가, 그런 간접적인 영향들이 있겠지만 음악적으로 내게 가장 큰 영향을 끼친 음악가는 Brahms였네. 물론 Morzart의 천재성을 그 누가 의심조차 하겠나만 Brahms 역시 어떻게 그렇게 상상할 수 있었을까 할 만큼 경이로운 작곡가라 믿네. 그러니 자연히 그들만큼 나도 훌륭한 작곡가가 되어보겠다는 생각이 있는 것이 아니겠나. 그러나 gesture라는 말이 음악의 어떤 것을 의미하는 것인지에 대해선 전혀 모르겠네. 글쎄 시작이 약하고, 강하고, 느리고 등등의 그런 것들이 gesture란 말인지 말일세. 내 친구 Ben Berez(벤 보레즈) 10) 가 "Carter의 음악은 gesture가 풍만한데 비해, 나의 음악은 gesture가 결여되어 있다." 이런 말을 한 적이 있거든. 이 점에 있어 내가 신중히 받아들일 수 있다면 다음과 같은 점을 들고 싶네. 즉, 나는 나의 작품의 표면을 최대한 균율해 지도록 노력하고 있네. 결과, 음악 자체가 밋밋하니 별 흥미가 없이 들릴지도 모르겠으나 그러한 표면적인 것 때문에 듣는 이로 하여금 저면(底面)에 깔린 더욱 근본적 구성을 알 수 있게 하기 위함이네. 따라서 작품이 어떻게 시작해서, 어떤 진행이 되다가 어떻게 빨라져서, 어디서 climax(절정)를 만들고, 어떻게 해결되고 등등의 관습적인 면에서 음악을 생각하지도 않고 그런 관념을 원하지도 않네. 작품의 모양이 갖추어짐에 따라 저면에 있는 구조상의 근본적 개념들이 점차적으로 균율하게 표면화까지 되는 것을 이상적인 나의 작품으로 믿고 있네.

L: 수학에 대한 선생님의 지식이 작곡상 또는 이론에 미친 영향이 있다면

---

10) Ben Borez는 1934년 뉴욕 태생의 음악 이론가 겸 작곡가이며 음악 전문잡지인 *Perspectives of New Music* 의 편집인으로 활약했다.

어느 정도라고 말씀하실 수 있겠습니까?

B: 사실 자네 질문에 대한 생각은 나 자신 오래 해왔네. 수학에 대한 조금 나은 나의 지식으로 인해 어떤 경우에도 위협받지 않는 점과 또한 그러한 지식을 남용하지 않는다는 장점을 들 수 있겠네. 다시 말해 수학적으로 옳기 때문에 음악적으로 반드시 의미가 있고, 사용할 수 있고, 또한 아름답다는 그런 것은 믿지 않네. 이러한 지식이 하나도 없던 Schoenberg는 그의 *Piano Concerto*를 10번 이상 다시 시도해야만 했고, 우리가 2초면 찾을 수 있는 inversional combinatorial set(전회 조합 집합)11) 안의 어떤 음(音)을 찾기 위해 많은 시간을 소모했음에도 불구하고 우리 모두가 발견할 수 없었던 많은 것들을 발견할 수 있었지 않은가. 그런가 하면 아직도 많은 신비한, 예를 들어 불변(invariant) 요소라든지, 집성(aggregate) 관계, 또는 그들의 상호 연관 등이 12음 조직 안에서 어떻게 이루어질 수 있는가 하는 일반화에 대해 우리는 많은 것을 모르고 있네. 물론 언젠가 대단한 수학 공식에 의해 모든 것이 풀릴지도 모르겠지만 지금까지의 발견과 발전이 많은 실패와 시도로서 이루어진 것뿐만 아니라, 아주 초보적 음악 자료에도 불구하고 현 전문 수학으로서는 해결되지 않은 것들이 많다네. 한 예로 IBM에서 수백 시간을 소비해 전(全)음정 집합(all-interval set)안에 내재 된 모든 음악적 요소들을 찾아내려 했으나 아직도 신비로 남아있는 것이지. 따라서 수학 지식이 어떤 전체적 개념을 준 것은 사실이지만 그보다도 분석적 철학이 내겐 중요하였다고 생각하네. 수학 개념으로부터 logic(논리),

---

11) Inversional combinatorial set(전회 조합 집합)인란 $H_0 + TtIH_0 = A$를 만들 수 있는 집합을 말하며, 이들 표기의 의미는 다음과 같다. 즉,
   H : 6음; 0 : 이도 번호; + : 합집합; T : 이도 연산자(Operator); t : 이도 번호; I : 전 (inversion) 연산자; A : 집성.

logic으로부터 분석으로 말일세.

L: Baroque(바로크) 시대의 고전 드라마(drama)를 일컬어 '법칙의 증명'이라고 정의한 적이 있습니다만, 누군가 선생님의 작품을 그와 같이 일컫는다면 반대하시겠습니까?

B: 나는 그런 말 듣는 것을 정말 싫어하네. 어떤 곡을 가리켜 '수학적'이다라는 뜻을 나는 전혀 이해할 수 없네. 나에게 음악이란 뇌에, 음악적 두뇌에, 또는 음악적 마음에 은유적으로 전달되는 것이며, 음악 구조란 우리가 기억할 수 있도록 하는데 있어서 무엇이 일어났고 무엇이 일어날 것을 예측할 수 있도록 하는 것으로 믿기에 어떤 수학적 법칙의 증명이란 나로선 도저히 받아들일 수 없는 것이네. 어떤 수학적 법칙을 적용하였다 하더라도 어디까지나 그것을 나는 음악적 측면에서 듣도록 노력할 것이네.

예를 들어, 누가 "당신 지금 Fibonacci Series(휘보나치 열)[12]를 듣고 있는 것 아시오?"라고 묻는다면 - Fibonacci Series 자체는 수학적으로도 별로 흥미 없는 법칙이지만 - 그 수학적 법칙 자체가 우리에게 흥미를 주는 것이 아니라는 점을 말하고 싶네. 우리가 수학적 법칙을 적용할 수 있는 것은 단지 음악이 있고 난 후에 있을 수 있는 일이지. 예를 들어, 고전음악에서 화음을 사용한다는 것은 그러한 진행이 있은 후에 계산해 보니 그 화음이 6도와 4도에 음정 거리로 되어있다는 것과 우리가 현재 음 관계의 거리를 숫자로 표시하는 것이나 다름없지 않은가! 이것이야말로 구체적인 어떤 음악적 상호관계로부터 가정(假定)적으로 서술한 일반화인 것이지. 이런 경우 숫자 자체는 아무런 음악적 가치가

---

12) Fibonacci Series 란 1, 1, 2, 3, 5, 8, 13, … 과 같이 만일 U_n 이 일반 용어(general term)라면, $U_n = U_{n-2} + U_{n-1}$ 을 성립시키는 순열을 일컫는다.

없으며 순전히 음악적인 결과의 특징을 서술할 뿐이네. 사실 수학으로 어떤 순수한 음악적 상호관계를 설명한다는 것은 여간 불충분한 것이 아니네.

L: Schoenberg의 음악에는 낭만적 요소가 내재하고 있다고 흔히들 말합니다만, 그 낭만적 요소란 과연 무엇이라고 생각하십니까?

B: 난감하군. 낭만적 요소란 추호의 의미도 내게 전달하는 것이 없는데. Chopin(쇼팽), Schumann(슈만) 등 소위 낭만파 작곡가들과 Schoenberg가 어떤 공통의 요소를 갖고 있다 하더라도 그 요소 자체가 무엇일지 나 역시 전혀 모르겠네. Chopin은 정말 경이 할만한 작곡가라 생각하네. 예를 들어, 그의 *Nocturn* 등에서 보여주는 미묘함과 상세함은 세부를 위한 세부적인 것이 아니오, 굉장한 크기의 전체를 내포하는 것이지. 만일 그러한 Chopin의 요소를 가리켜 낭만적인 것을 대표한다고 일컫고, Schoenberg의 작품 내에서도 그러한 연루적인 상세함이 곡의 진행에 따라 점진적으로 확고해지고, 곡의 전후 관계의 연관성을 통해 그러한 세부적인 것이 항상 새롭게 변하는 것을 계승 받았다고 믿는다면 너무도 환영할 만한 이야기가 아니겠는가!

L: 그러면 영감이란 말은 선생님께 어떤 의미인가요?

B: 무엇이건 간에 작품을 시작할 수 있게 하는 '아이디어'(idea), 또는 개념을 의미하며 이 경우 작은 구체적인 것과 전체적인 것이 거의 동시에 생각되는 복합적인 것이지. 따라서 상식적으로 이야기되어 오는 훌륭한 주제라든지, 동기라든지 그런 것에 영감이 숨겨져 있다는 한정된 것이 아니고, 경우에 따라서는 어떤 악기를 위한 작품을 써달라면 그 악기들 자체가 영감이 될 때도 많았고 - 이런 경우 그 음향 자체 때문보다는 그 악기가 내가 원하는 무엇을 할 수 있다는 것이 더욱 중요하지 - 또

는 어느 훌륭한 연주가의 능력이 영감이 될 경우도 많았네.

L: 작품 내의 미학이란 선생님께는 무엇을 의미합니까?

B: 혼동을 초래하는 단어는 쓰고 싶지 않네. 그런 뜻에서 작품 내에서 미학
이란 말을 난 쓰지 않네. 미학은 어떤 때는 예술 자체를 의미하며, 이런
경우 그 뜻은 별 도움이 되지 못하네. 또는 문학에서 '미학적 면'이라는
표현을 어느 작품을 들어 사용할 경우, 이는 그 작품의 개념이나 내용
을 뜻함이 아닌 단어의 선택을 뜻함이라면 오히려 그 한정된 선택을 뜻
함이라고 지적하는 것이 더욱 타당하다고 믿네. 또는 은유 상태로부터,
또는 어떤 아이디어로부터 작품이 이루어지는 구성 과정을 뜻함이라면,
이 역시 보다 정확한 단어가 필요하겠네. 글쎄, 피아노에서 저음을 천천
히 근사하게 칠 경우 깊이 울려 퍼지는 소리를, 예를 들어 음악에서 표
현적이라든지, 미학적이라고 일컫는다면 이는 너무나도 하찮은 원시적
인 이야기가 되고 말지 않겠나!

L: 고전이나 낭만 시대에 공통적으로 사용되던 전통 화성 기능에 따른 음
어법은 현대에 와서 파괴되었을 뿐더러 작곡가들 사이에서도 서로 다른
것은 물론 한 작곡가의 음(音)어법 자체마저도 적지 않은 경우, 심지어
각 작품에 따라 다르다고 생각됩니다.

B: 절대적으로 옳은 말이네.

L: 현대 작곡가와 청중 사이의 커다란 문제점 중 하나가 이 점에 있다고
보시지는 않으신지요?

B: 자네 말에 동의하네. 이 모든 문제점의 시초가 Schoenberg 음악 자체에
서 시작되었다고 믿네. 즉, 그의 한 곡을 통해 얻는 경험이 그다음 곡을
이해하는데 별 도움을 주지 않는다는 것이지. 그의 중기 작품활동 시기
에 그는 그의 작품이 그가 원하는 만큼의 풍부한 조직을 함유하고 있지

못하다고 생각했지. 이러한 결핍으로부터 그는 한 작품 자체로서 성립될 수 있는 전후 관계, 자체로서의 충족, 그리고 목적에 대한 자체의 정의 등의 고차적인 사고로 결과된 화성과 대위 등의 복합적인 해결은 듣는 이로 하여금 어렵게 만들 뿐 아니라, 연주자, 심지어는 작곡가 자신에게도 상당한 부담을 주는 것이지. Schoenberg 자신이 12음음악에 대해 성취한 것은 상당한 것임에 틀림없지만, 그 후 지금까지 12음음악을 정통적으로 추구하는 작곡가가 소수이기 때문에 하나의 일상적 언어로서 대중에 소화되지 못하고 있다고 믿네. 그러나 12음음악의 문제점이 너무 기계적이며, 부담스럽다고 믿는 것도 잘못된 생각이네. 12음음악은 조금 더 조직적이 되어야 하고, 음열 조직에 의해 좌우되는 근본적 구성의 차이점이 자체 곡마다 더욱 명료히 표현되어야만 한다고 믿네. 이로 결과하는, 과거 음악에서 경험할 수 없었던 조직 내의 상호관계와 이로 인한 복합성의 문제점들은 자네가 옳게 지적한 것처럼 가장 중요한 문제점이라고 생각하네.

L: 선생님께서 그동안 많은 연구를 해오신 source set(원(原) 집합)13) 간의 상호 조직 관계, 우열 관계 등을 통해 언젠가 현대음악 작곡가들도 서로간에 공통 음 언어를 사용할 수 있을 그때는 현대음악도 고전이나 낭만음악과 대등하게 청중에게 받아들여질 수 있다는 희망을 갖고 계시지는 않으십니까?

B: 그에 대한 것은 나로서 뭐라 말할 수 없네. 그러나 Stravinsky의 말로 대신하지.

1962년 Stravinsky의 80세 축하제가 Santa fe(산타 페)에서 있었네. 그의 생일을 축하하는 젊은 작곡가들의 신작(新作)들이 하루 저녁 연주되

---

13) Source set(원(原) 집합)이란 내용만을 고려 한, 즉 서열(序列)되지 않은 집합을 말한다.

었을 때 그는 음악을 듣고, 보며, 일절 말이 없었다네. 돌아오는 길에 그와 함께 차를 탔을 때 그는 한참 동안 이상할 정도로 말이 없이 무엇에 골몰하였네. 한참 후에 그는 나에게 말하기를 "이 젊은 작곡가들이 내가 현재 쓰고 있는 작품14)에 결코 흥미 있어 하지 않을 것으로 믿네. 그들은 나의 *Fire Works* 15)로 다시 돌아갈 것 같으네." 현대음악을 좋아하든 싫어하든, 또는 유리하든 불리하든 간에 현대음악이 계속 전진하지 못하고 있다는 것은 사실이며, 우리가 하고 있는 이 모든 것은 커다란 음악 역사 안에 고립된 한 토막의 이야기가 되어 버릴지도 모르겠네. 1930년대와 현재의 유행 음악이 얼마나 놀랄 만큼 발전하였는가를 보게. 신작을 위한 40만 불을 작곡가에게 투자하는 대신 선전을 위해 써버리는 "뉴욕교향악단"의 정치성이라든지, 모든 다른 분야도 그렇지만 경제적 후원의 결핍으로 인한 현대음악의 종말이 오지 않기만을 바랄 뿐이네.

L: 그러면 현 사회구조 안에서 순수 현대음악 작곡가들의 역할은 무엇이라고 보십니까?

B: 너무 큰 질문인데. 순수 현대음악 작곡가들이야말로 지성인들간에 가장 불리하고, 가장 불분명하고, 가장 권리가 없는 멸종에 가까운 소수파라고 믿네. 현재 무서운 힘으로 휩쓰는 음악적 유행성, 문화적 유행성, 그리고 상업주의 속에서 대학 안에서도 우리는 음악교육을 정당 방위해야 하고, 심지어는 〈Juilliard 음악학교〉 내에서도 작곡을 정당 방위해야 하는 형편이란 말일세.

그 결과, 연주되는 수준을 보게. 그뿐인가, 동료끼리의 경쟁심은 마치 몇

---

14) Stravinsky 작품, *Abraham and Isaac*.
15) *Firebird* (불새)라 부르지 않고 *Fireworks* (불 작품)이라고 일컬었다 함.

개되지 않는 땅콩을 놓고 서로 싸우듯, 조금 더 알려진 음악인일수록 더욱 심하지 않은가. 이런 인위적 상황 속에서 "뉴욕 일간지"(The New York Times)의 평을 읽고 판단하는 나의 친구를 적대시 느끼네. 왜냐하면 얼마나 단순하고 우직한 증명이란 말인가. 우리에게 남은 길이 있다면 순수음악을 말살 단계까지 몰아넣는 이 모든 것에 저항하여 조금 더 용감히 싸워보는 것이겠지.

L: 현 미국의 음악상황을 건전하다고 보십니까?

B: 한마디로 미국은 무서운 나라라고 생각하네. 왜냐하면 최상이라는 것은 모두 지니고 있기 때문이지. 음악 분야도 그렇다고 믿네. 내가 Darm-stadt(담슈타트)에서 가르친 경험만 하더라도, "당신이 나만큼 수학을 모른다면 당신은 작곡가가 아니요, 나보다 더 안다면 학구적에 지나지 않는다."라고 믿는, 너무나 정치적인 것들이 문제가 되었지 결코 음악적 또는 순수 음악에 대한 것들이 문제가 되는 것이 아니었네. 영국은 아직까지도 그들의 지역성과 비전문성을 오히려 자랑스럽게 여기는 '신사의 태도'로부터 다시 국수주의적이 되어버리는가 하면, 프랑스는 그들의 자부심 때문에 그들 자신의 지역성마저 느낄 수 없을 정도지. 결과적으로 아무리 남의 것이 좋다 하더라도 자기네 것이 아니라면 결코 받아들일 수 없는 지경이고 - 예를 들어, 서적 계통을 보게 - 옳지 않으면 그르다는 〈파리 음악원(Paris Conservatory)〉의 태도 등으로 예를 들수 있으니, 이러한 풍토는 오히려 미국보다 훨씬 비(非) 건전한 것이라고 생각하네.

L: 선생님께서는 금세기의 대표적 작곡가, 그리고 이론가뿐 아니라 현 미국의 가장 선두에서 활약하는 많은 훌륭한 작곡가들을 배출하셨습니다. 무엇이 좋은 작곡 선생일지요?

B: 훌륭한 질문이네. 나도 가끔 생각하지. 전문적인 음악교육을 받기 위해
서는 반드시 독일이나 프랑스에서 공부해야만 했던 나의 선배 작곡가들
로부터 나의 세대는 순전히 국내에서 교육받은 첫 미국 작곡가들이네.
물론 당시 이미 전반적인 미국교육의 우월성을 인정한 데에도 기인하지
만, 30년대 당시 누가 독일을 가려 원했겠나. 구라파로부터 이미 수 많
은 선생들, 경우에 따라선 이미 우리와 친구 사이가 된 음악가들이 미
국으로 오게 되어 갑자기 이곳이 모든 현대음악 전통의 중심을 이루게
되었네. 그 결과 그때까지 미국 음악가가 구라파인들로부터 느꼈던 자
아의식, 내지는 열등의식으로부터 탈피될 수 있었다네. 이러한 많은 훌
륭한 인물들 사이에서 과연 누구에게 사사를 받아야 하는가가 문제가
됐지. 만일 Hindemith(힌데미트)에게 사사를 받을 경우 모든 그의 학생
에게 꼭 그가 하는 방법만으로 작곡하도록 권유했을 것이고, 그에 대한
좋은 대답이란, "그 분에게로부터는 그렇게 배우고 다른 것은 또 다른
선생으로부터 배우면 되지 않소."가 되겠지. 작곡 교육에는 두 가지 전
통적인 방법이 있네. 즉, 하나는 선생 자신이 추구하는 작곡 방법 대로
만을 주장하는 것이지. 따라서 학생은 반드시 그의 선생의 방법을 따라
야만 하며, 그렇지 않을 경우 사사 받을 수 없게 되는 것이네. 이러한
전통은 현재 Wuorinen(우오리넨) 16) 에 까지 이르고 있으며 물론 여러
면에서 존경할만한 교육 방법 중 하나라고 생각하네.

　허나 나 자신은 그러한 방법을 사용하지 못하겠네. Sessions와 공부할
때도 그는 전혀 그 자신의 음악에 대하여는 언급한 적이 없으며, 그의

---

16) Charles Wuorinen(1938~2020)은 Columbia 대학 출신의 작곡가이다. *"The Group for
Contemporary Music"* 의 설립자인 그는 훌륭한 피아니스트로서 그리고 지휘자로서 괄목
할만한 음악 활동을 하는 한편, 300여 작품 이상을 발표, 출판하는 창작을 통해 젊은 미국
작곡가를 대표한다고 하겠다.

태도는 마치 "그의 걱정거리는 그 자신에게만 맡겨 두라."는 식이었지. 나도 흡사한 심정이네. 나는 학생의 작품을 봐줄 때 그 학생이 무엇을 성취하기 위해서 그러한 시도를 하였는가를 묻고, 그 이유에 따른, 경우에 따라선 나와의 의견 교환을, 또는 어느 작품에 대한 공부를, 또는 어떤 글을 읽도록 충고하네. 한 가지 내가 결코 주장하지 않는 것은 다시 쓰도록 하는 것이네. 왜냐하면 그것이야말로 나의 방법을 주장하는 것이 되고 말지 않는가. 나 자신이 12음음악 작곡가라 하여 나는 한 번도 내 학생들에게 12음음악을 할 것을 권유한 적은 없네. <Princeton 대학>에서 나로부터 12음음악 작곡기법을 배우는 내 학생은 어쩌다가 한 명씩 있을 정도이네.

어떤 면에서 보든지 Hindemith 자신은 훌륭한 음악가였지만 그가 믿는 방법만이 오직 음악에서 타당하다고 주장한 그를 믿고 따른 젊은 학생들의 결과는 어떠한가? 따라서 나의 생각이란 Schoenberg가 직접적으로가 아니라, 그의 음악을 통해서 나를 가르쳐준 것과 조금 흡사한 것을 생각한 결과로서, 아이디어의 일반화(generalization)와 확장(extension)을 통해 그 이상을, 또는 그와는 전혀 다른 방향을 갈 수 있도록 조언해 주는 방법이네.

L: 최근 들어 전 세계적으로 음악 이론에 대한 열의가 대단히 높아지고 있다고 봅니다. 이에 대해 어떻게 생각하십니까?

B: 대단히 기쁘게 생각하네. 얼마 전에 California(캘리포니아)에서 있은 이론모임에 특별연사로 초대받았을 때 이렇게 이야기했다네. "이론가들의 활동과 공헌, 그리고 이론지의 출판과 발전으로 인해 나 같은 비전문 이론가가 시간제 이론가의 역할로부터 나의 천직 작곡가로 다시 돌아갈 수 있도록 해준 데 대해 감사한다."고.

L: 하하(웃음)

B: 나는 진정으로 기쁘게 생각하네.

L: 이러한 이론의 발전과 움직임의 장래를 어떻게 보십니까?

B: 의심할 여지 없이 앞으로의 가장 중요한 활동들이 그 안에서 이루어지리라 믿네. 과거 이론뿐 아니라 현대음악 이론에 대한 중요한 연구와 발전이 있으리라 믿네.

L: 음악 안에서 혁명자라고 자신을 보십니까?

B: 과거의 것으로부터 최소의 변화로서 과거 전통과 최대의 유대를 가짐에도 불구하고 심오하게 다른 새로운 것을 이룩할 수 있었다는 점에서 혁명가가 아니라고 부인한 Schoenberg를 나는 혁명가라고 일컫네. 단독으로 어떠한 것을 처음으로 이룩하고 성취하여 모든 사람들로부터 그 시대에 유일한 혁명가였다는 말을 우리는 누구나 듣고 싶어하는 심정이 있겠지만, 자신이 그렇게 불리워질 수 있는지에 대해서는 나로선 무어라고 말할 수 없겠네.

L: 현재 쓰고 계신 작품은?

B: Sollberger(솔버거)[17]를 위한 플루트(Flute) 곡을 쓰고 있네. 나는 과거한 10 작품 정도로 돌아간 그때부터는 어떤 큰 후원으로 곡을 쓰는 것에 별 흥미를 갖고 있지 않네. 내게 더욱 중요한 것은 내 주위에 훌륭한 친구들의 부탁으로 작곡하는 것이네. 이 작품은 단일 형식으로 약 15분 정도 될 것이네. 물론 전자음을 첨가하고 싶은 생각이 많았네만 나의 건강과 지리적 조건이 허락지 않네. 밤 3시에 스튜디오(studio)에서 집으로 돌아간다는 것은 요즈음 대단히 위험한 일이니 말이야.

---

17) Harvey Sollberger는 1939년 미국 출생으로 Columbia 대학 출신 작곡가 겸 세계적으로 손꼽히는 플루트 주자이다.

L: 쓰시는 논문은?

B: Stravinsky에 대한 전문적인 논문을 쓰고 있으며 이는 "Stravinsky Symposium(심포지엄)"과 "Notredame(노트르담) Symposium" 두 곳에서 발표될 예정이네. Stravinsky 자신과의 대화와 그리고 그가 남긴 기록 등을 토대로 쓰고 있지. 많은 사람들은 내가 논문을 더 쓸 것을 원하지만 논문을 쓴다는 것이 작곡보다도 더욱 시간 소모가 크기 때문에 Miller(밀러) 18) 에 대한 "Grove(그로브) 사전"에의 글이라든지, 이런 작은 글 외로는 큰 논문은 아마도 하나 정도만 더 쓰고 그만둘 생각이네.

L: 연주 예정은?

B: Piano, Flute, Sextet, Chorus 작품 등이 연주될 예정이며, <Wisconsin(위스콘신) 대학>에서 나에 대한 음악 축제가 있을 예정이어서 대단히 바쁜 한 해가 될 것 같네.

L: 특별 강의는?

B: Wisconsin, Eastman(이스트만), New School(뉴스쿨) 등 여러 곳이라 다 기억이 안 나는데 ….

L: 무엇 첨가하실 말씀이나 제가 잊은 말이나 ….

B: 자네가 무얼 빼놓겠나, 훌륭하네.

L: 그럼 오랜 시간 말씀 대단히 감사합니다. 저의 독자들에게 많은 것을 생각하게 해주리라 믿습니다. 내내 건강하시고 충만한 해를 거듭하시기 바랍니다.

B: 고맙네.

---

18) Robert Miller(1930~1981)는 전문 법률가인 동시에 현대음악 피아니스트였다. 많은 세계적 작곡가들이 그들의 피아노 작품을 Miller에게 증정할 만큼 그의 연주는 탁월하였고, 현대음악 발전에 남다른 기여를 하였다.

22. *Fantastic Variations* for Piano
(피아노 독주를 위한 "환상(幻想) 변주곡")

— To H. Ahn —

이여진 :: EUGENE LEE :: 李如辰
(1963)

YouTube(유튜브)

https://youtu.be/fqojQxFQbqk

초연
연주자: 박현자(朴賢子)
장소: 서울대학교 음악대학 강당, 서울 을지로 6가
일시: 1964년 6월 3일

NOTES

1963년 대학 2학년이었던 당시 21세 이여진이 작곡한 "*Fantastic Variations* for Piano Solo"는 1964년 1학기 <서울대학교 음악대학> "수요음악회"에서 최초로 발표된 작곡과 재학생 작품이다. 다시 말해 한국 음악대학 역사상 작곡과 재학생이 작곡한 작품이 '공개 연주'된 것은 "*Fantastic Variations*"이 최초라는 사실(史實)로서의 중요성을 감안하여 60년 전 작품을 여기에 기록한다.

이를 계기로 그 후 작곡과 학생은 1년에 한 번 "수요음악회"에서의 작품발표가 의무화되었다.

To H. Ahn

Fantastic Variations for Piano

THEME

EUGENE LEE
이여진(李如辰)
(1963)

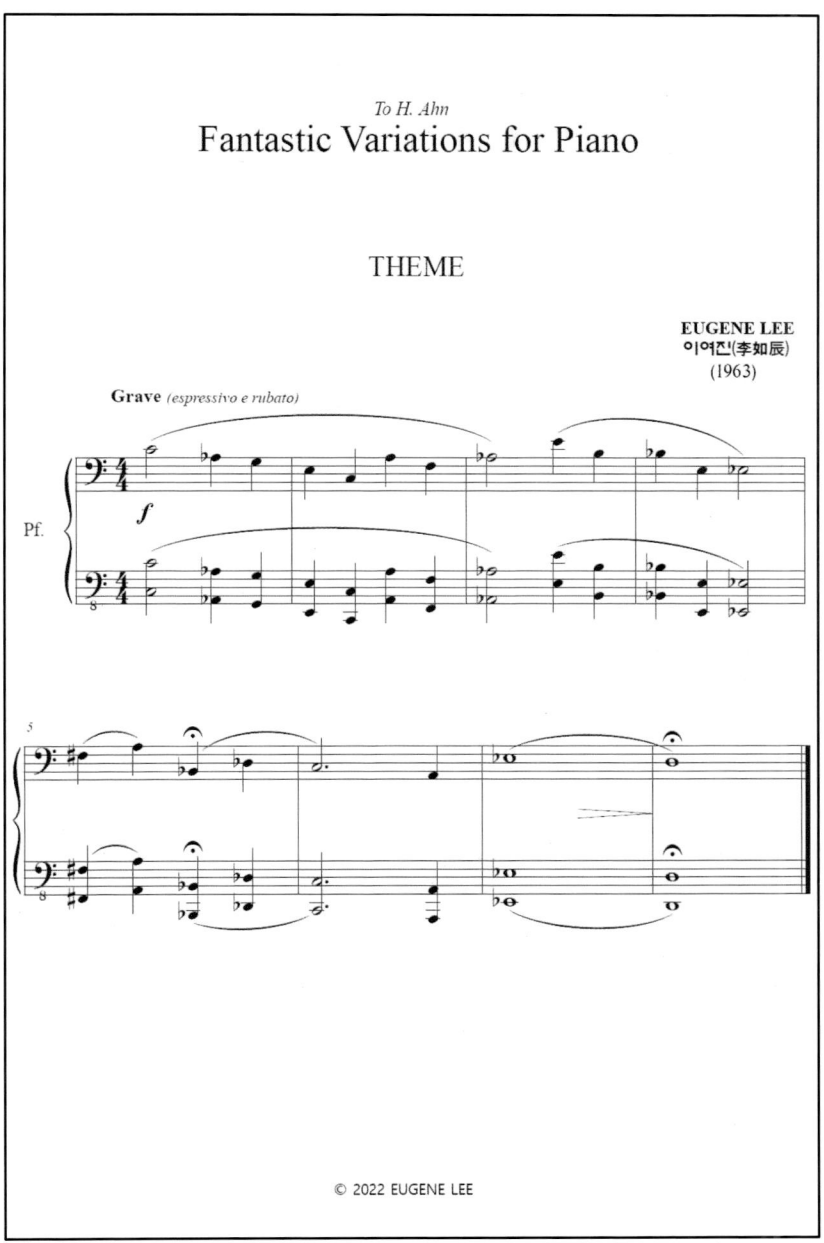

VAR. I: "Harmonia"

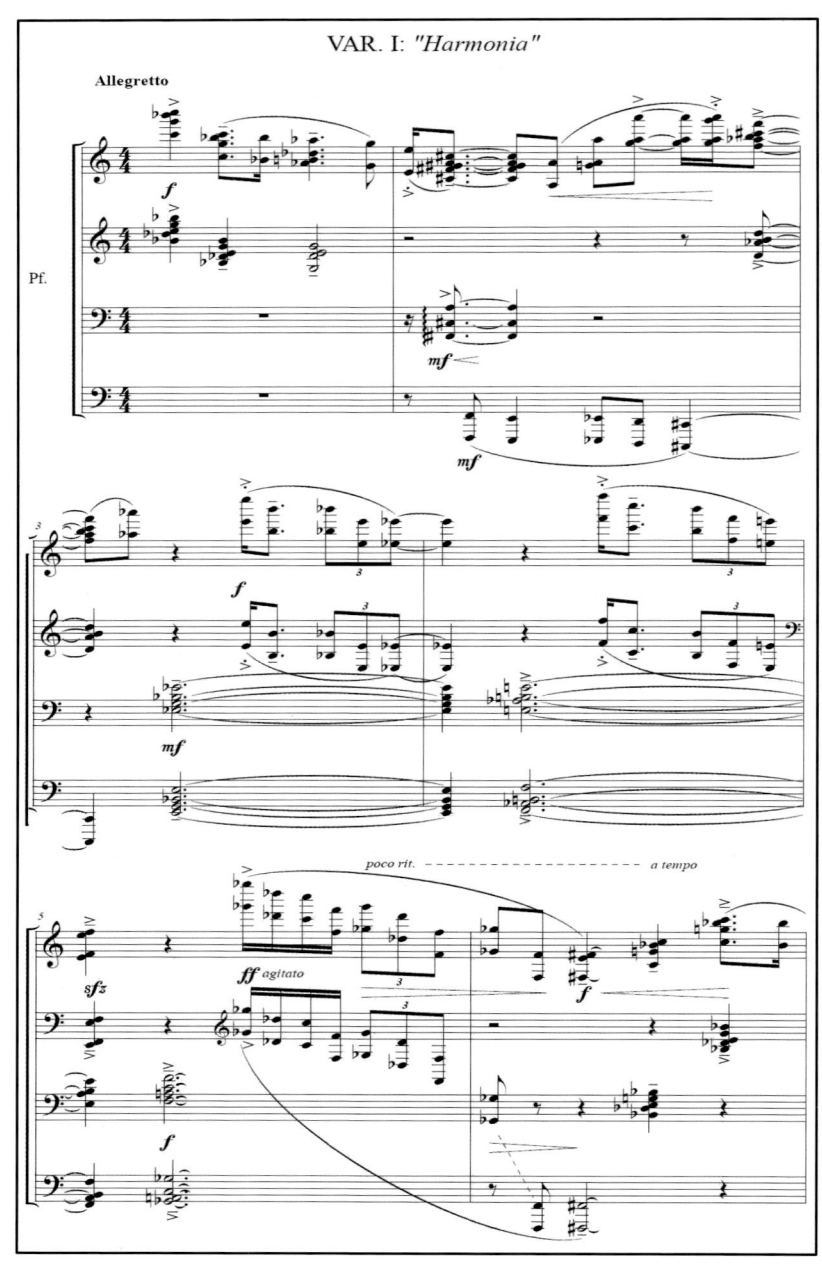

1536 절대음악 혼자 간다

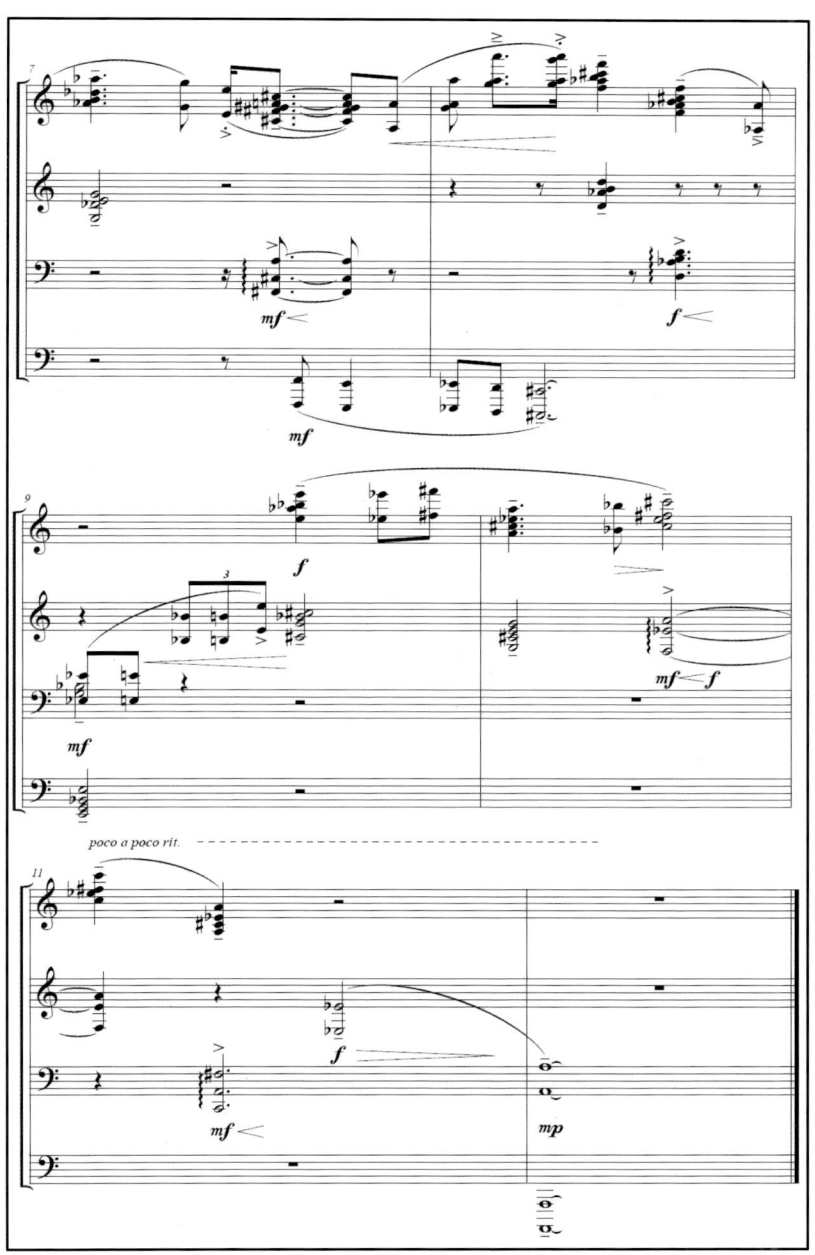

VAR. II: "Contrapuntus 1"

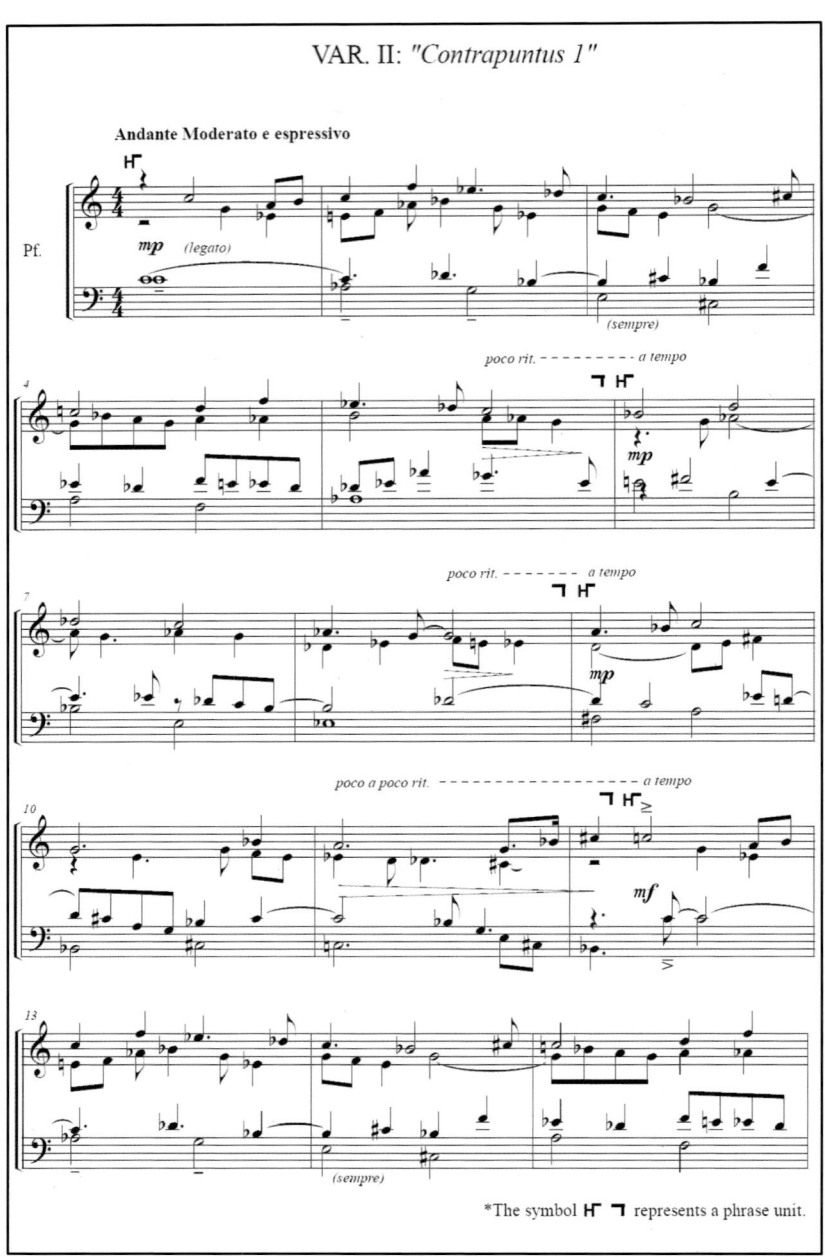

*The symbol ⌐ ⌐ represents a phrase unit.

1538 절대음악 혼자 간다

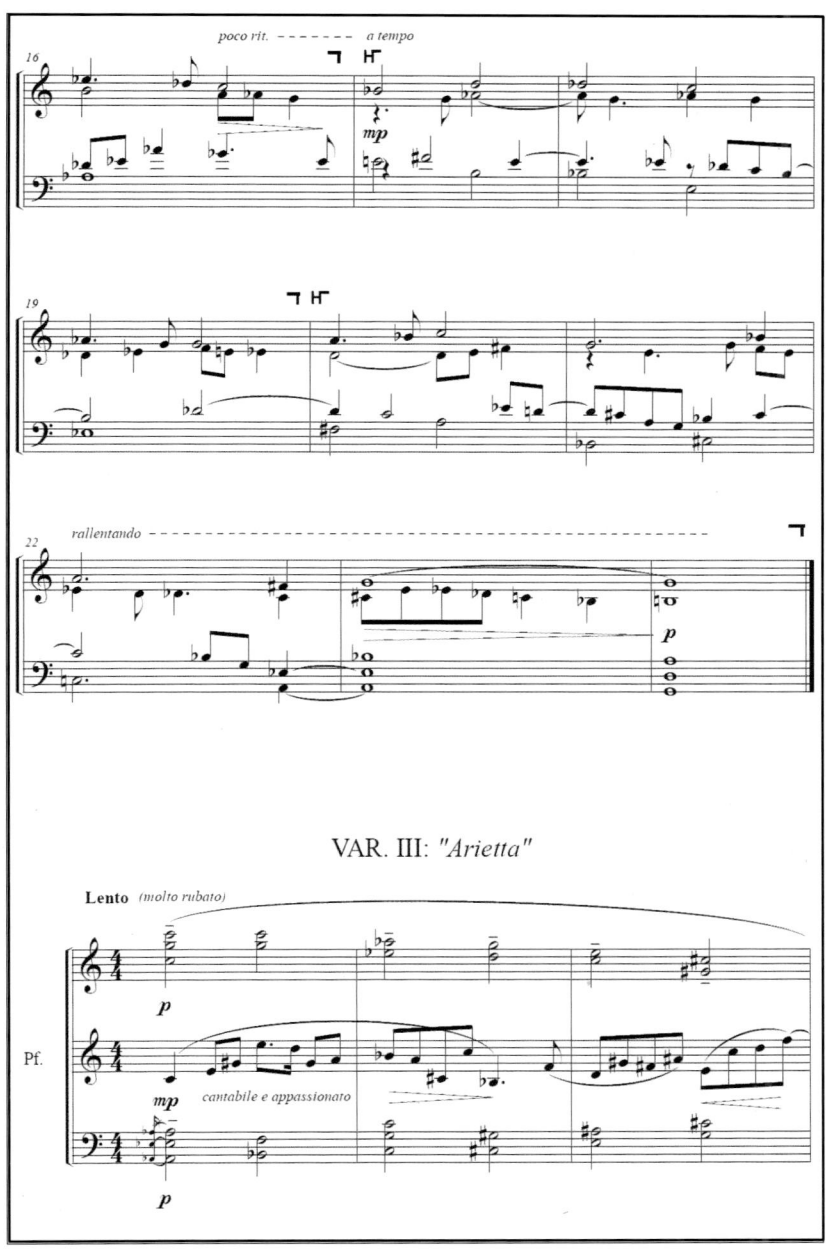

VAR. III: *"Arietta"*

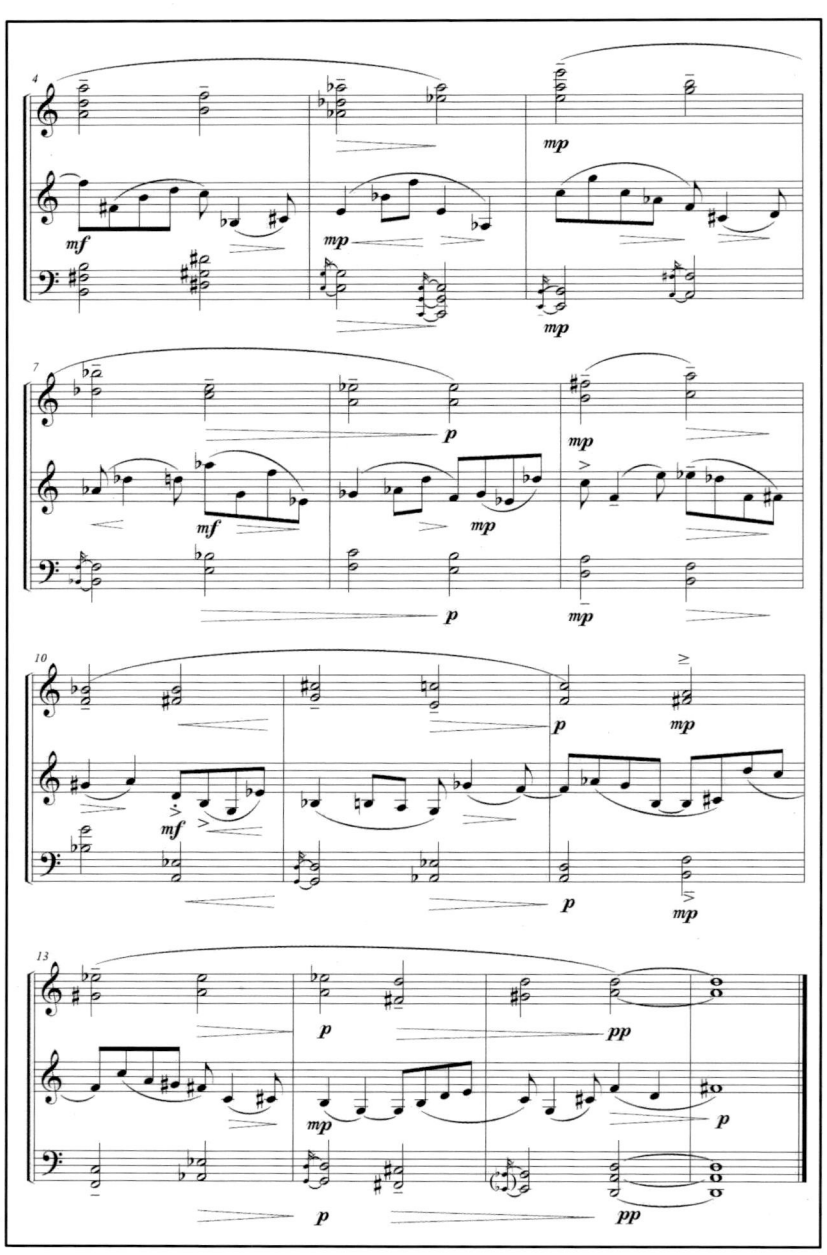

1540 절대음악 혼자 간다

VAR. IV: *"Contarapuntus 2"*

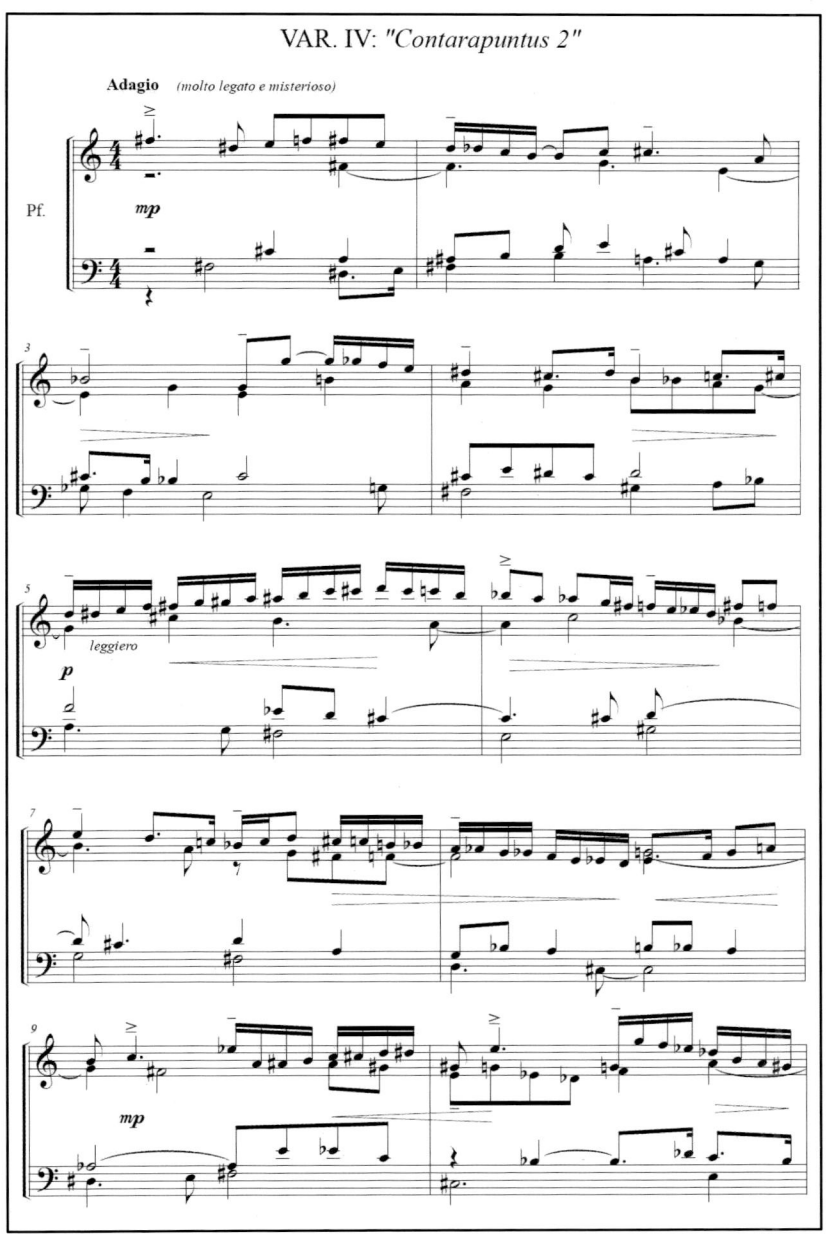

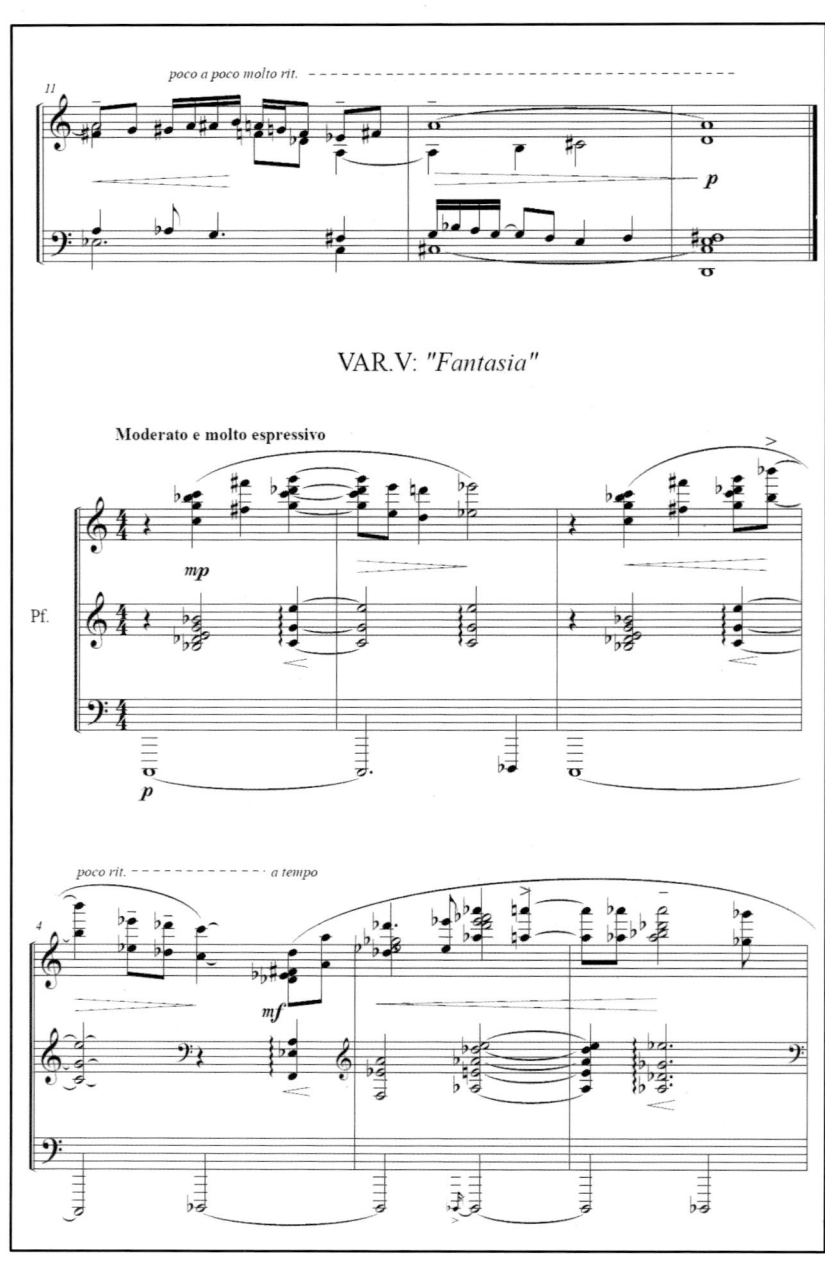

VAR.V: *"Fantasia"*

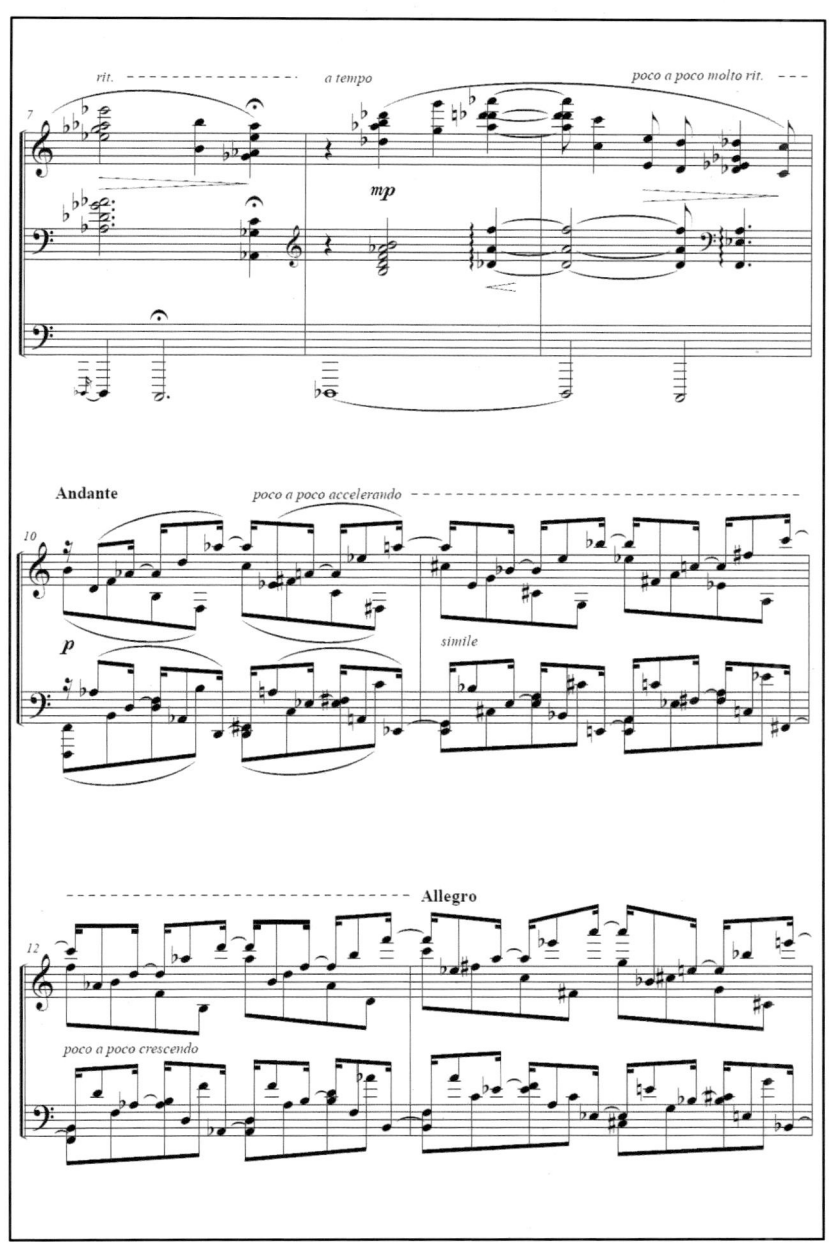

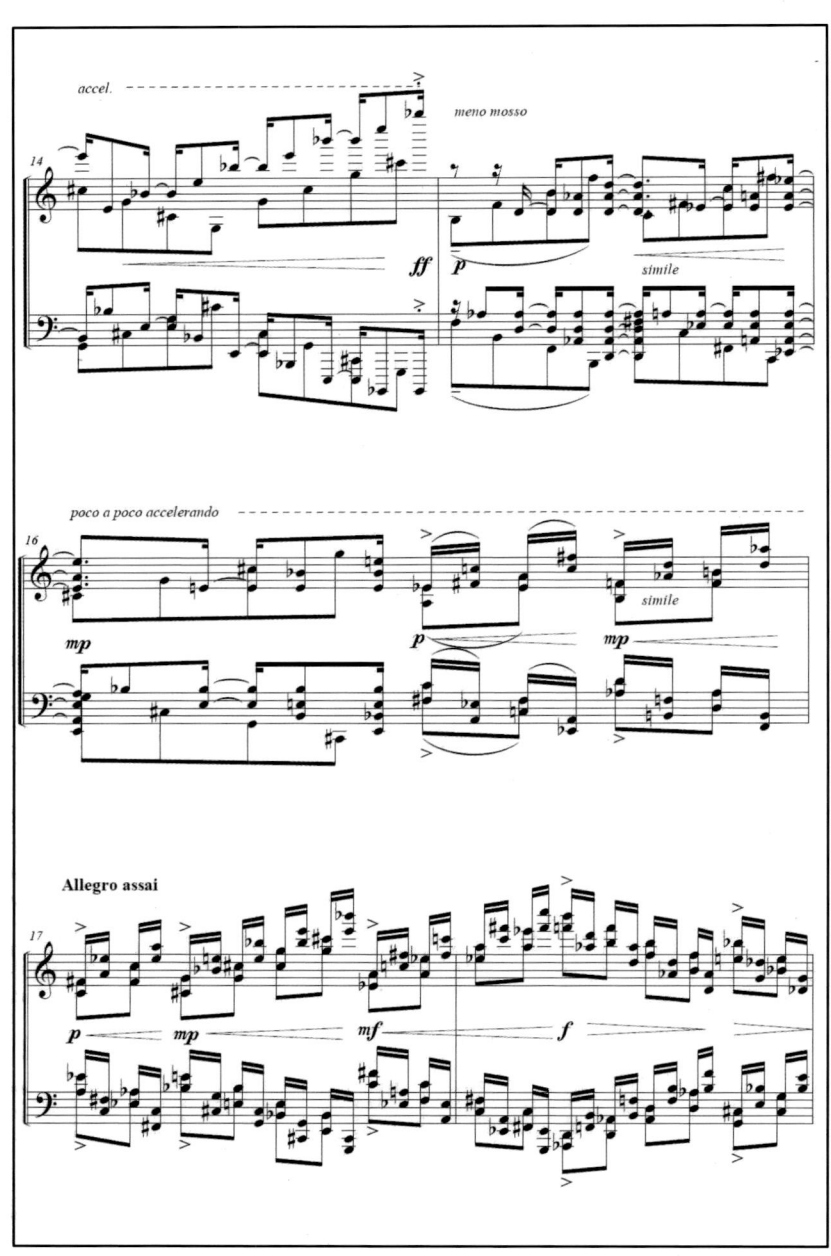

1544 절대음악 혼자 간다

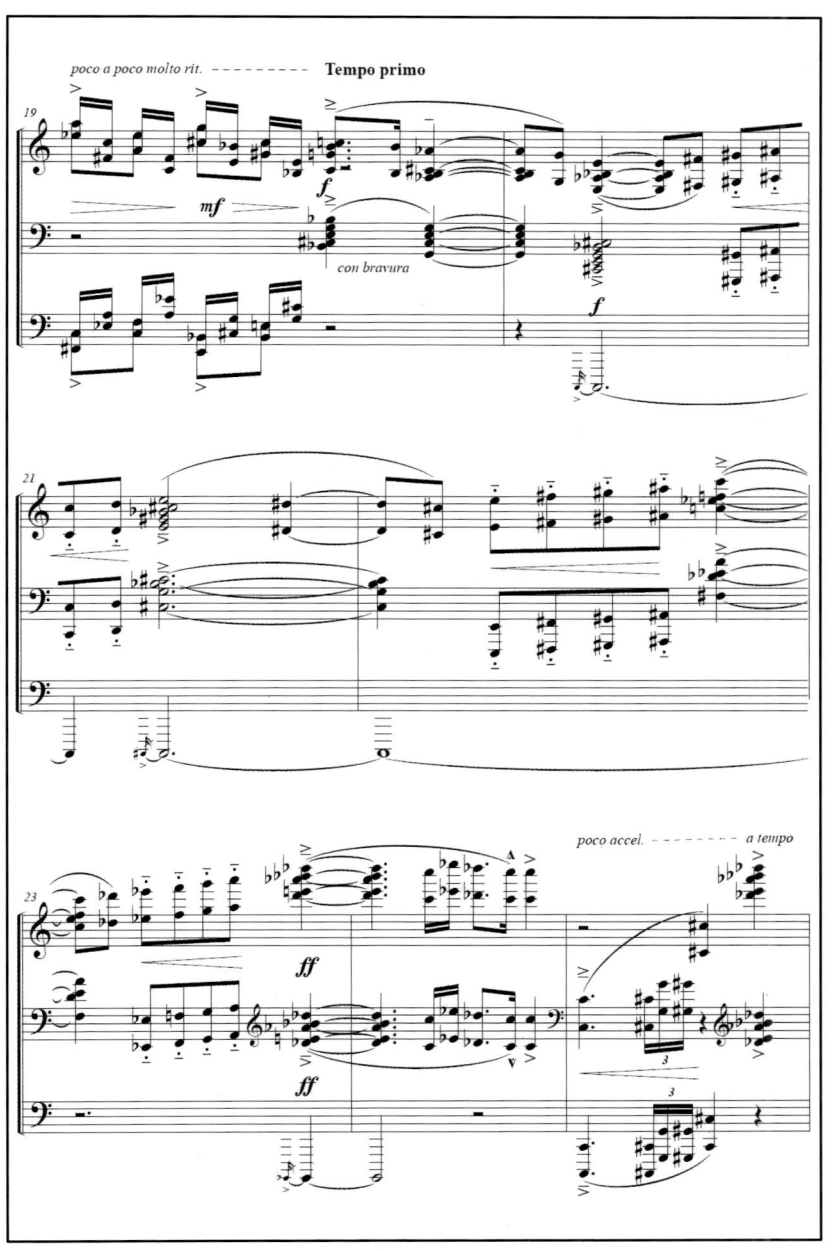

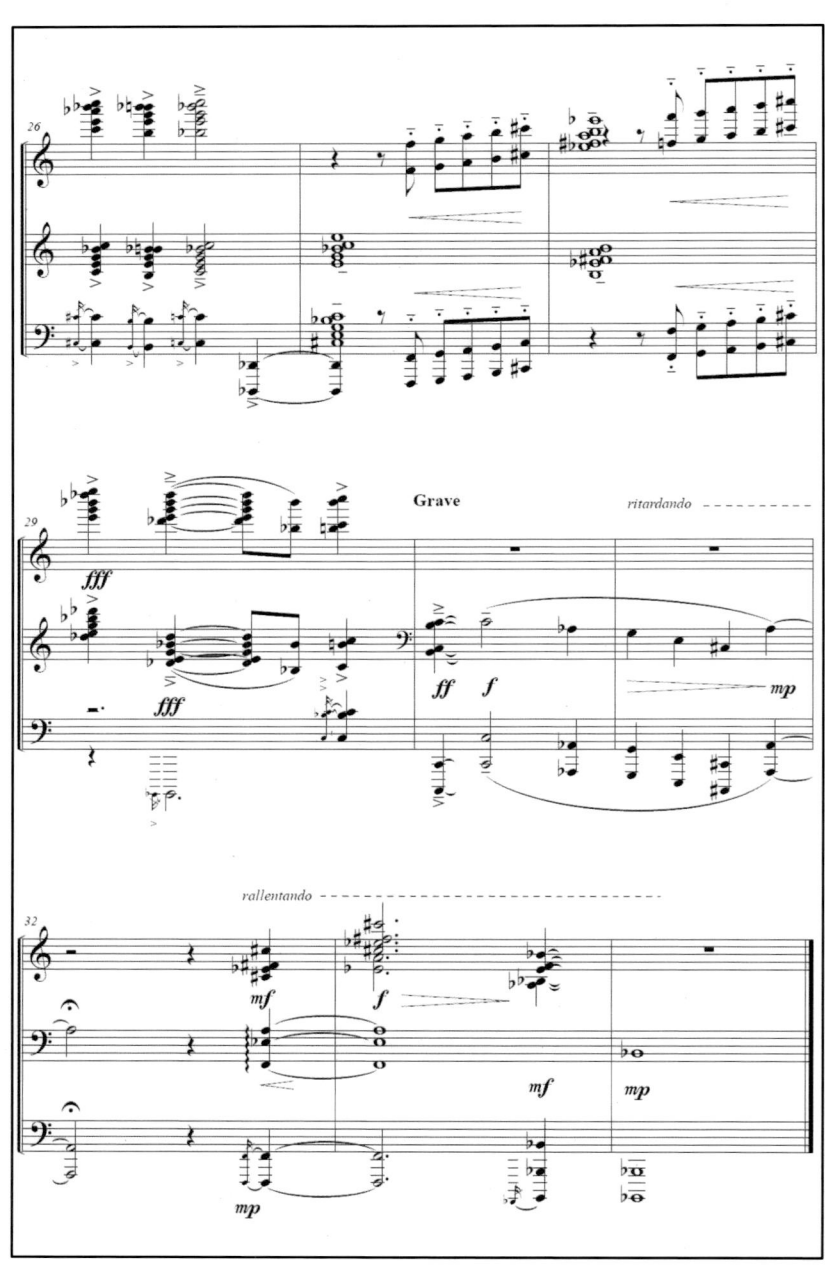

1546 절대음악 혼자 간다

23. *COMPOSITION*

on a prime set of Anton von Webern's *Drei Volkstexte*, Op. 17/I

for Flute Solo

이여진 :: EUGENE LEE :: 李如辰

(1976)

CD(음반):

C.R.I. (Composers Recordings, Inc., #400), New York.

YouTube(유튜브)

https://youtu.be/wbb0qWJFUqA

세계 초연

연주자: Patricia Spencer

장소: Carnegie Recital Hall, New York.

일시: 1978년 1월 11일

NOTES

Tempi:

Vivo		M.M. = ca. 106	
	Allegro		ca. 99
	Allegretto	ca. 92	
Moderato		ca. 85	
	Andantino	ca. 77	
	Andante	ca. 71	
Adagio			ca. 64
Largo			ca. 43

Symbols:

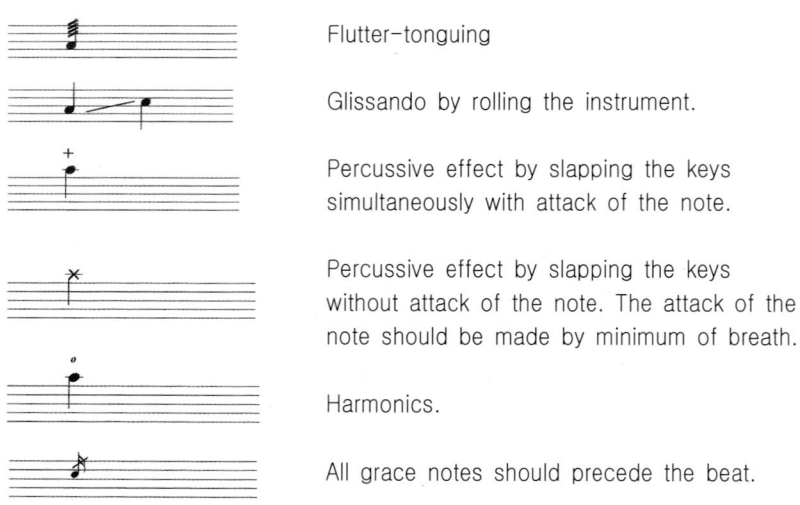

Flutter-tonguing

Glissando by rolling the instrument.

Percussive effect by slapping the keys
simultaneously with attack of the note.

Percussive effect by slapping the keys
without attack of the note. The attack of the
note should be made by minimum of breath.

Harmonics.

All grace notes should precede the beat.

참조:

이여진(2004). 『창작과 분석』, Vol. 3, pp. 28~60 (음악춘추사).

COMPOSITION

on a prime set of Anton von Webern's *Drei Volkstexte*, Op. 17/I

for Flute Solo

EUGENE LEE
이 여 진 (李如辰)

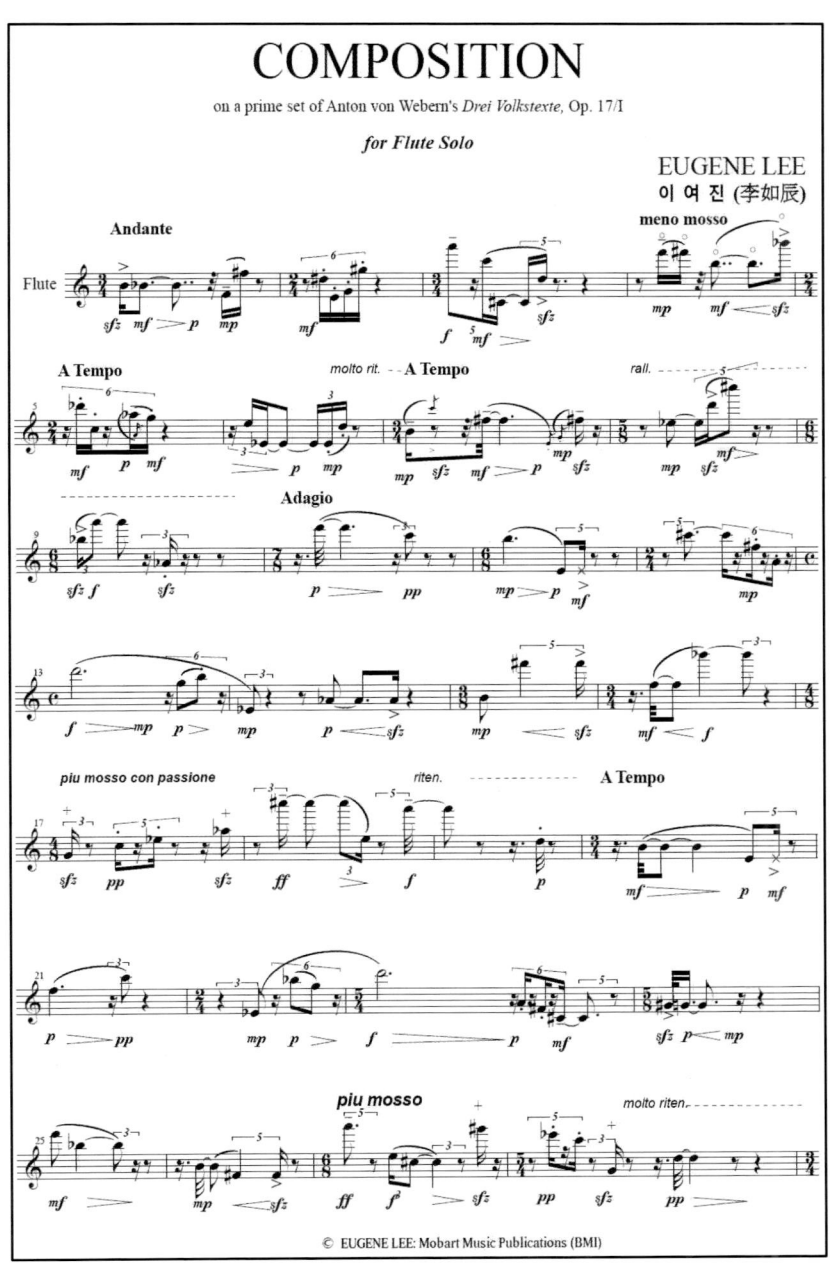

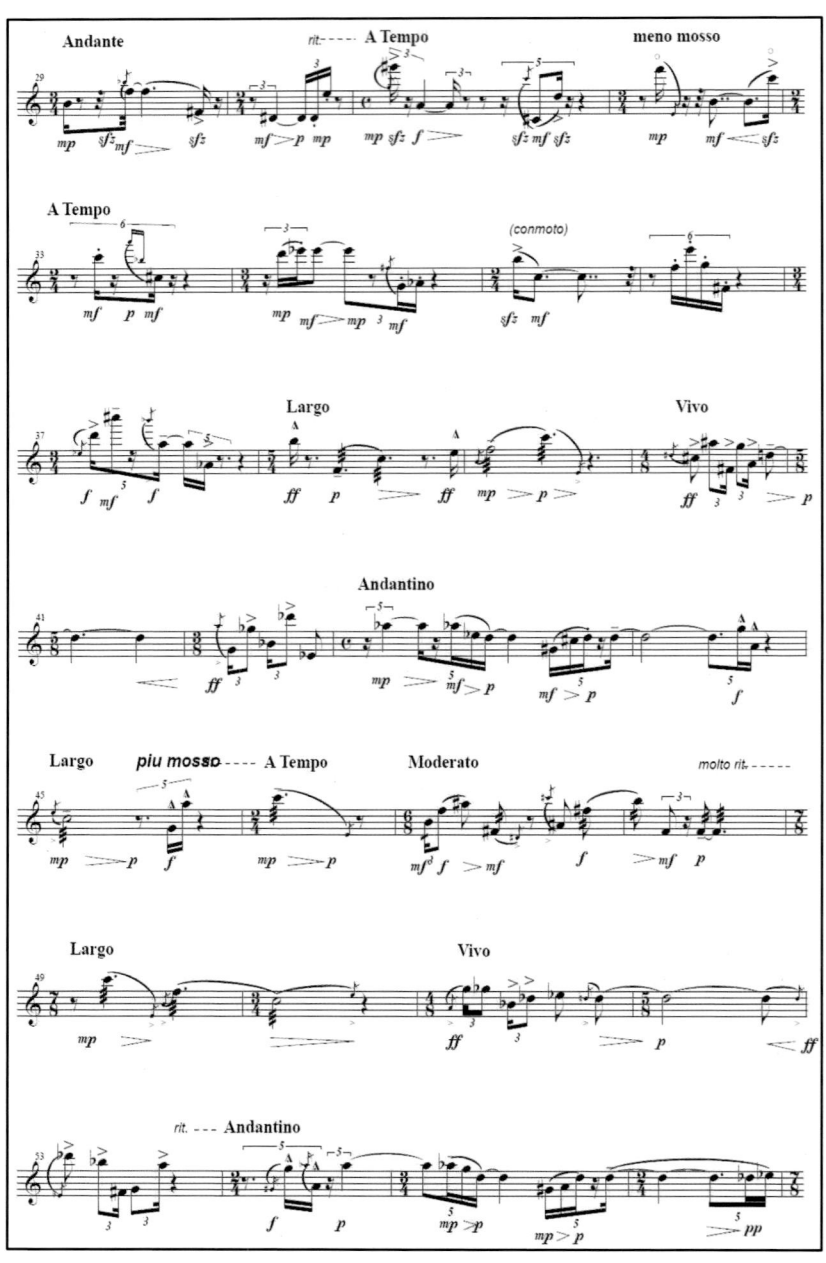

1550 절대음악 혼자 간다

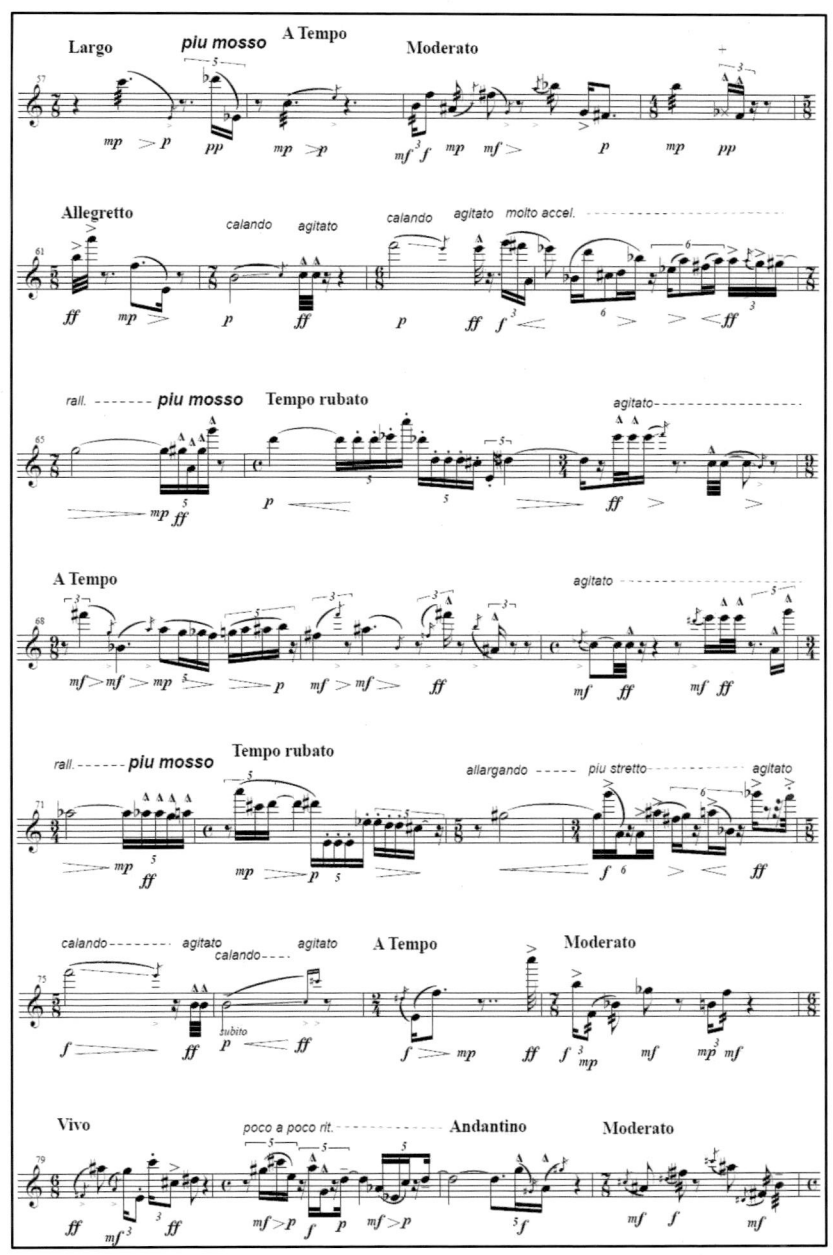

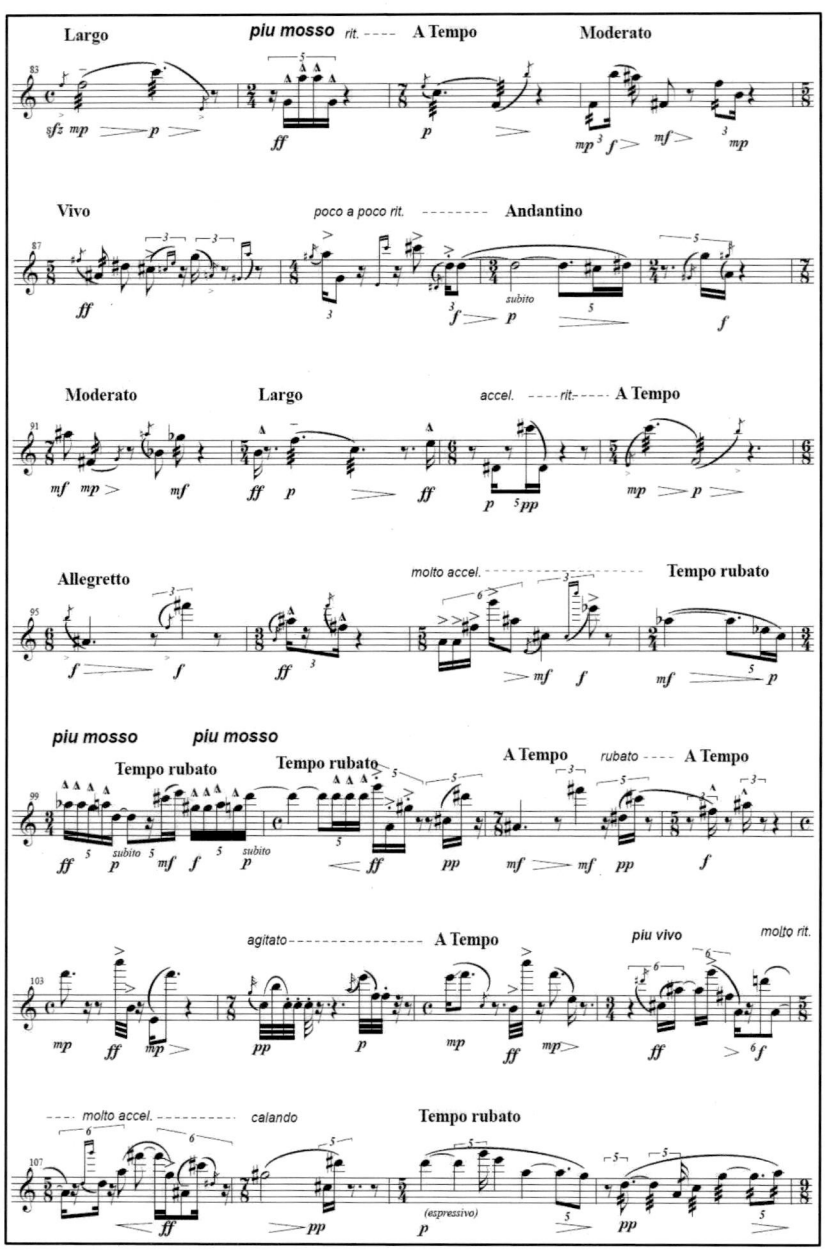

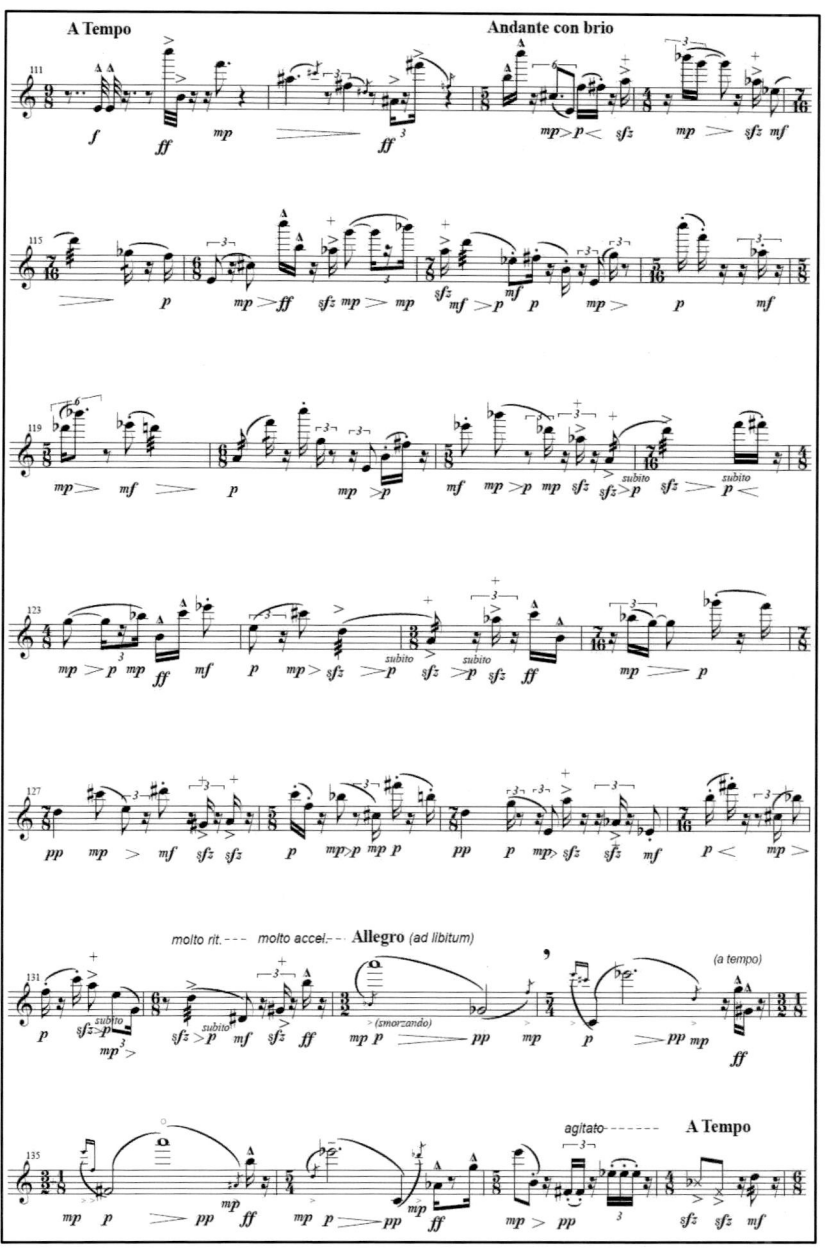

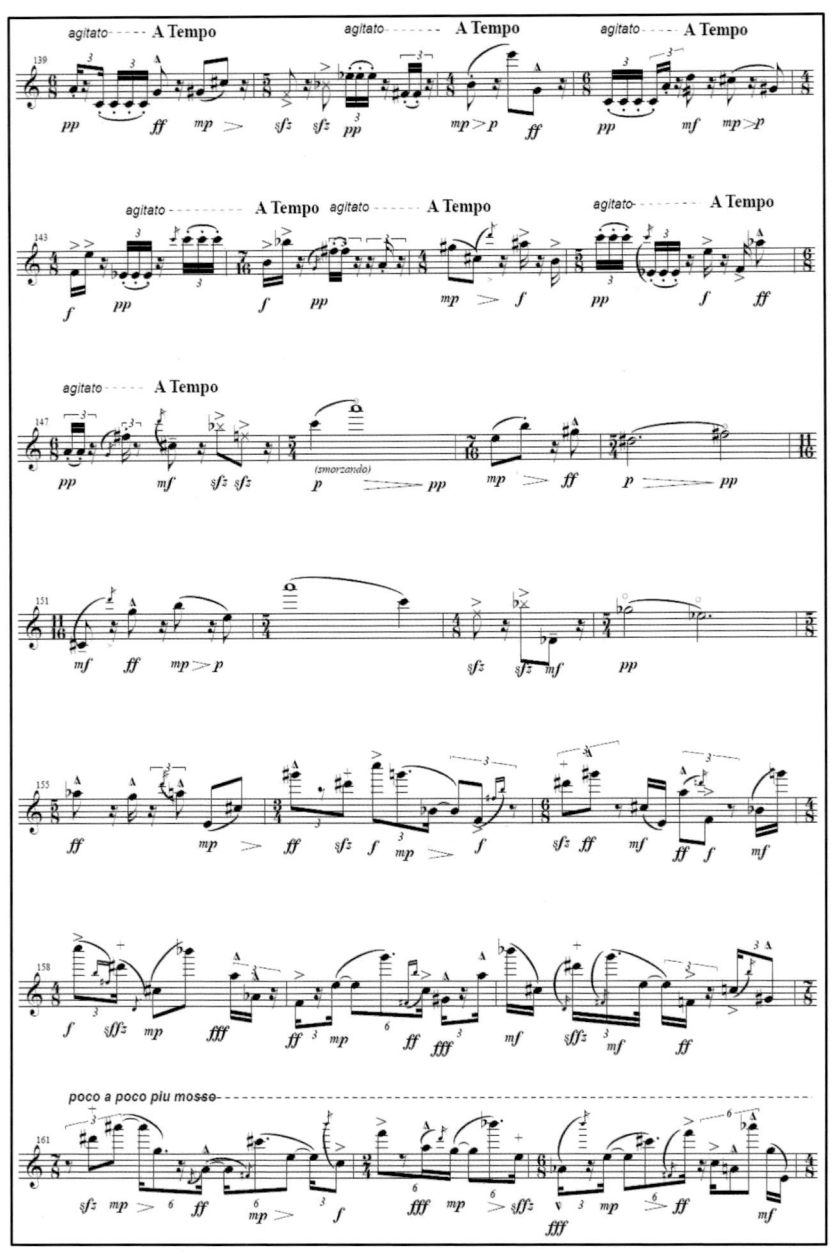

1554 절대음악 혼자 간다

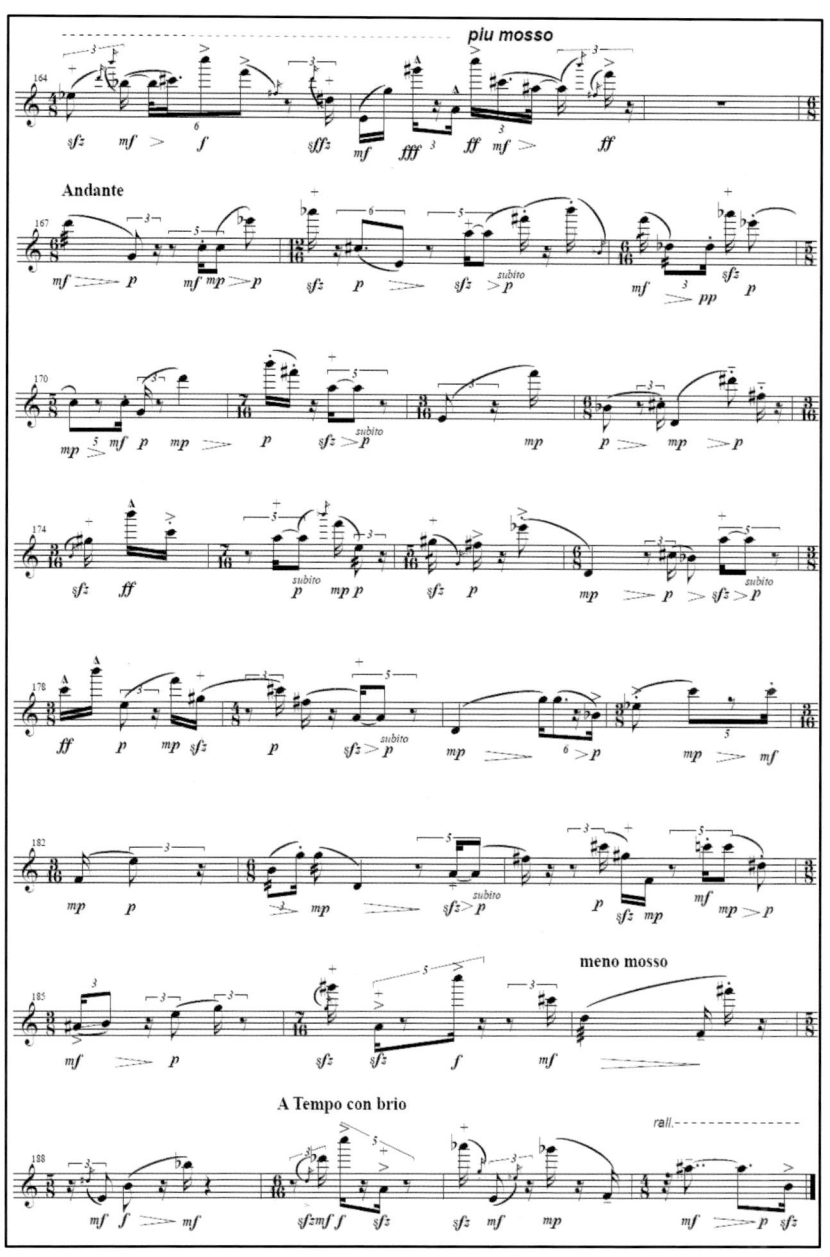

24. *COMPOSITION* in Two Movements
for Violin Solo

이여진 :: EUGENE LEE :: 李如辰
(1976~77)

출판:

Mobart Music Publications, U. S. A.
(20세기 독주 악기 출판 시리즈 선정 작품, 1979)

세계 초연
연주자: Gregory Fulkerson
주최: The Composers' Guild for Performance
장소: McMillin Theatre, Columbia University, New York
일시: 1978년 12월 7일

20th Century Solo Instrumental Music Series

Jacques-Louis Monod, General Editor

COMPOSITION in Two Movements for Violin Solo

by

Eugene Lee

MOBART MUSIC PUBLICATIONS

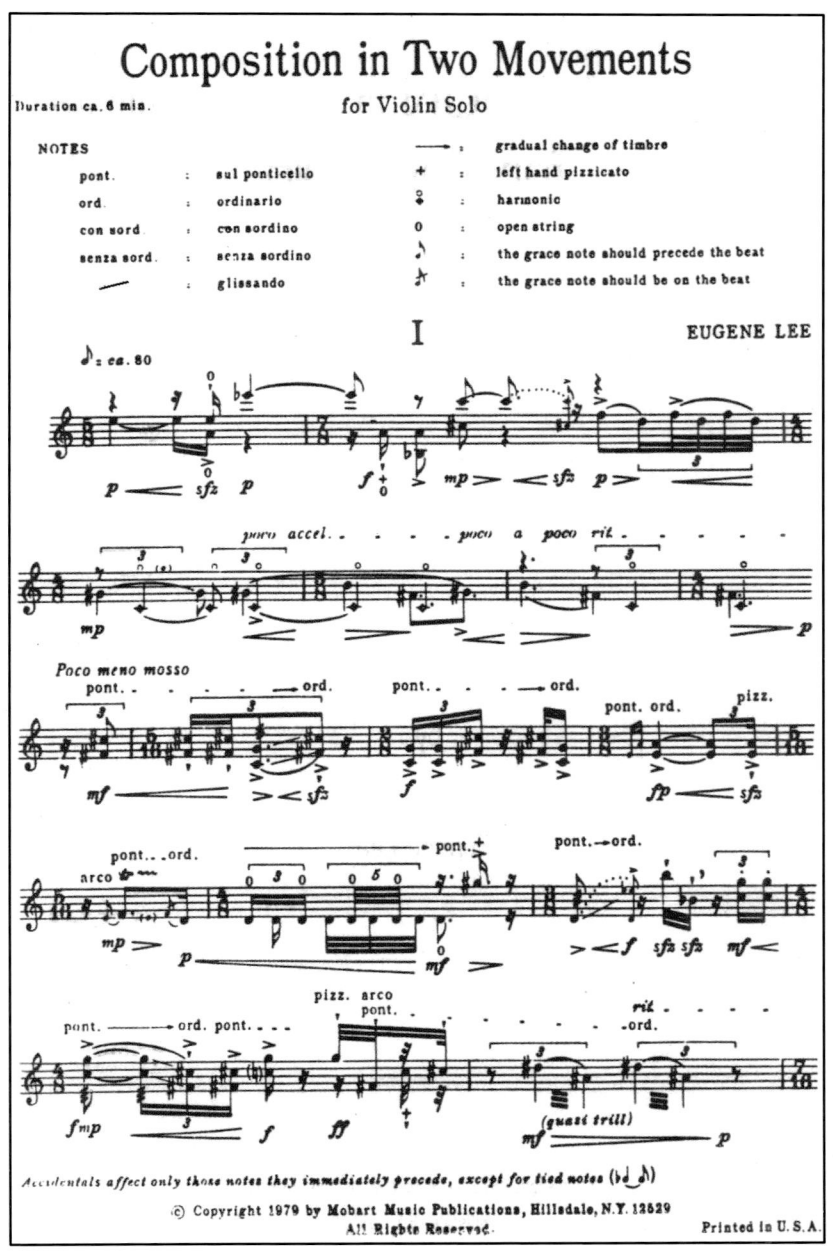

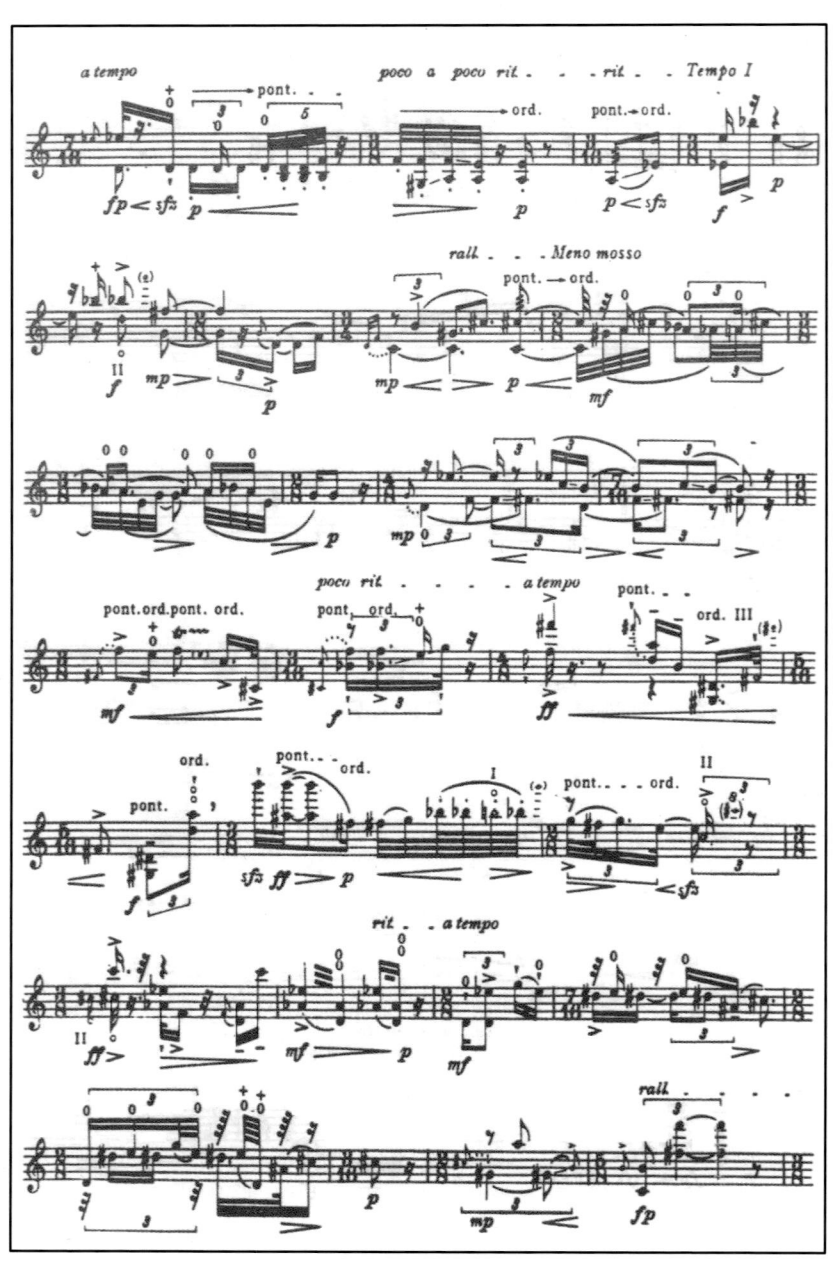

1562 절대음악 혼자 간다

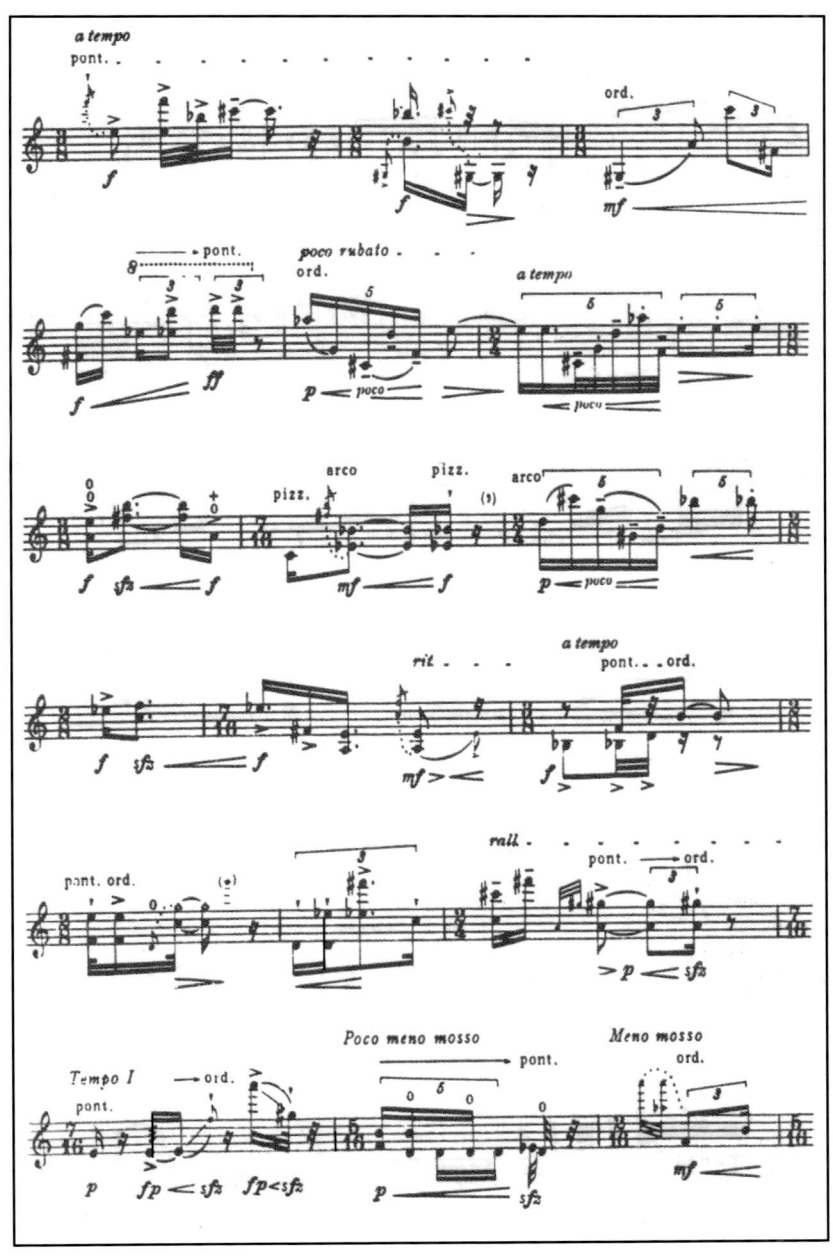

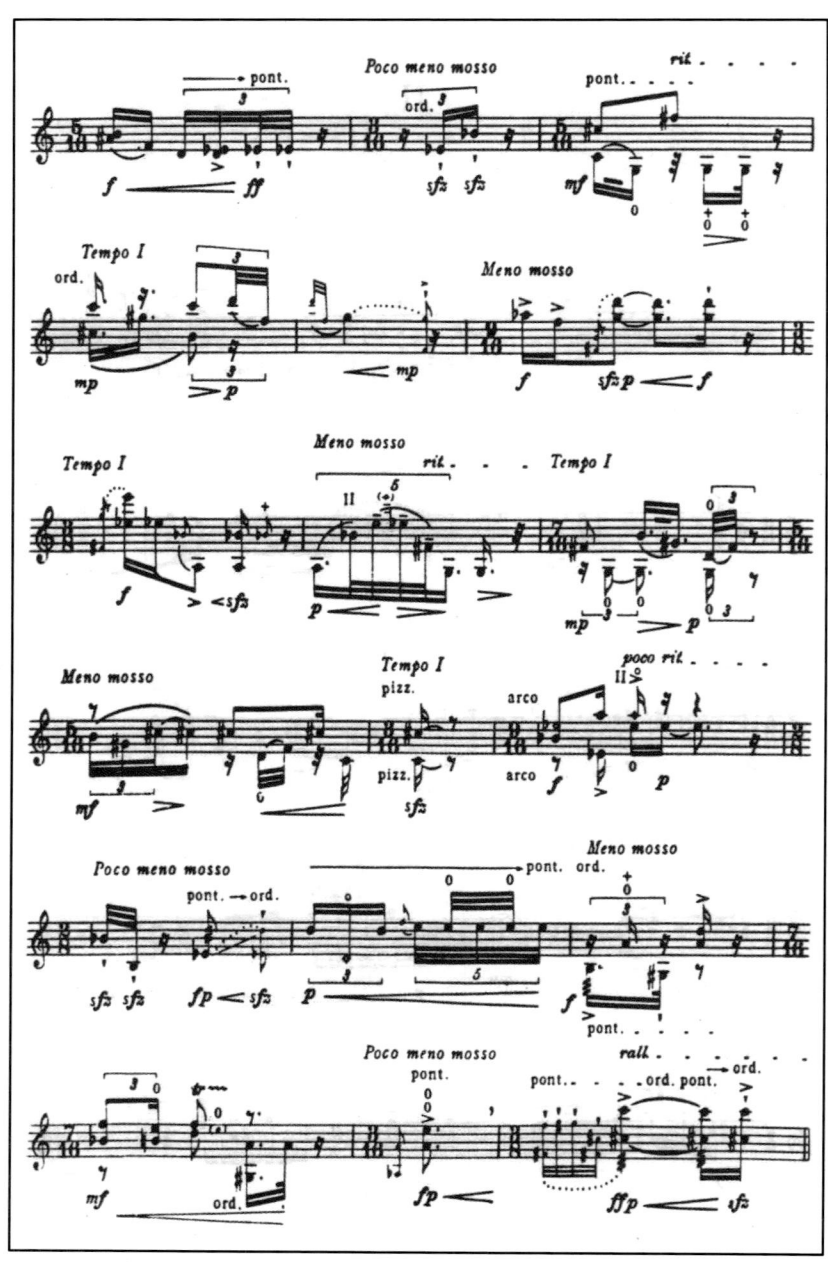

1564 절대음악 혼자 간다

II

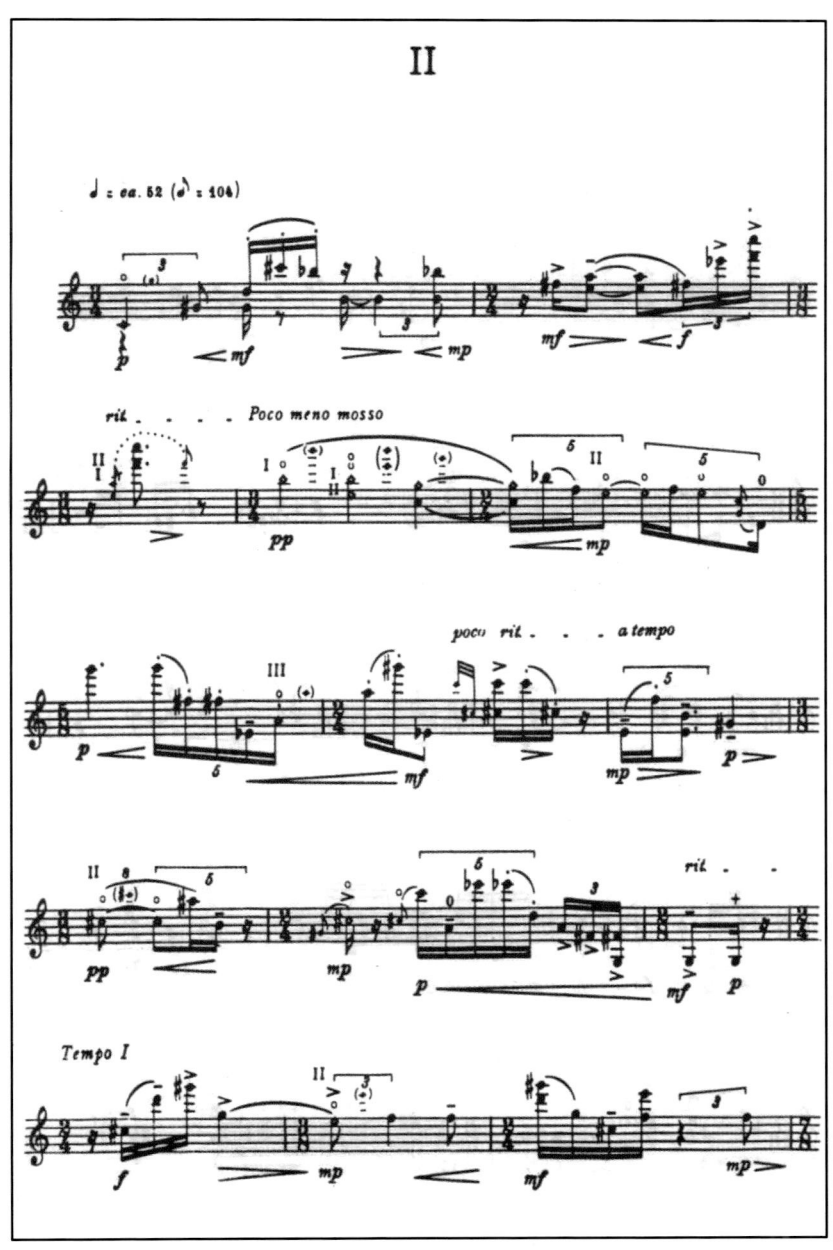

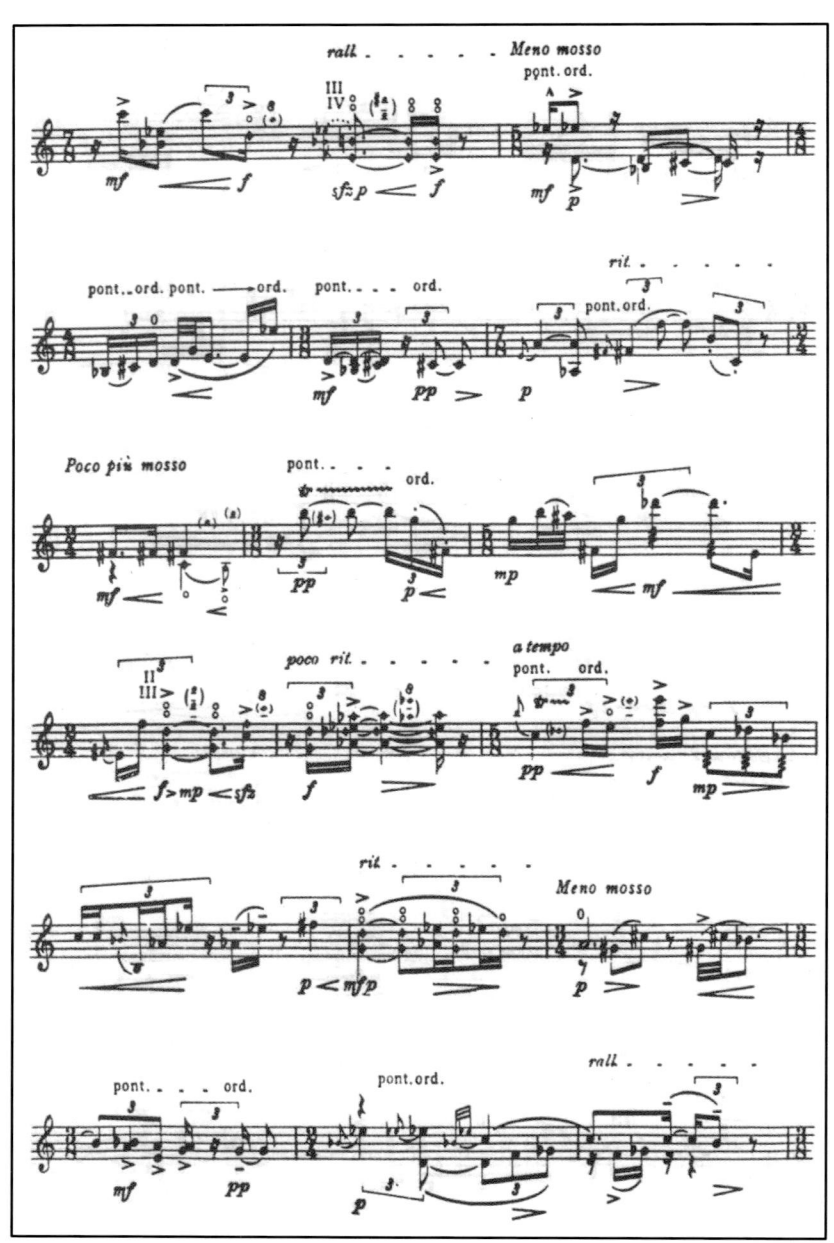

1566 절대음악 혼자 간다

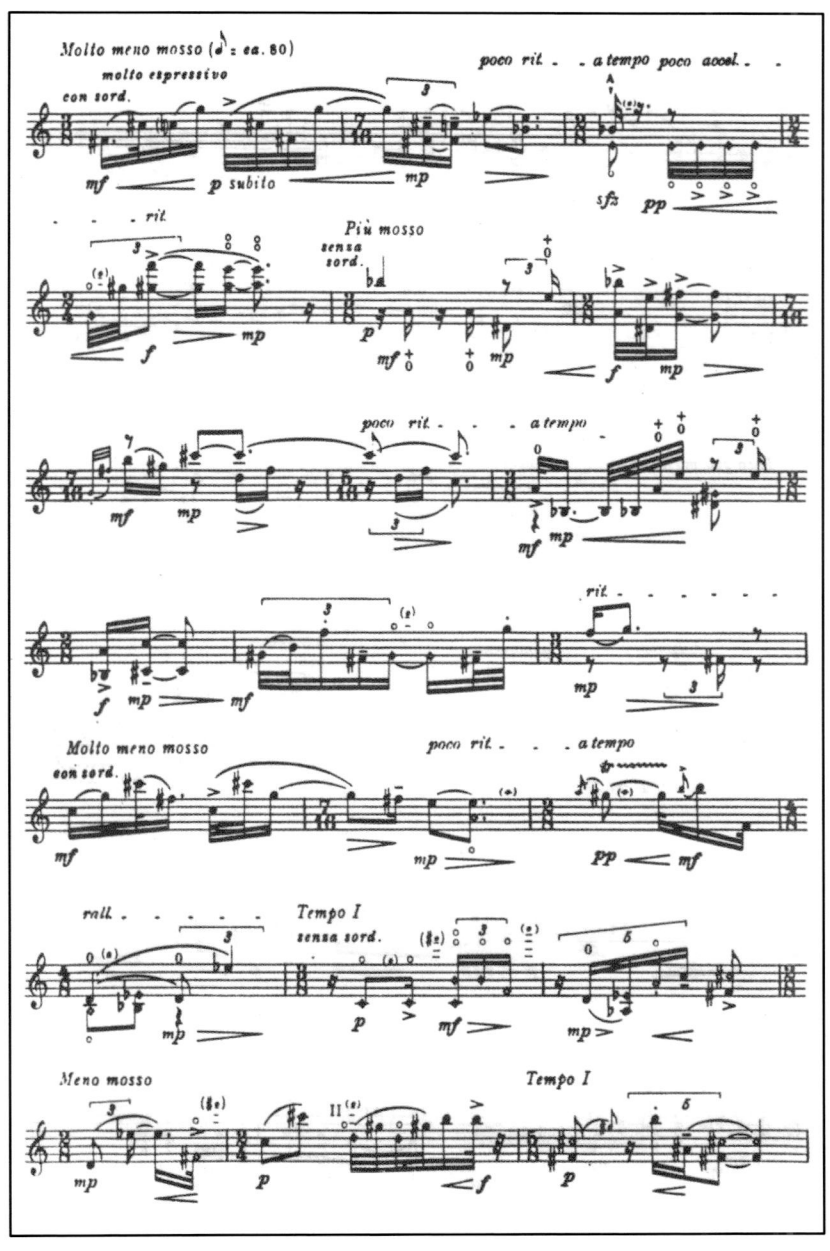

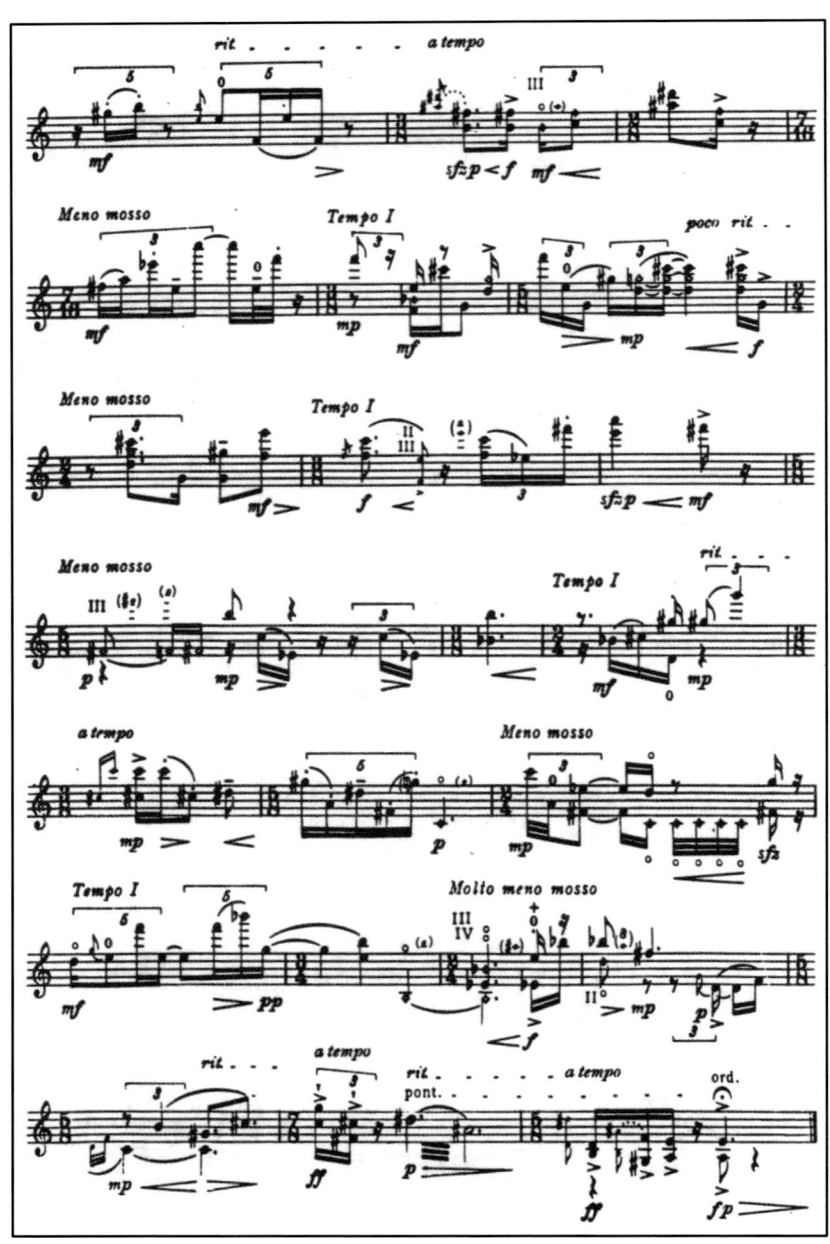

1568 절대음악 혼자 간다

25. *MUTATIONES* for Violin and Cello
바이올린과 첼로를 위한 "무타치오네스"

이여진 :: EUGENE LEE :: 李如辰
(1979)

출판:

Mobart Music Publications, U. S. A.
(20세기 음악 출판 시리즈 선정 작품, 1980)

세계 초연
연주자: Evan Paris (*vln.*), Chris Finckel (*vcl.*)
주최: The Guild of Composers, Inc.
장소: McMillin Theatre, Columbia University, New York
일시: 1980년 12월 4일

한국초연
연주자: 김남윤(*vln.*), 나덕성(*vcl.*)
장소: 세종문화회관 소강당
일시: 1987년 6원 1일

EUGENE LEE

Mutationes
for Violin and Cello
(1979 - 7')

MOBART MUSIC PUBLICATIONS

NOTES

1. Symbols:

c.l.b.	col legno battuto
flaut.	flautando
pont.	sul ponticello
n.v.	non-vibrato
ord.	ordinario
⟶	gradual change of timbre
▬▬	glissando
o	harmonic
O	open string
pizz.	pizzicato
+	left hand pizzicato

2. Notations:

♪	the grace note should precede the beat.
♫	the grace note should be on the beat.
♪	the grace note should be at the end of the given note value.
#/b	accidentals affect only those notes they immediately precede, except in the case of tied notes.

3. Duration: ca. 7'

The pauses separating the first and second, and fourth and fifth movements should be longer than those separating the second and third, and third and fourth movements.

MUTATIONES
FOR VIOLIN AND CELLO

EUGENE LEE

I

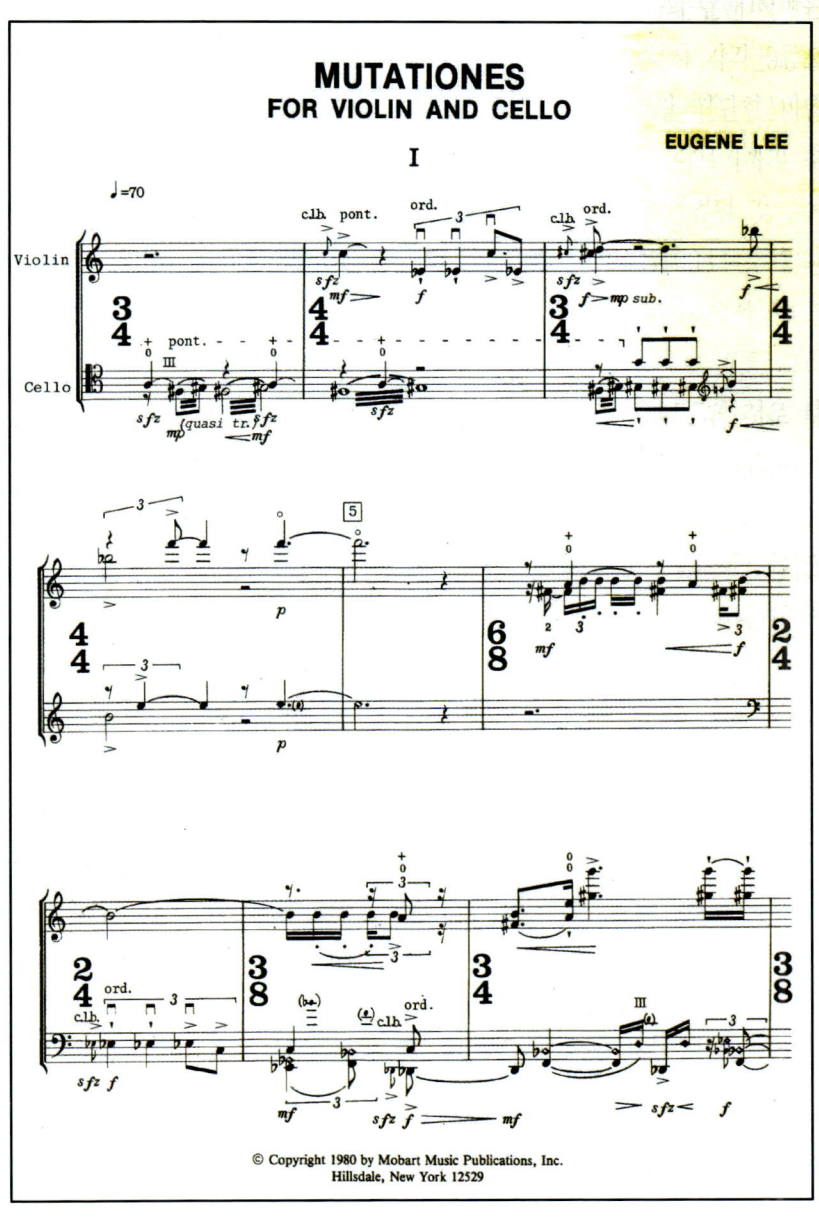

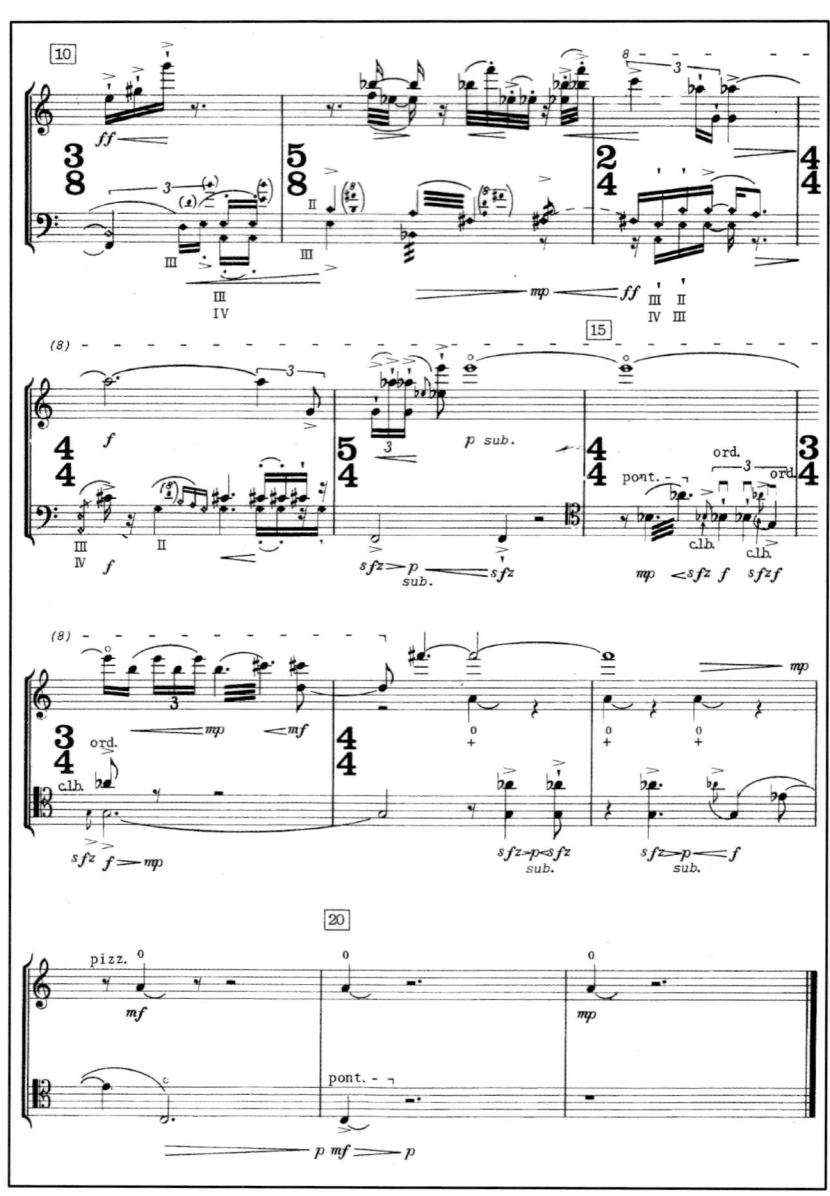

II

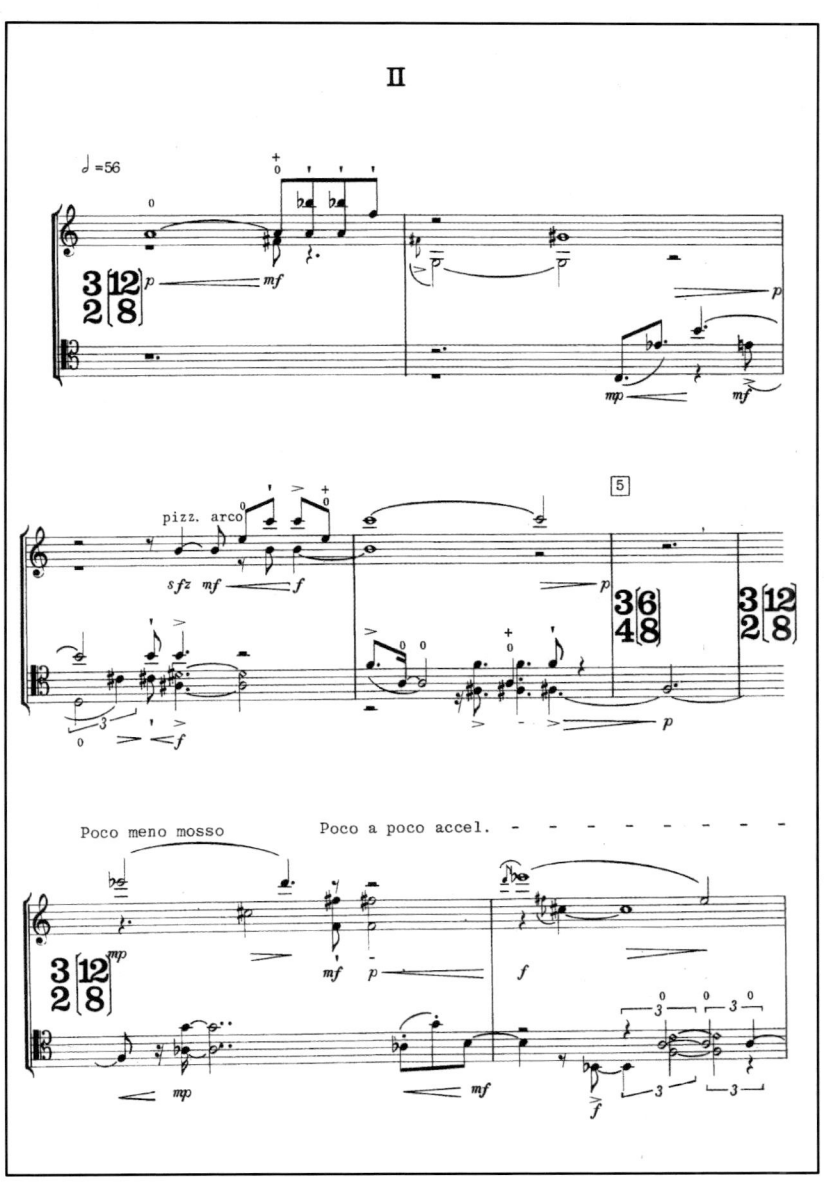

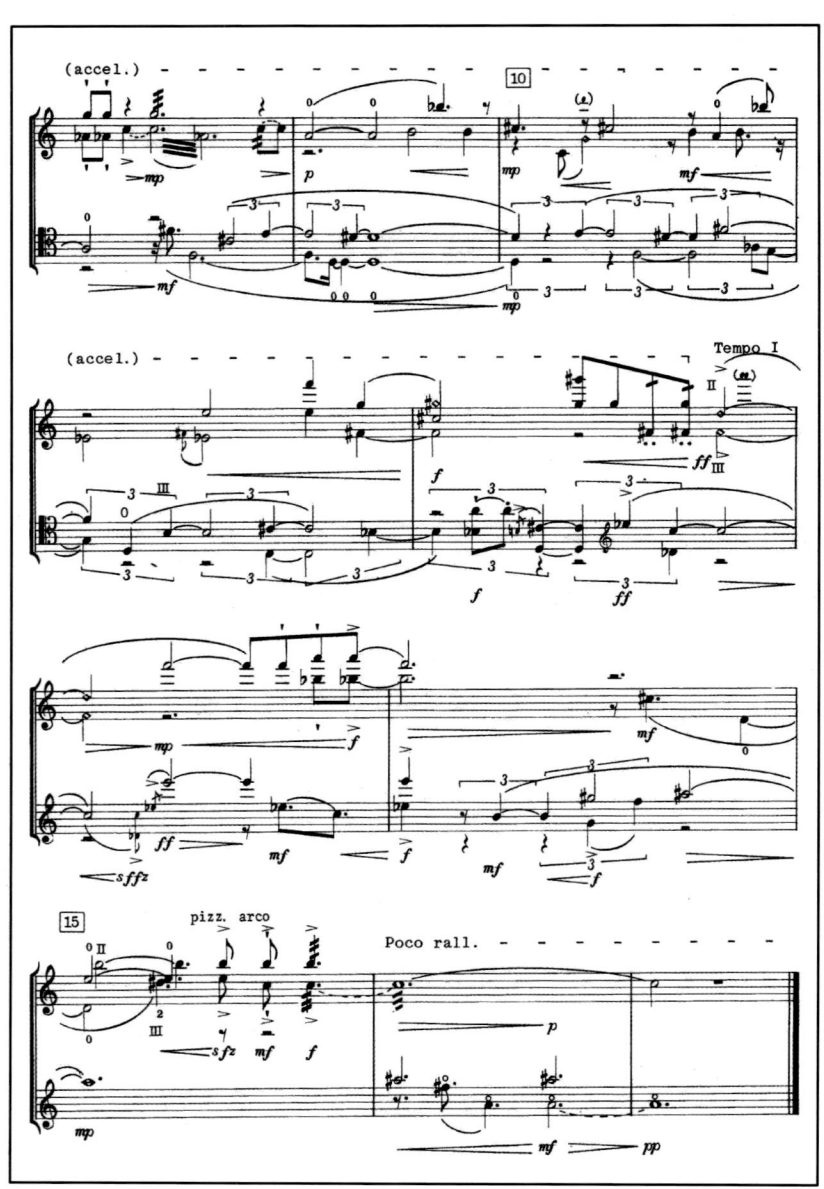

1576　절대음악 혼자 간다

III

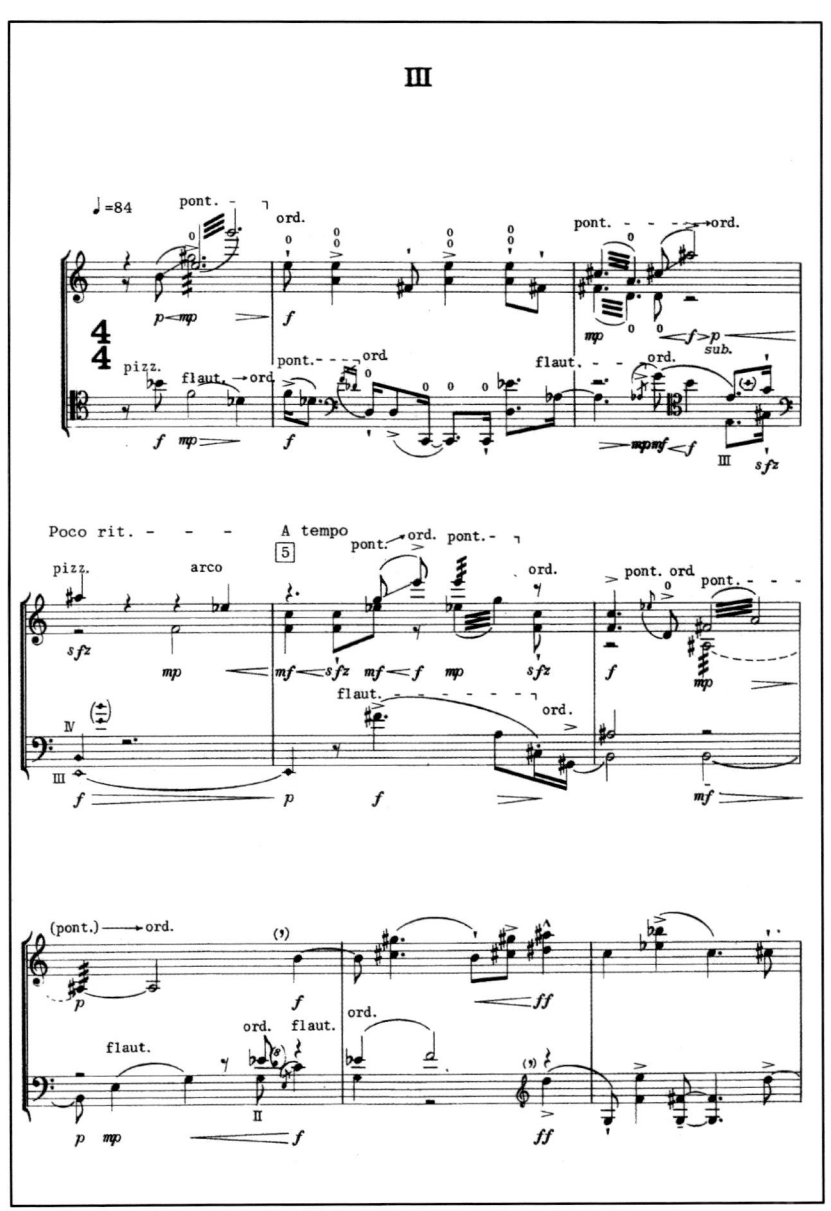

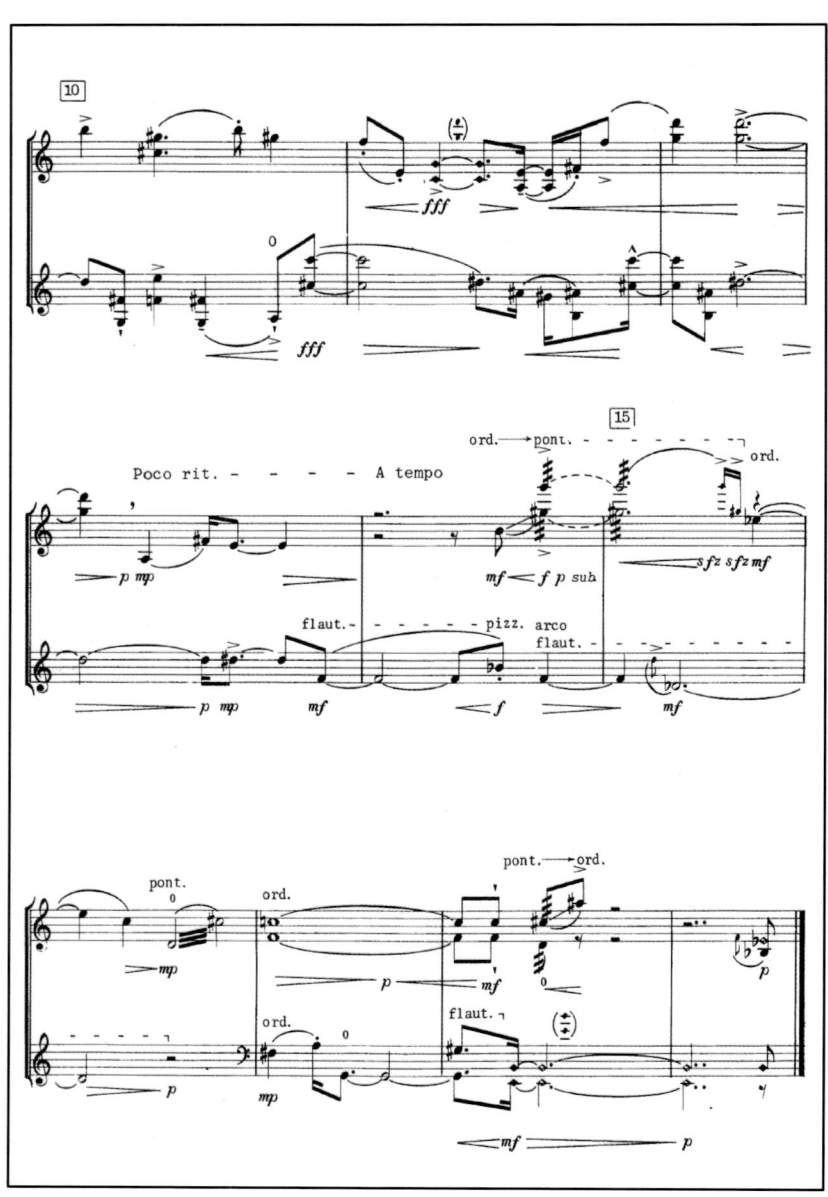

IV

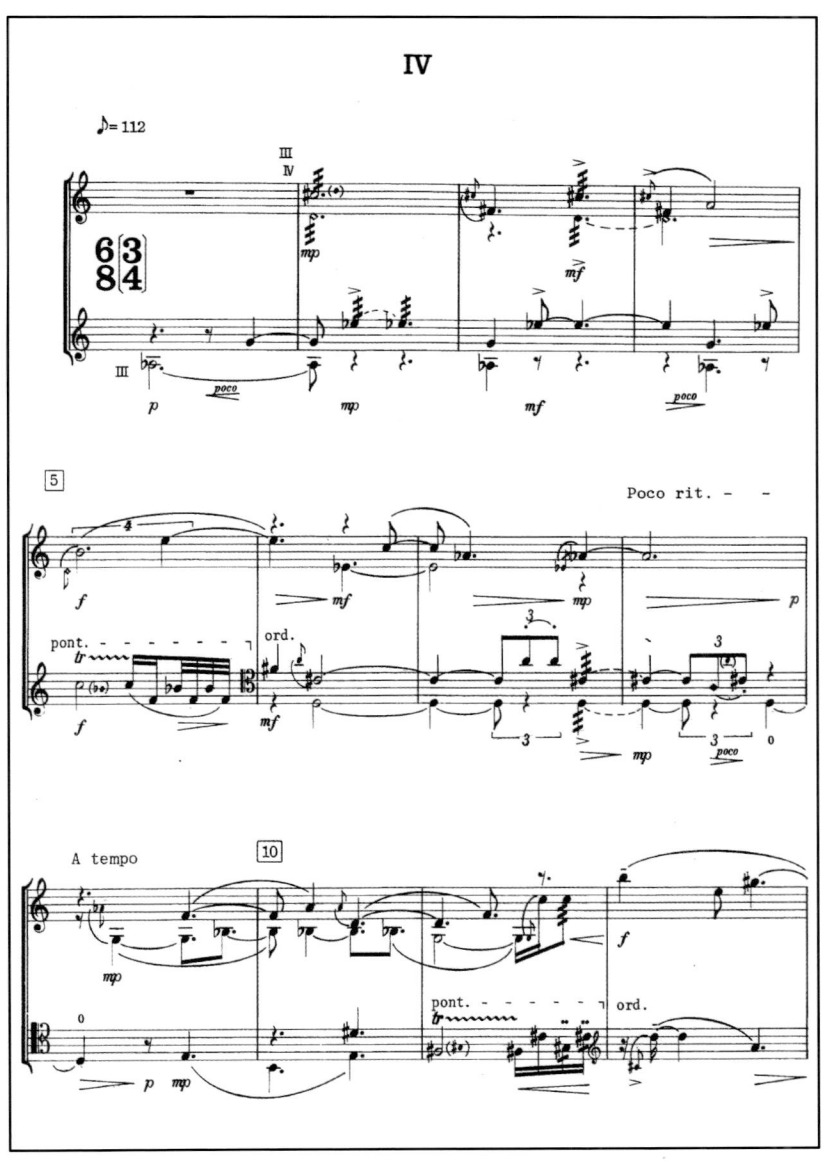

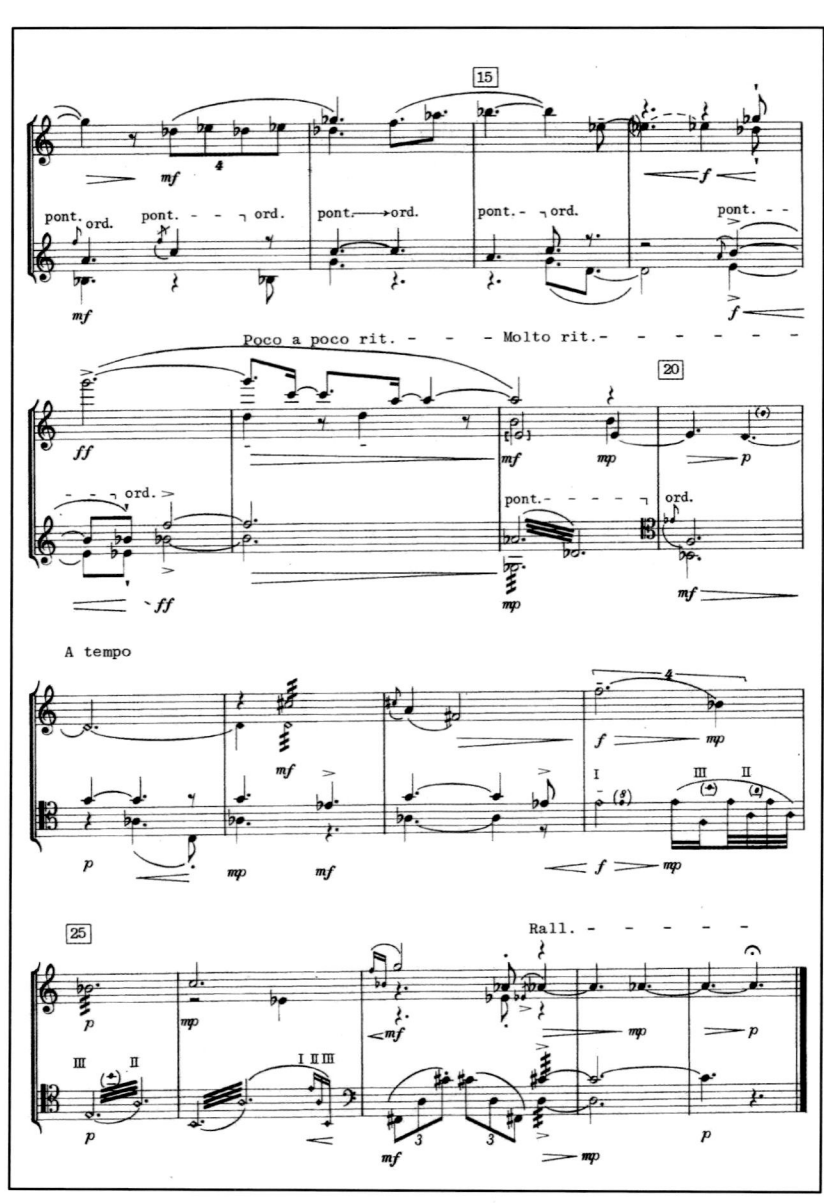

1580 절대음악 혼자 간다

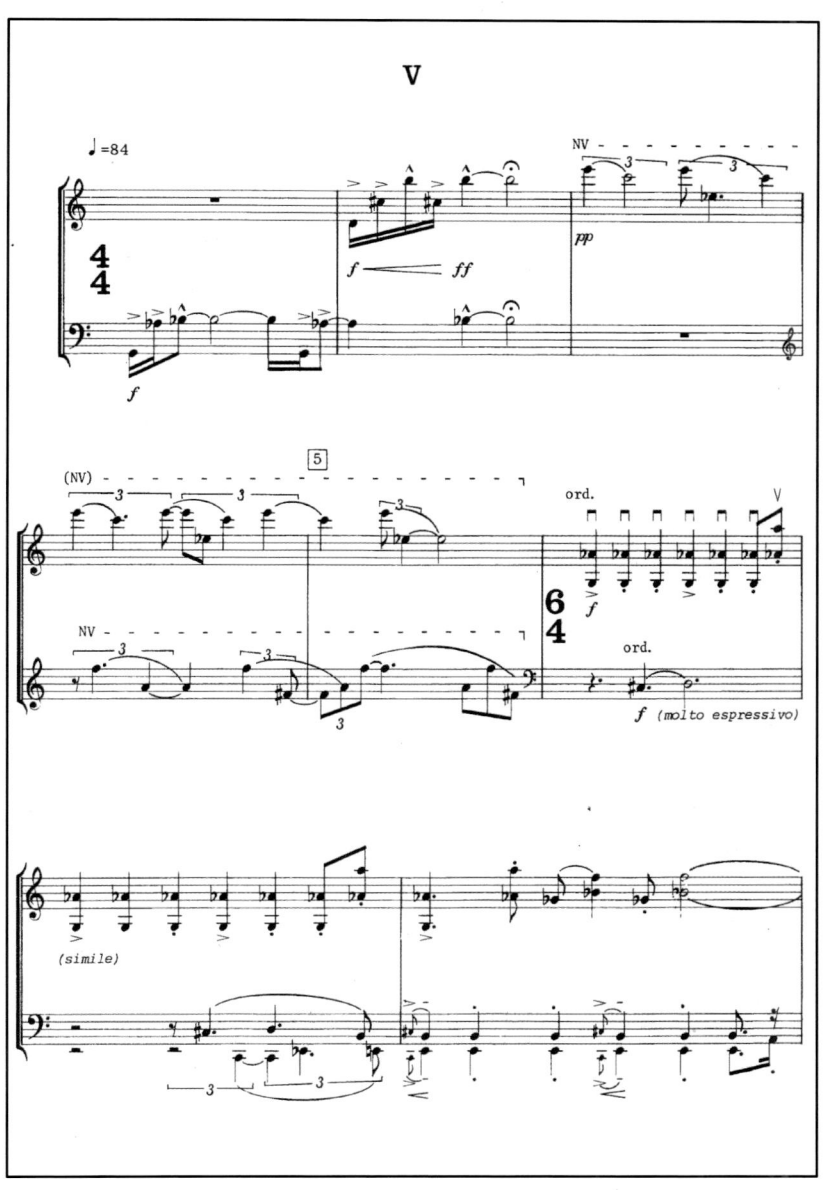

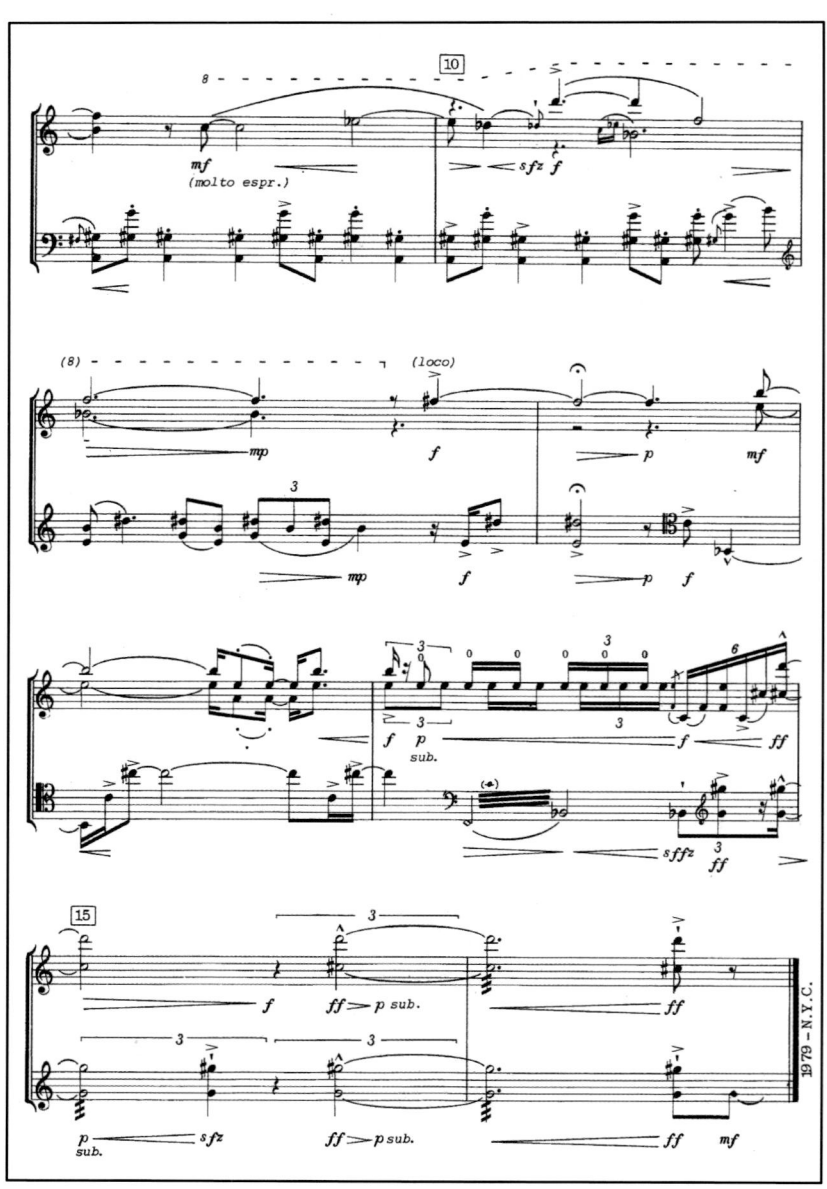

26. *Noncombinatorial Combinatoria*
for Solo Vibraphone
(비브라폰 독주를 위한 "비조합적 조합")

— To Peter Javis —

이여진 :: EUGENE LEE :: 李如辰
(1999)

CD(음반):

"EUGENE LEE: 12- & 18-TONE MUSIC: 이여진의 12- 와
18-음악", Universal Music, DU 7398, 2009.

YouTube(유튜브)

https://youtu.be/mnZWayn8OMM

출판:

Calabrese Brothers Music, LLC., NJ, U.S.A.
(CGNJ, Vibraphone Commission 12 작품에 선정된 작품.)

세계 초연
연주자: Frank Cassara
주최: Washington Square Contemporary Music Society
장소: Merkin Concert Hall, New York
일시: 2003년 3월 26일

NOTES

- Motor off throughout the piece.
- Hard cord mallets are recommended.
- Accidentals are affected only those notes at the same *loci* in the same measure. For example, C-sharps are applied to all C_5 notes, while C-naturals to all C_6 notes in measure 4.
- The grand staves are used occasionally to represent voice leadings clearly. They don't necessarily indicate right and left hands.
- The Player uses his or her own good musical sense, interpreting the pedaling information on the printed page in order to produce fuller sound quarlity.
- Pedaling indications:

Full pedal:

Half pedal:

Tremolo pedal:

Sustaining pedal:

Dampening pedal:

- Duration ca. 4 minutes.

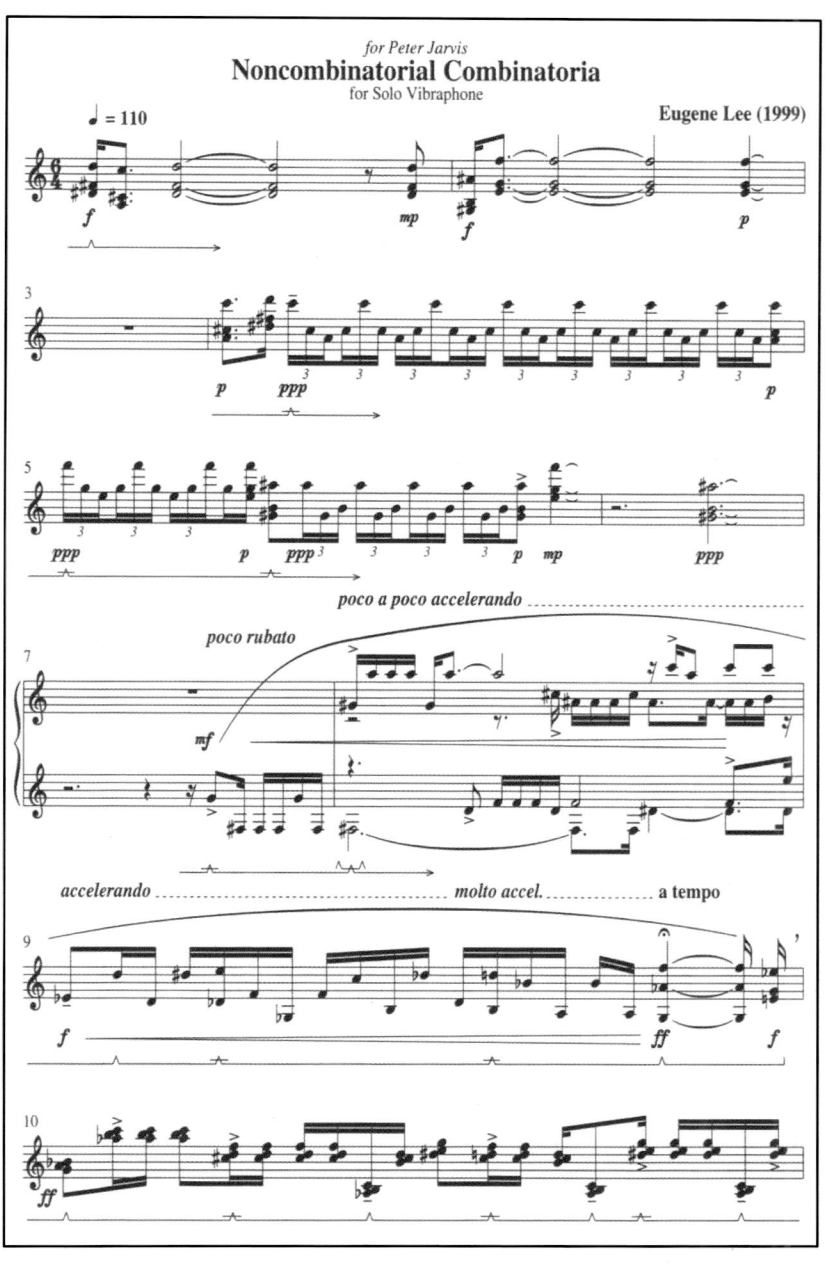

for Peter Jarvis
Noncombinatorial Combinatoria
for Solo Vibraphone

Eugene Lee (1999)

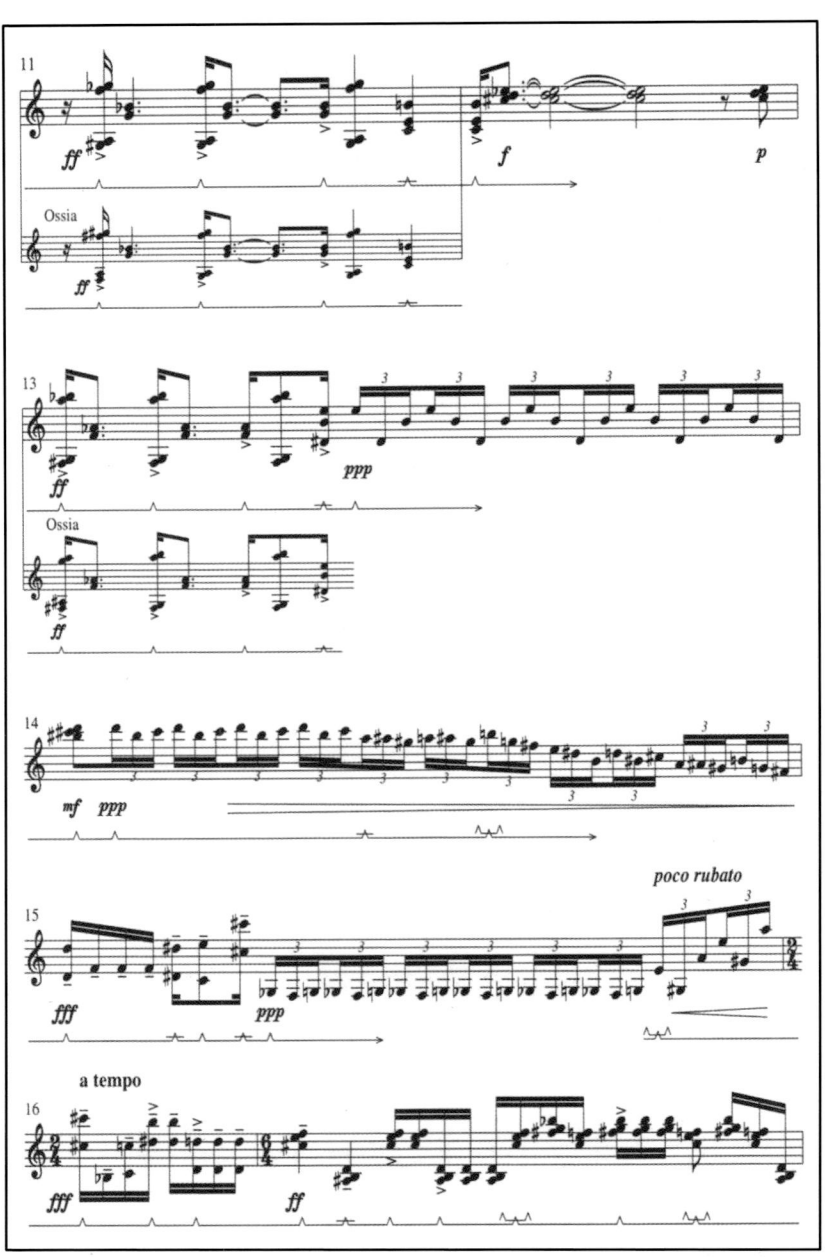

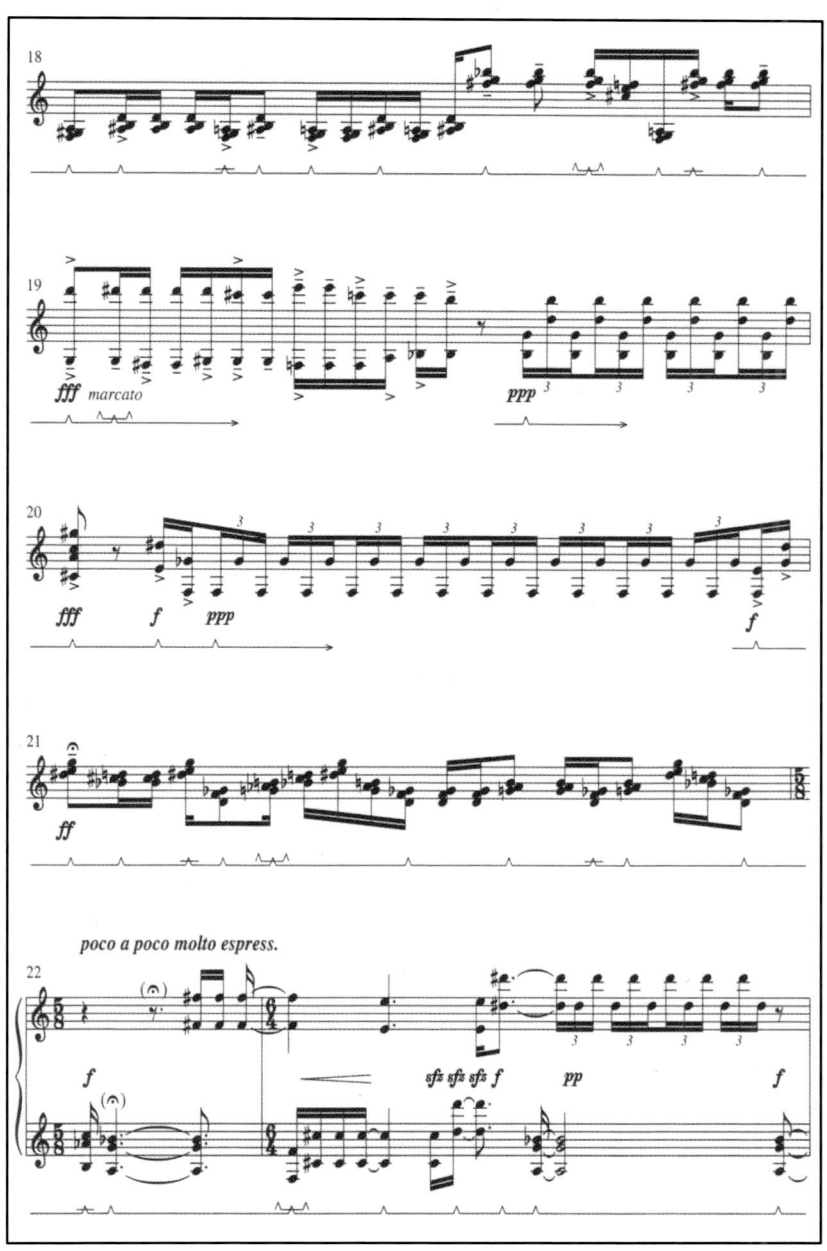

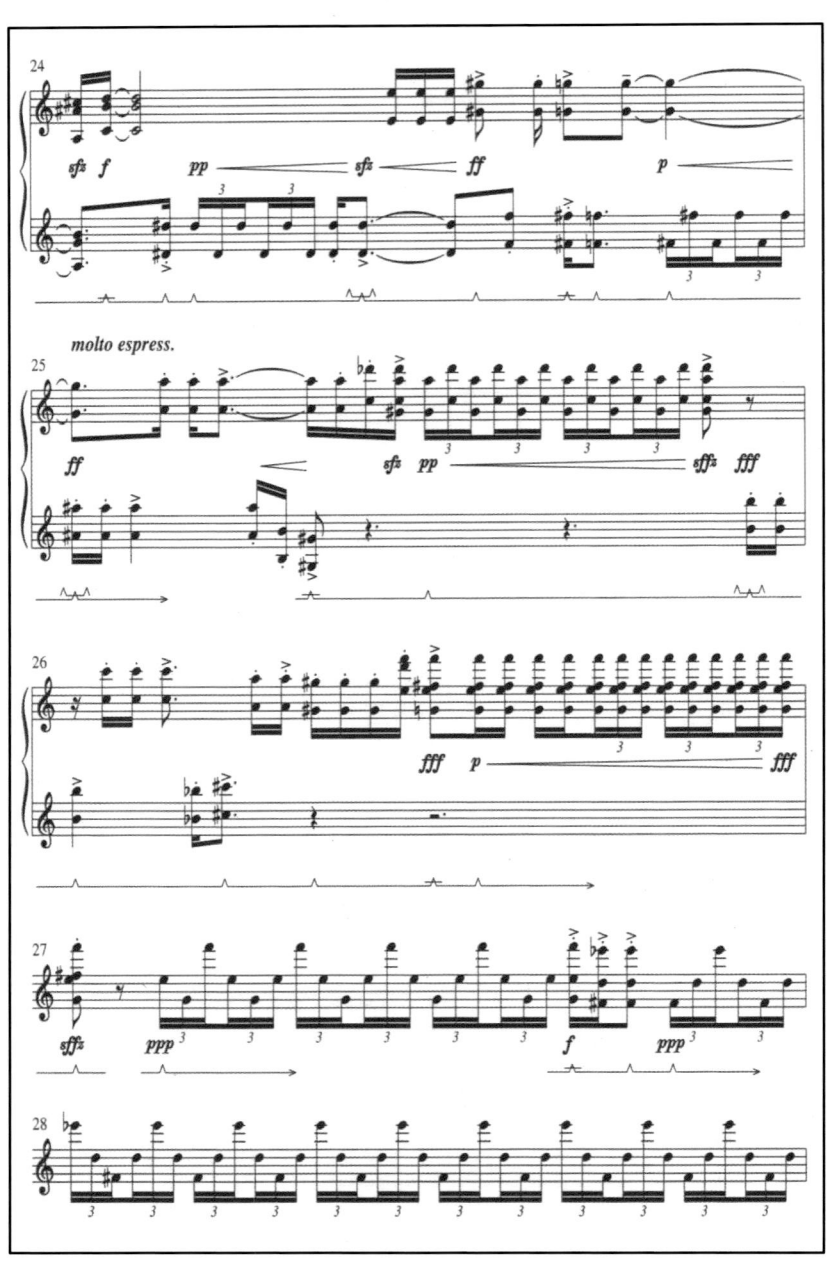

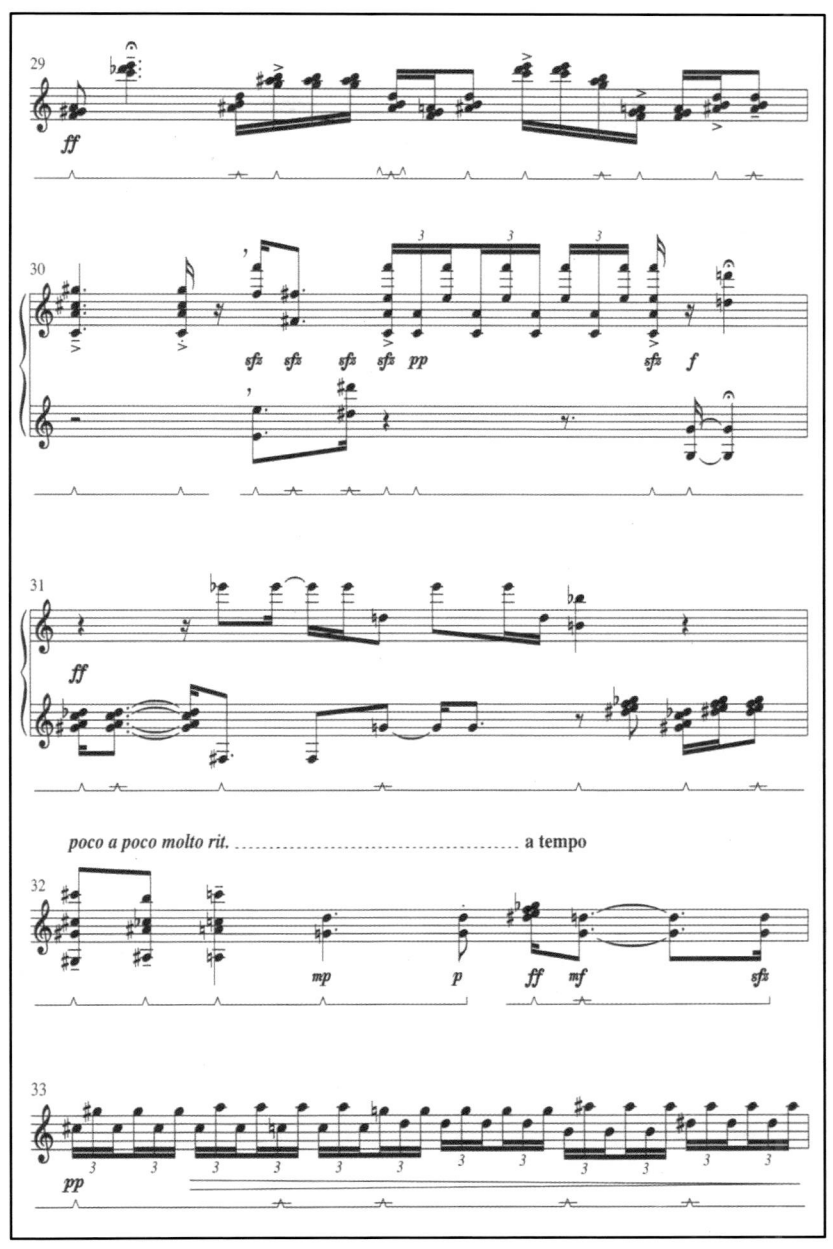

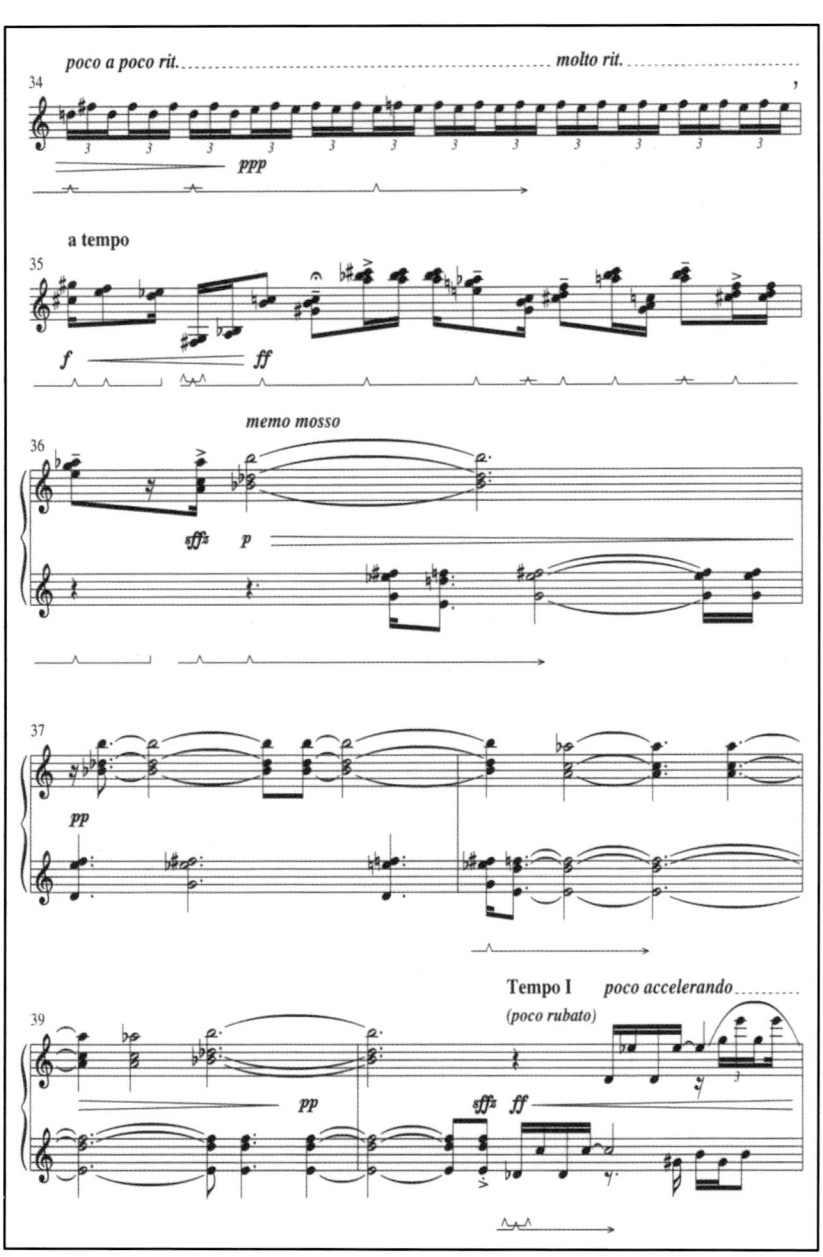

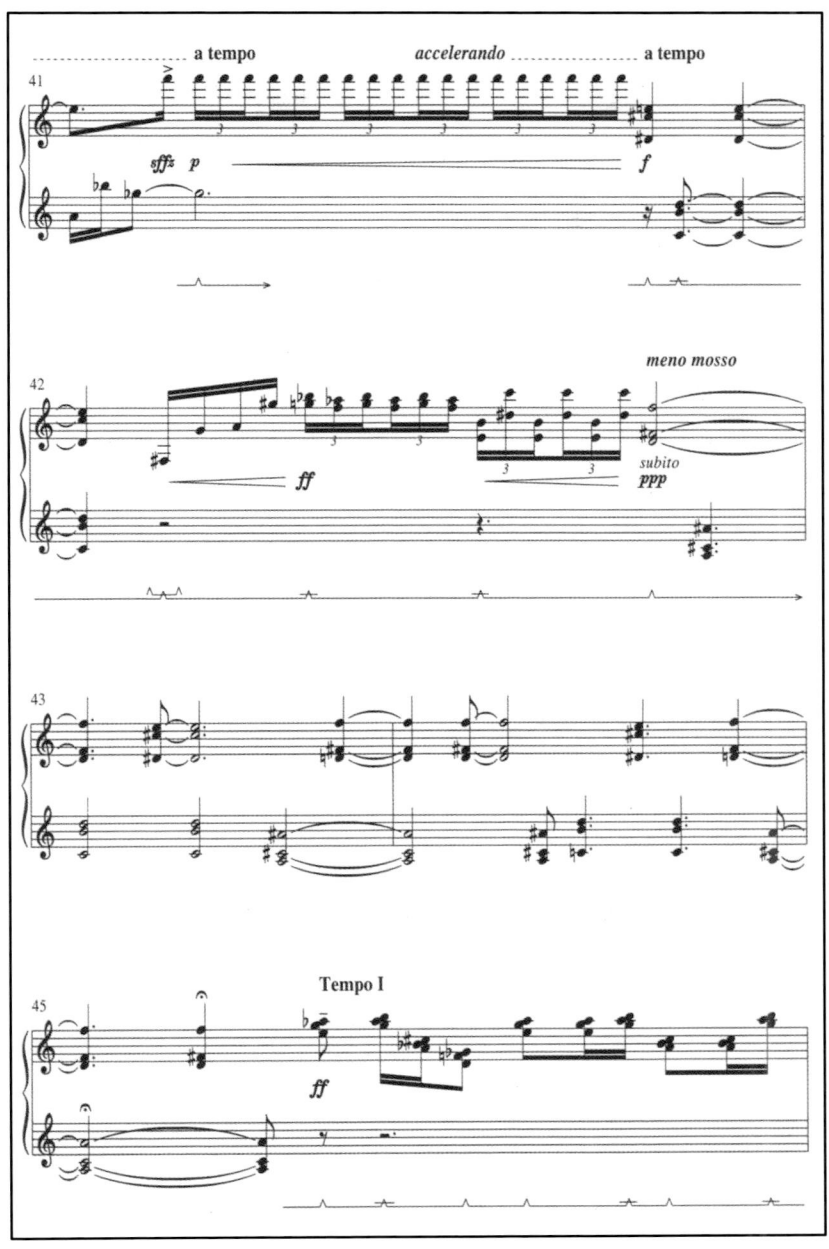

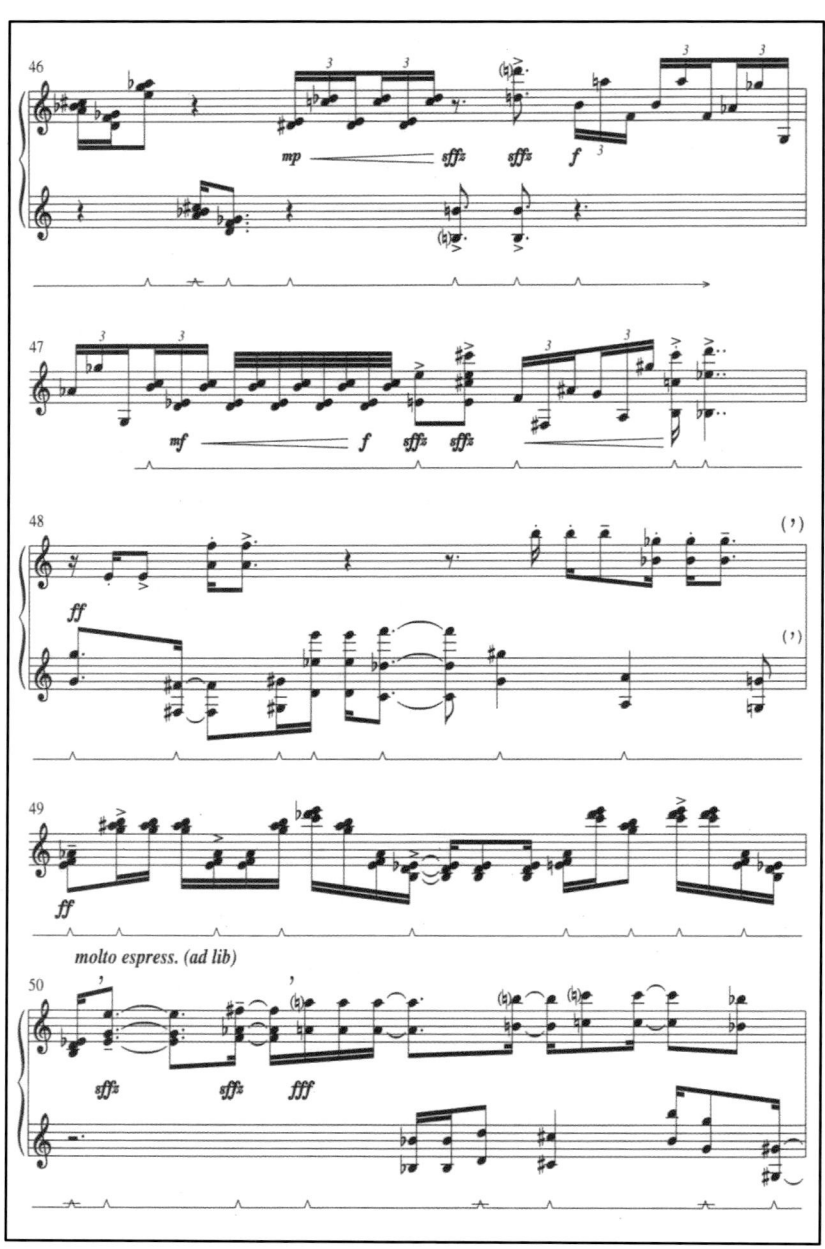

1592 절대음악 혼자 간다

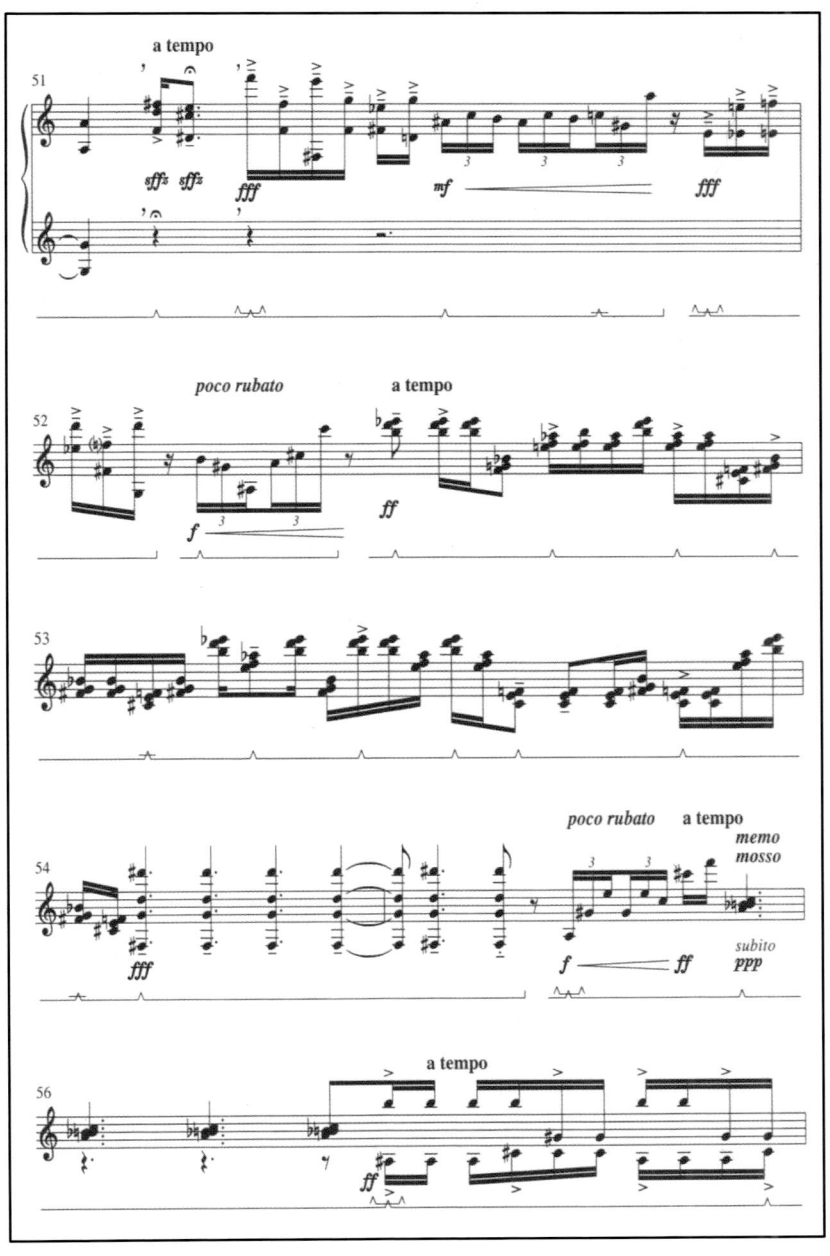

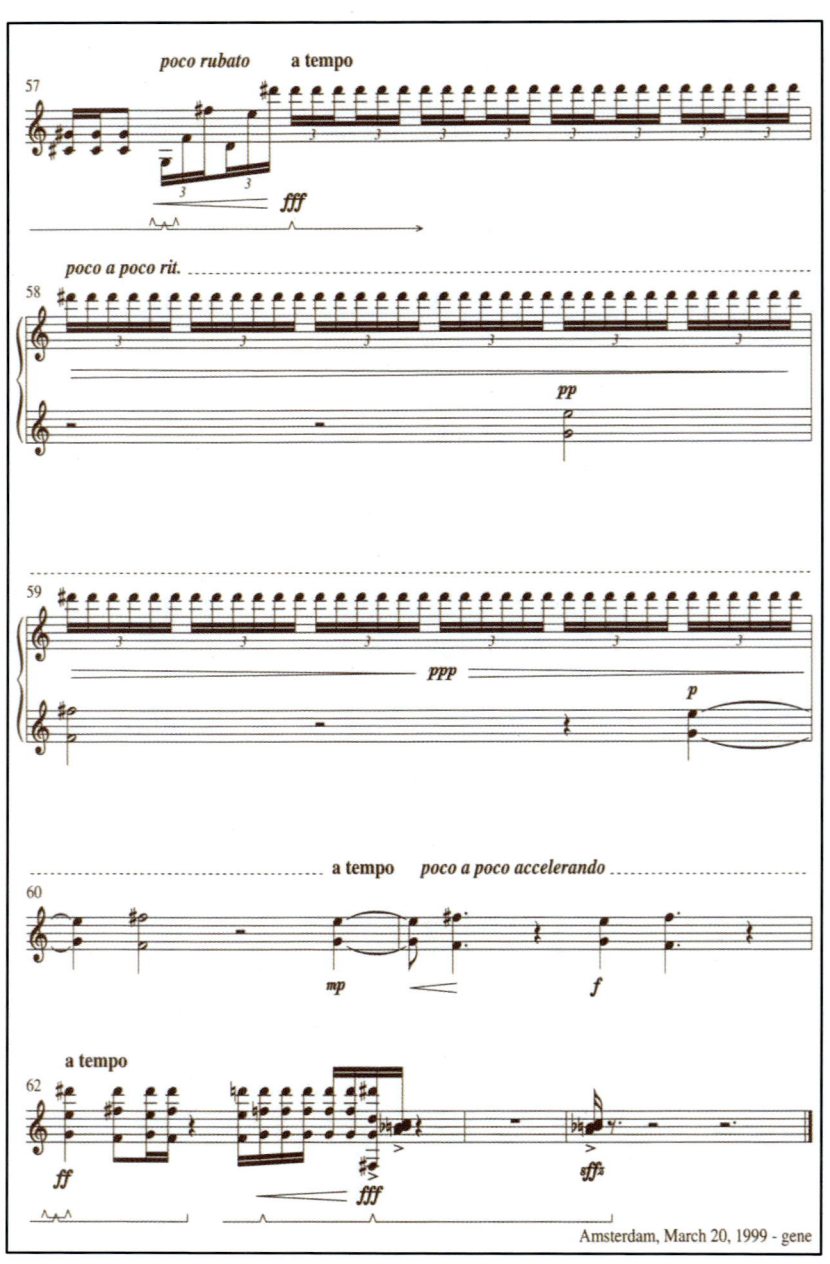

Amsterdam, March 20, 1999 - gene

1594 절대음악 혼자 간다

27. *Telekinesis* for Flute Solo
플루트 독주를 위한 "텔레키네시스(念力)"

이여진 :: EUGENE LEE :: 李如辰
(2001)

CD(음반):
"EUGENE LEE: 12- & 18-TONE MUSIC: 이여진의 12- 와
18-음악", Universal Music, DU 7398, 2009.

YouTube(유튜브)
http://youtu.be/t_T2pGOPsDE

세계 초연
연주자: 이상은
장소: 금호아트 홀
일시: 2002년 4월 28일

NOTES

Accidentals are affected only those notes at the same *loci* in the same measure until natural mark is appeared. For example, flats are applied to all G_4 notes, while naturals to all G_6 notes in measure 12.

The fingering for C octave doubling(C_6/C_7) in measure 30 is that of the highest B with left thumb off.

The symbol H⁻ ⌐ represents a phrase unit.

Different articulations such as > − · ⋧ > .⌒. are observed distinctively.

Each note should be projected with a full rich resonant sound. In order to augmenting the intensity of the original sound, a sophisticated acousto-electric system consisting of microphones, delayers, reverberations, amplifiers, and loudspeakers can be employed, especially in a large concert hall.

Duration: ca. 1' 45''

TELEKINESIS
for Flute Solo

EUGENE LEE
이여진 (李如辰)

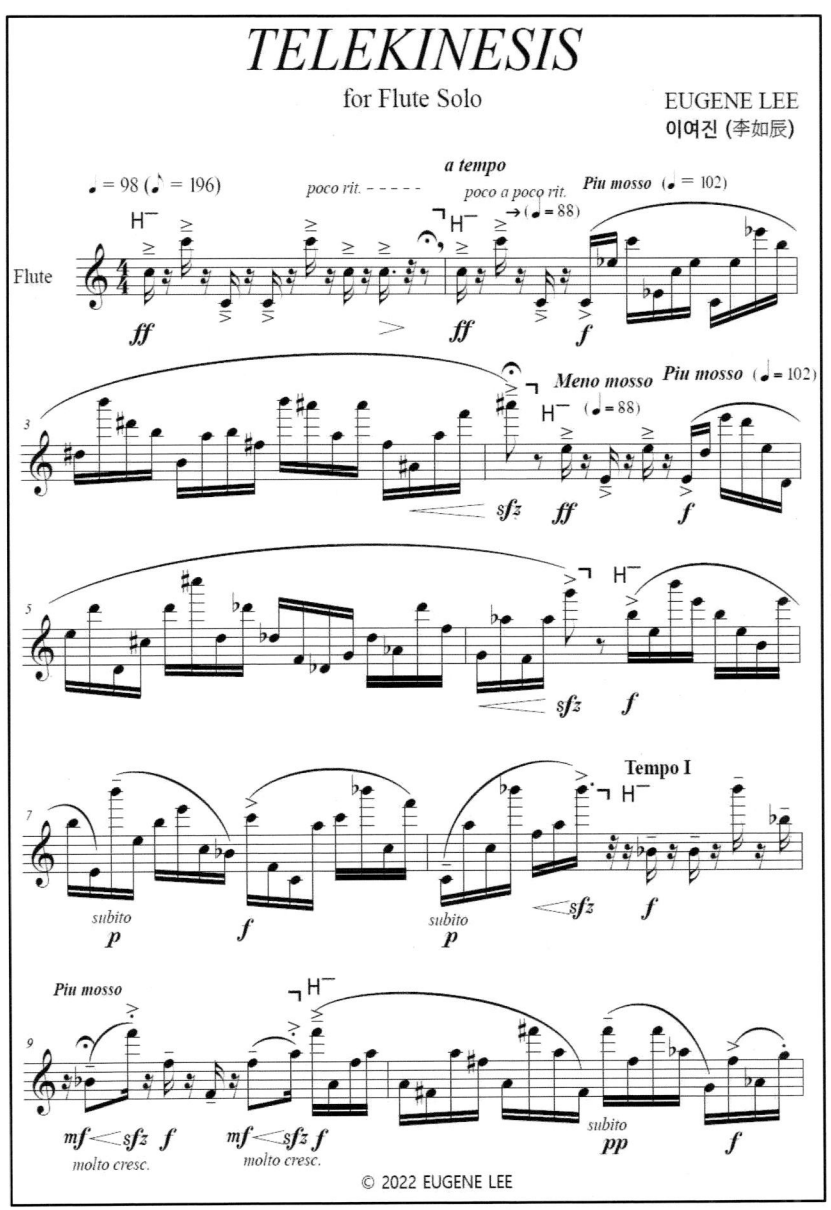

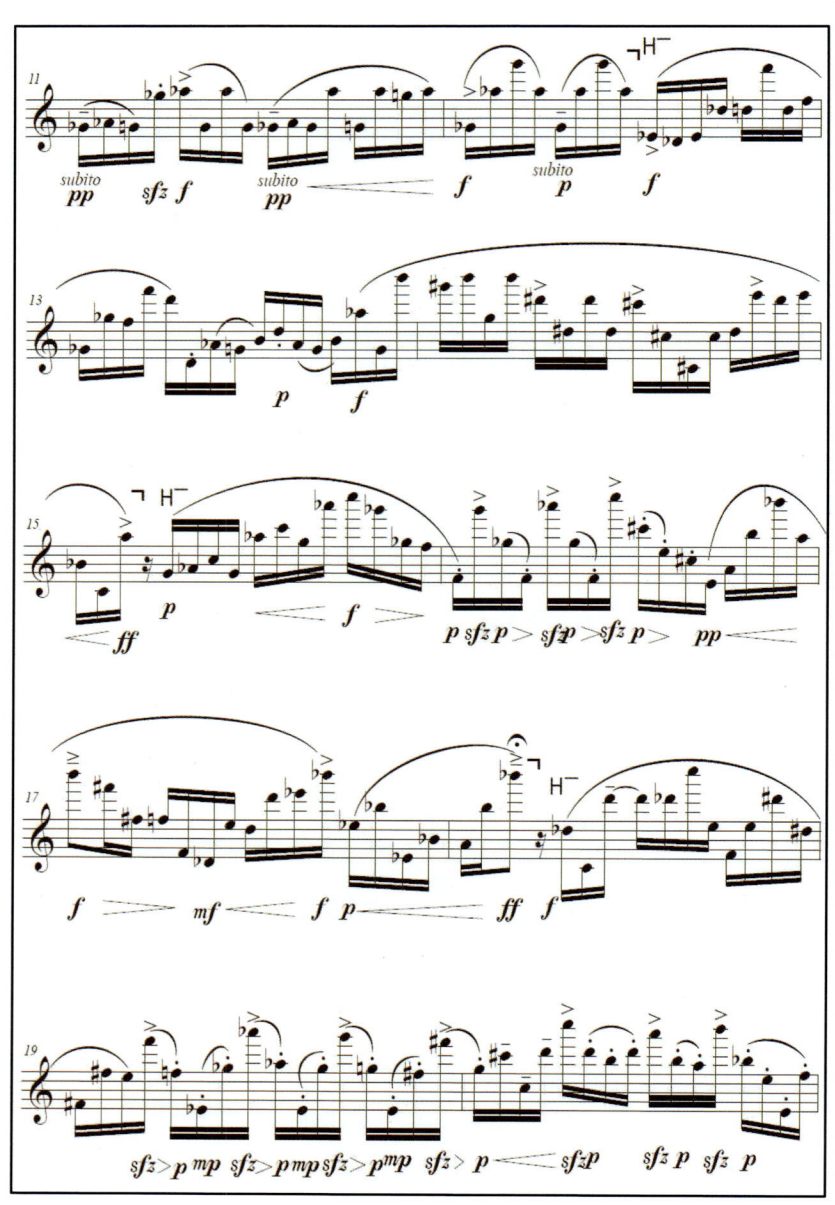

1598 절대음악 혼자 간다

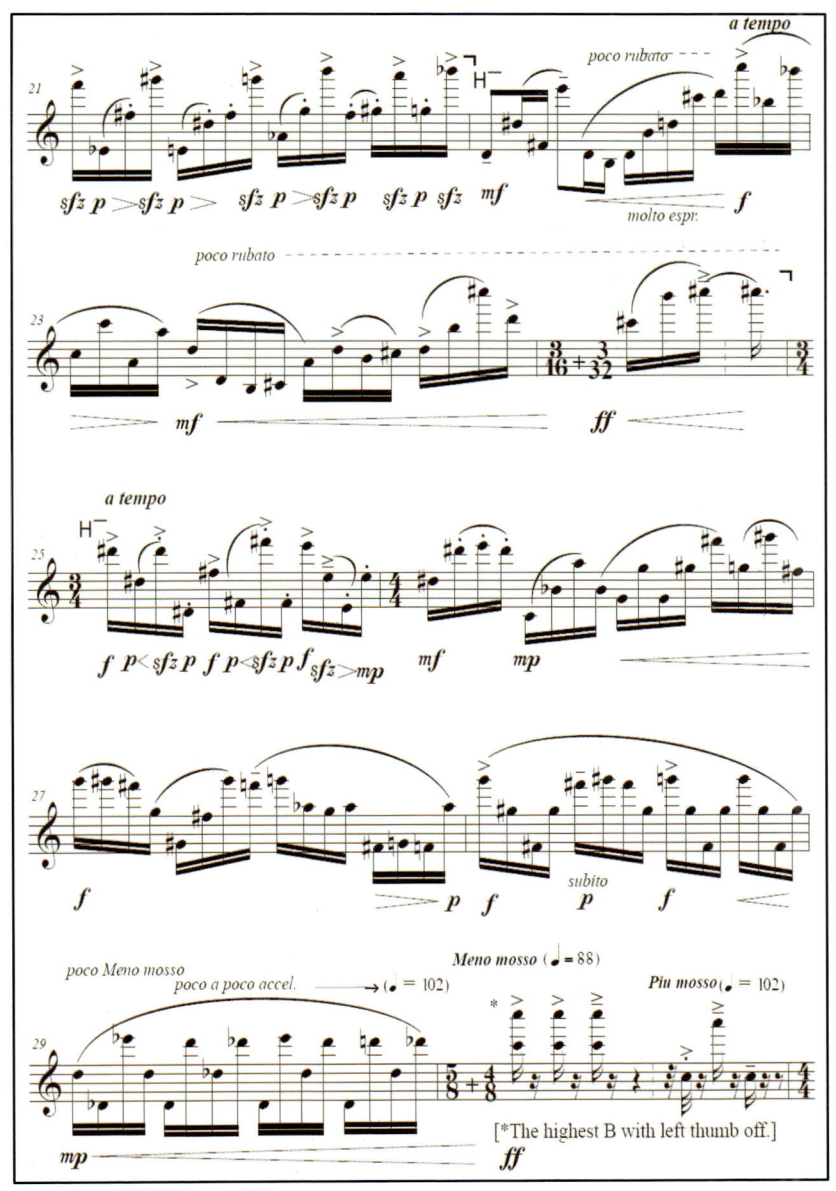

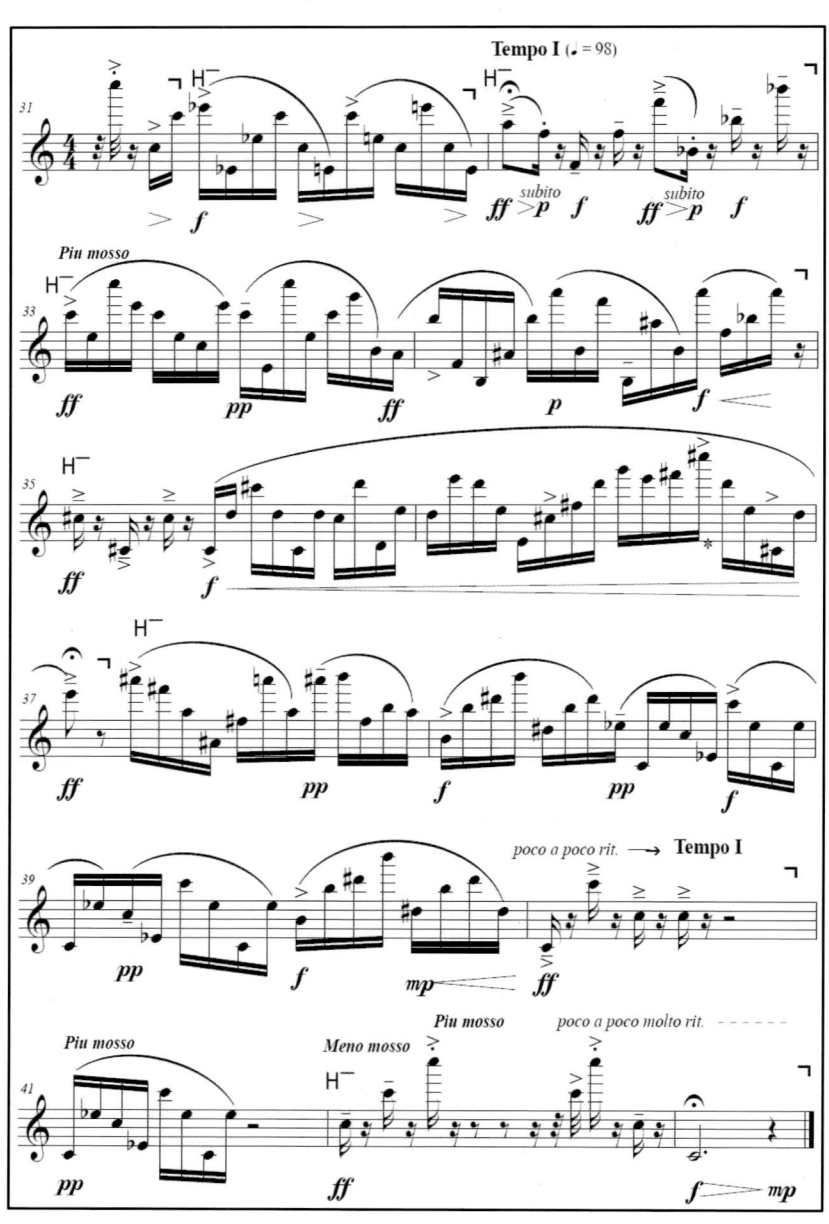

1600 절대음악 혼자 간다

28. *IP-SORI* (Oral Sound)
A Song Cycle for High Soprano and Piano

고음(高音) 소프라노와 피아노를 위한 연가곡(連歌曲)
"입소리"

— To Mr. and Mrs. Paolo Subriz —

이여진 :: EUGENE LEE :: 李如辰
(2004)

Commissioned by Mr. and Mrs. Paolo Subriz

세계 초연
연주자: Mr. and Mrs. Paolo Suburiz
장소: Auditorium delle Fornaci, 이탈리아
일시: 2004년 5월 19일

❖

입소리는 한국 전통 기악 음악의 다양하고 독특한 음질과 조율을 만들어내는 데 필요한 복잡한 손가락과 손 기술을 나타내는 구전 (口傳) 발성법이다. 이를 바탕으로 이 작품에서는 총 56개의 서로 다른 성음소(聲音素)와 11가지의 다른 억양이 사용되었다.

PREFATORY NOTES

Notation of Korean Vocal Phonemes:

다	dah (as in <u>da</u>da)		우	woo (as in w<u>oo</u>d)
닷	daht (as in <u>dot</u>)		웃	woot (as in <u>ut</u>)
당	dahng		웅	woong
도	doh (as in <u>do</u>-re-mi)		으	eu
돗	doht (as in anti<u>dote</u>)		응	eung
동	dong		이	ie (as in trust<u>ee</u>)
두	doo (as in <u>do</u>ing)		잉	ing
돗	doot		재	jae (as in <u>J</u>acky)
둥	doong		조	joe (as in <u>J</u>oseph)
따	tdah (as in <i>la <u>ta</u>ble</i> in French)		지	jie
땃	tdaht		짓	jit
땅	tdahng		징	jing
또	tdoh		째	tzae (as in <u>j</u>am)
뚜	tdoo		쨍	tzaeng (as in <u>Z</u>ank in German)
라	rah (as in <u>r</u>abbi)		쪼	tzoh (as in <u>Z</u>oll in German)
랭	rang		찌	tzie (as in <u>zie</u>hen in German)
로	roh (as in <u>r</u>oad)		쪗	tzit (as in <u>Zit</u>rone in German)
루	roo (as in <u>roo</u>ster)		찡	tzing
르	reu (as in <u>R</u>enaissance)		처	chuh (as in <u>ch</u>urch)
싸	ssah (as in <u>si</u>ren)		청	chung (as in <u>ch</u>unk)
아	ah		초	cho (as in <u>cho</u>ice)
앙	ahng (as in r<u>en</u>dezvous)		총	chong
애	ae		치	chie (as in <u>ch</u>eese)
앵	aeng		칫	chit
어	uh		칭	ching
엉	uhung		타	tah (as in <u>tar</u>)
오	oh		흐	heu (as in na<u>ch</u> in German)
옹	ong		홋	heut (as in Na<u>cht</u> in German)
			흥	heung

Notation of Special Markings:

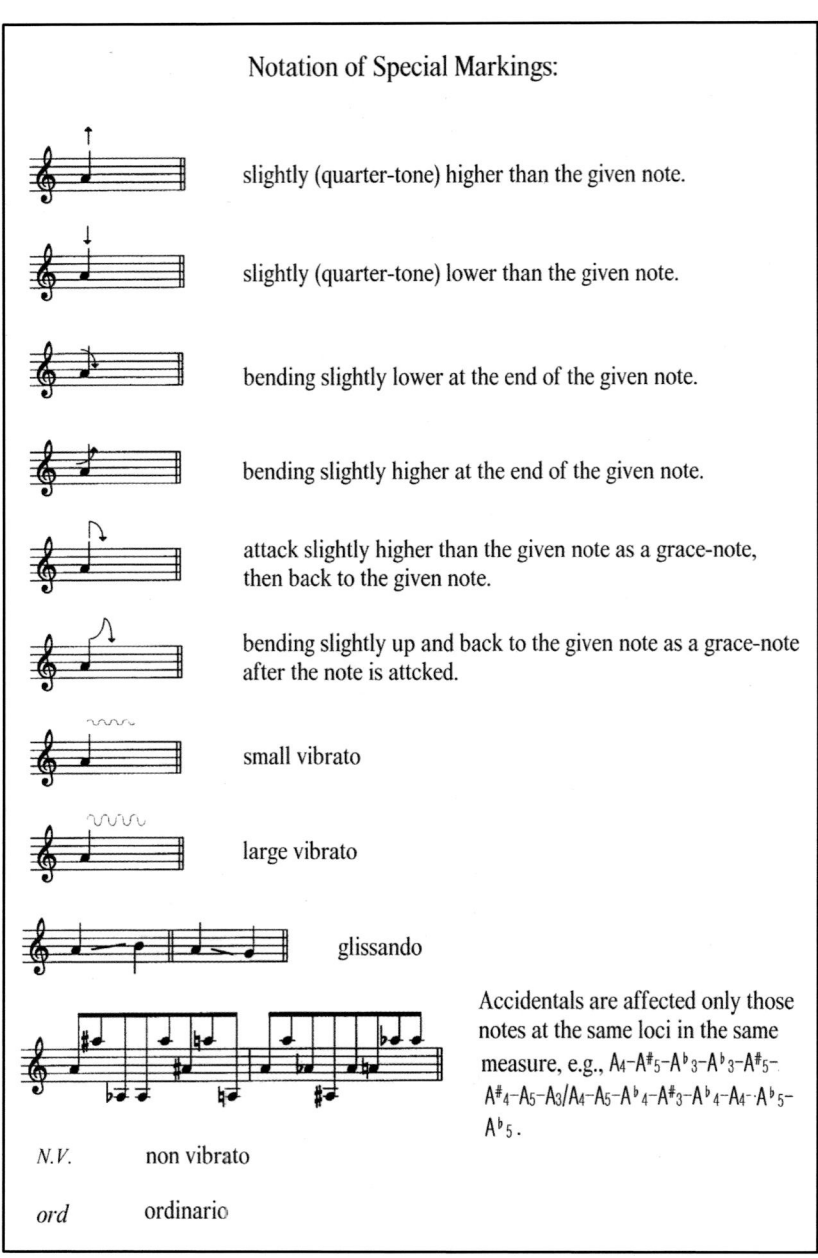

slightly (quarter-tone) higher than the given note.

slightly (quarter-tone) lower than the given note.

bending slightly lower at the end of the given note.

bending slightly higher at the end of the given note.

attack slightly higher than the given note as a grace-note, then back to the given note.

bending slightly up and back to the given note as a grace-note after the note is attcked.

small vibrato

large vibrato

glissando

Accidentals are affected only those notes at the same loci in the same measure, e.g., A_4–$A^{\#}_5$–$A^{\flat}_3$–$A^{\flat}_3$–$A^{\#}_5$– $A^{\#}_4$–A_5–A_3/A_4–A_5–$A^{\flat}_4$–$A^{\#}_3$–$A^{\flat}_4$–A_4–$A^{\flat}_5$– $A^{\flat}_5$.

N.V.   non vibrato

ord   ordinario

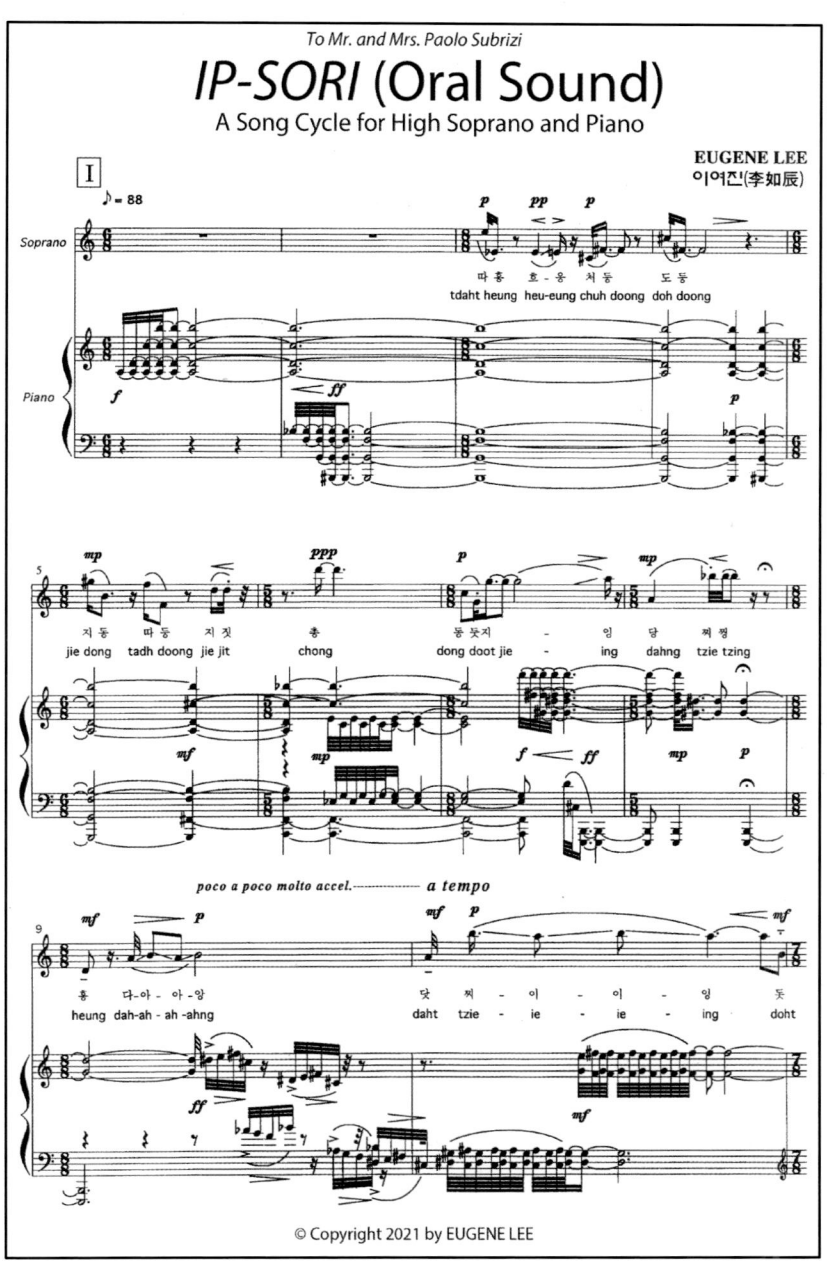

[C] 이여진: 28. *IP-SORI* ("입소리")　1605

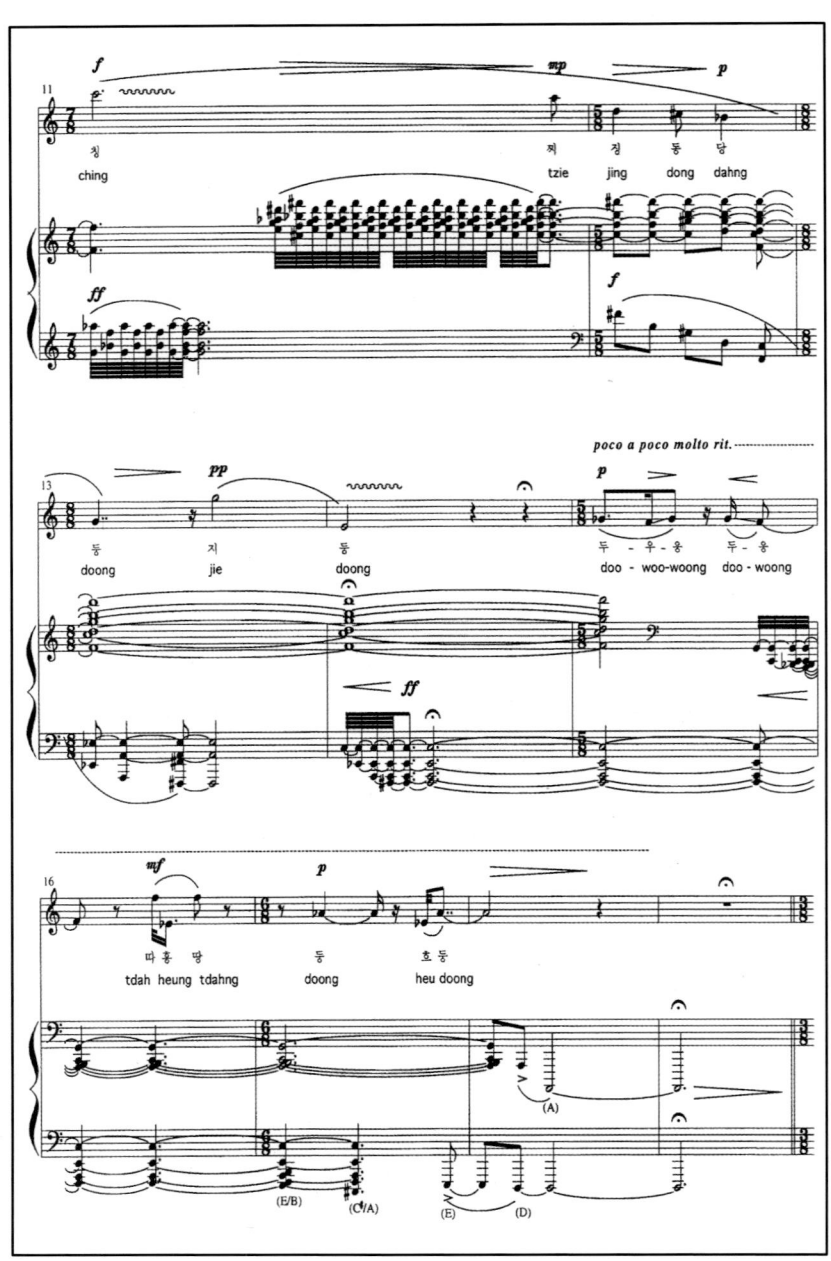

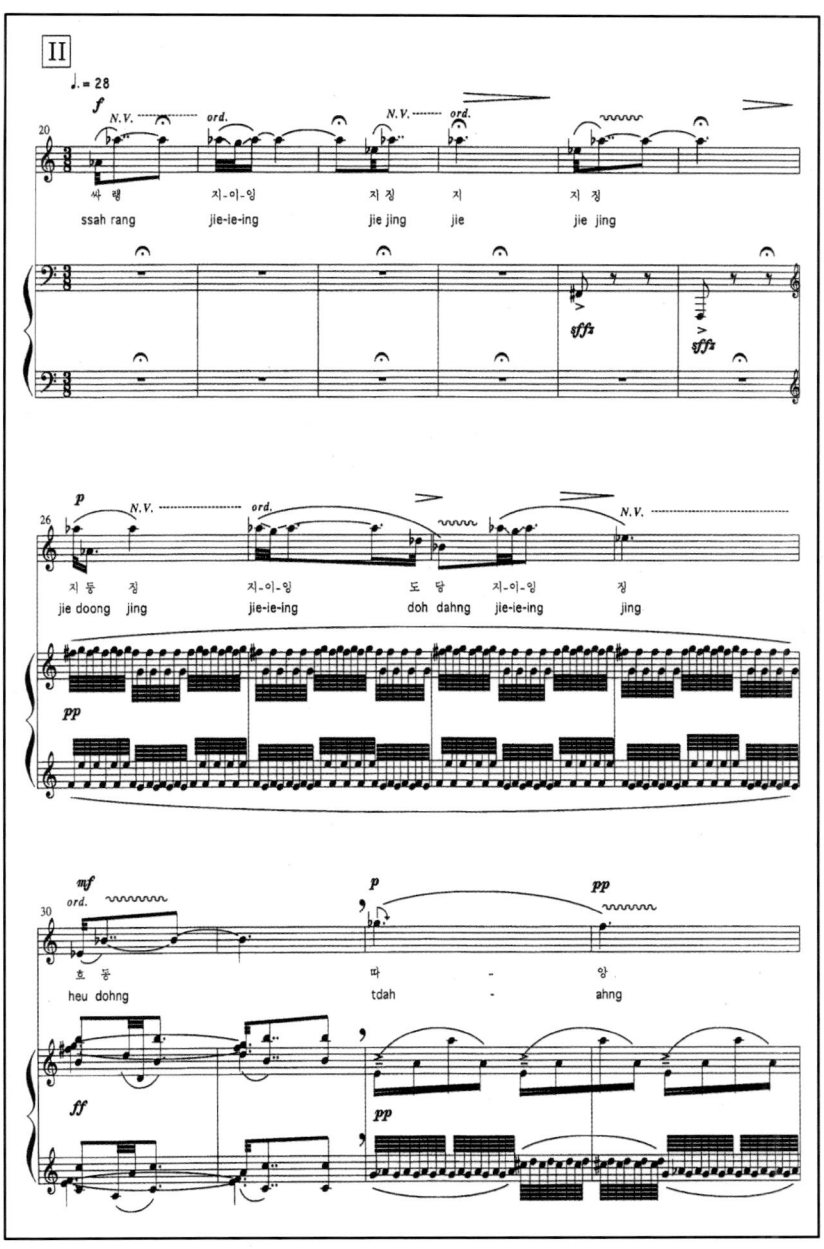

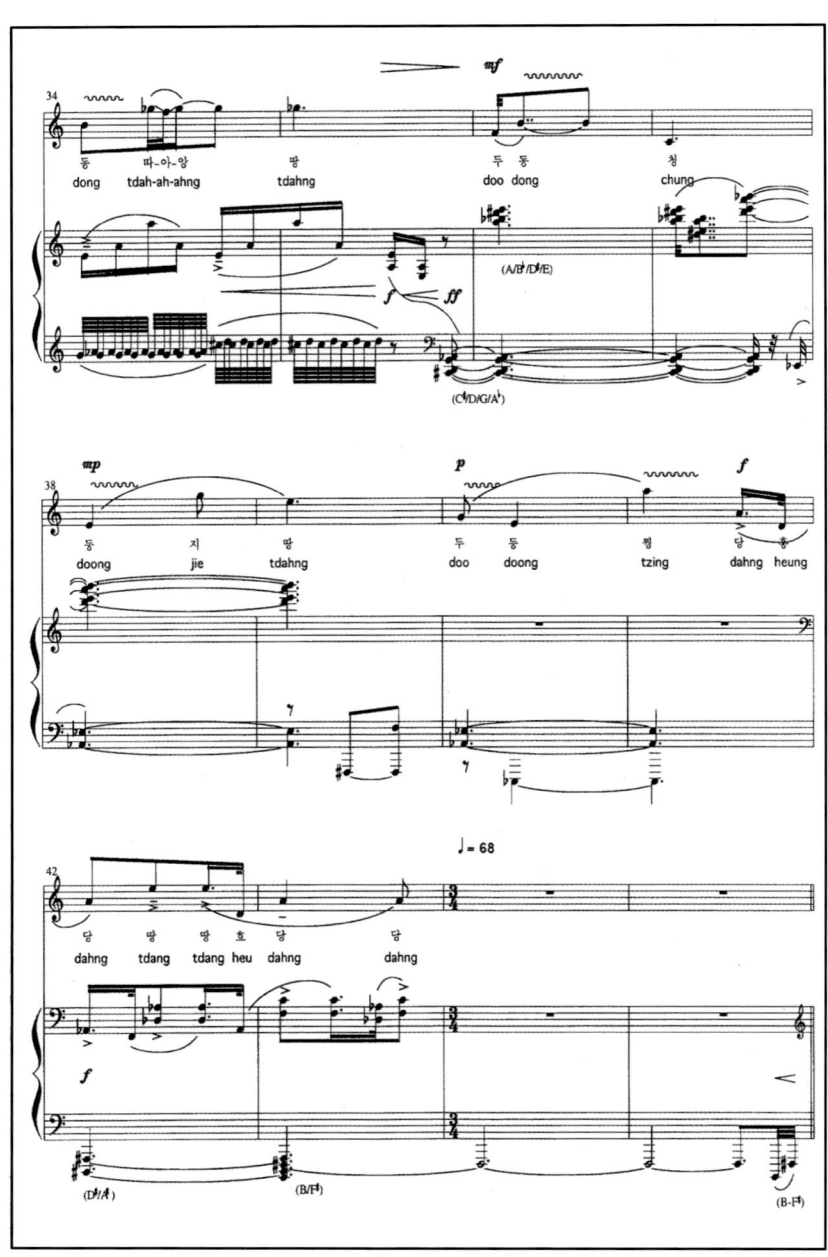

1608 절대음악 혼자 간다

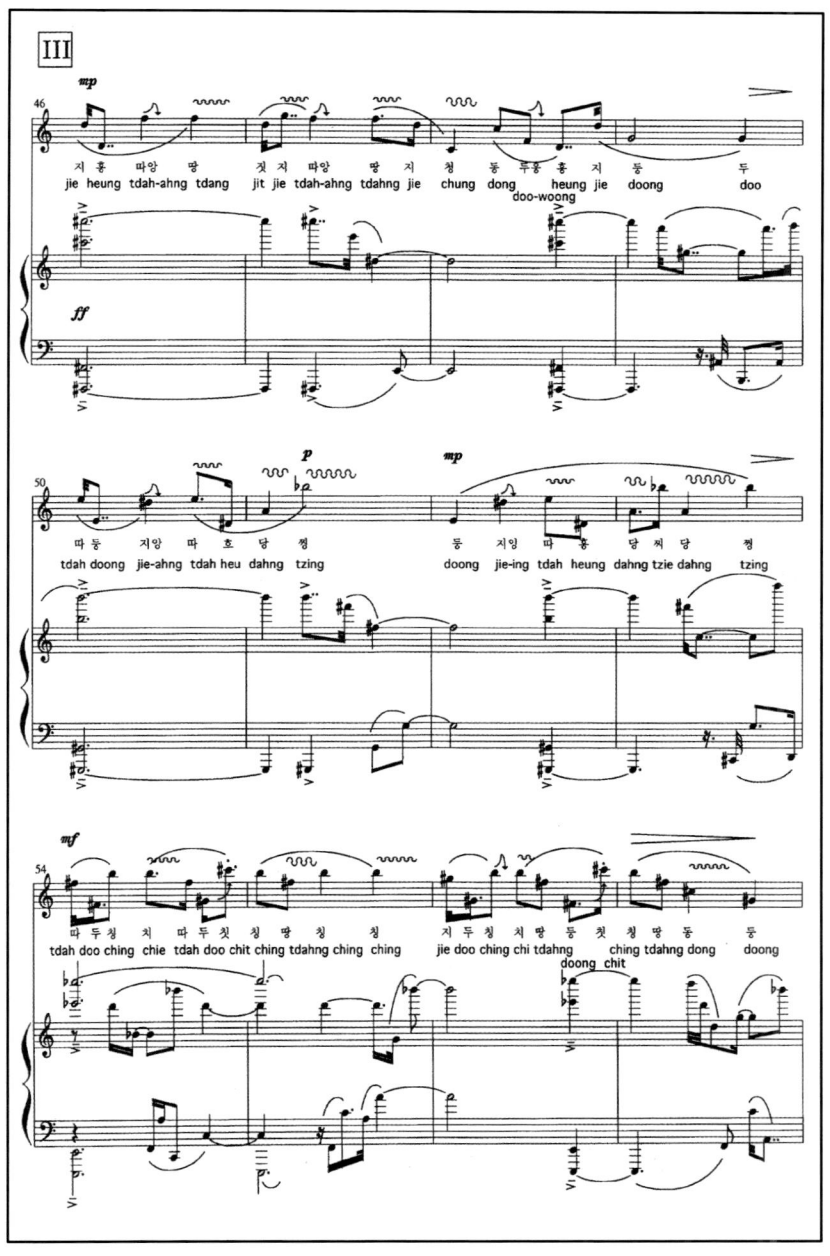

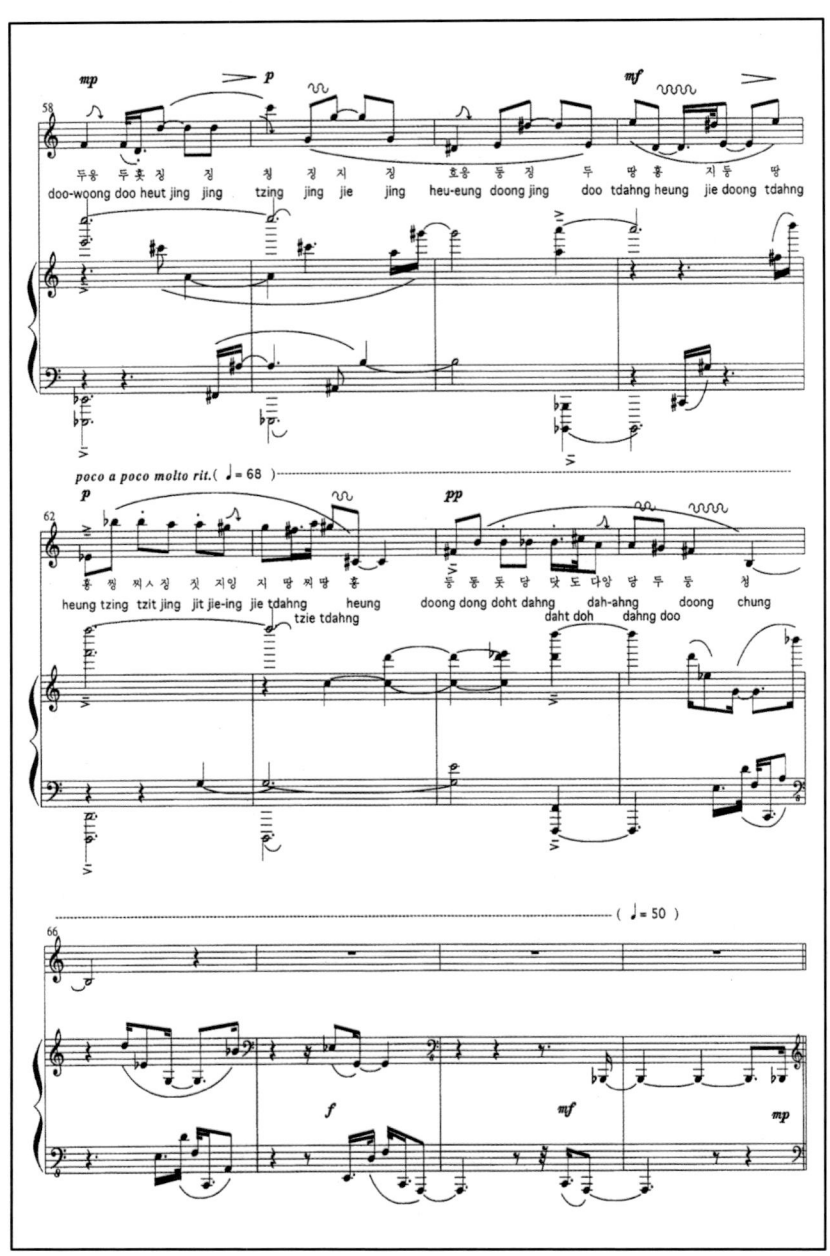

1610 절대음악 혼자 간다

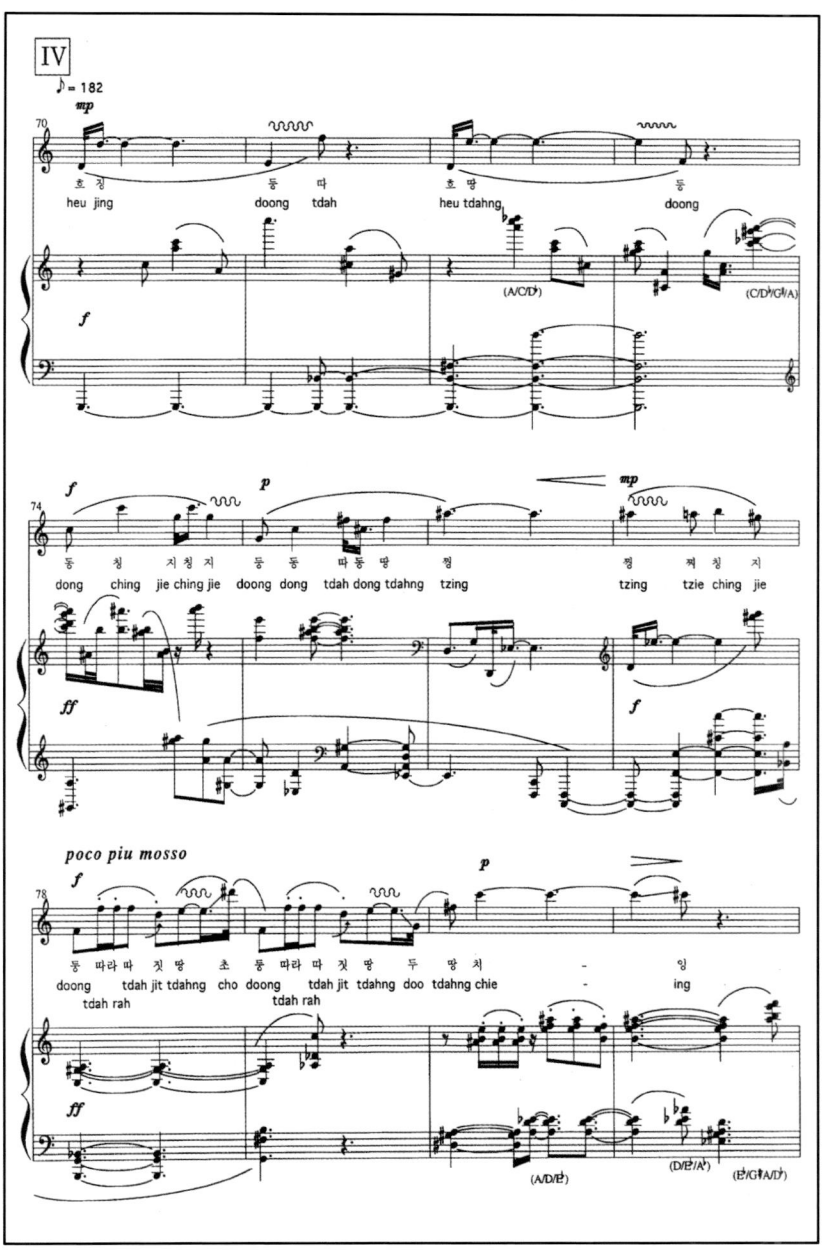

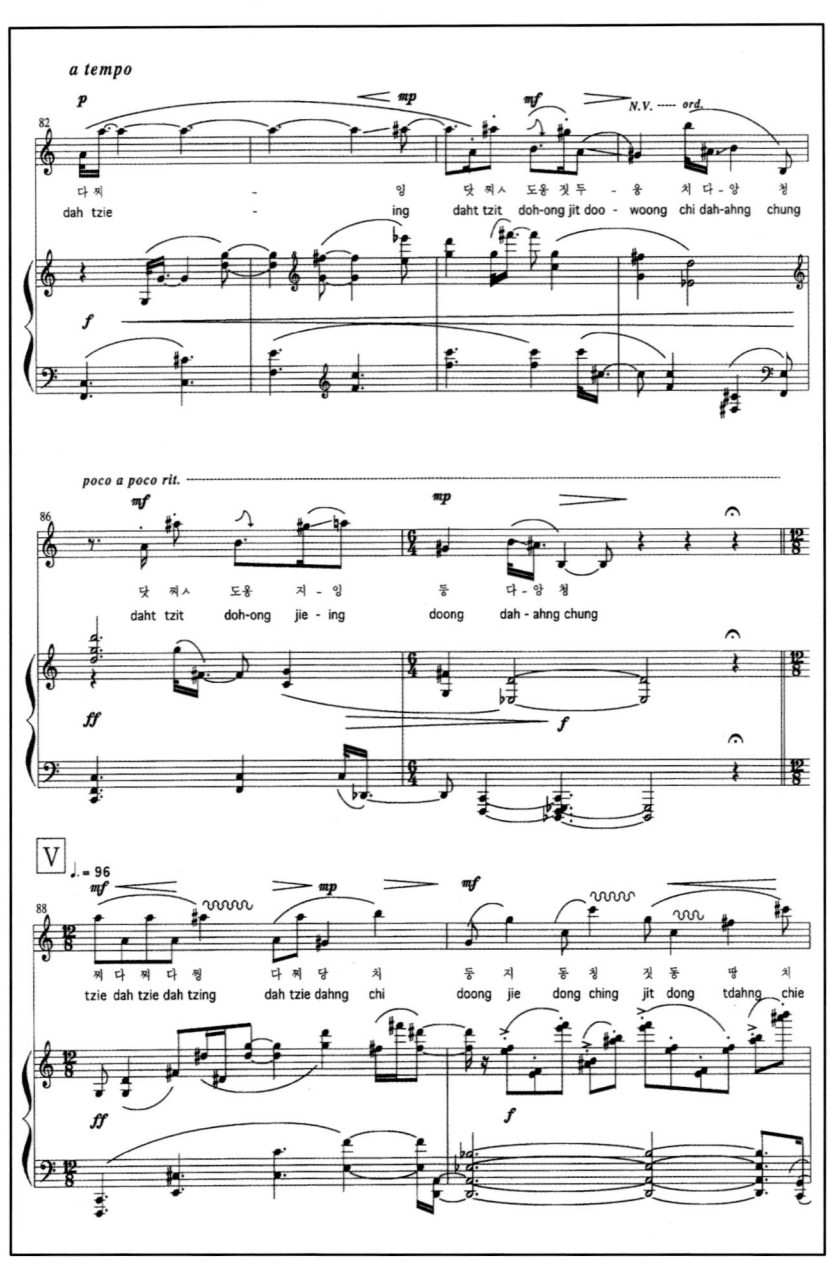

1612 절대음악 혼자 간다

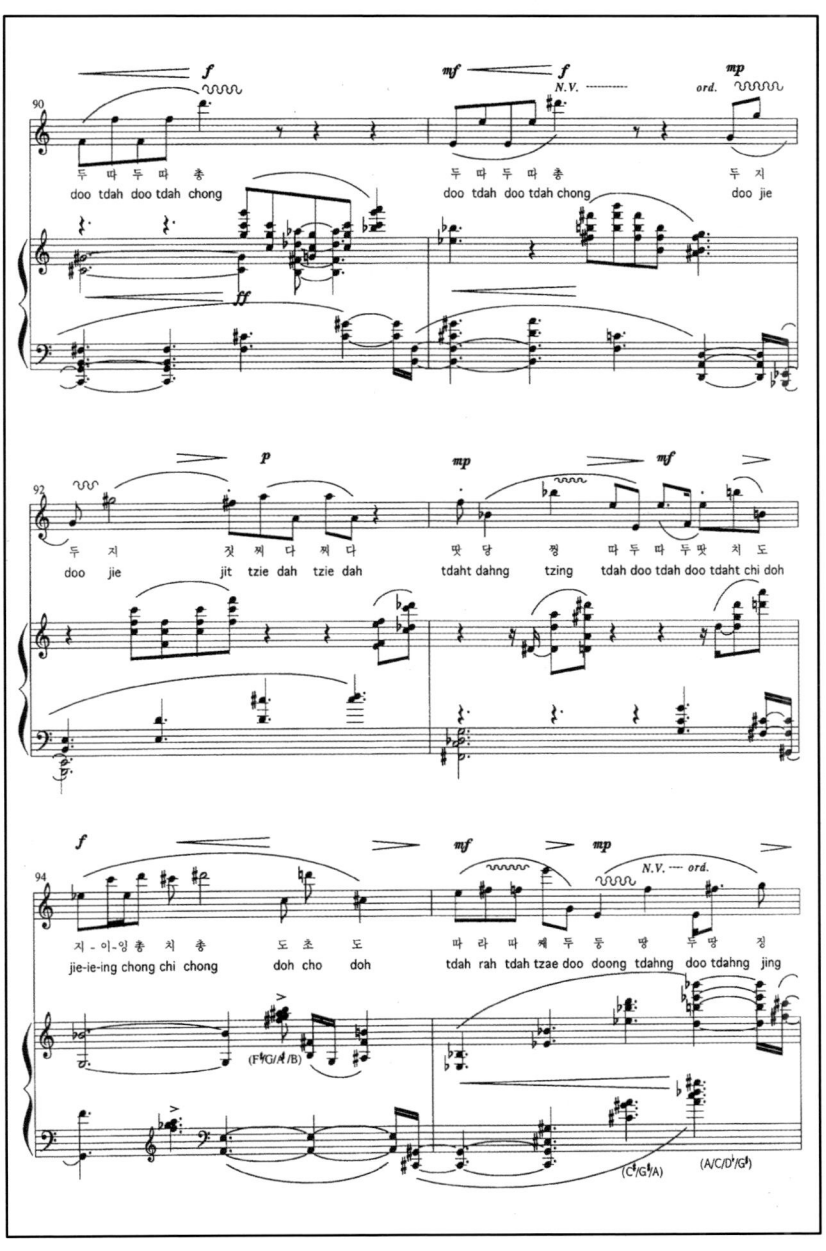

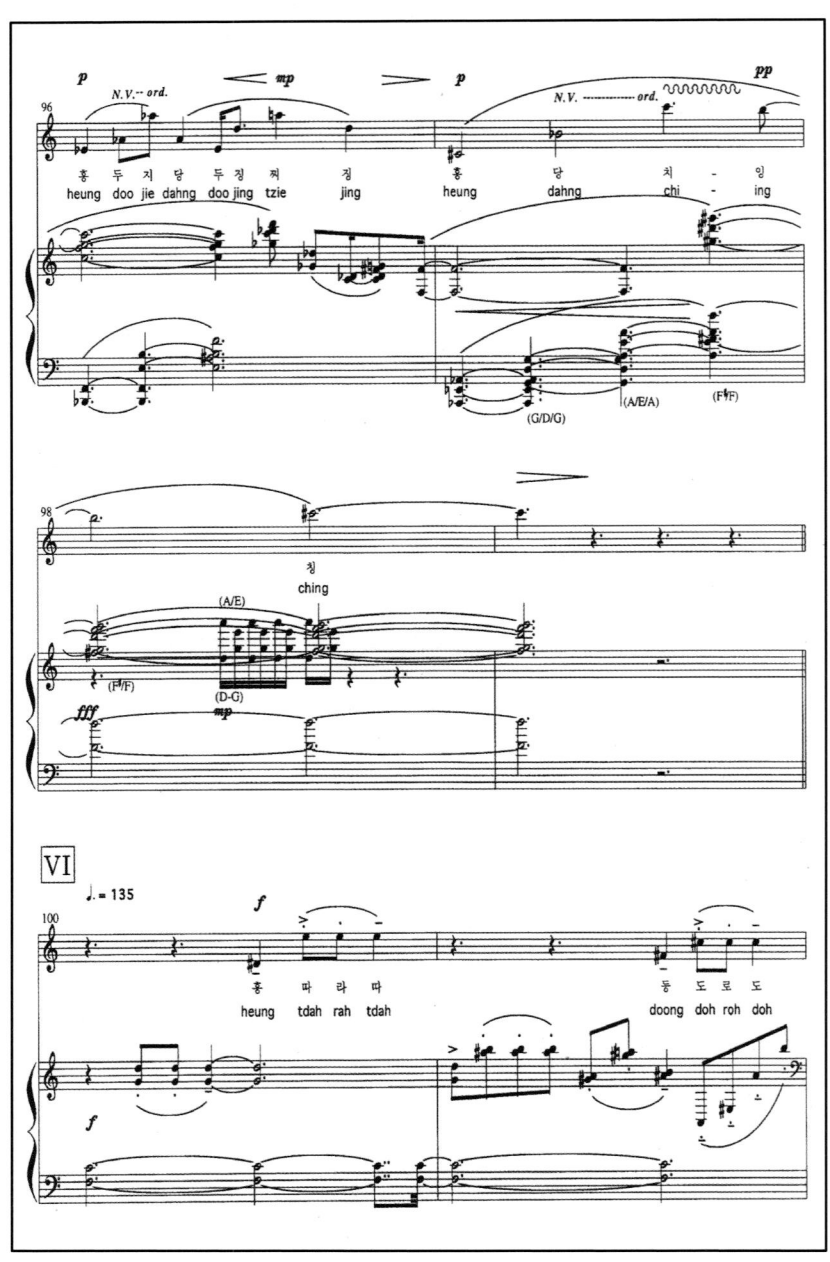

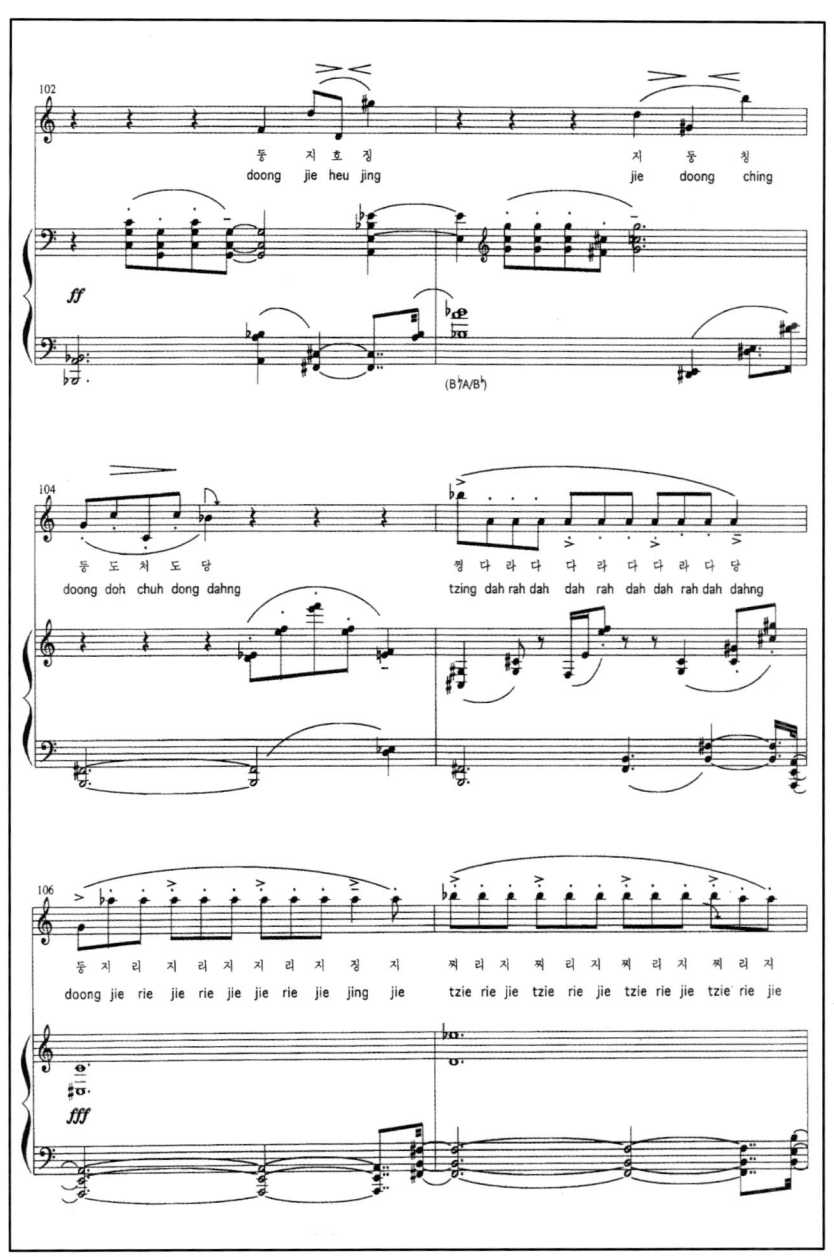

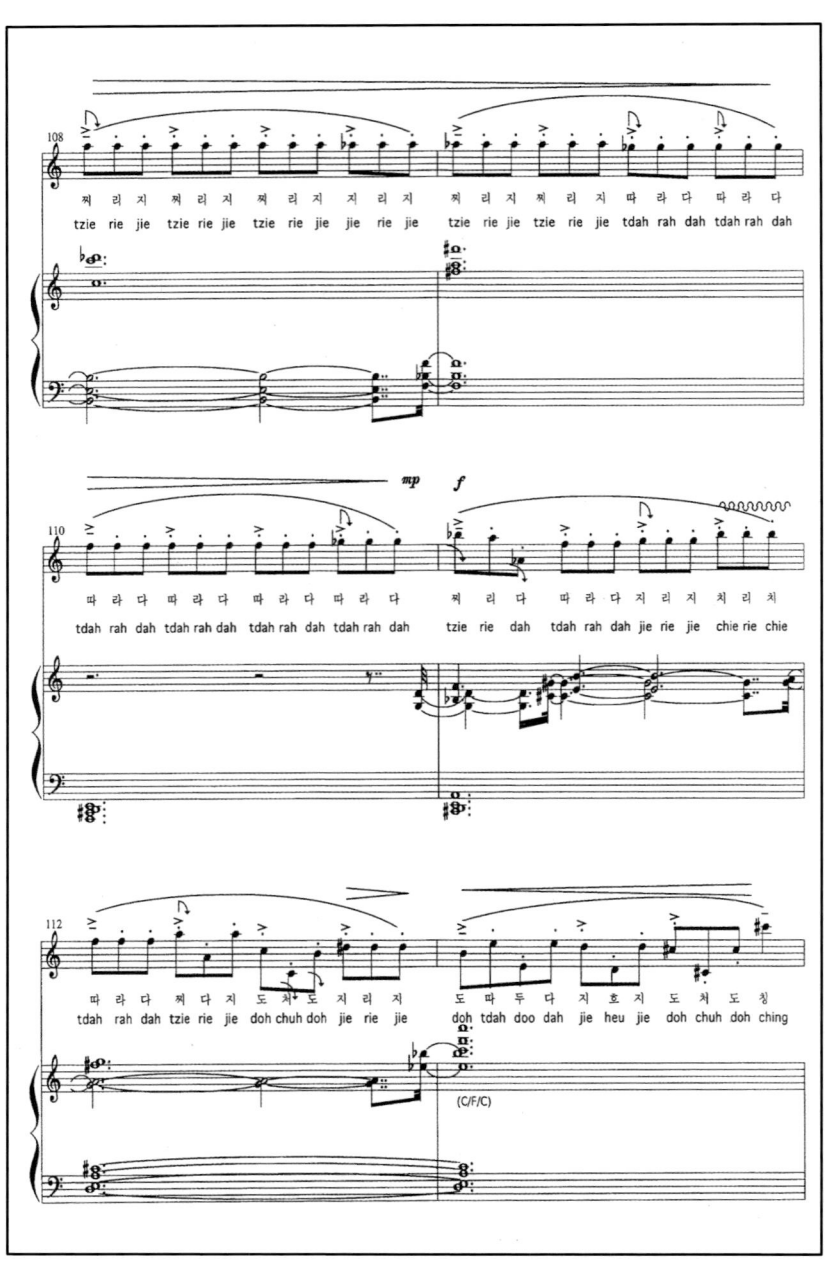

1616 절대음악 혼자 간다

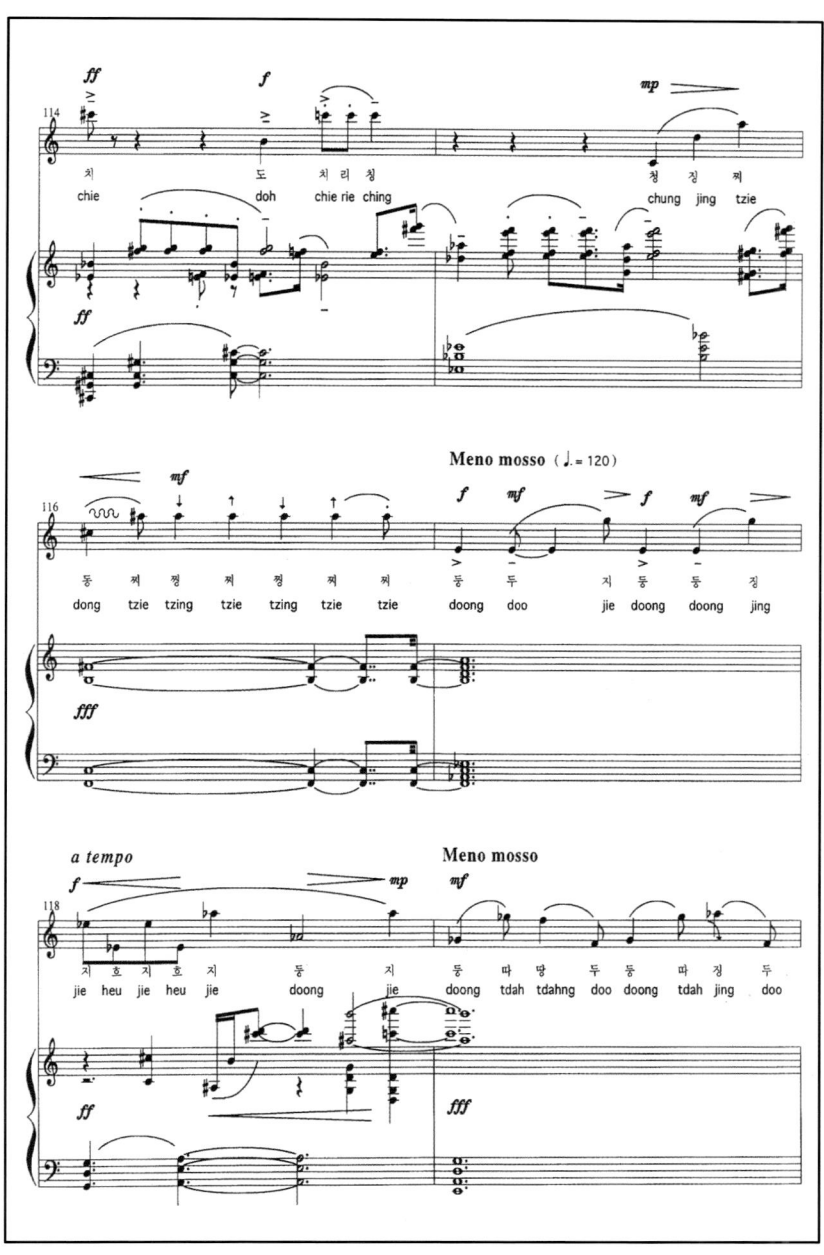

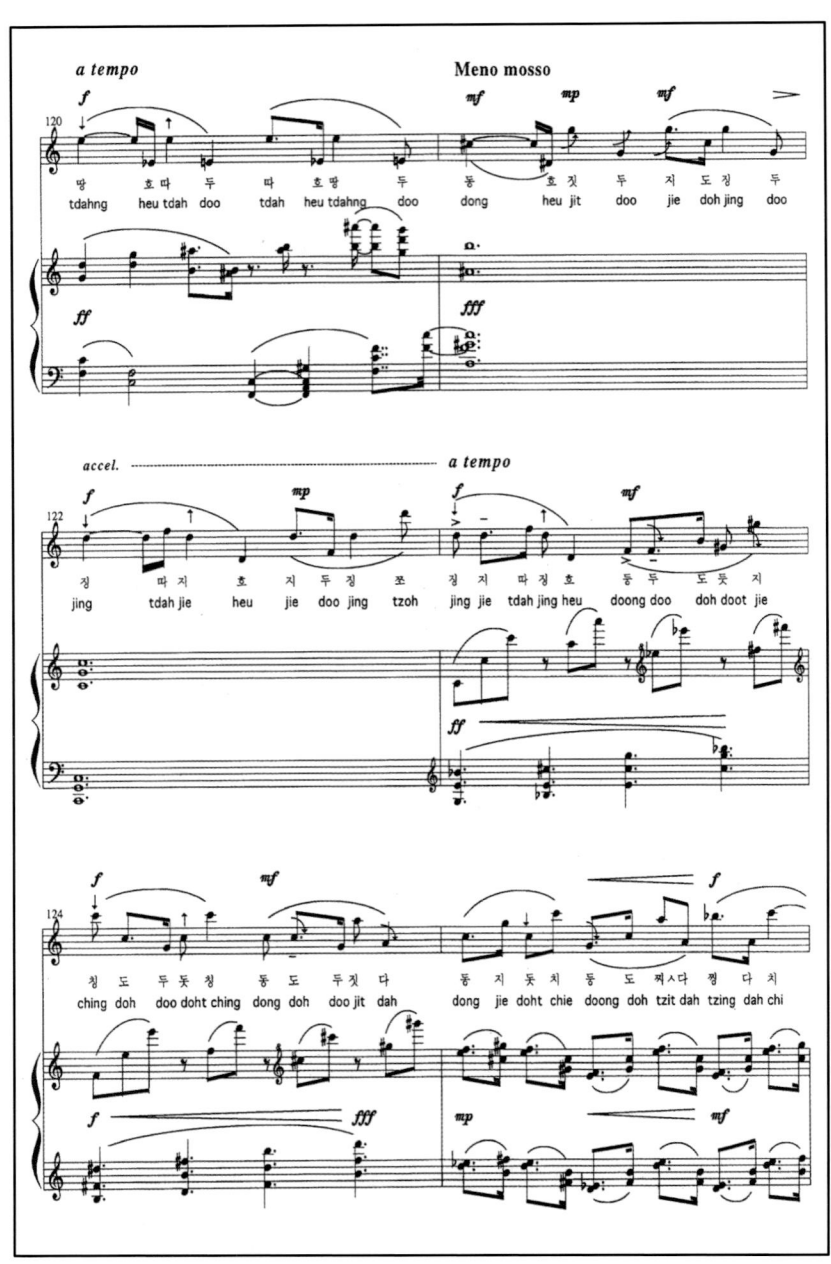

1618 절대음악 혼자 간다

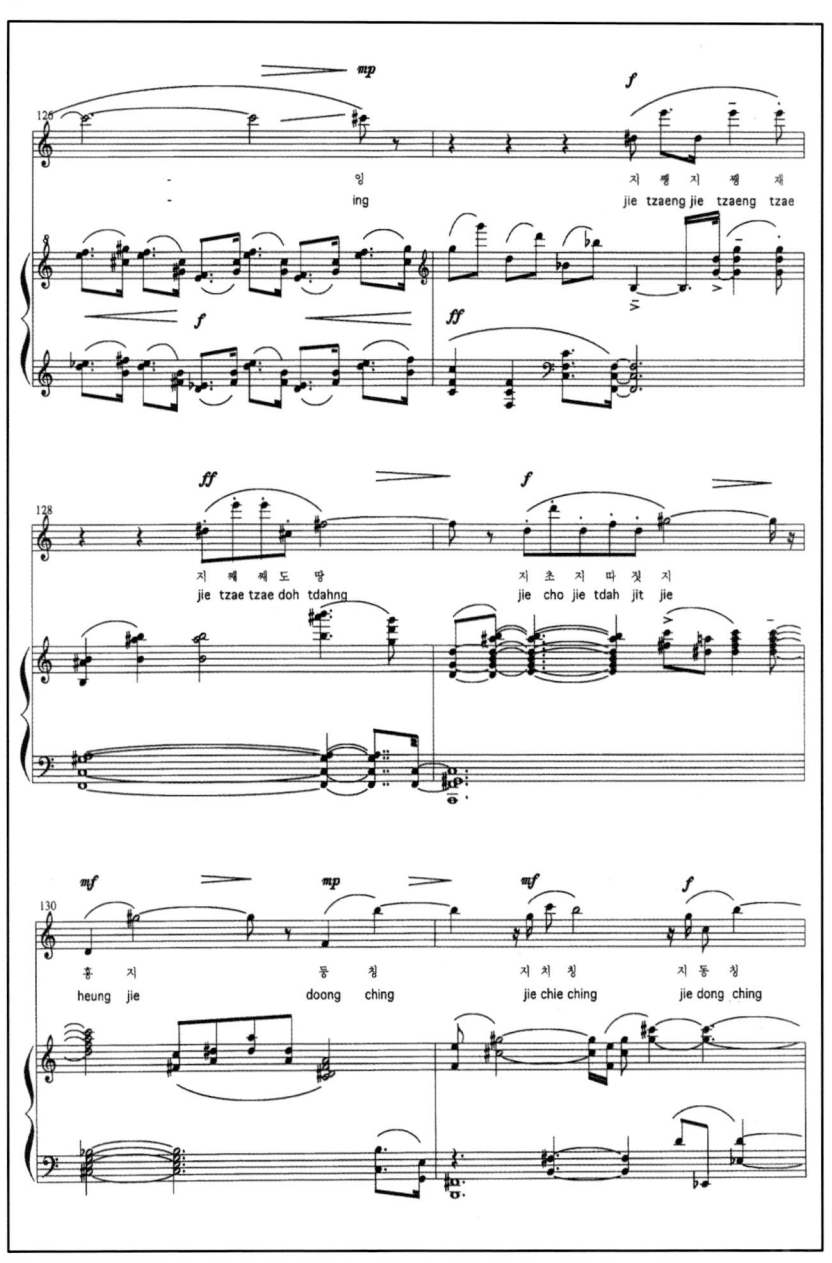

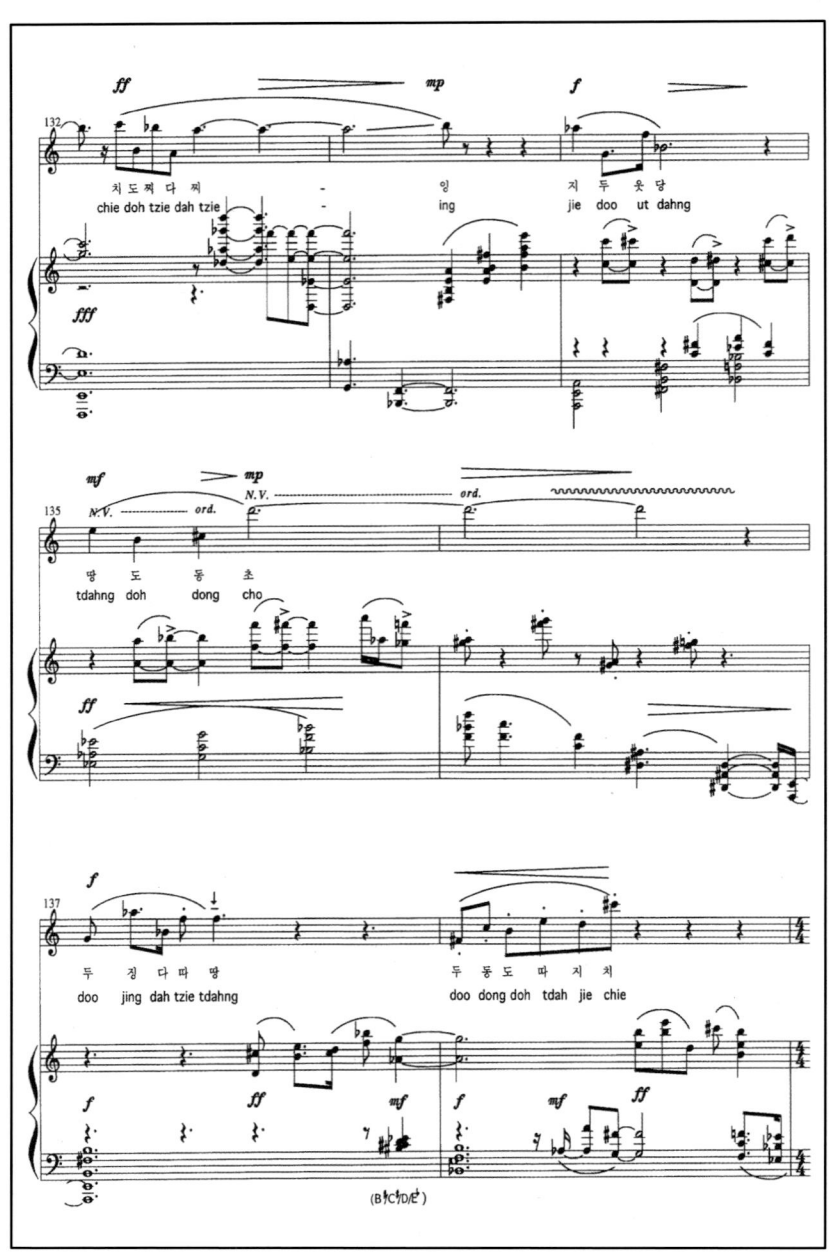

1620 절대음악 혼자 간다

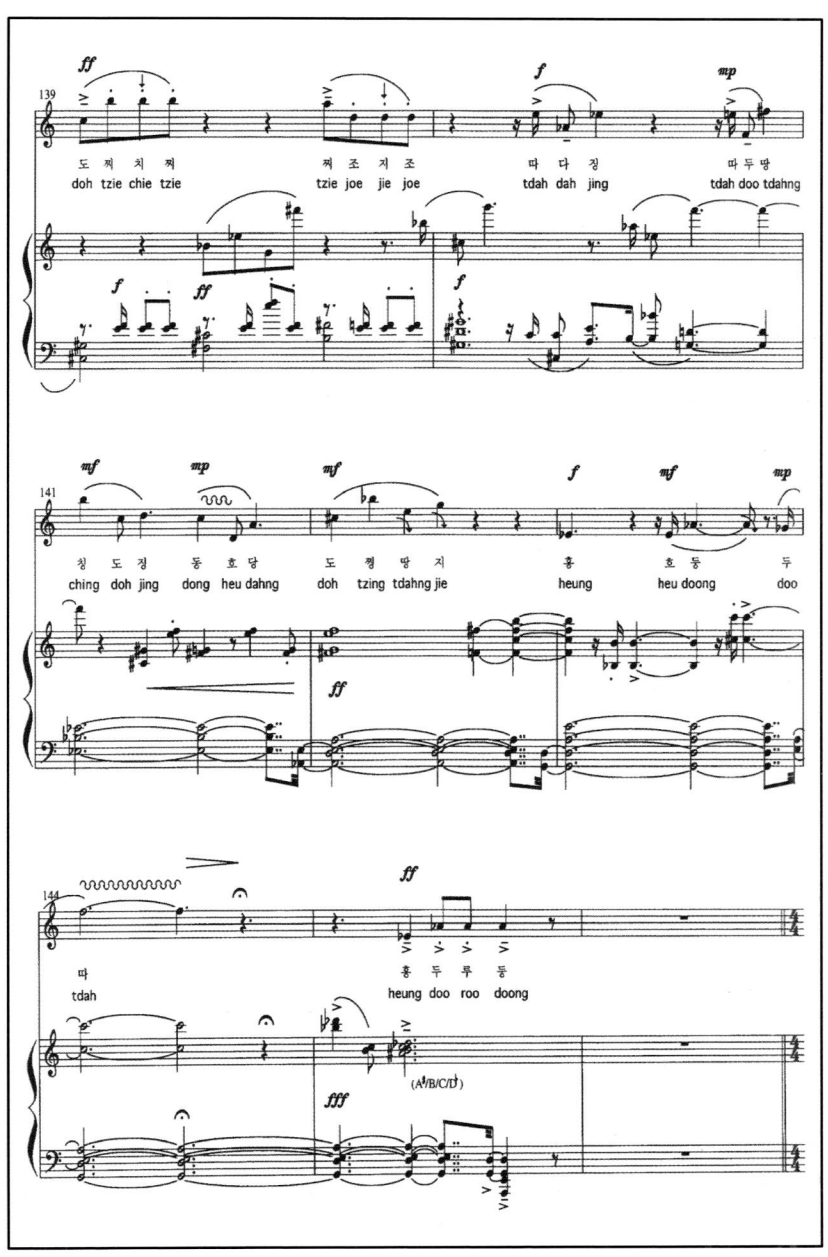

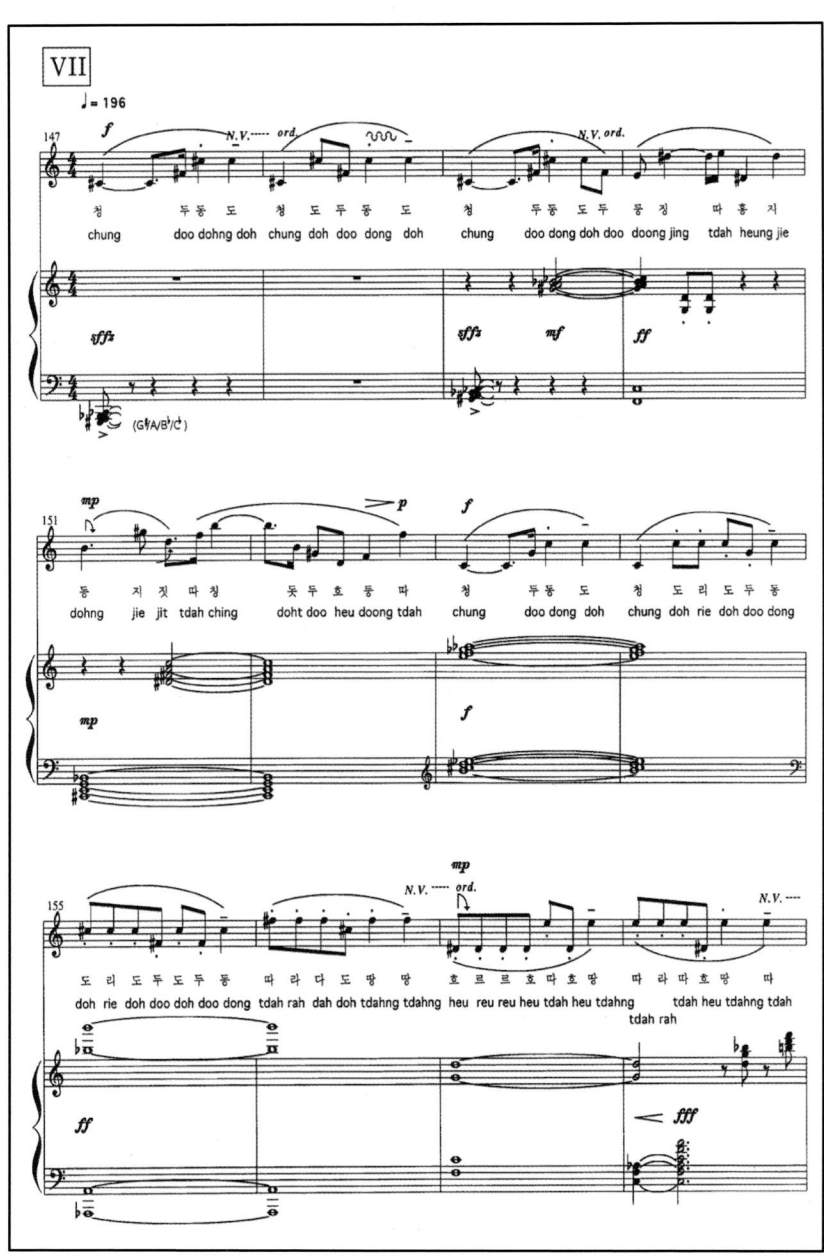

1622 절대음악 혼자 간다

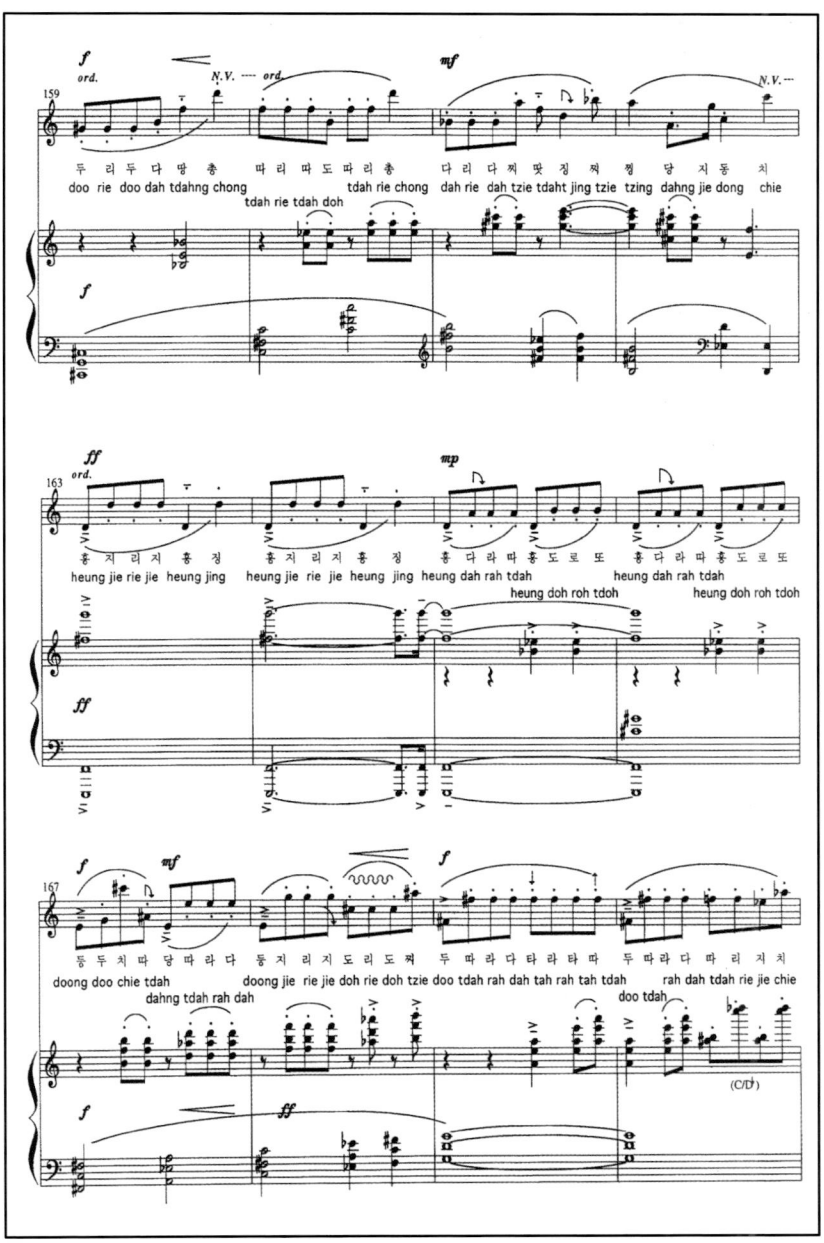

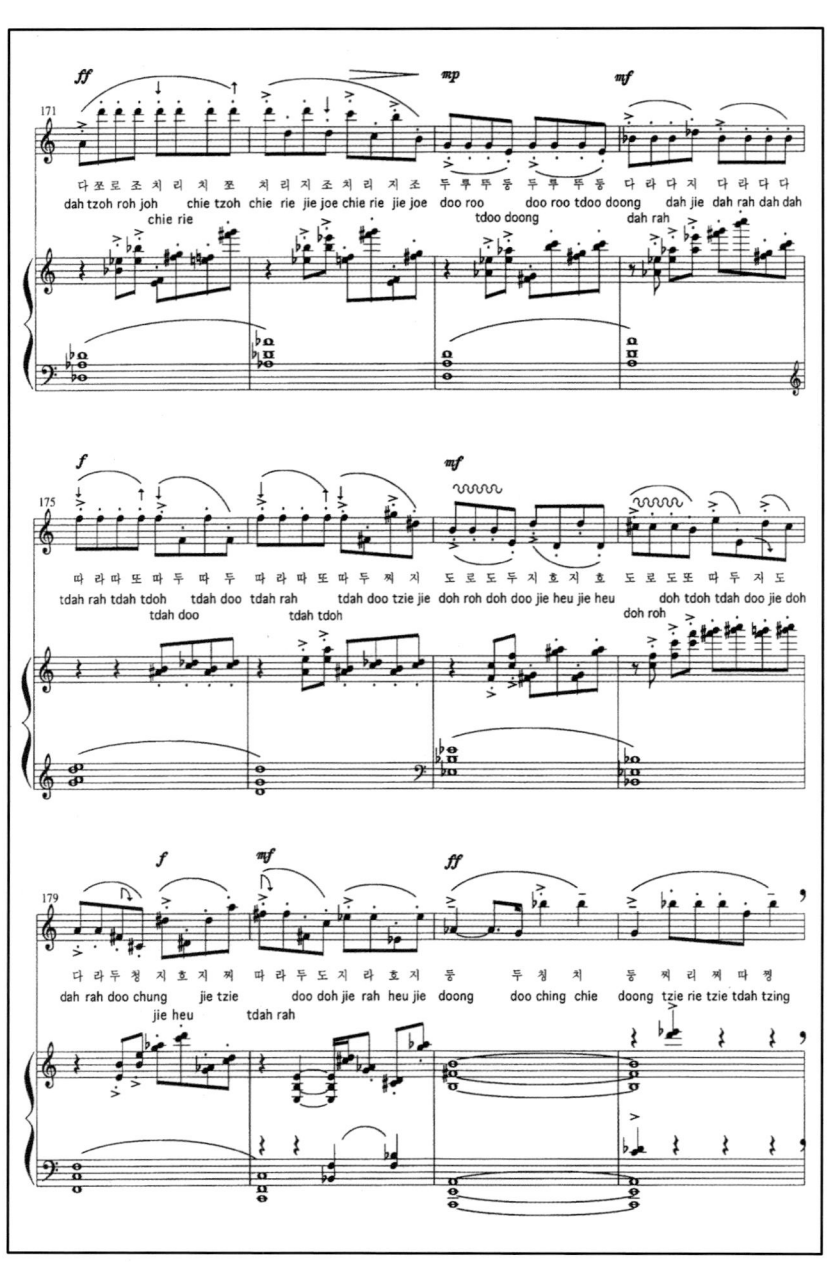

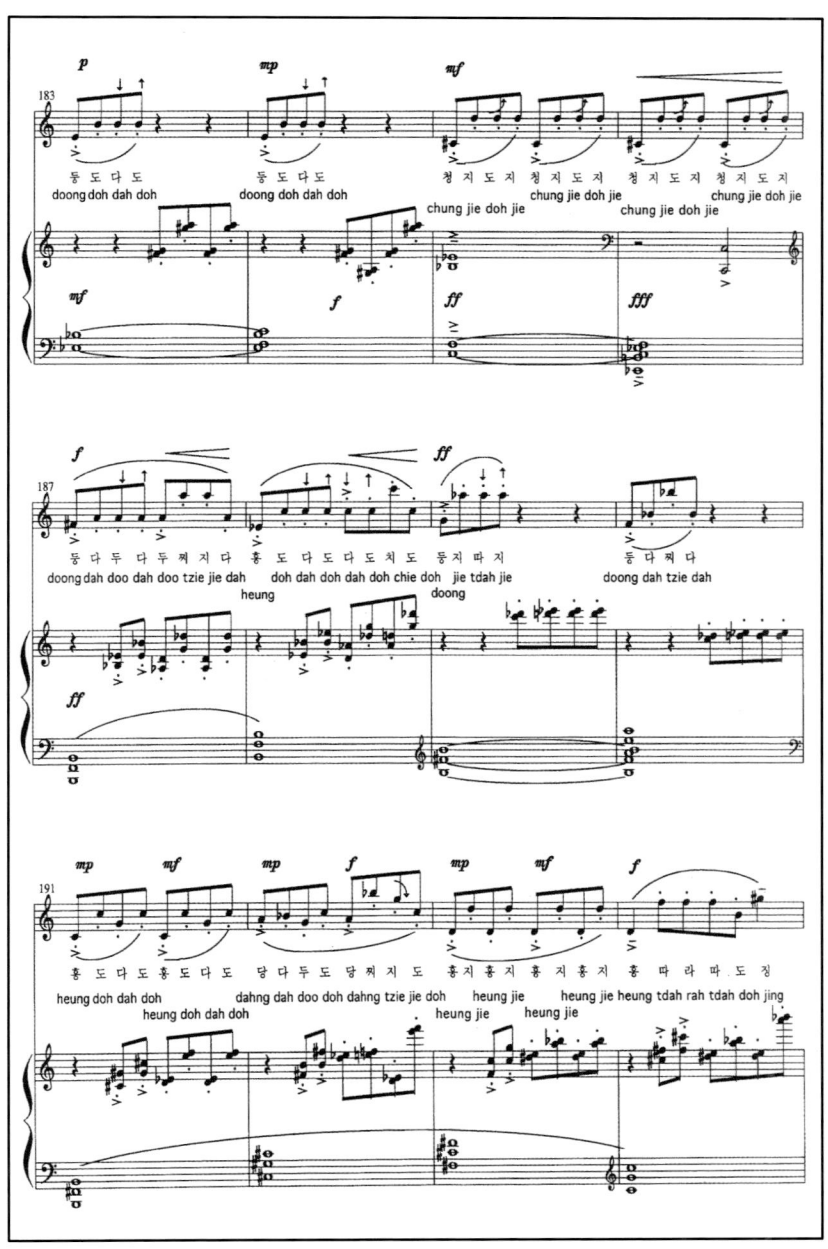

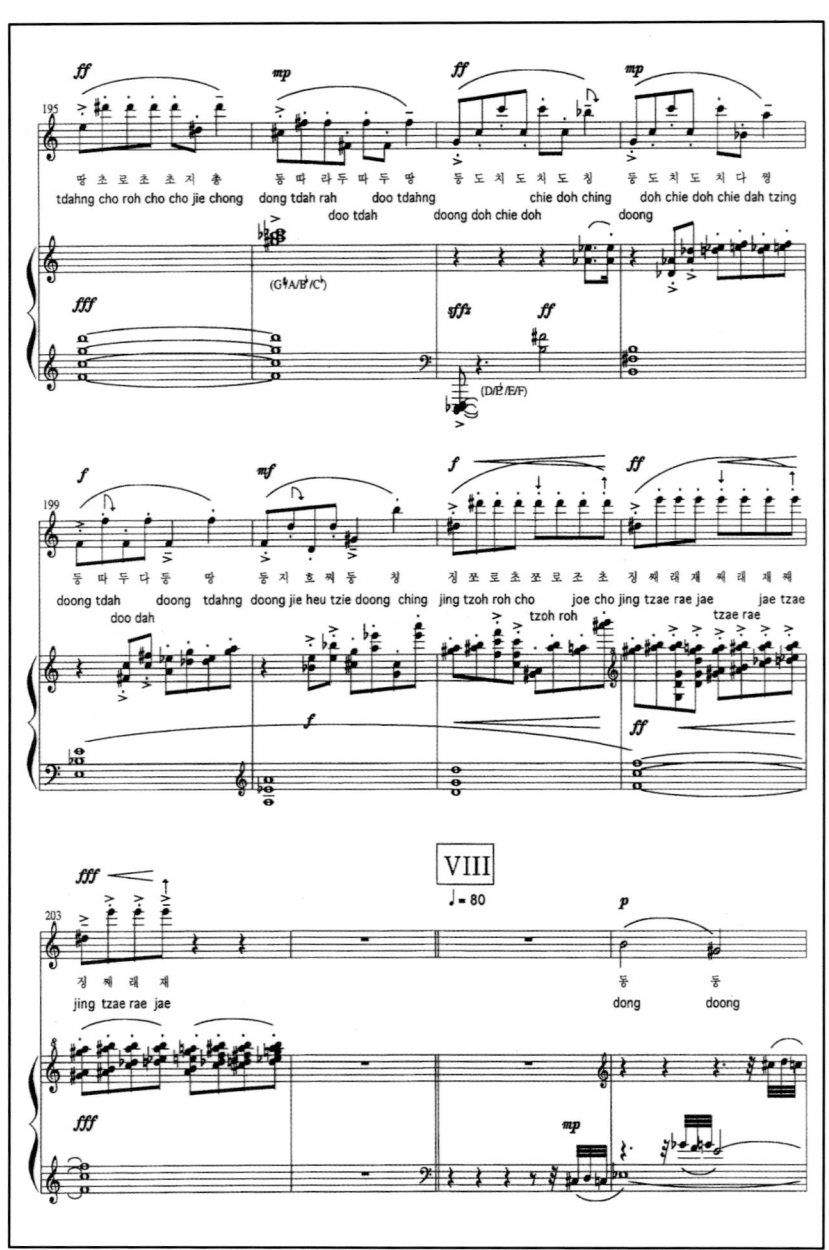

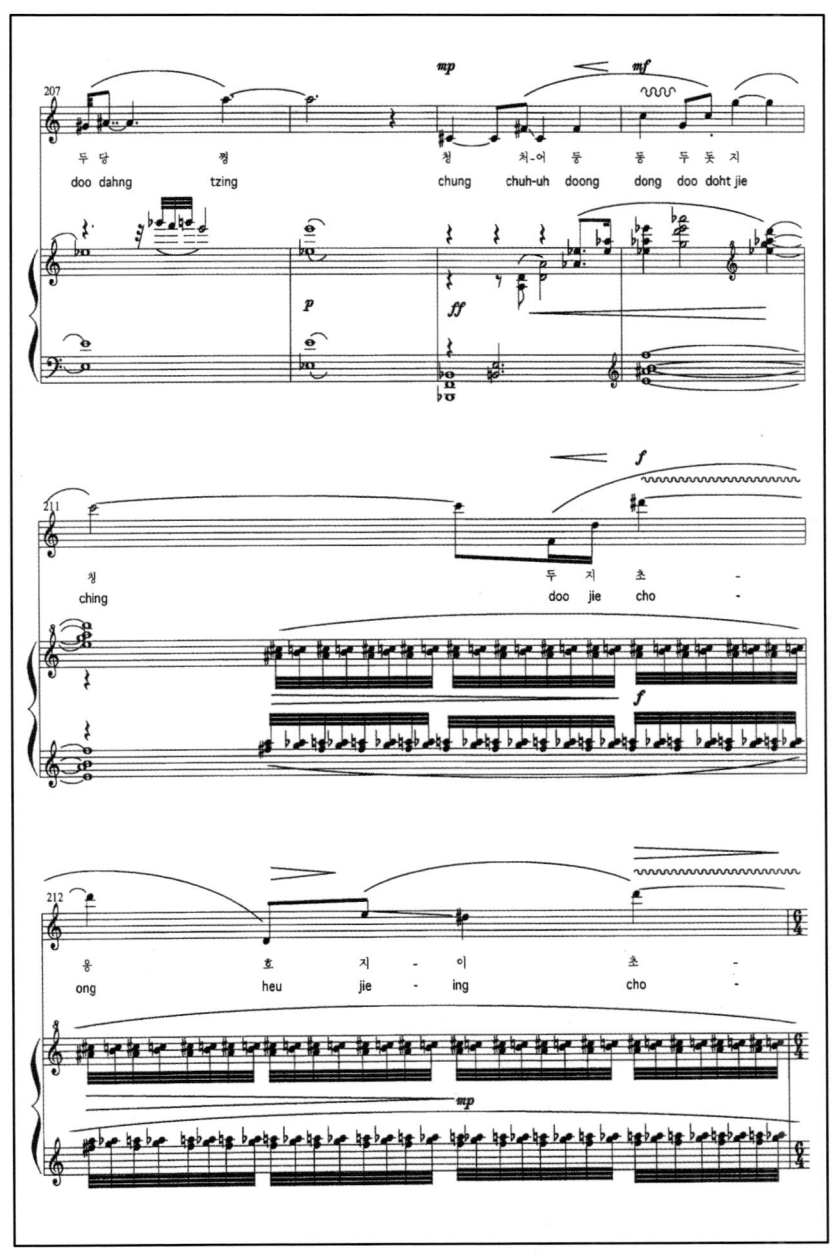

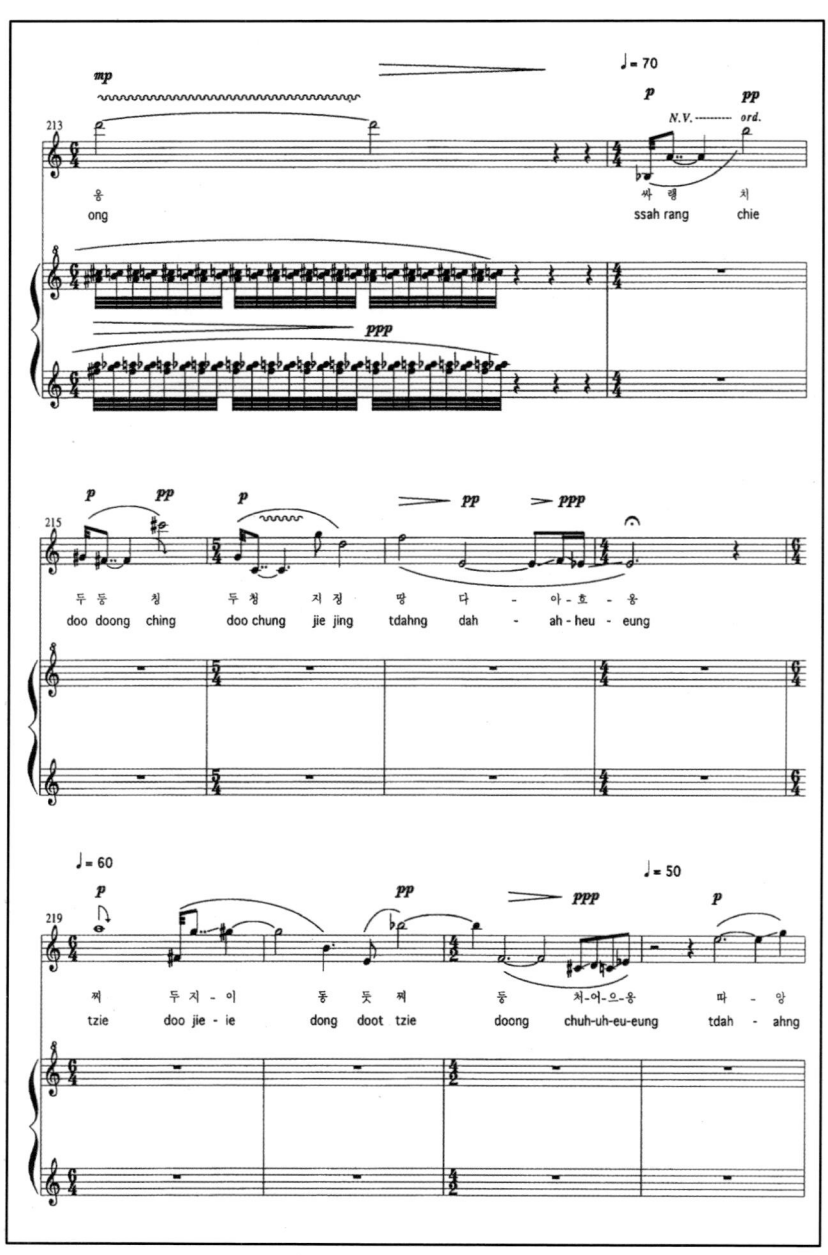

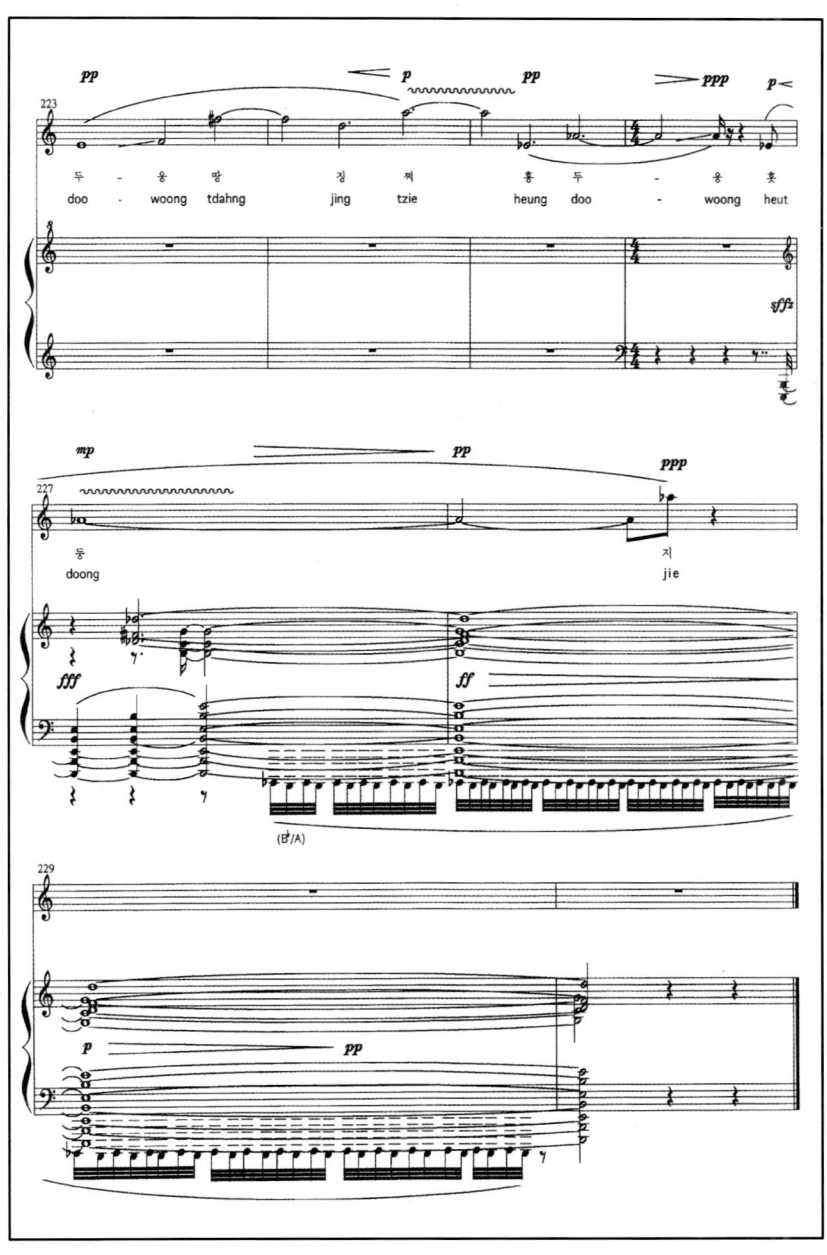

29. *ETUDE No. 10* for Piano
피아노를 위한 "에튀드 제10번"

이여진 :: EUGENE LEE :: 李如辰
(2005)

CD(음반):
"EUGENE LEE: 12- & 18-TONE MUSIC: 이여진의 12- 와
18-음악", Universal Music, DU 7398, 2009.

YouTube(유튜브)
https://youtu.be/0A_FJmyKBys

초연
연주자: 김나영, 최인숙 (*pf.*)
장소: 문화일보홀
일시: 2005년 11월 9일

NOTES

Accidentals are affected only those notes at the same *loci* in the same measure until natural mark is appeared. For example, sharps are applied to all F_4 notes (R.H.), while naturals to all F_3 notes (L.H.) in measure 16.

Different articulations such as *staccato, slurred staccato, accent, accented staccato, slurred accented staccato, tenuto, accented tenuto, slurred staccato tenuto* should be distinguished as much as possible.

Full, half and tremolo pedallings should be employed musically in order to produce fuller and sonorous sound in all Etudes.

ETUDE No. 10
for Piano

EUGENE LEE
이여진 (李如辰)

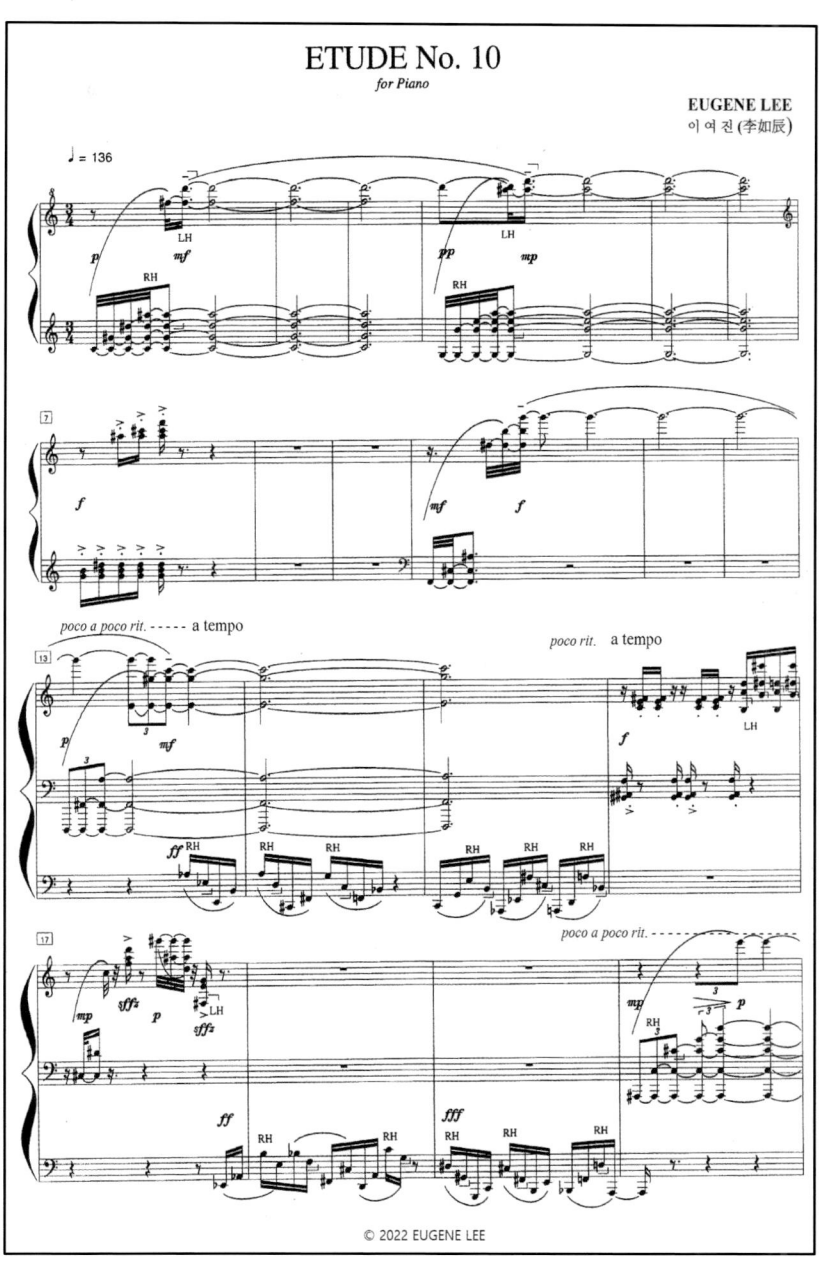

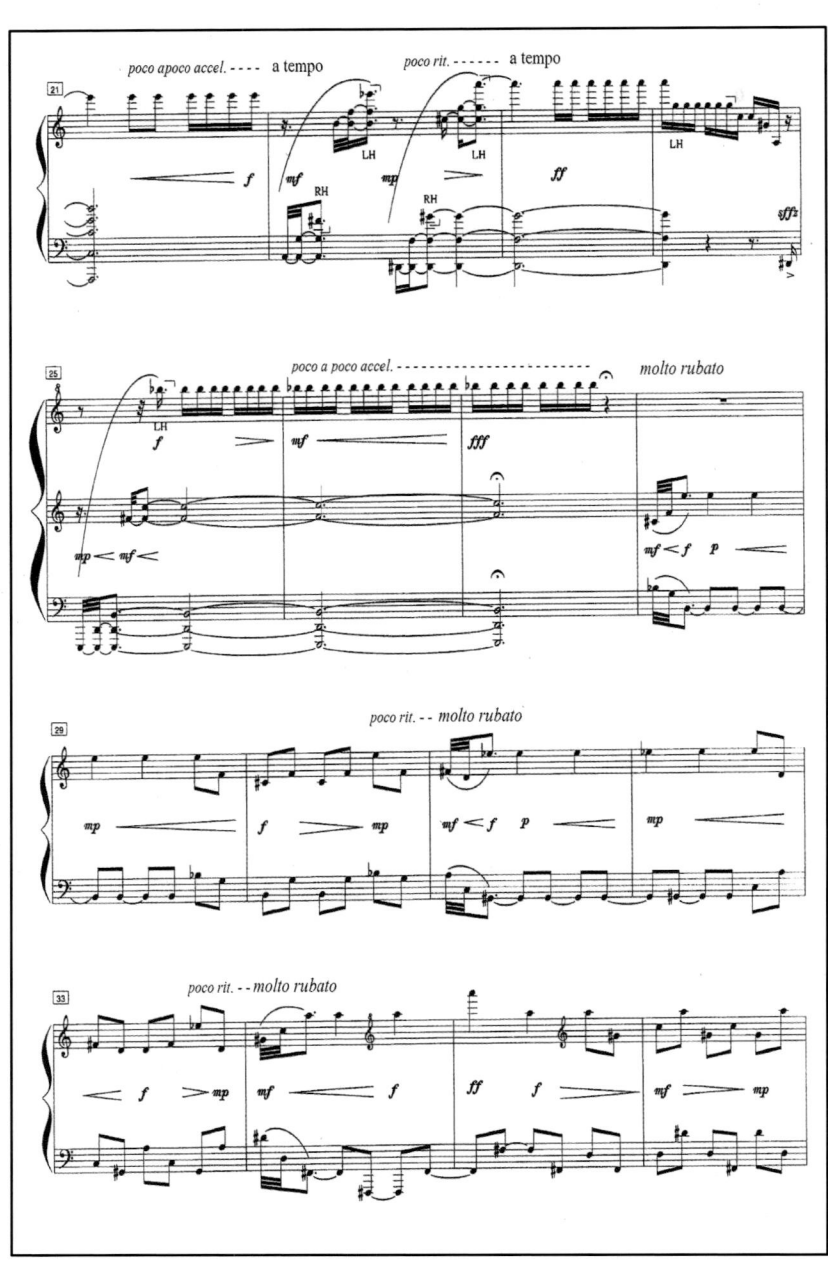

1634 절대음악 혼자 간다

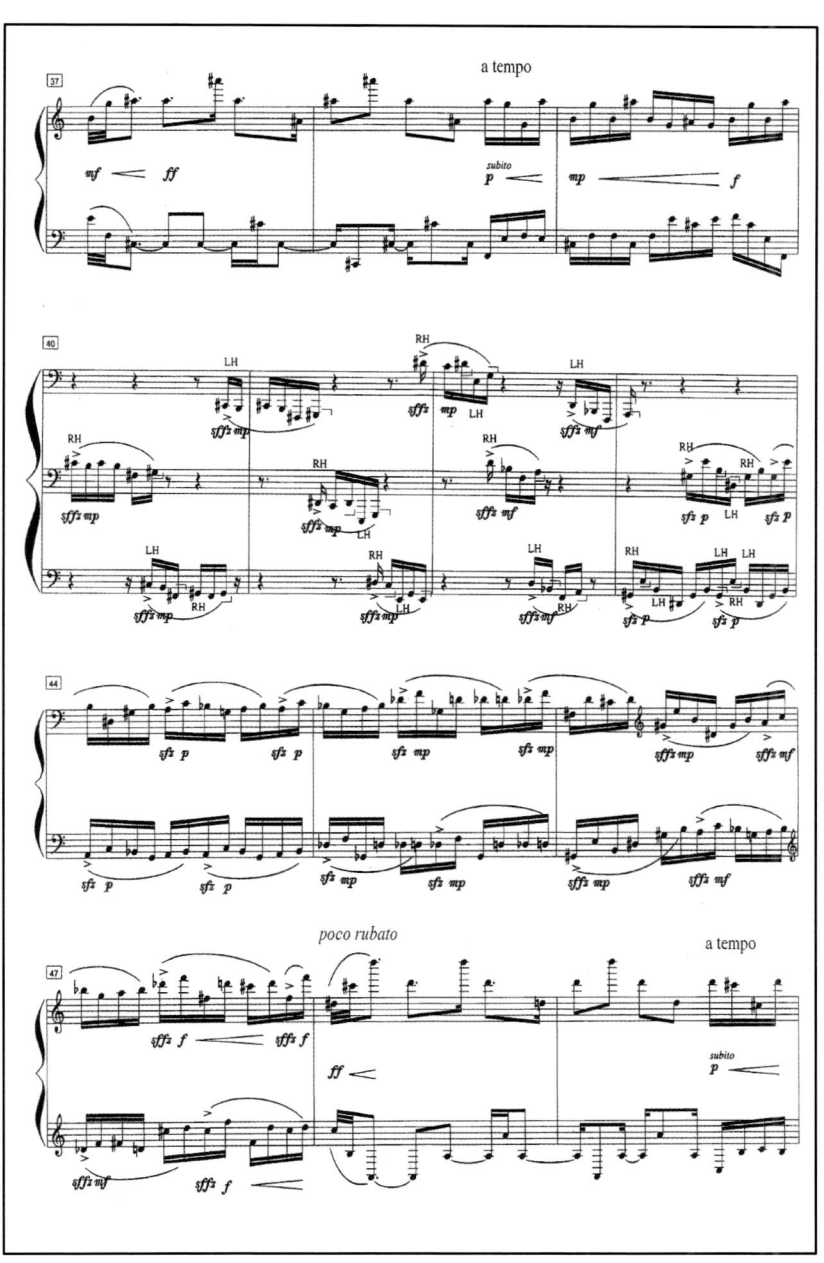

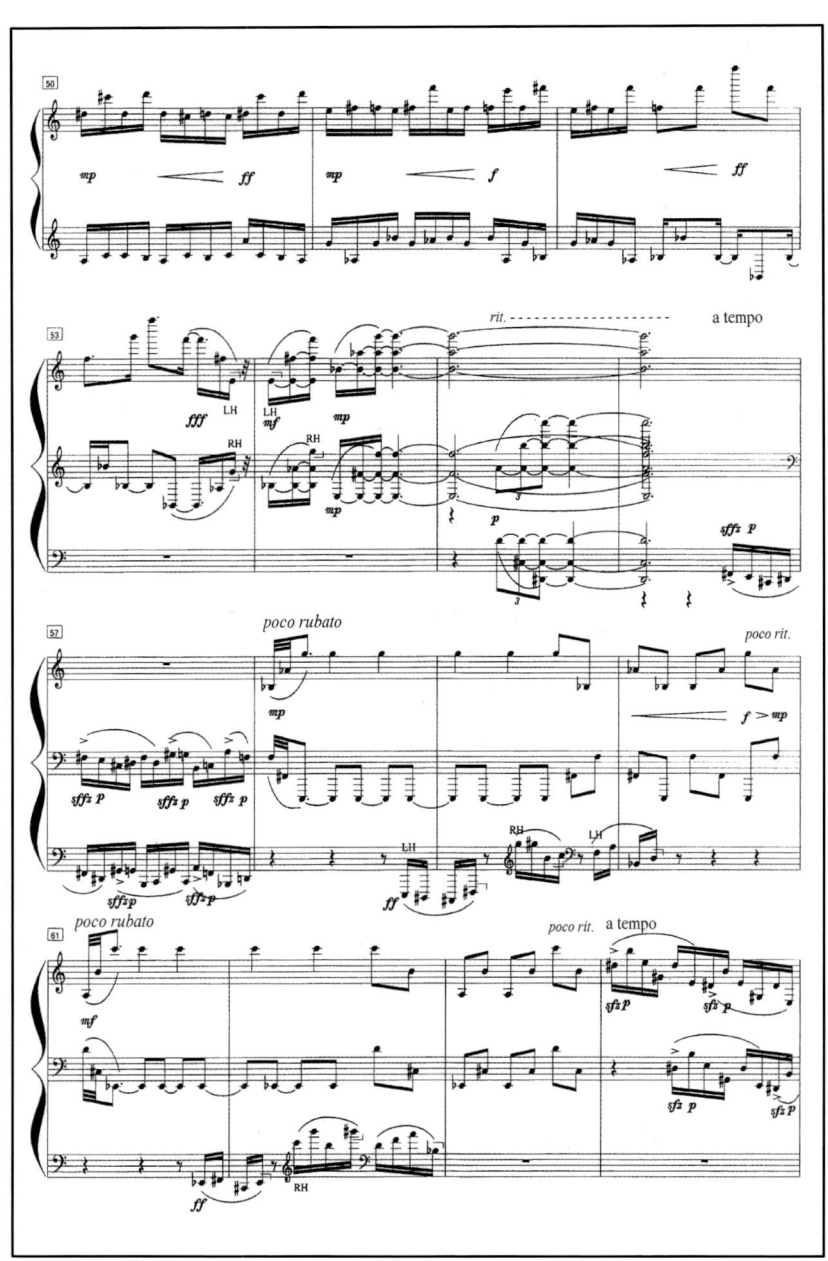

1636 절대음악 혼자 간다

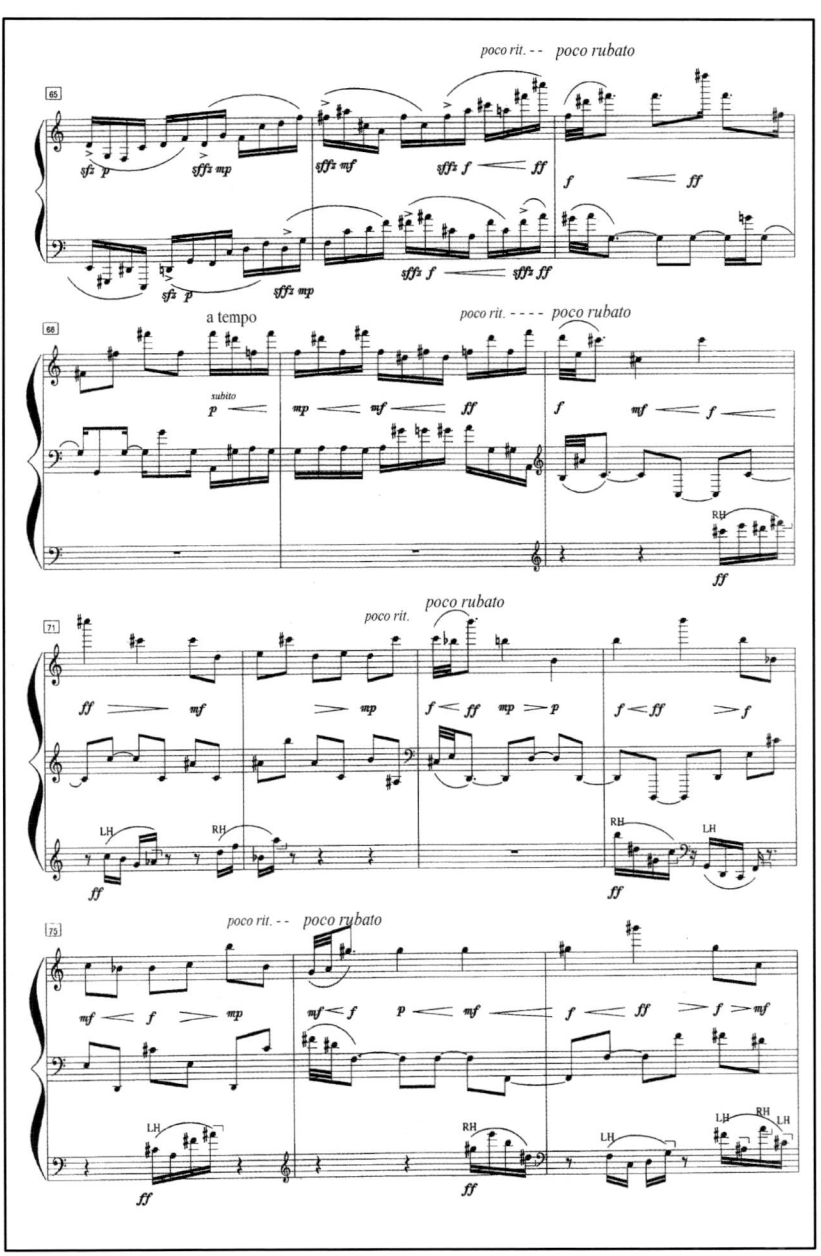

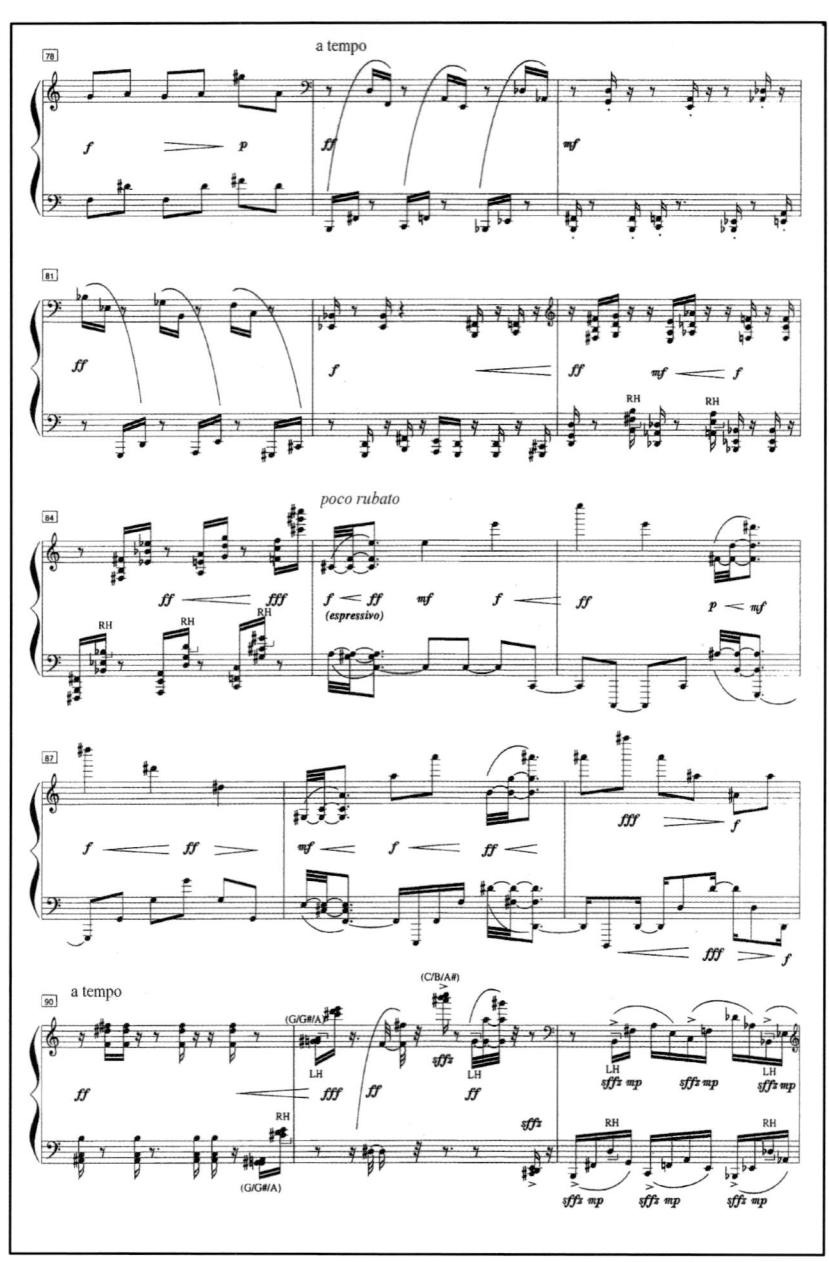

1638 절대음악 혼자 간다

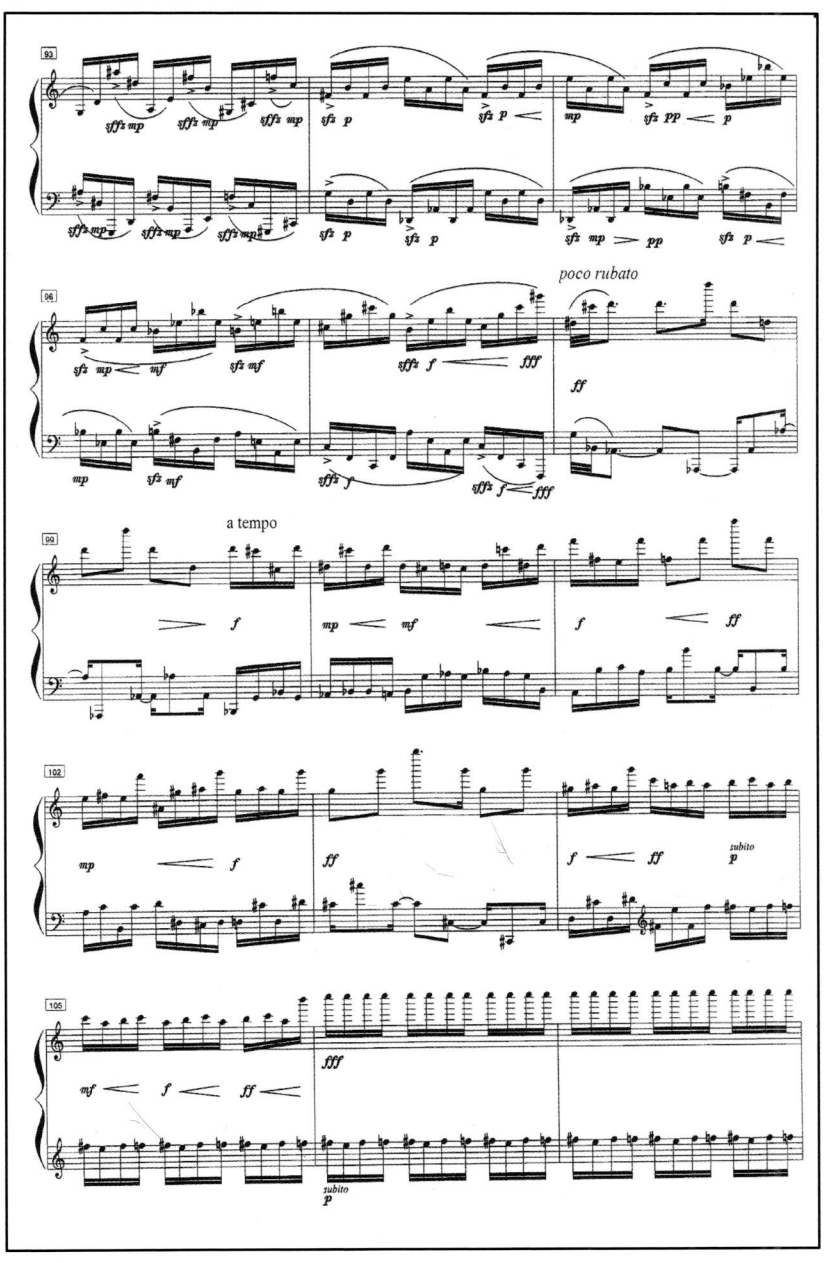

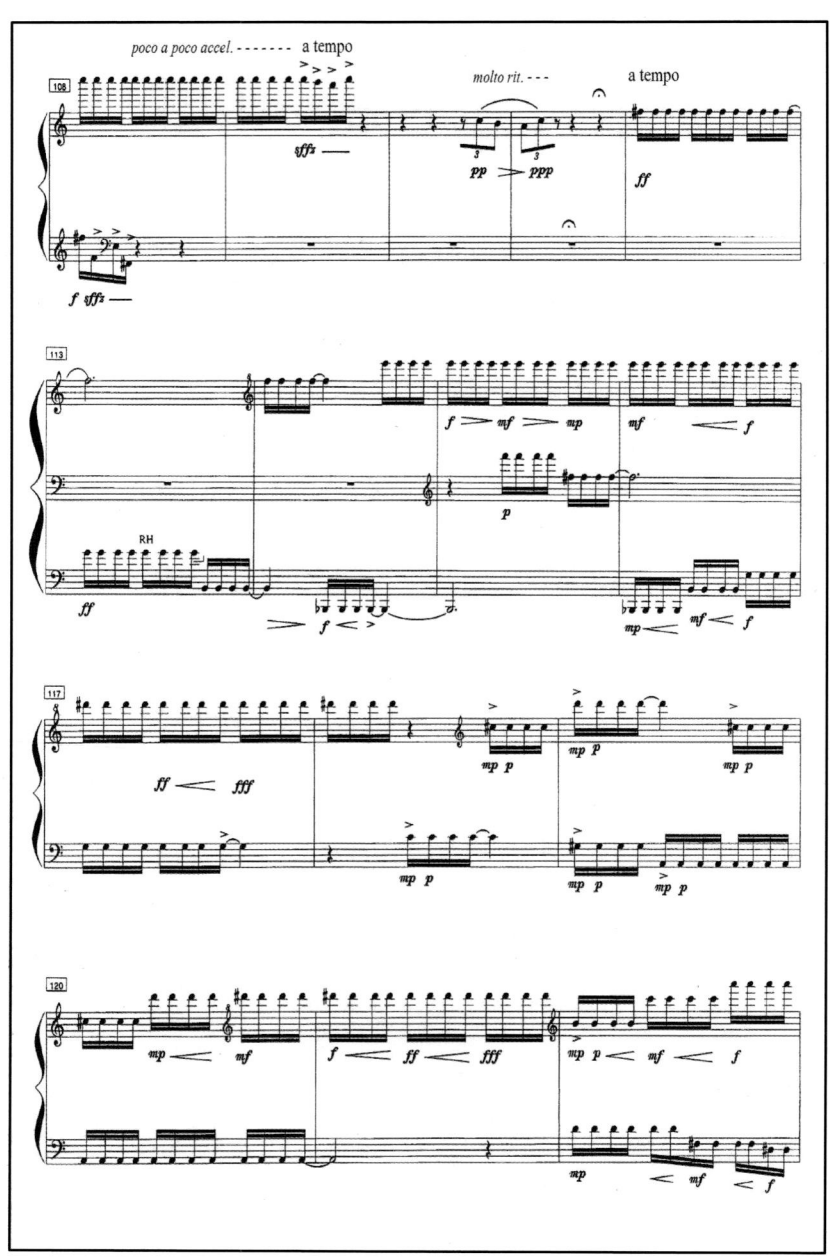

1640 절대음악 혼자 간다

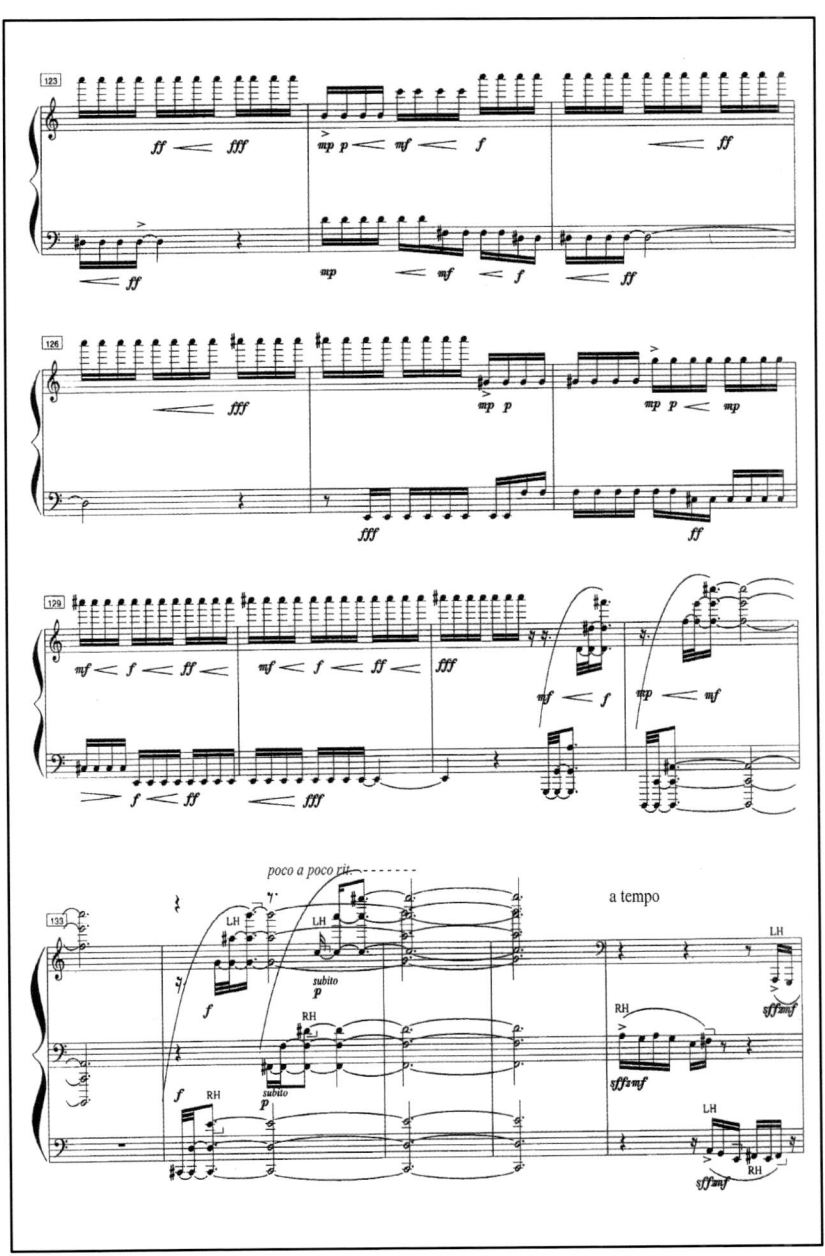

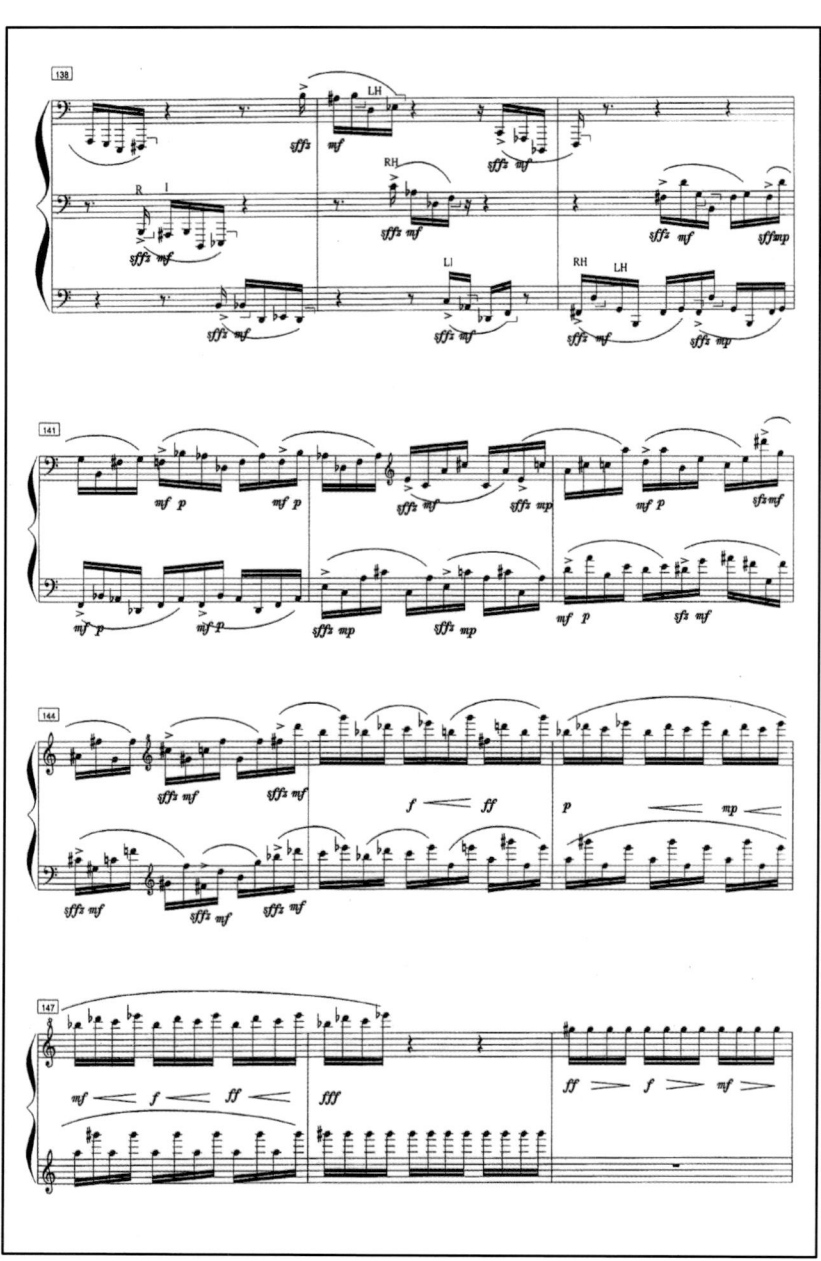

1642 절대음악 혼자 간다

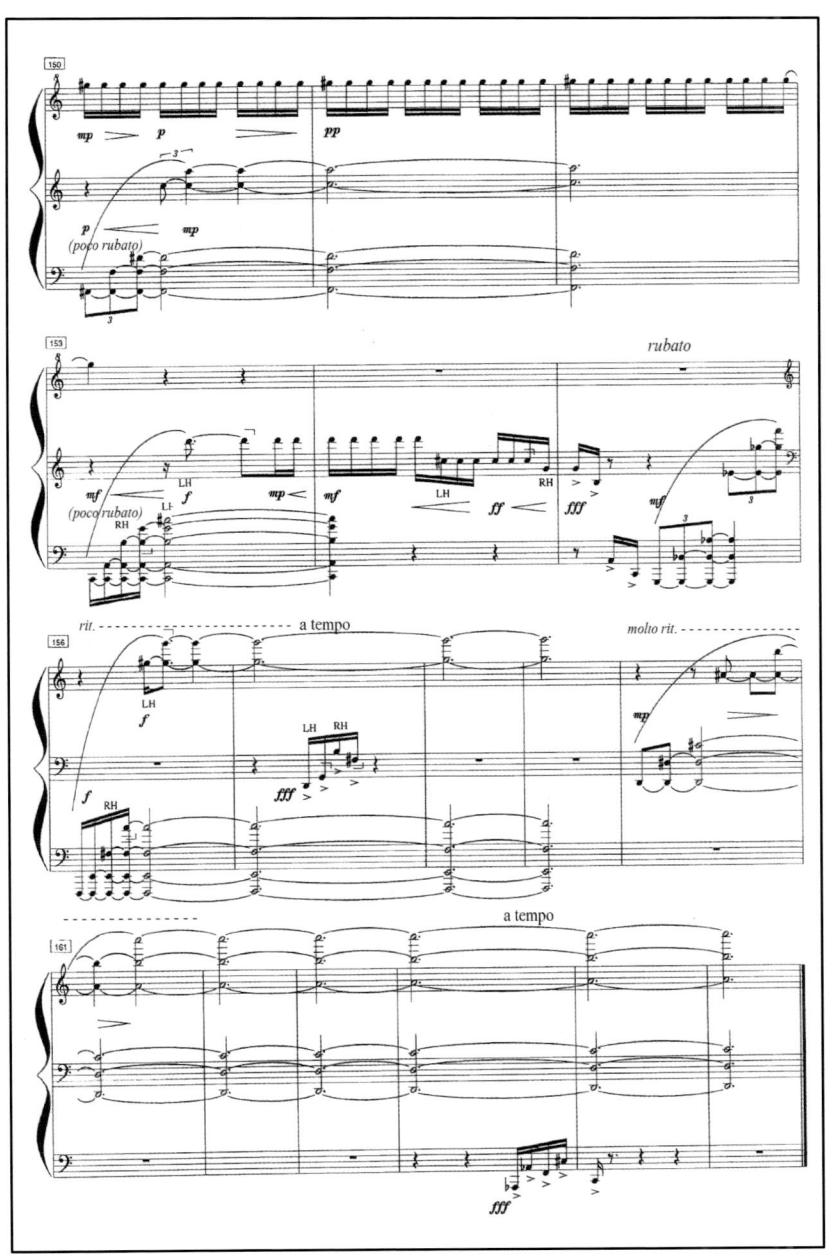

30. *AFFINITY*

for Flute and Two Pianos

플루트와 두 대의 피아노를 위한
"어피니티"

이여진 :: EUGENE LEE :: 李如辰
(2000)

세계초연
"New Music New Flute" 현대음악 연주회
연주자: 이소영 *(fl.)*, 정윤보 *(pf. I)*, 조상은 *(pf. II)*
장소: 금호아트 홀
일시: 2004년 4월 28일

Affinity (어피니티)의 중세 음악용어로서의 정의는 변형(transfor- mation) 군(群) 안에서의 상응(correspondence)을 뜻한다. 이것은 *deductio* (디덕 시오), *proprietas* (프로프리에타스), 그리고 동일한 음(音)기능*(vox)*에 의 한 변형을 통해 성취될 수 있다. [참조: 이여진. 부록 II: 15. "The two-voice o*rganum: Benedicamus Domino"*, pp. 1353ff]
좀 더 쉬운 설명으로는 선법(mode)들 사이의 어떤 유사성을 뜻하며 이를 통한 변형과 발전은 작곡가의 능력을 가늠하는 무한한 상상력으로 이어진 다.

"Affinity for Flute and Two Pianos"는 두 대의 피아노(piano) 사이의 상 호 여수(餘數, complement) 관계와 함께 플루트(flute)와 두 대의 피아노 사이의 비여수(noncomplement) 관계를 어피니티*(affinity)* 라는 개념을 통해 하나의 조합(combinatoriality)을 이루는 일종의 폴리포니(poly-phony)로 통합된다. [참조: 이여진의 『12音 음악언어』, 음연, 1995]

총 11부분(part)들이 끊김 없이 단일 악장 안에서 진행되는 연속적 변형 (transformation)과 발전(development)들은 그러나 단 한 개의 동일한 동 기 요소(motivic element)로부터 이루어진다.

불과 67cm의 작은 플루트가 악기들 중 오르간을 제외하면 가장 거대한, 그것도 두 대의 피아노와 맞서 음악적으로는 물론 심지어 다이내믹 (dynamic)까지도 서로 대등할 것이 요구되는 기술적으로나 표현적으로 높은 경지의 조정 및 통제, 그리고 고도의 집중력이 요구되는 작품이다.

비고(備考)

리듬 분활

(1) ♩♪♪♪ 은 ♩♪♪♪♪♪♪♪ 과 동일함으로 전체 길이는 점4분음표이다.

(2) ♪♪ 은 ♪♪♪♪ 과 동일함으로 전체 길이는 점8분음표이다.

임시기호

임시기호는 같은 마디 안에서 동일한 로씨*(loci)*, 즉 동일한 음도의 장소, 또는 위치에 있는 음들에만 적용된다. 예를 들어,

(1) 53 마디 플루트에서 모든 F_4 음은 제자리표인 반면에 모든 F_5 음에는 올림표가 적용 된다

(2) 217 마디 피아노 I 에서 모든 D_4, D_5, D_6, D_7 음들에는 올림표가 적용된다.

(3) 49 마디 피아노 II 에서 모든 G_3 음들은 제자리표인 반면 모든 G_2 음들에는 올림표가 적용된다

음자리표

높은 음 자리표 상단에 8이 표기되어 있으면 모든 음들은 한 옥타브 위로 연주된다.

페달링

페달 표시가 없더라도 음악적으로 적절한 장소에서 페달을 사용한다.

연주 시간:

약 13분.

NOTES

The Rhythmic divisions of

(1) ♪♪♪♪ is equal to ♫♫♫♫♫, so that the total duration is a dotted quarter note,

and

(2) ♪♪ is equal to ♫♫ so that the total duration is a eighth note.

Accidentals are affetected only those notes at the same loci in the same measure. For example,

(1) sharps are applied all F_5 notes, while naturals to all F_4 notes for Flute in measure 53,

(2) sharps are applied all D_4, D_5, D_6, and D_7 notes for Piano I in measure 217, and

(3) sharps are applied all G_2 notes, while naturals to all G_3 notes for Piano II in measure 49.

All notes are played an octave above than notated when 8 is written above G-clef as

Pedaling should be applied at musically appropriate places for both pianos even thoug dedaling marks are not indicated.

The total duration of the work is ca. 13 minutes.

1648   절대음악 혼자 간다

AFFINITY

for Flute and Two Pianos

EUGENE LEE
이여진(李如辰)
(2000)

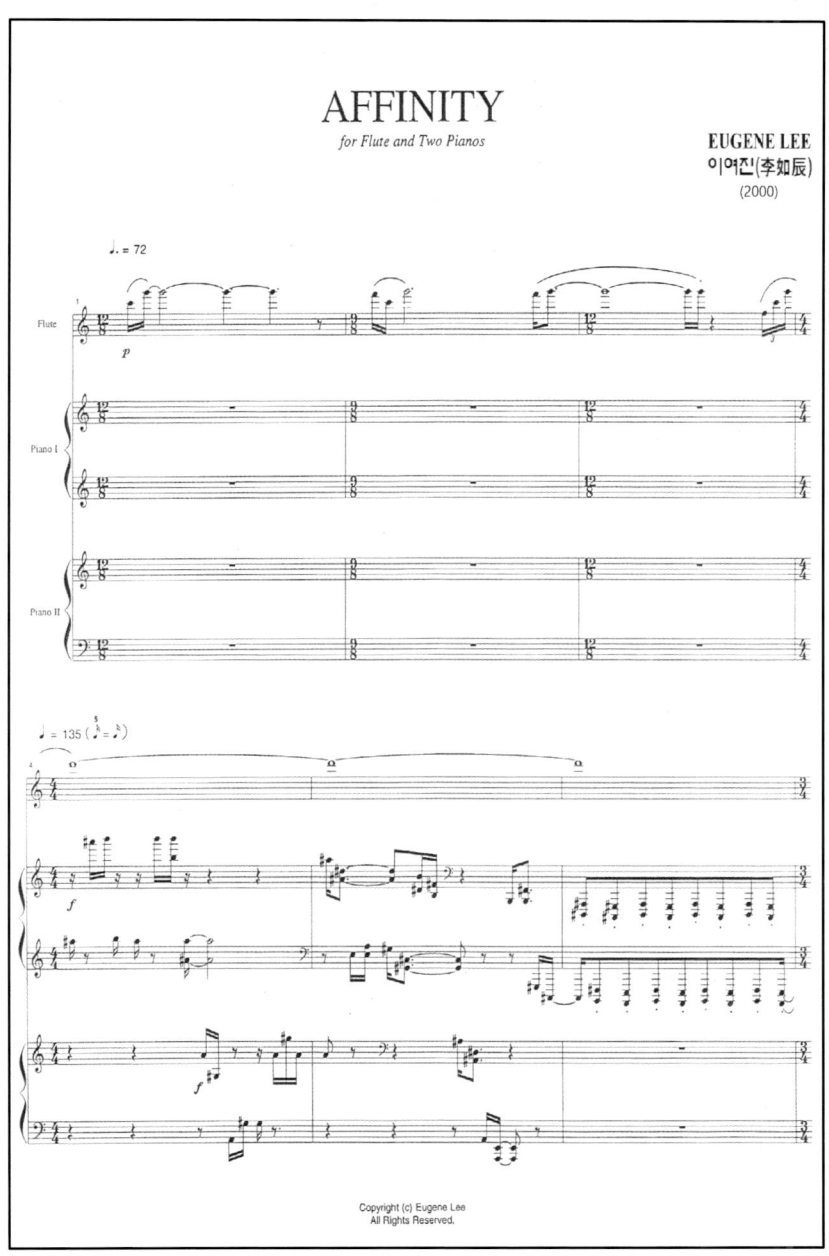

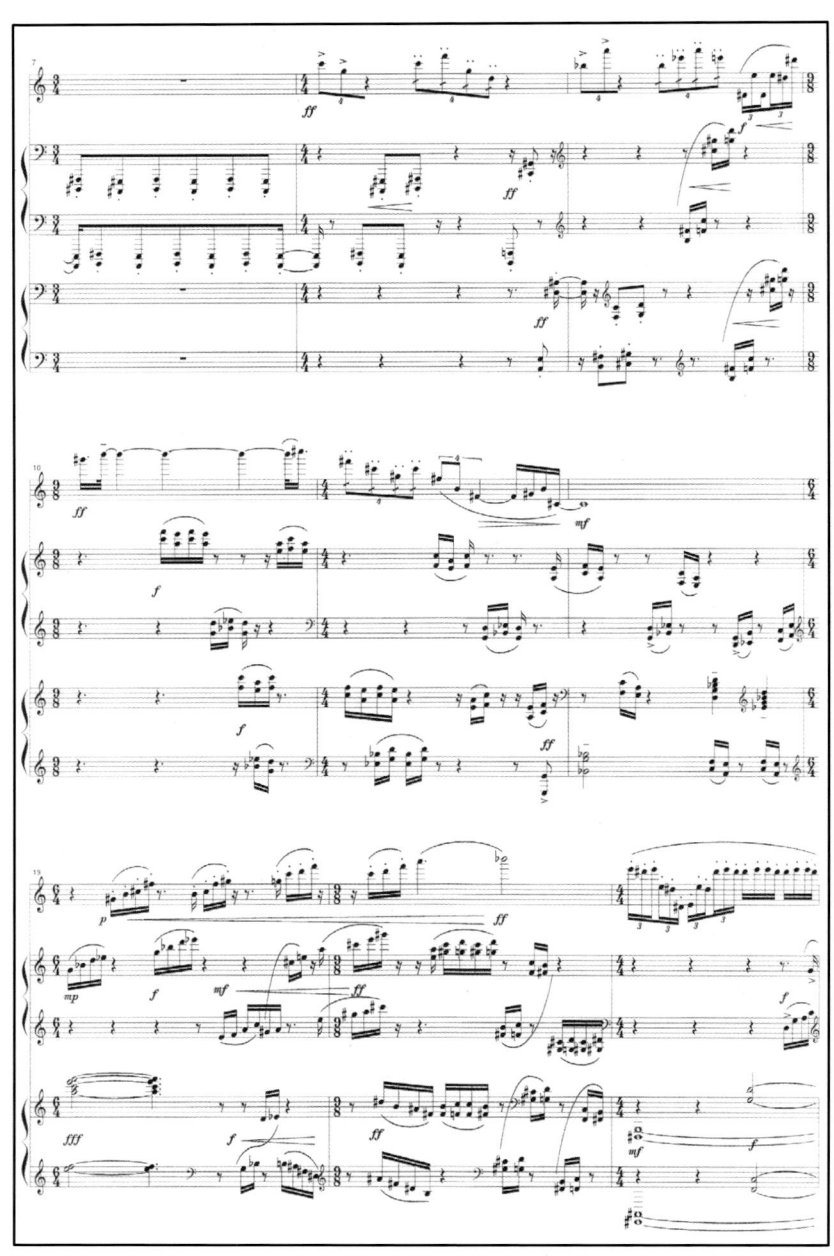

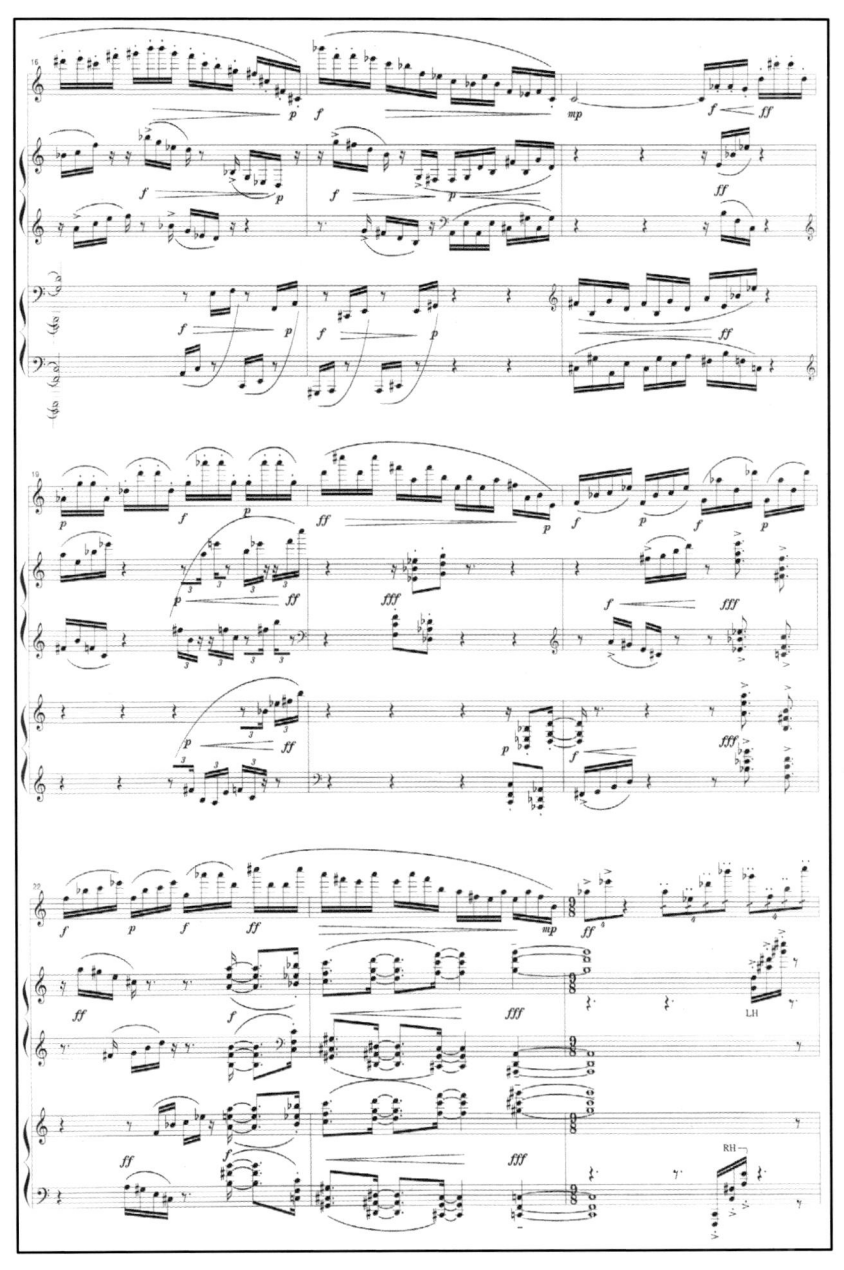

[C] 이여진: 30. *AFFINITY* for Flute and Two Pianos 1651

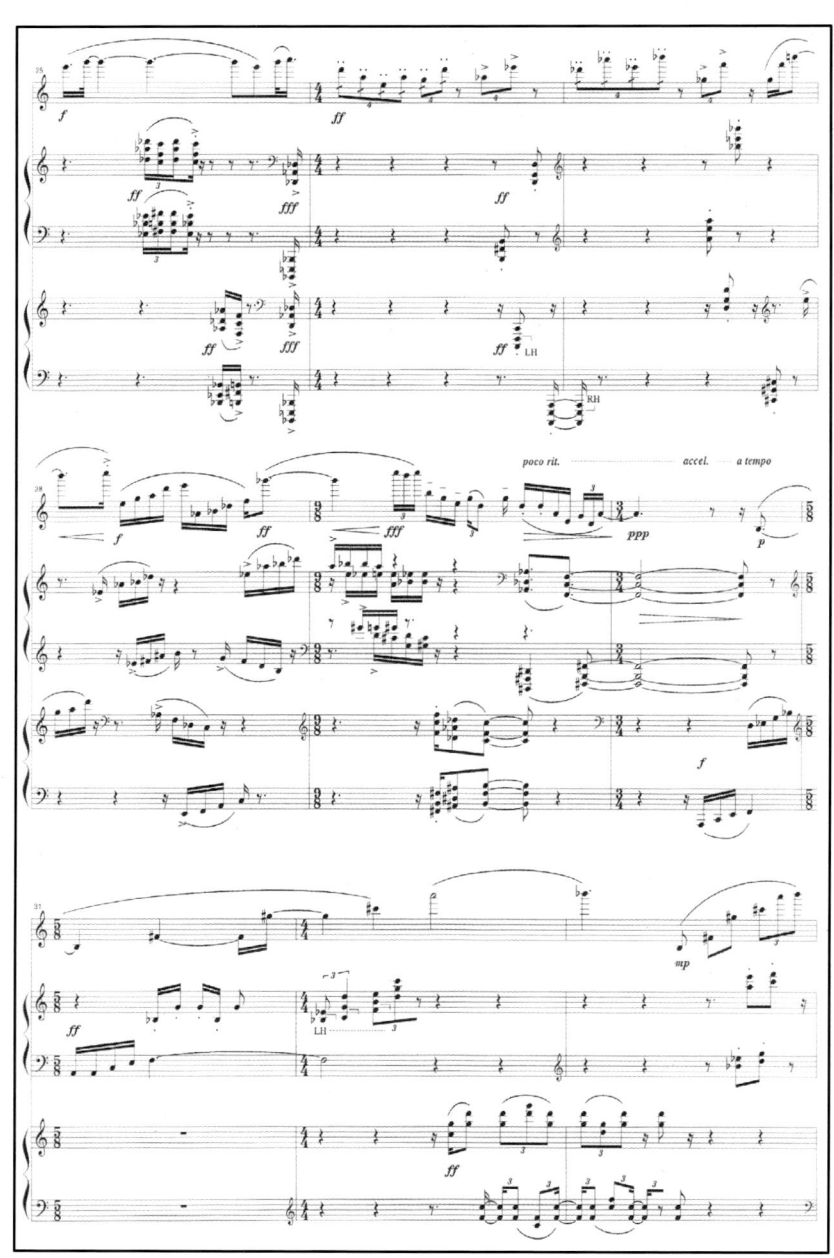

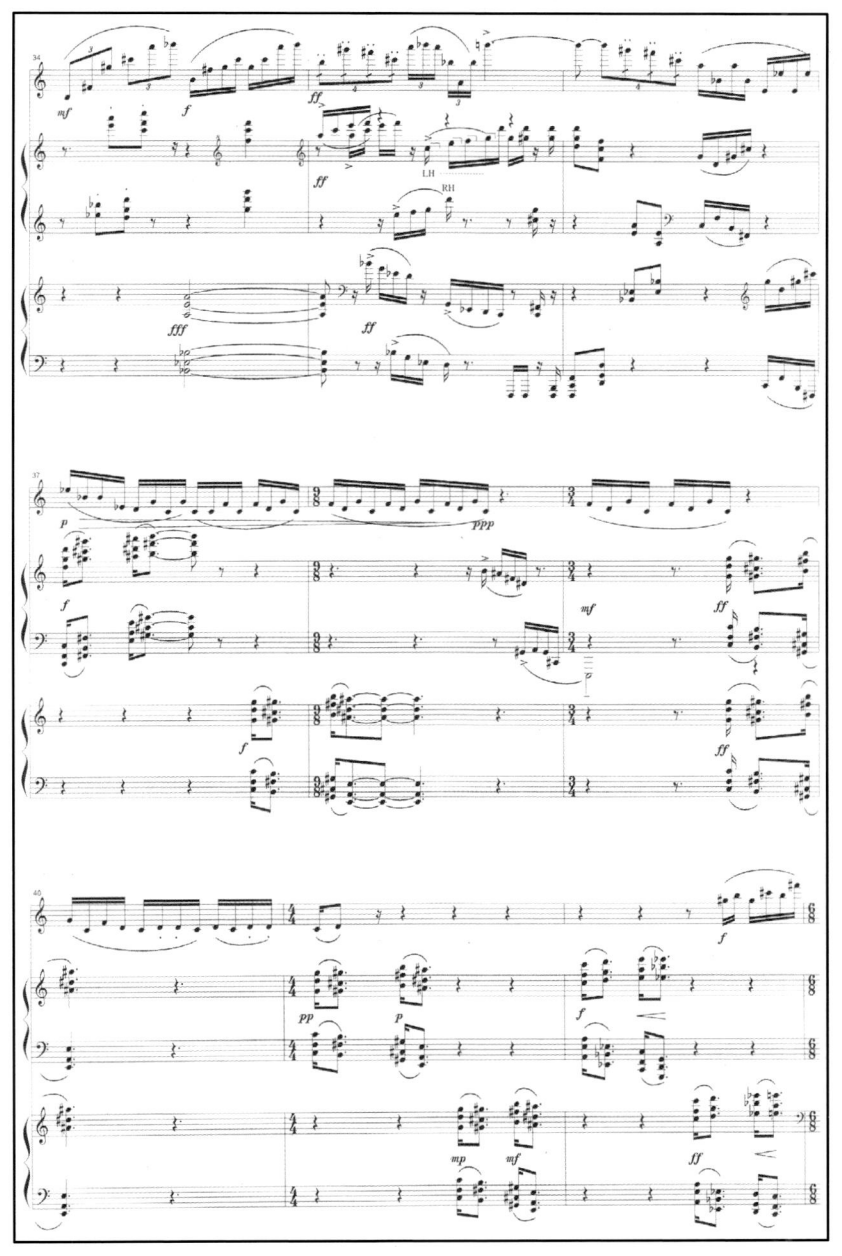

[C] 이여진: 30. *AFFINITY* for Flute and Two Pianos 1653

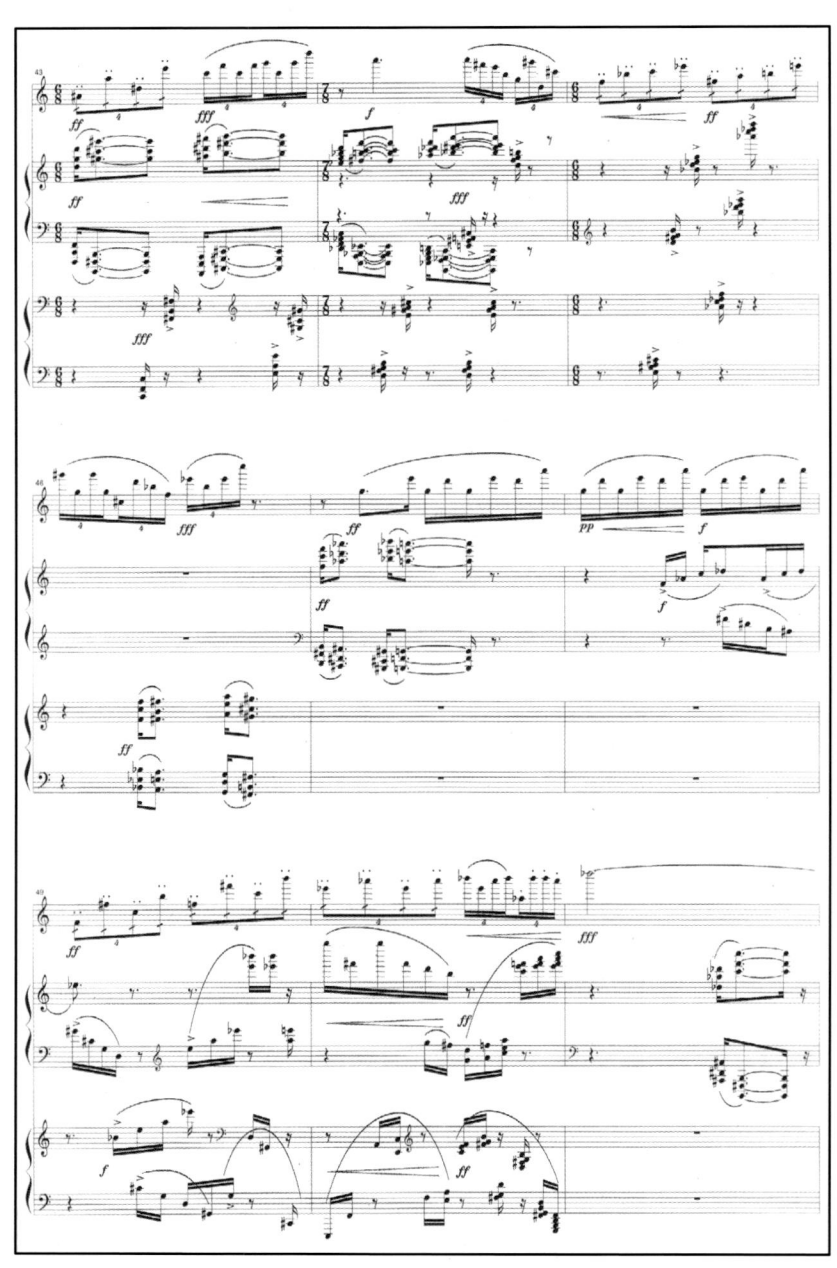

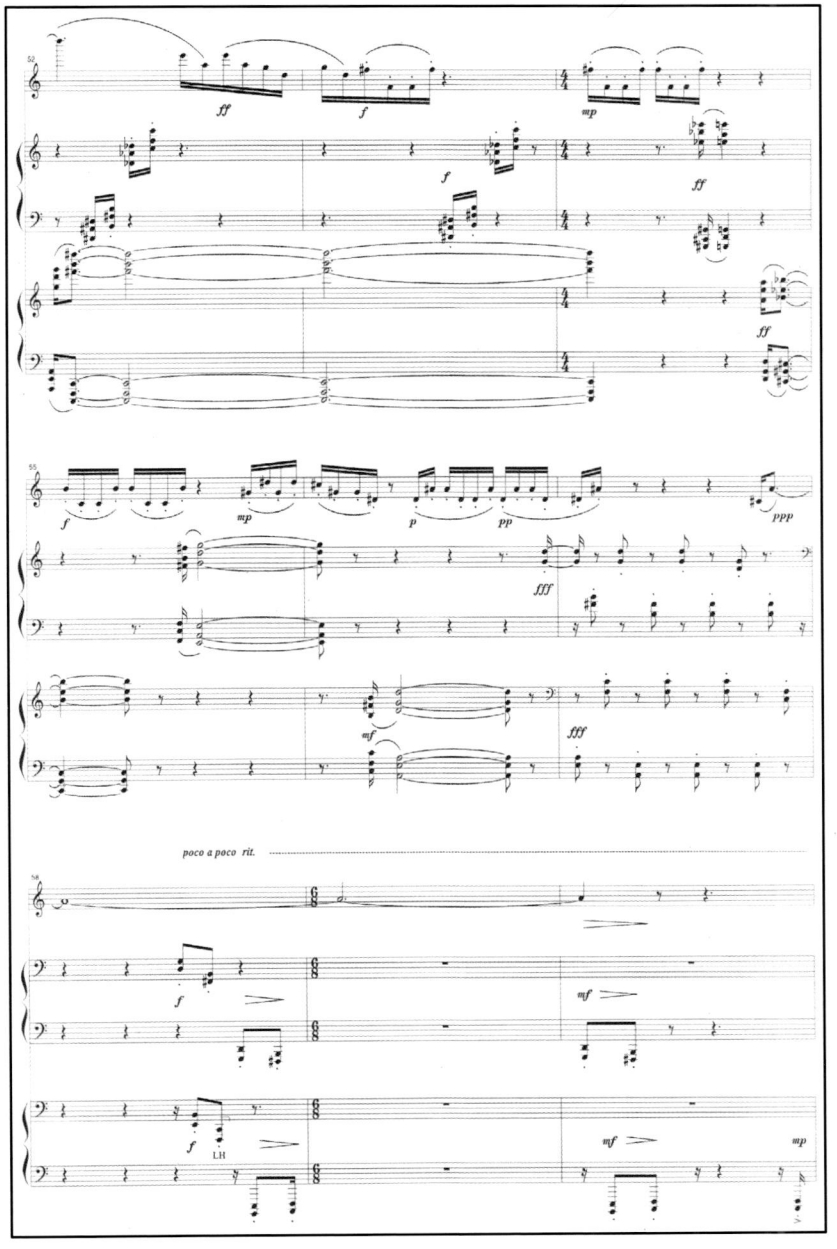

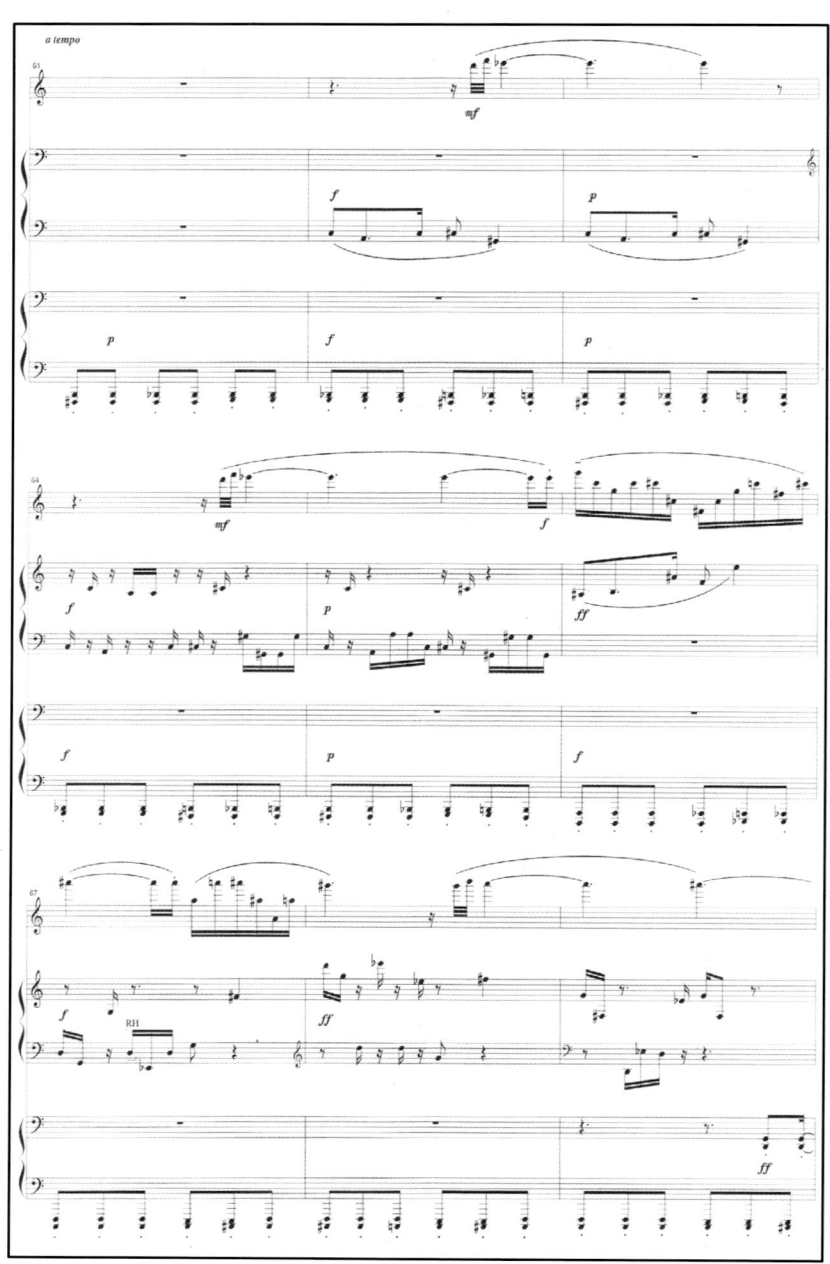

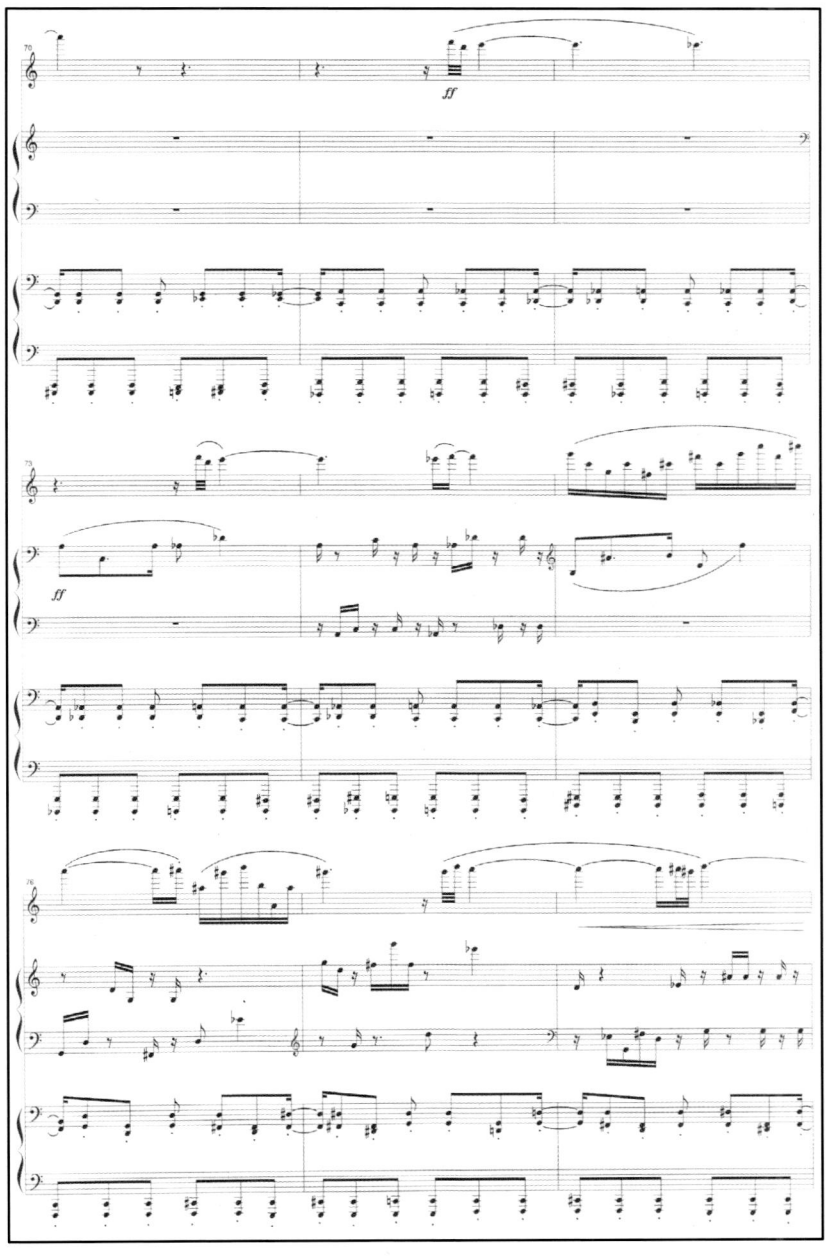

[C] 이여진: 30. *AFFINITY* for Flute and Two Pianos 1657

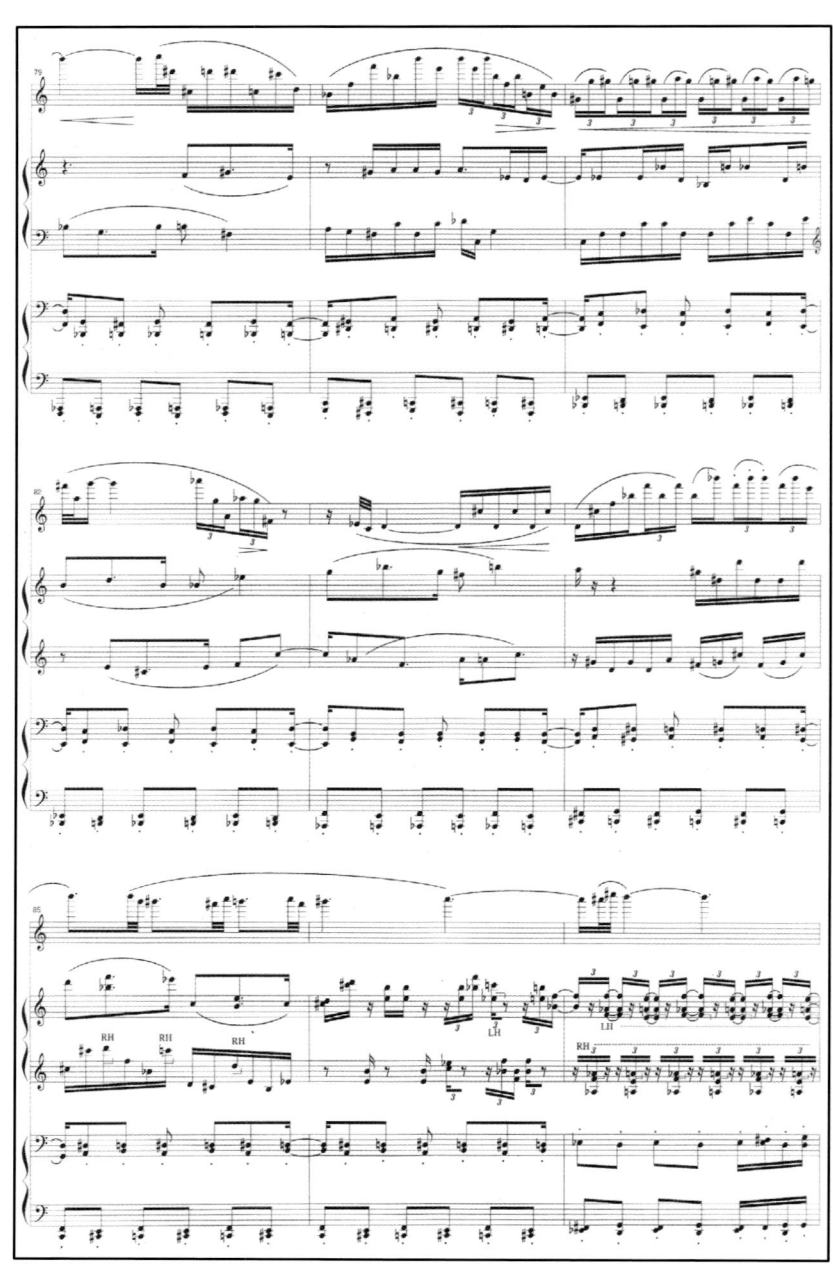

1658 절대음악 혼자 간다

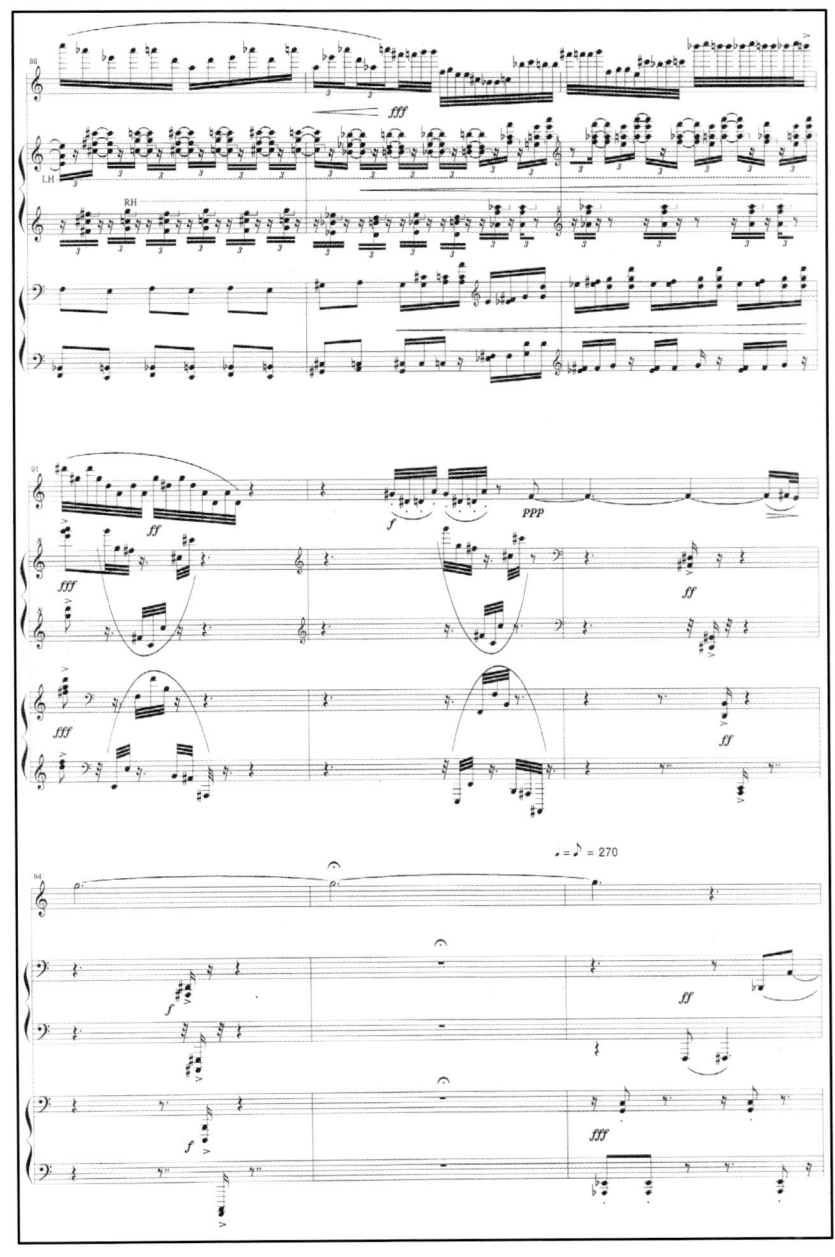

[C] 이여진: 30. *AFFINITY* for Flute and Two Pianos 1659

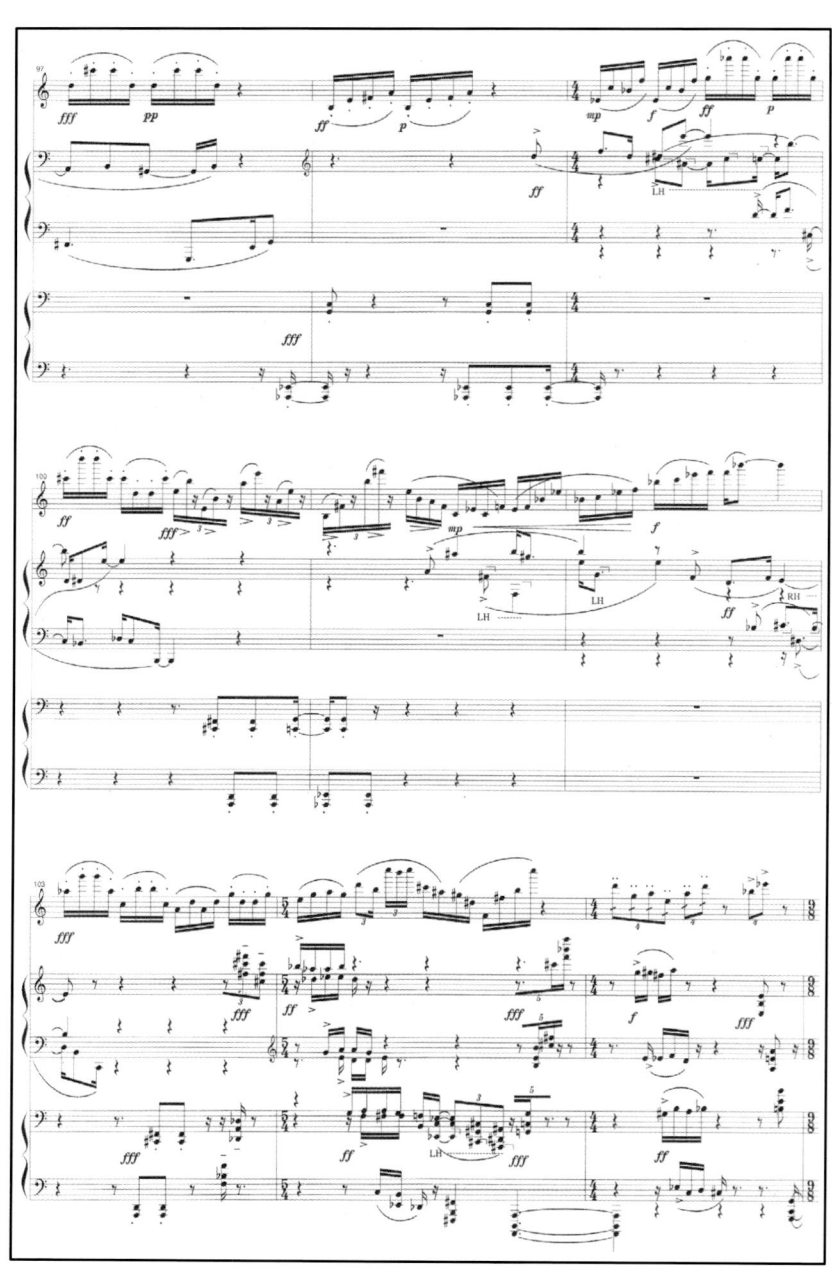

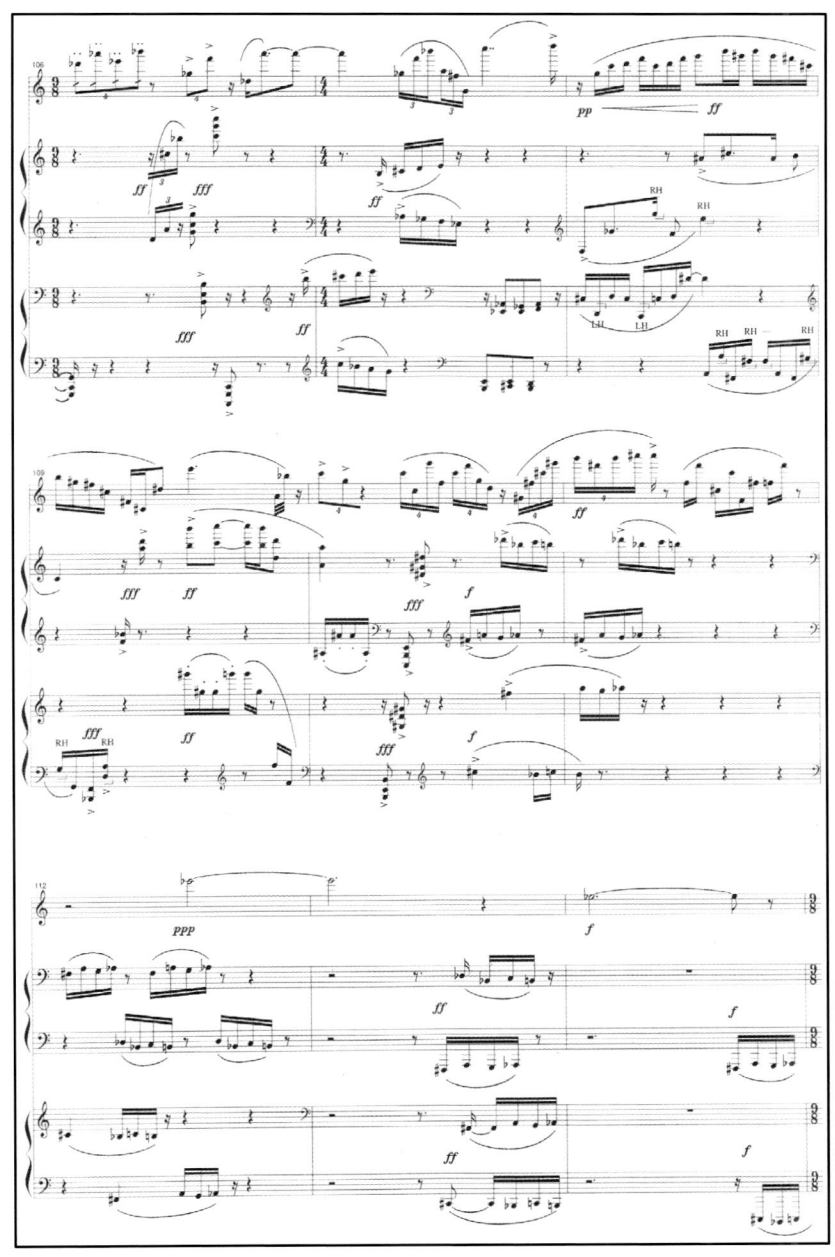

[C] 이여진: 30. *AFFINITY* for Flute and Two Pianos 1661

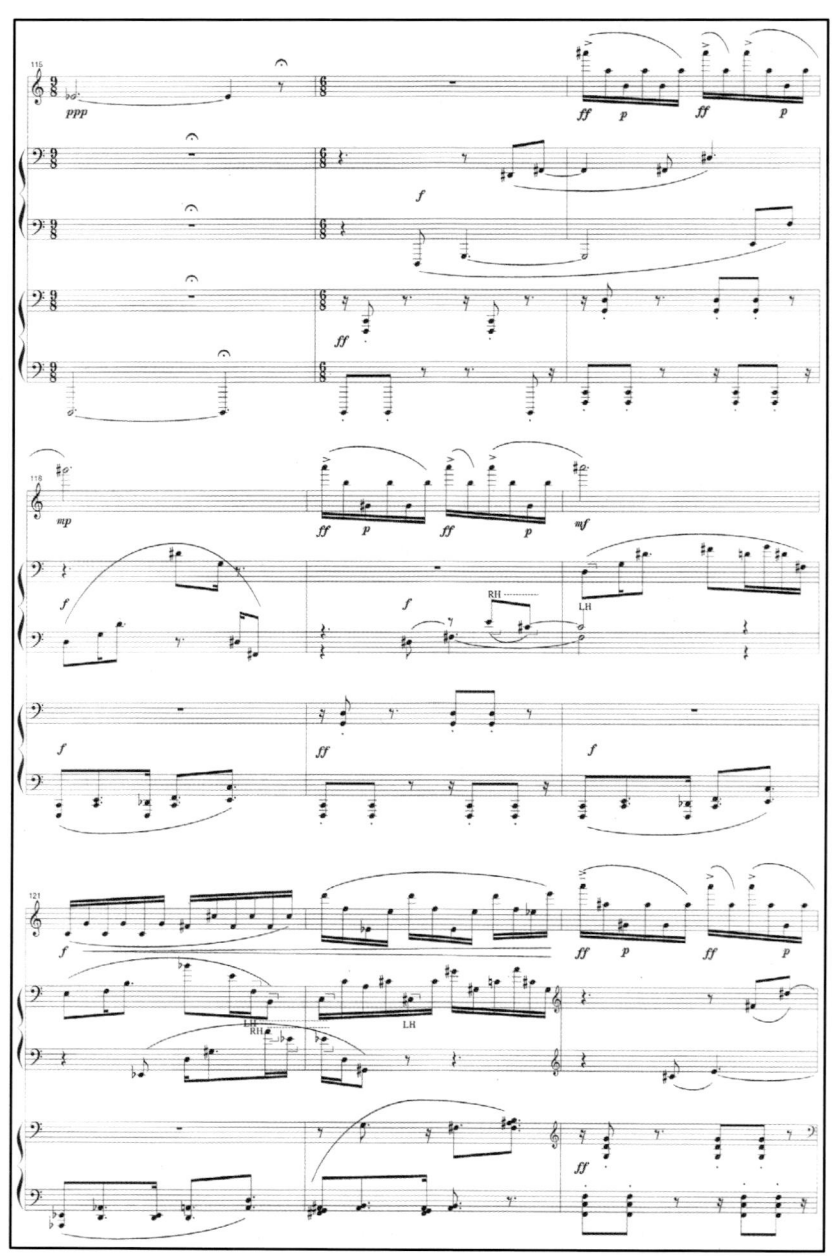

1662   절대음악 혼자 간다

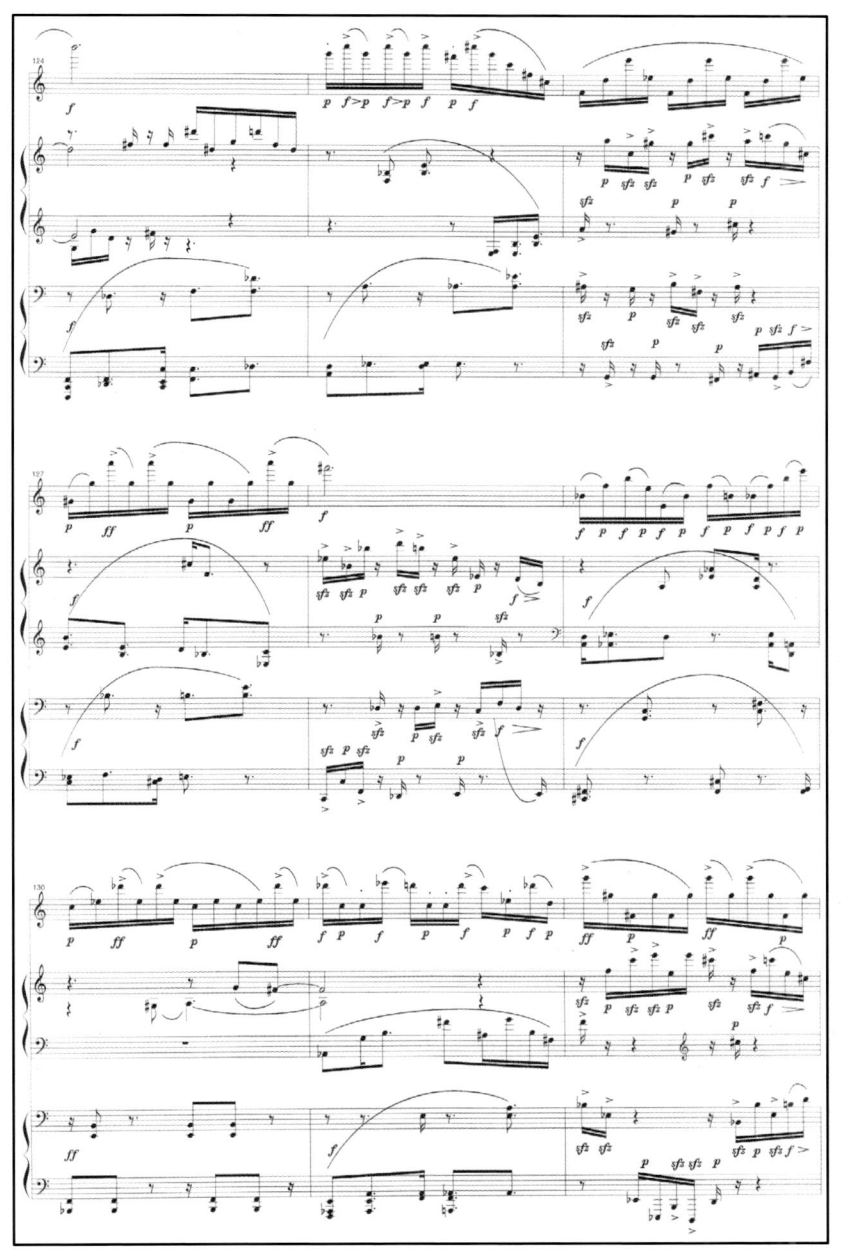

[C] 이여진: 30. *AFFINITY* for Flute and Two Pianos 1663

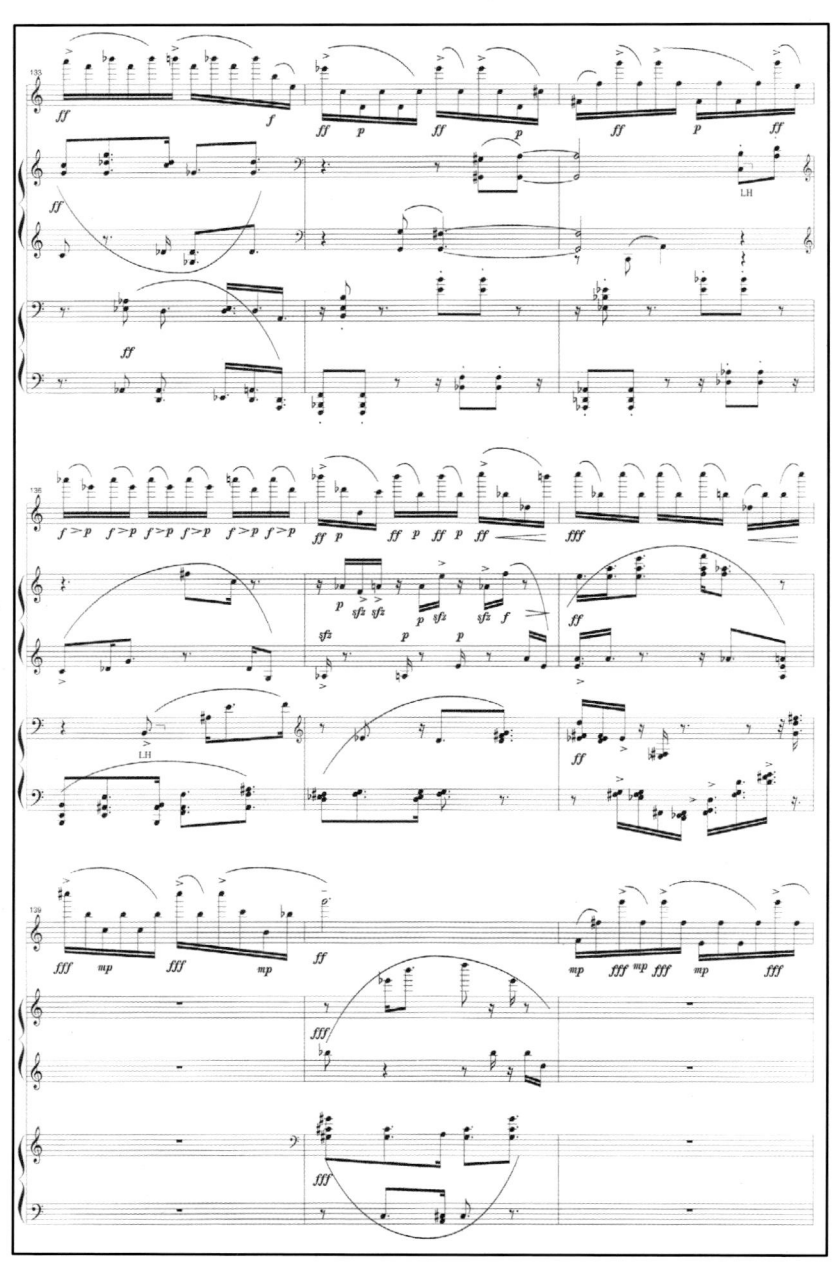

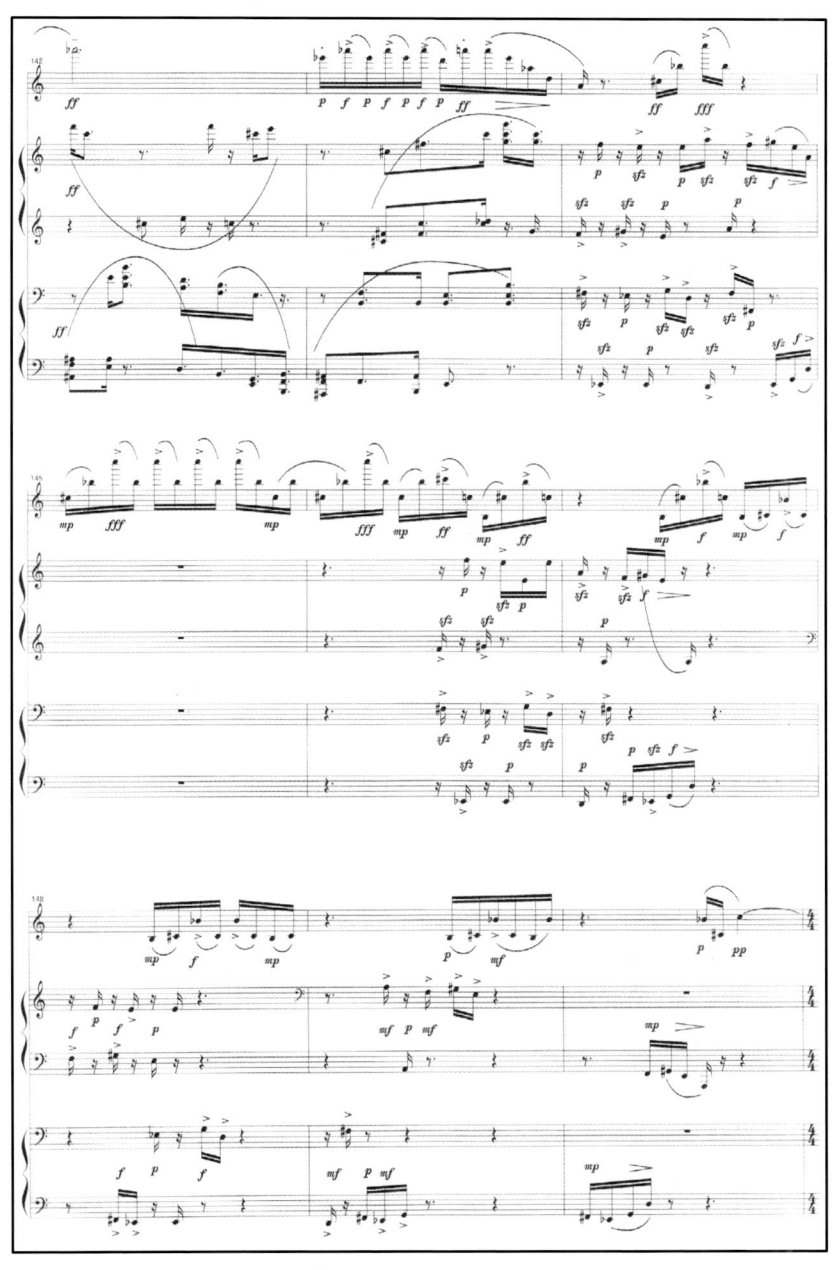

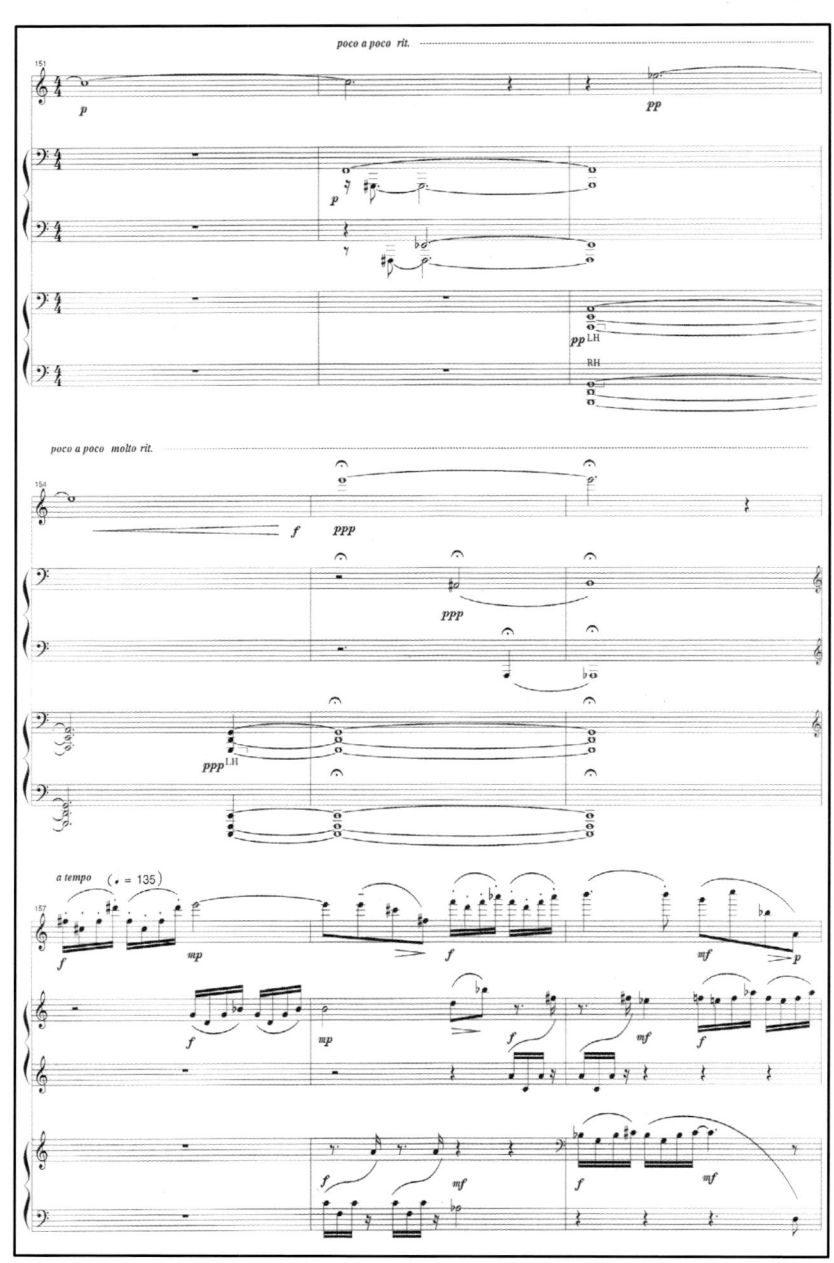

1666 절대음악 혼자 간다

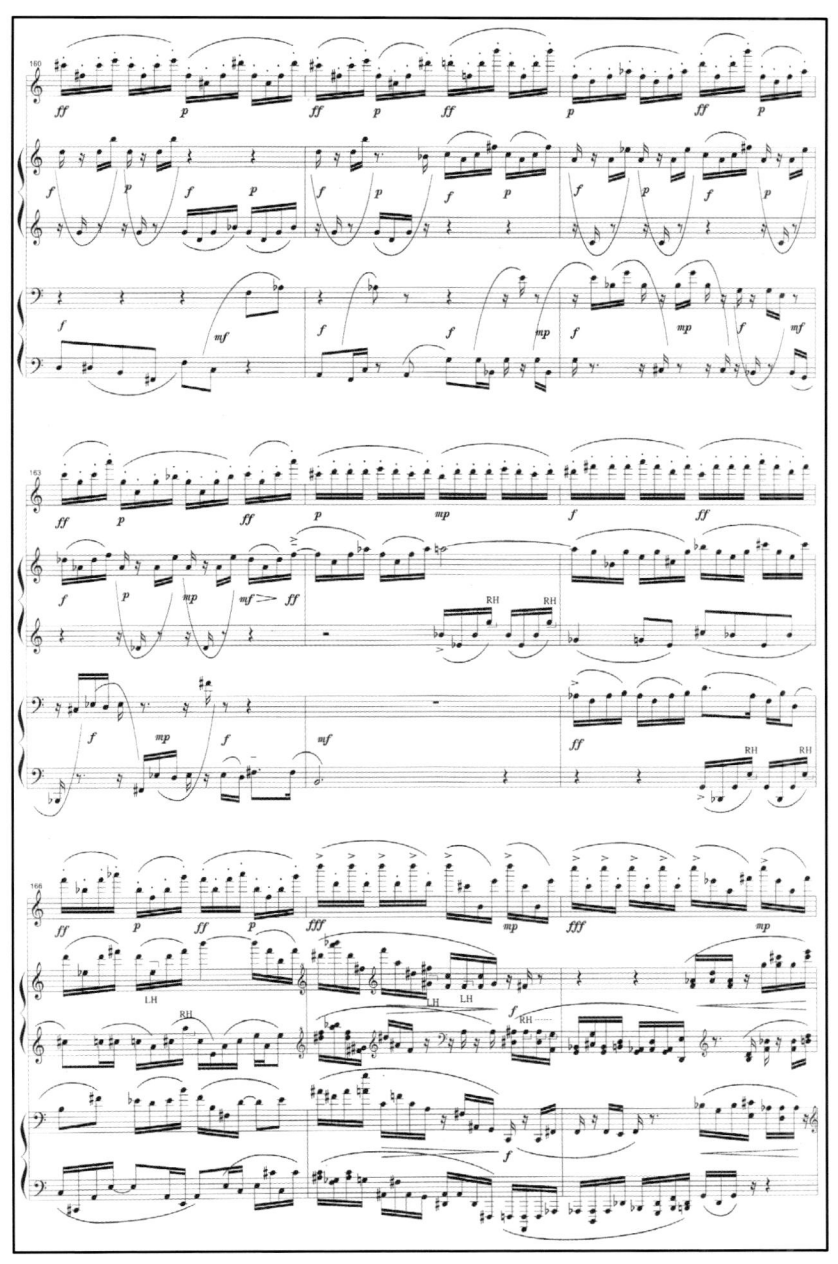

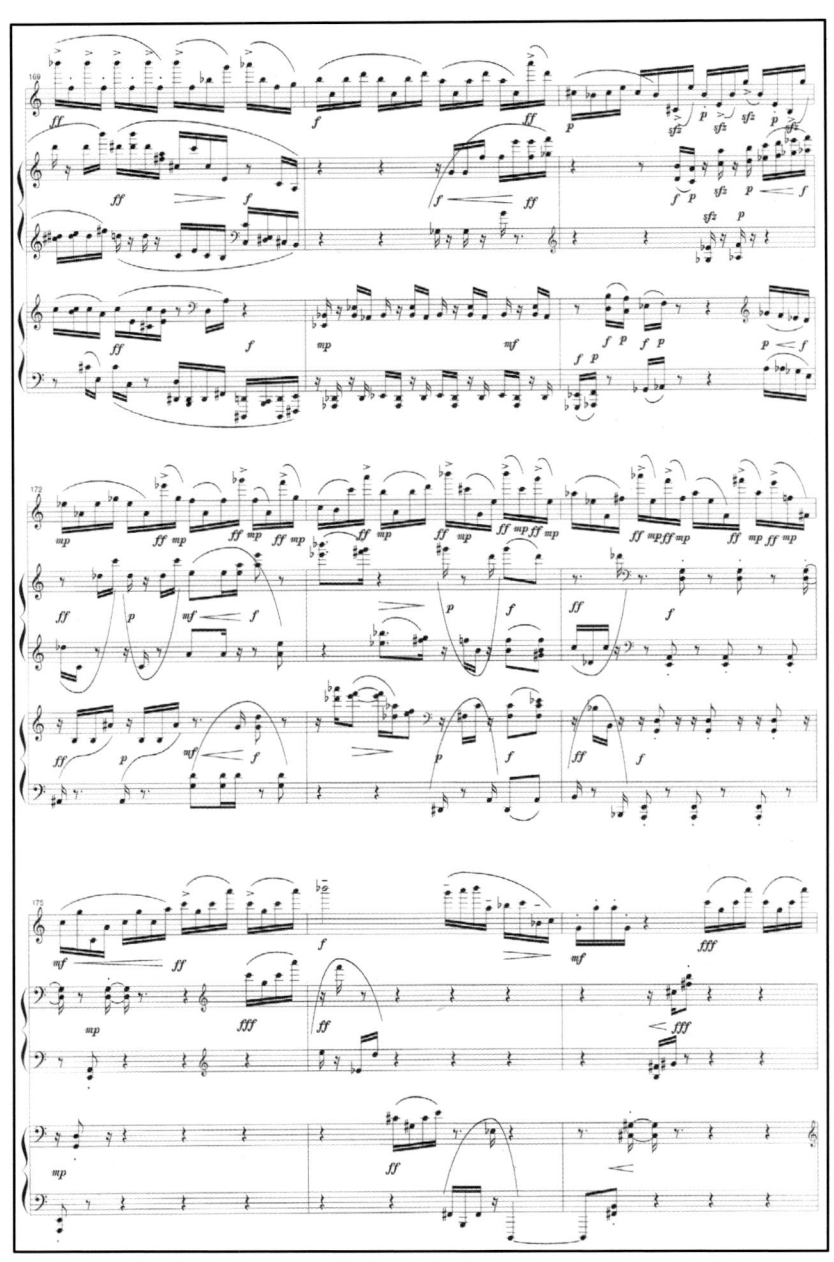

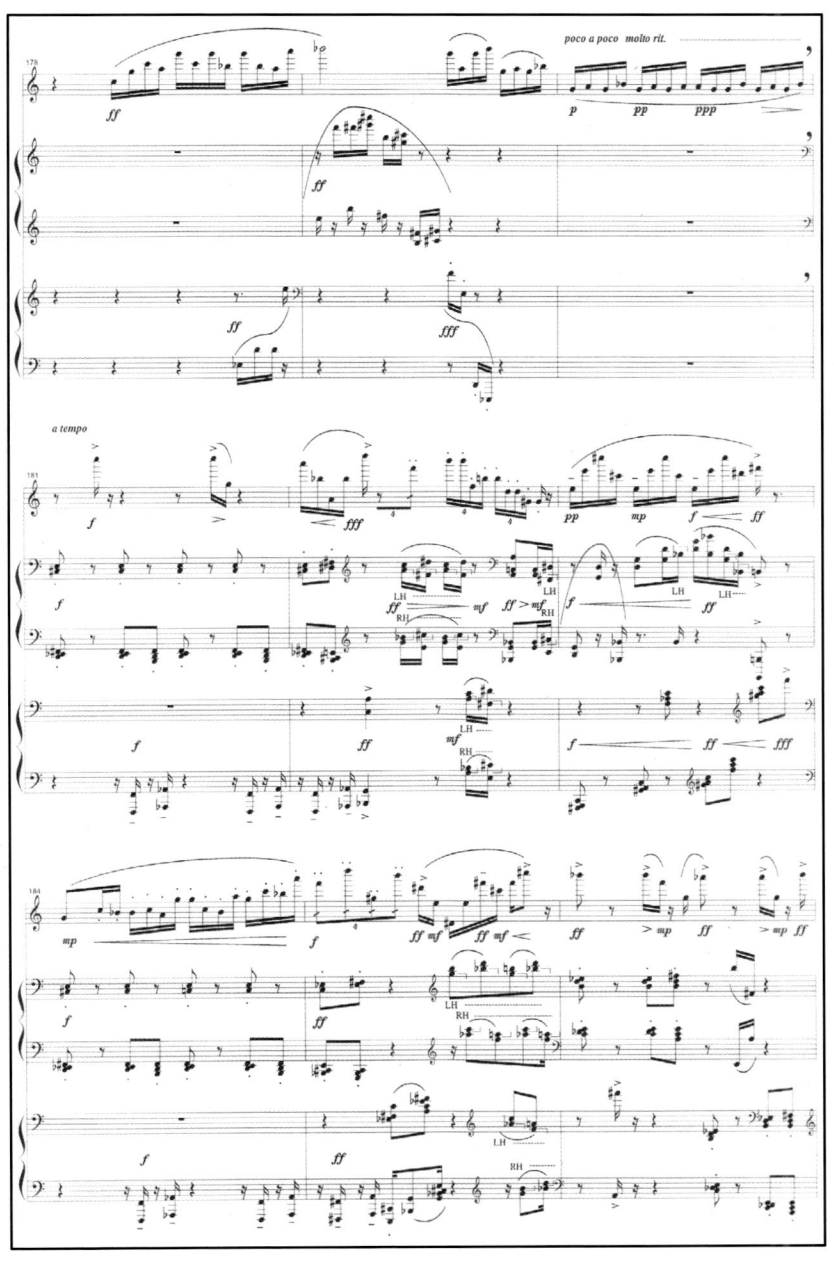

[C] 이여진: 30. *AFFINITY* for Flute and Two Pianos 1669

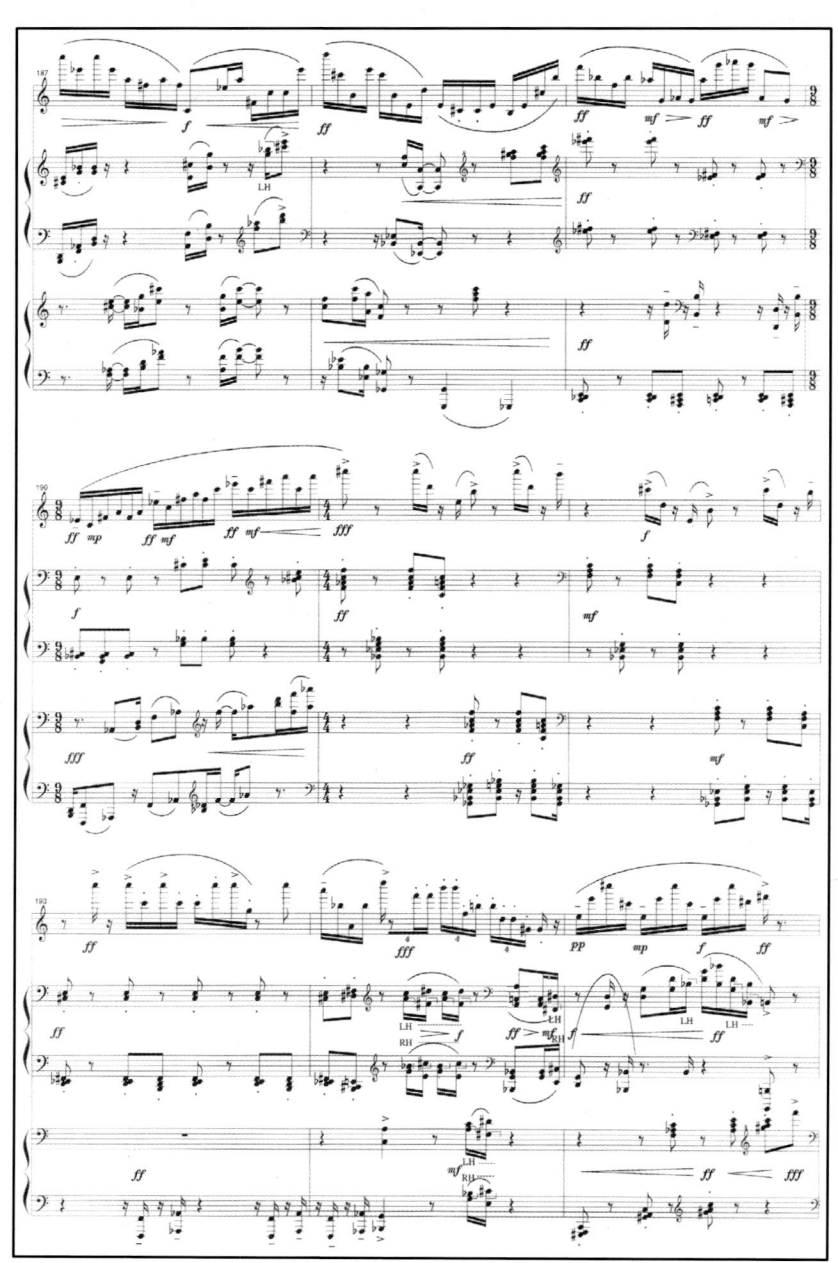

1670   절대음악 혼자 간다

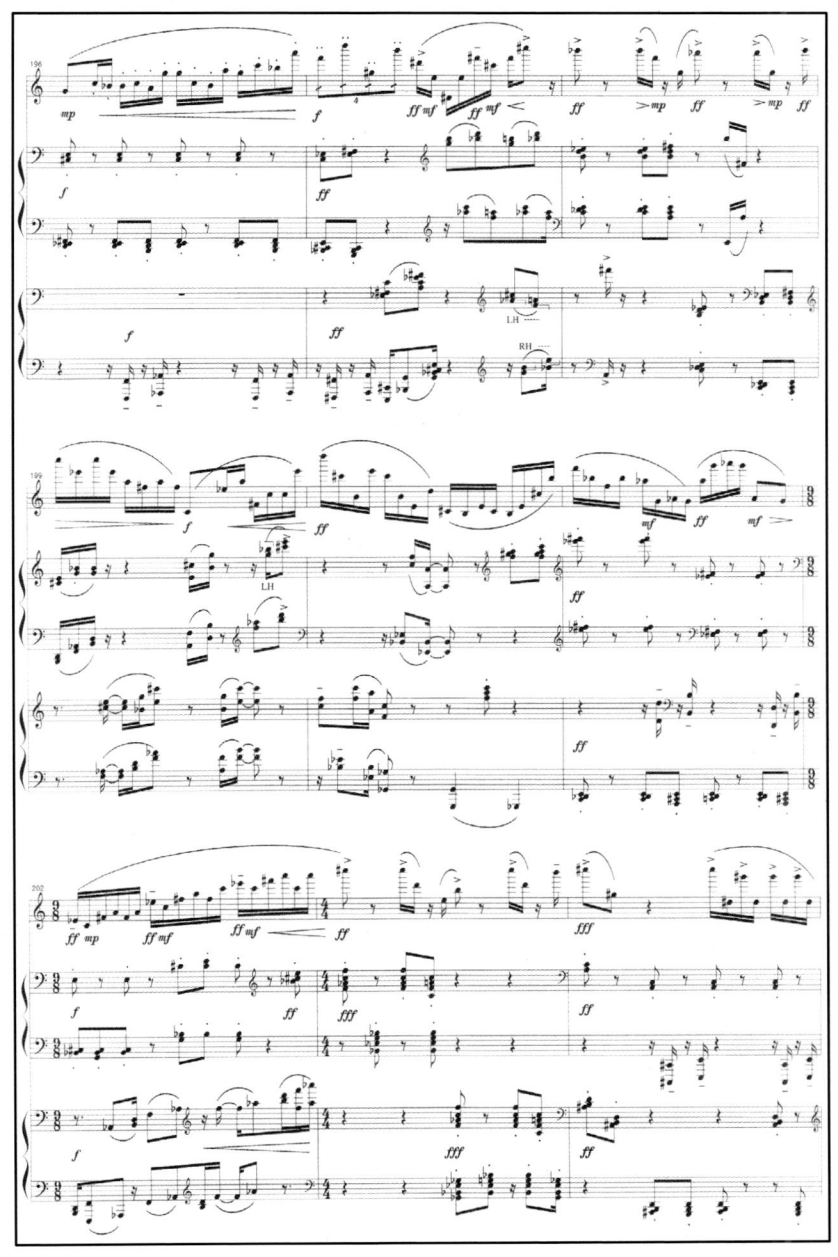

[C] 이여진: 30. *AFFINITY* for Flute and Two Pianos 1671

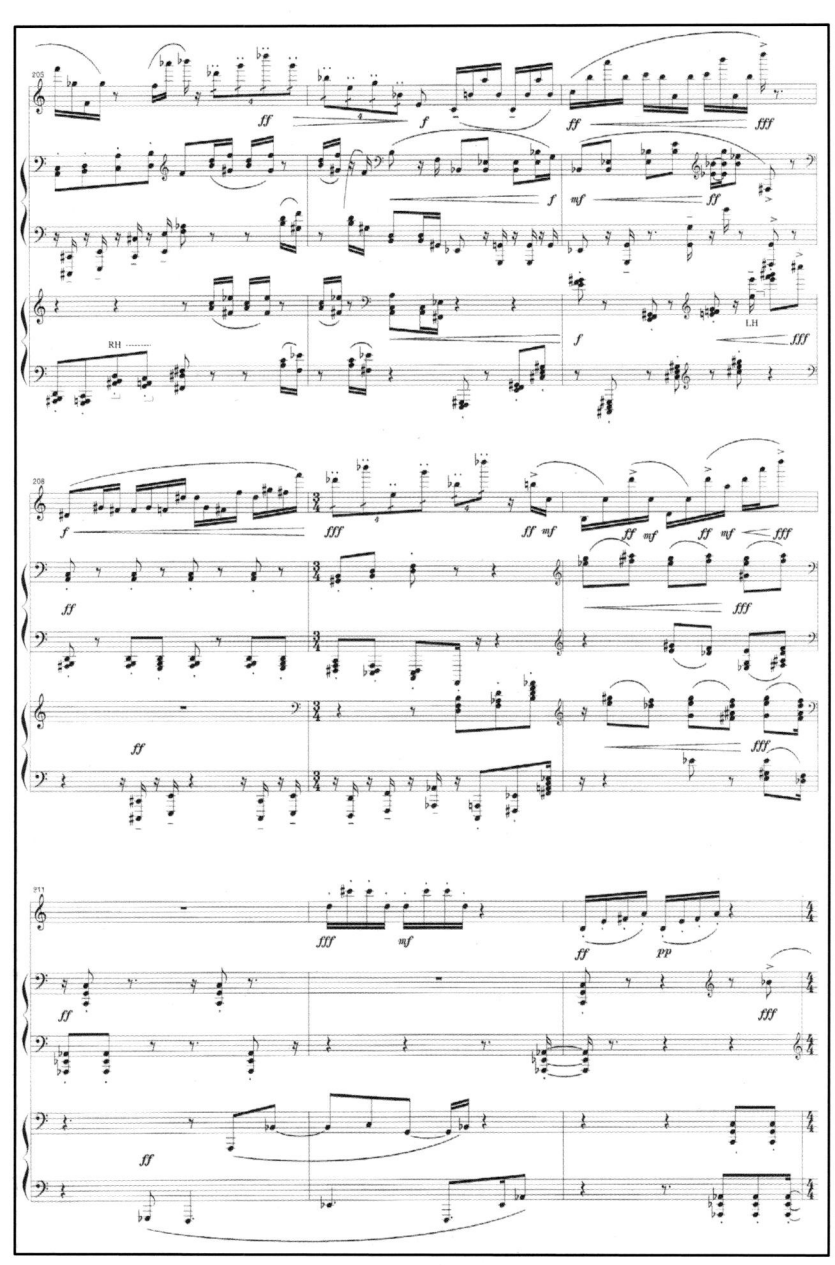

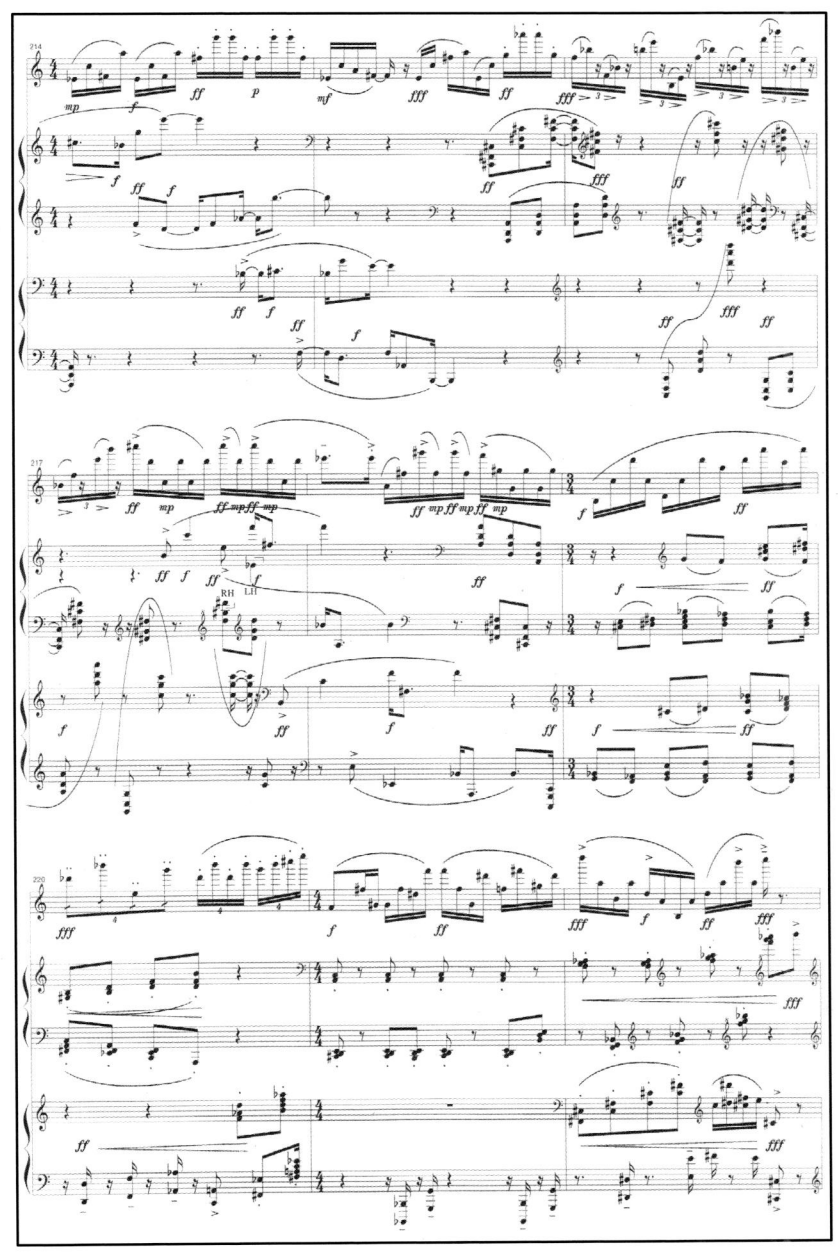

[C] 이여진: 30. *AFFINITY* for Flute and Two Pianos 1673

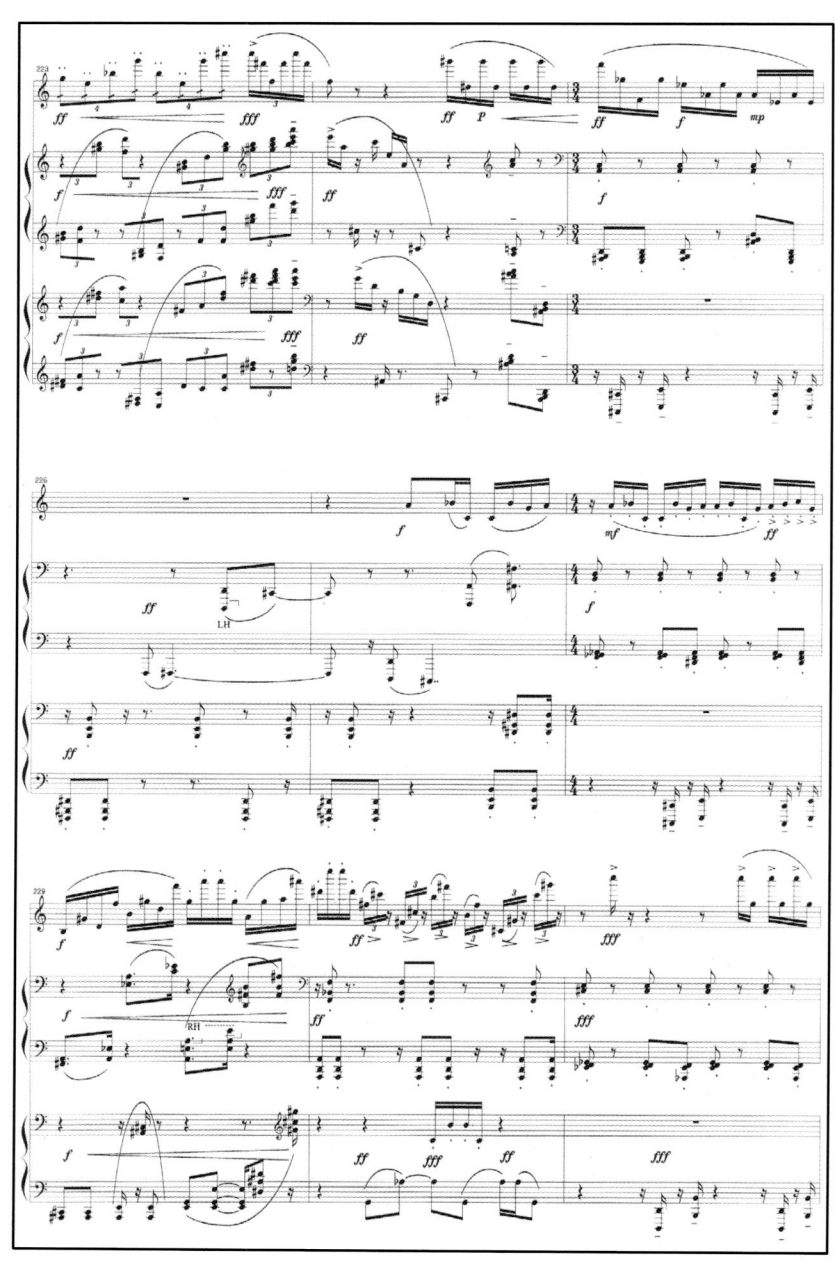

1674　절대음악 혼자 간다

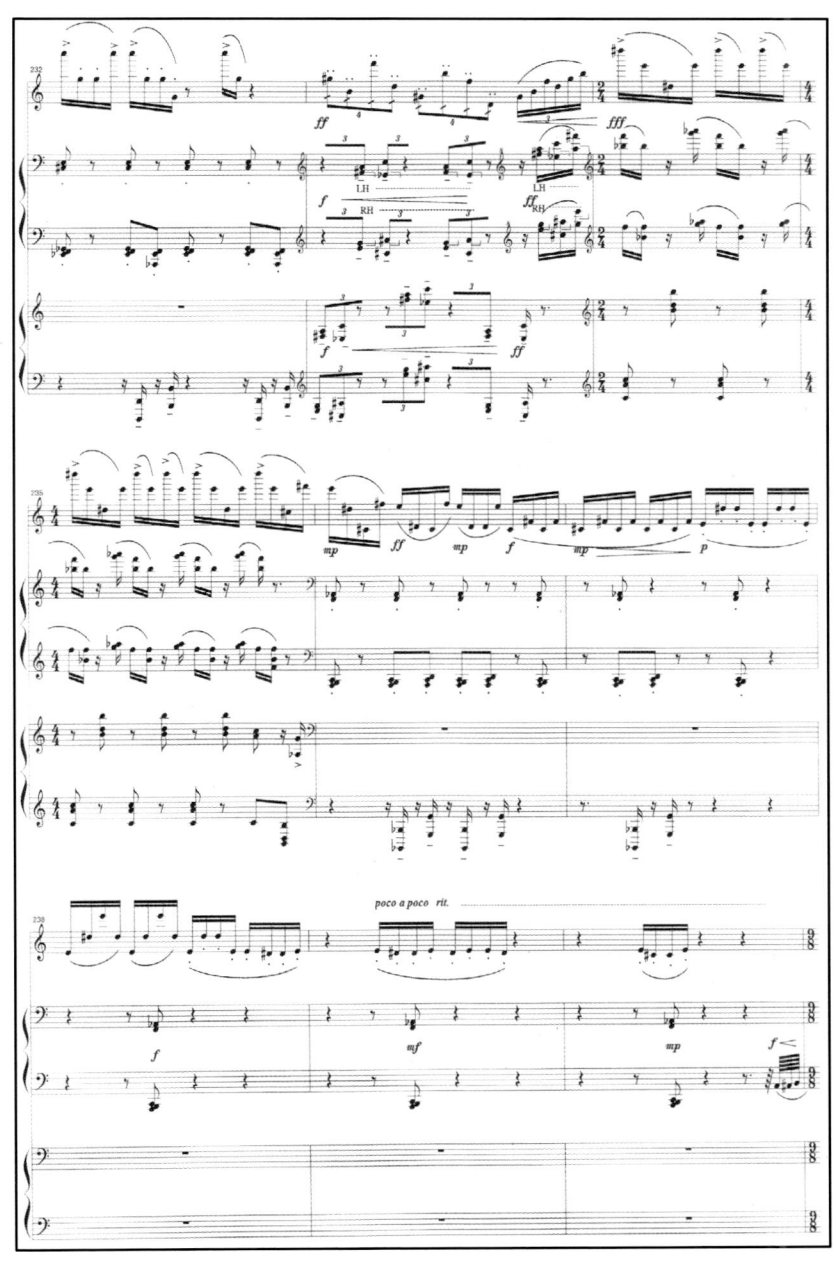

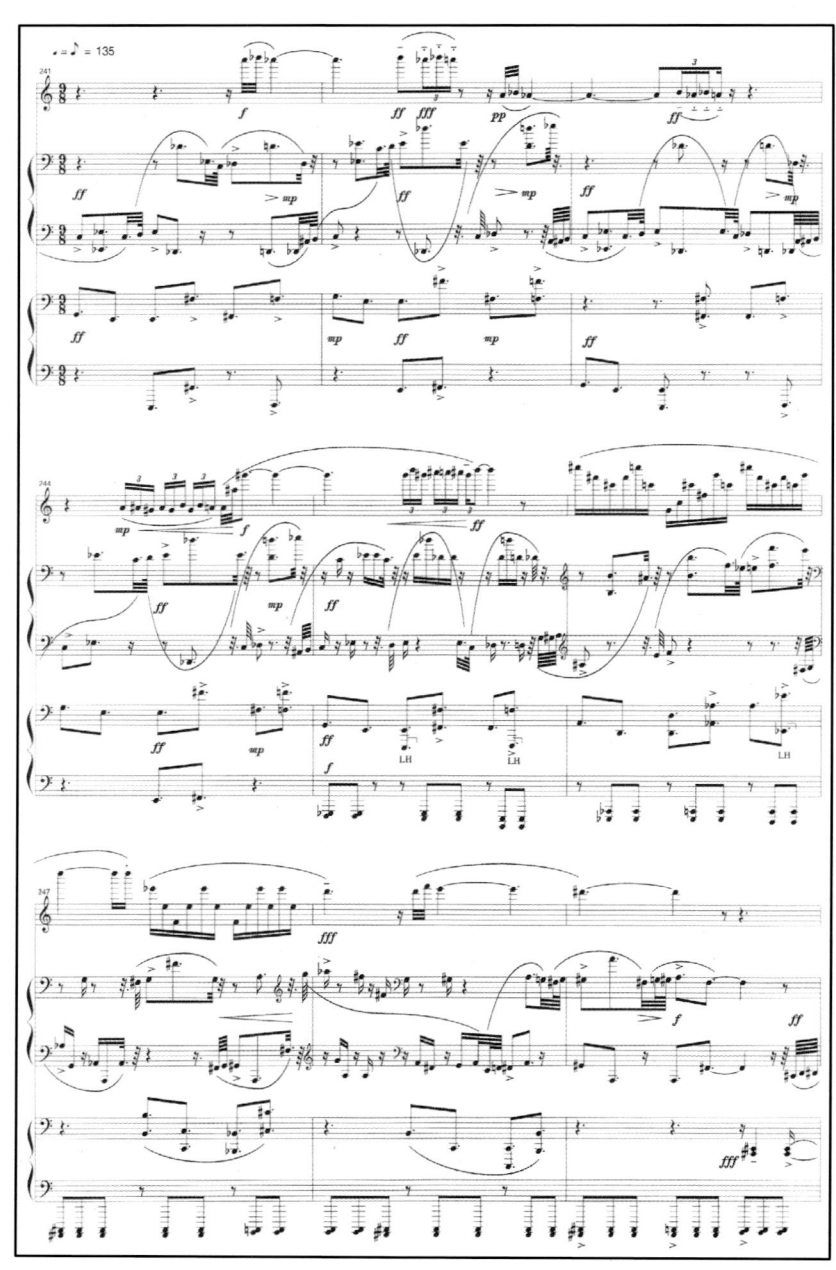

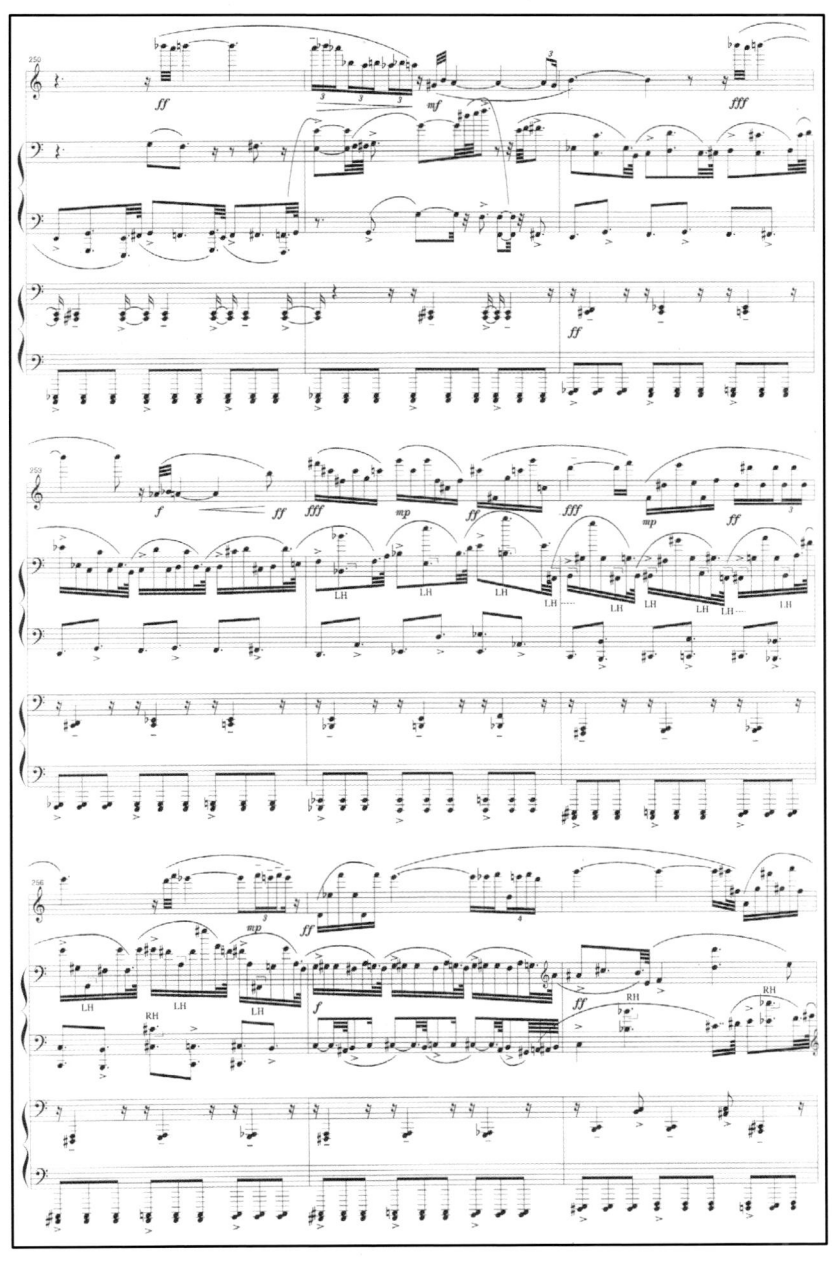

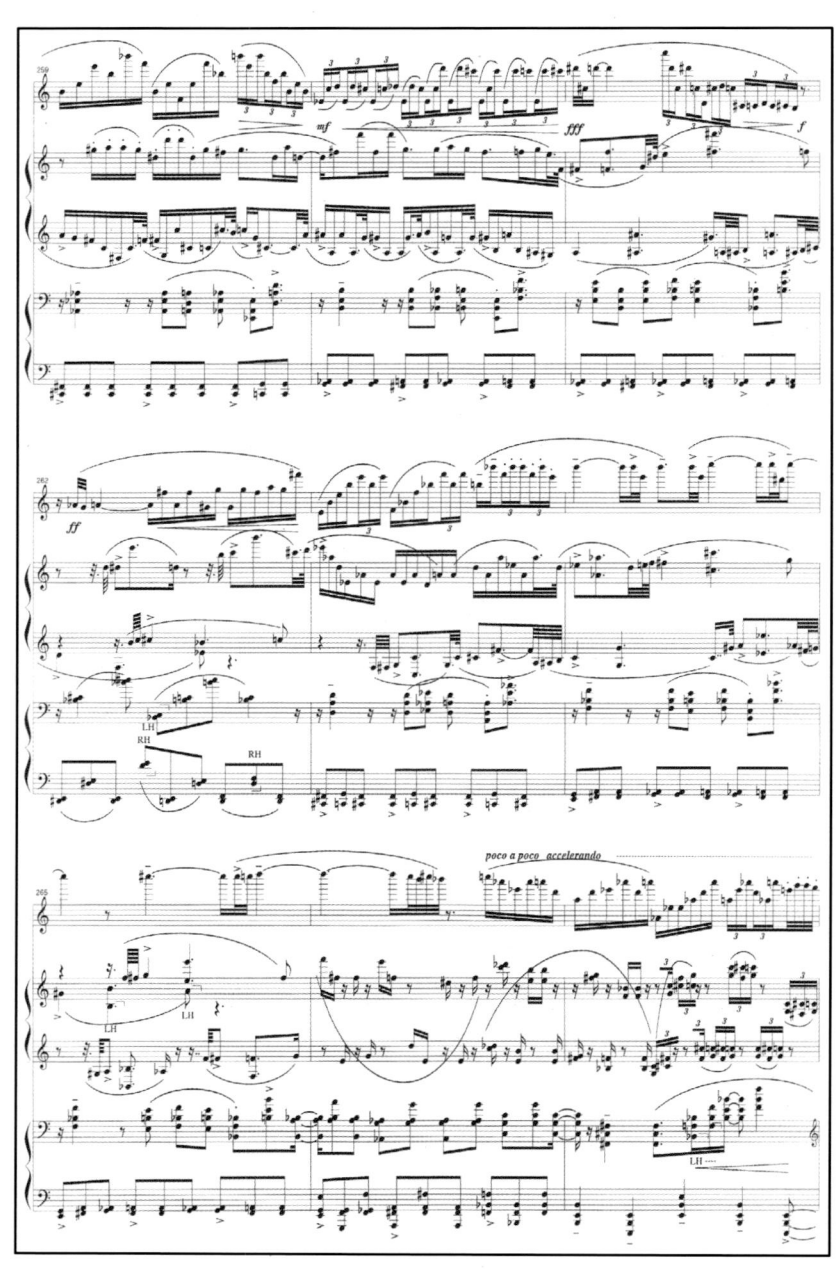

1678   절대음악 혼자 간다

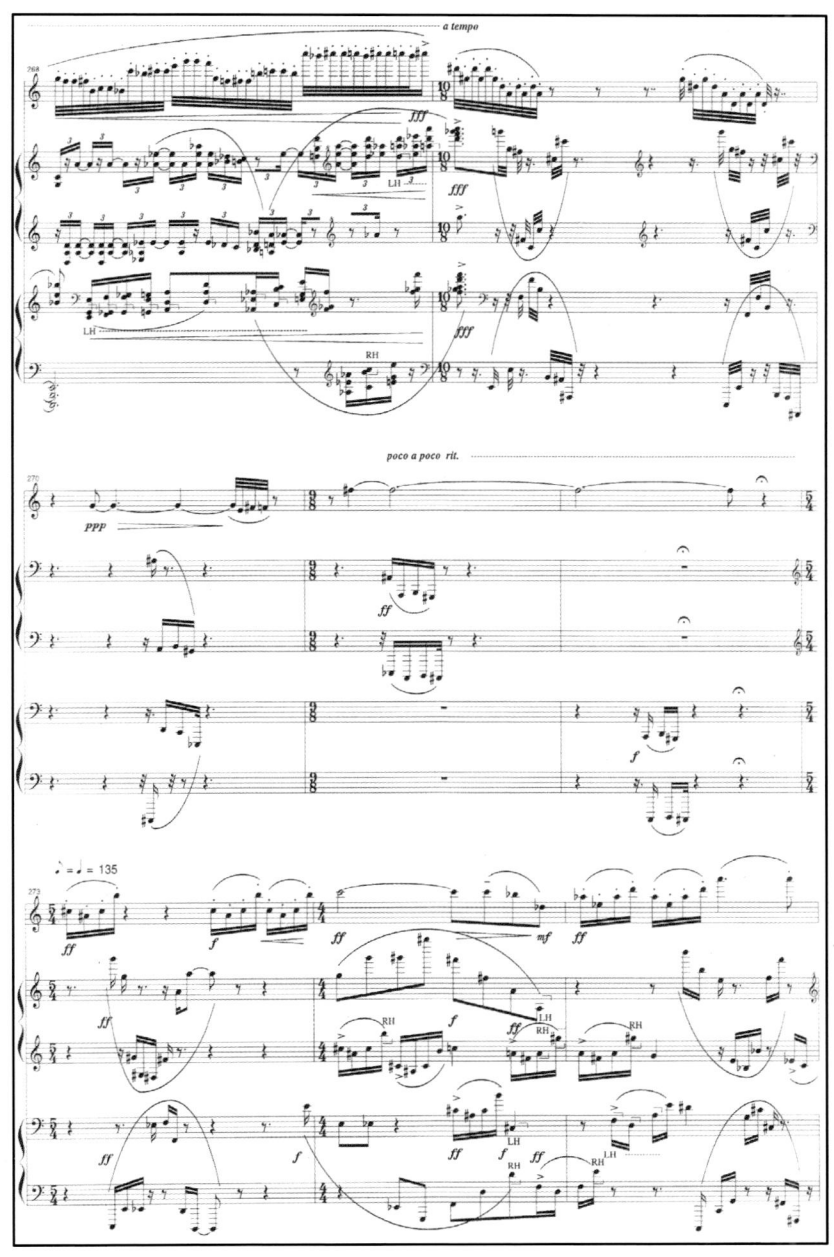

[C] 이여진: 30. *AFFINITY* for Flute and Two Pianos 1679

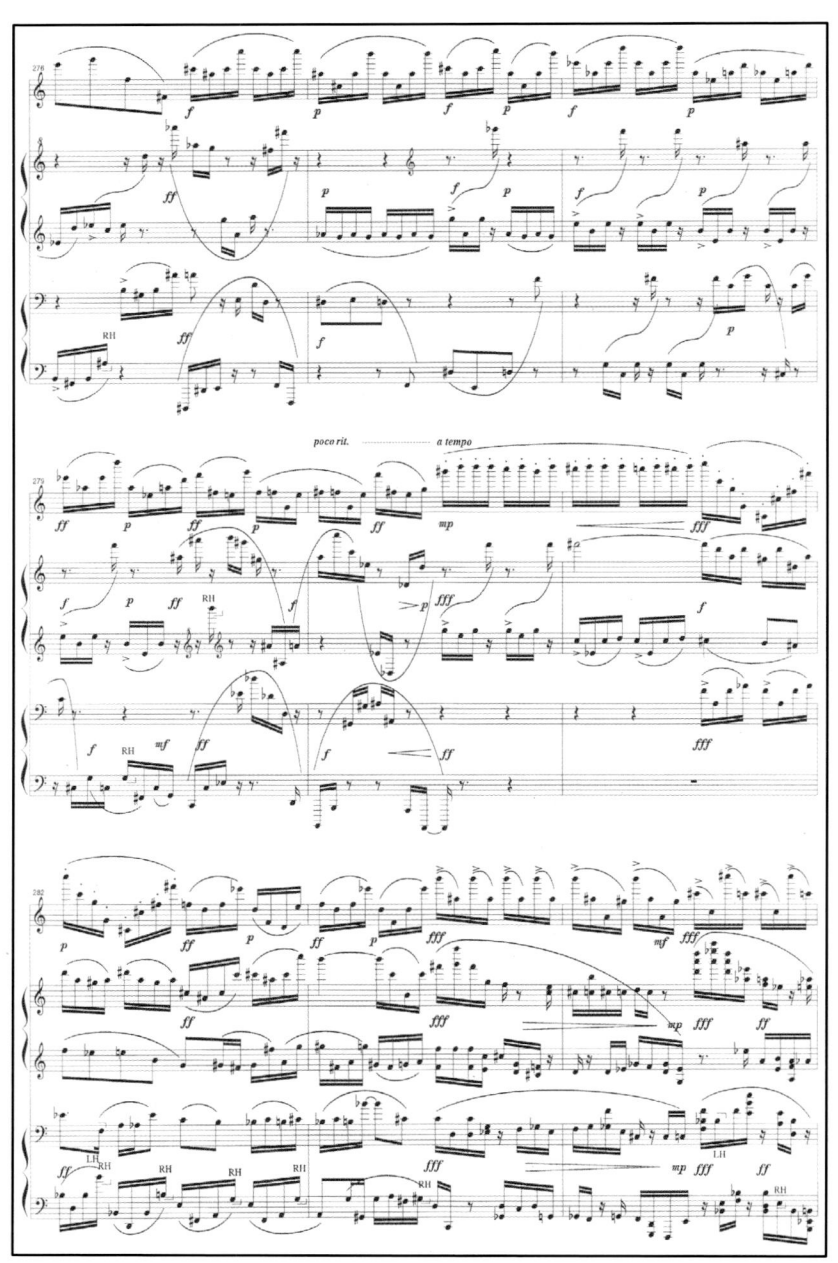

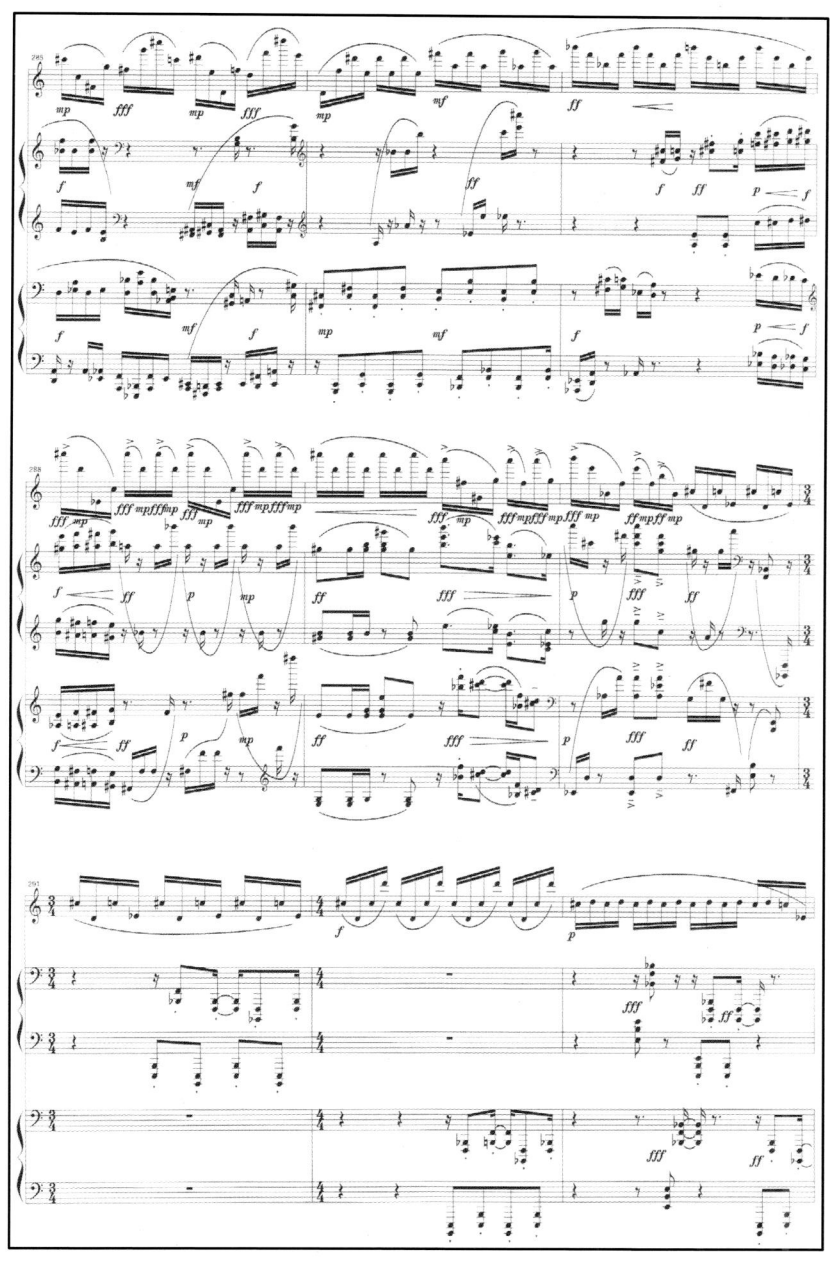

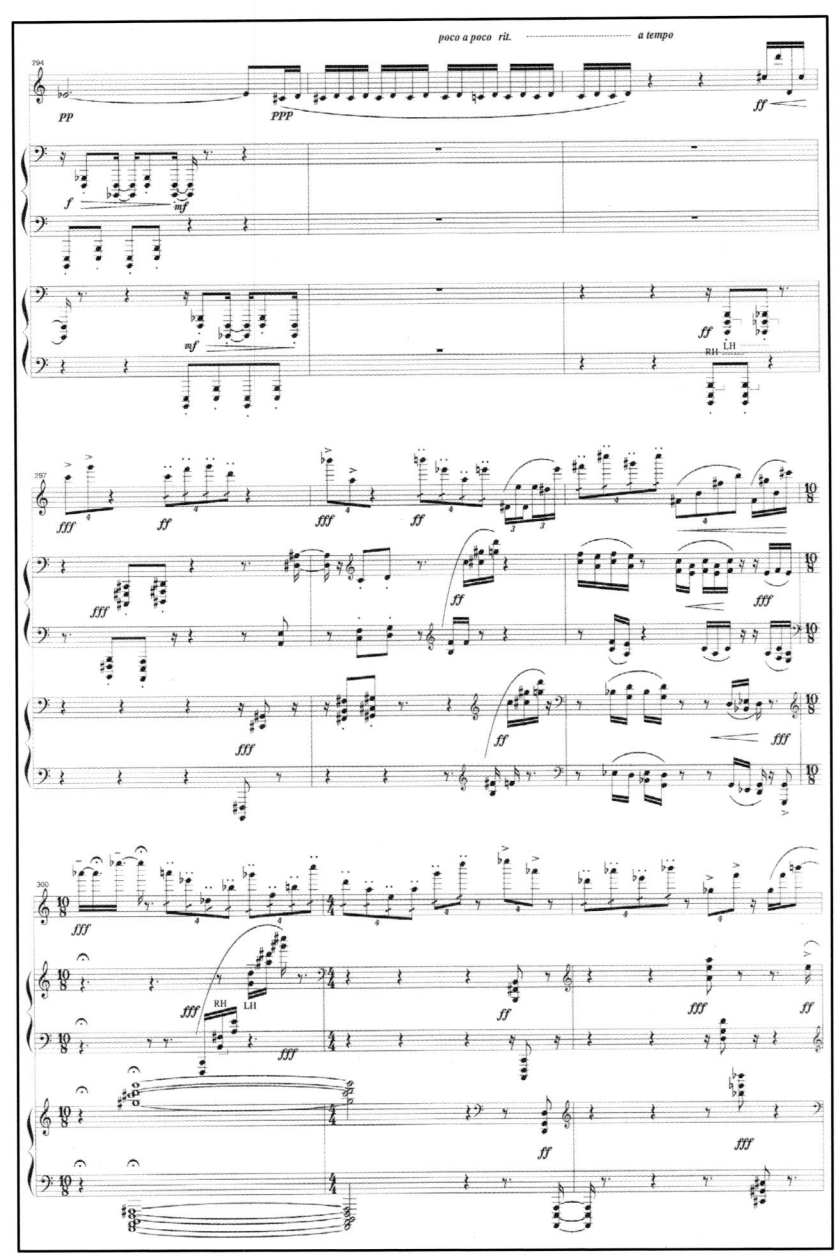

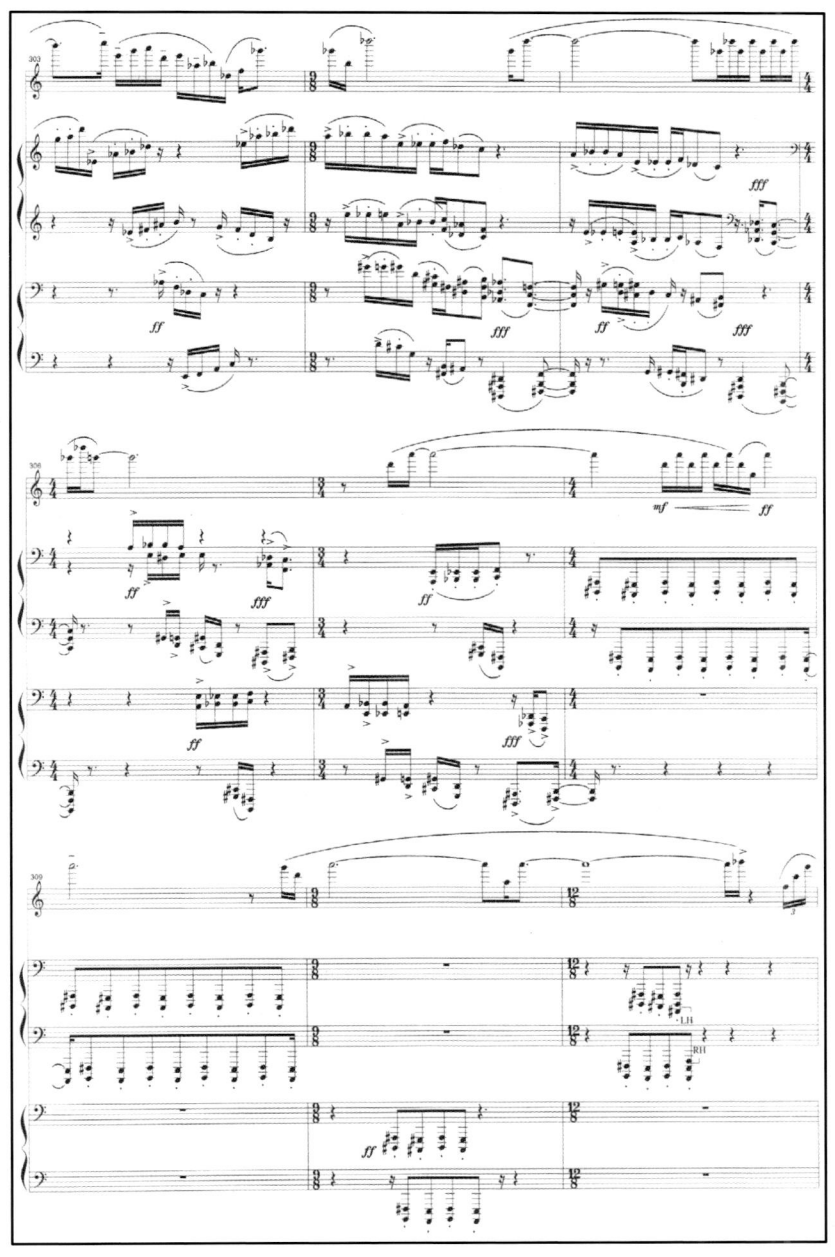

[C] 이여진: 30. *AFFINITY* for Flute and Two Pianos 1683

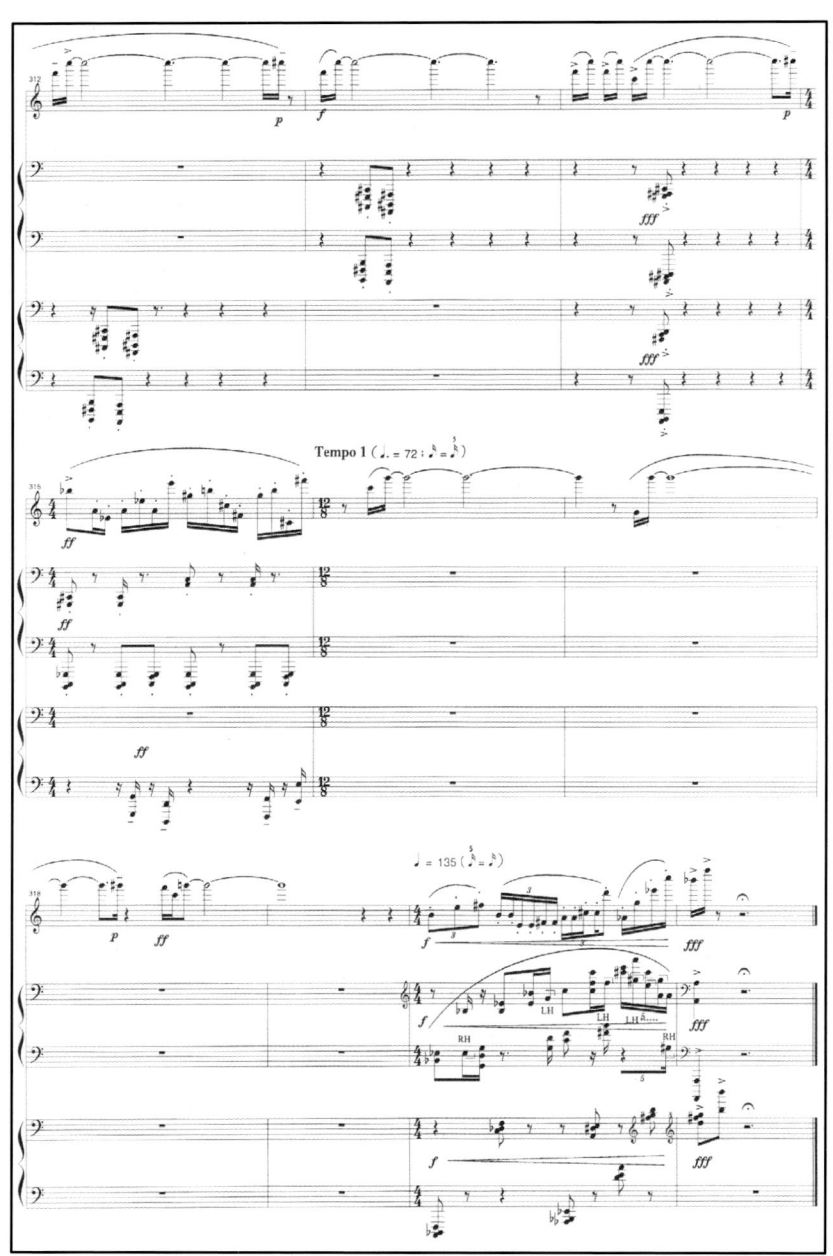

31. *Kyrie eleison* for Three Sopranos
(3 소프라노를 위한 "키리에 엘레이손")
— *To Mother Zeller* —

이여진 :: EUGENE LEE :: 李如辰
(2006)

CD(음반):

『EUGENE LEE: 12- & 18-TONE MUSIC: 이여진의 12- 와
18-음악』 Universal Music, DU 7398, 2009.

YouTube(유튜브)
https://youtu.be/vfH2rkii88c

세계 초연
연주자: 박미연, *sop.* I; 한은혜, *sop.* II; 최우영, *sop.* III
장소: 서울 세라믹팔레스 홀
일시: 2006년 11월 16일

NOTES

Accidentals are affected only those notes at the same *loci* in the same measure until natural mark is appeared.

Ordinarium Missae (미사 통상문)

Kyrie eleison (주여 우리를 불쌍히 여기소서)
Christe eleison (그리스도여 우리를 불쌍히 여기소서)
Kyrie eleison (주여 우리를 불쌍히 여기소서)

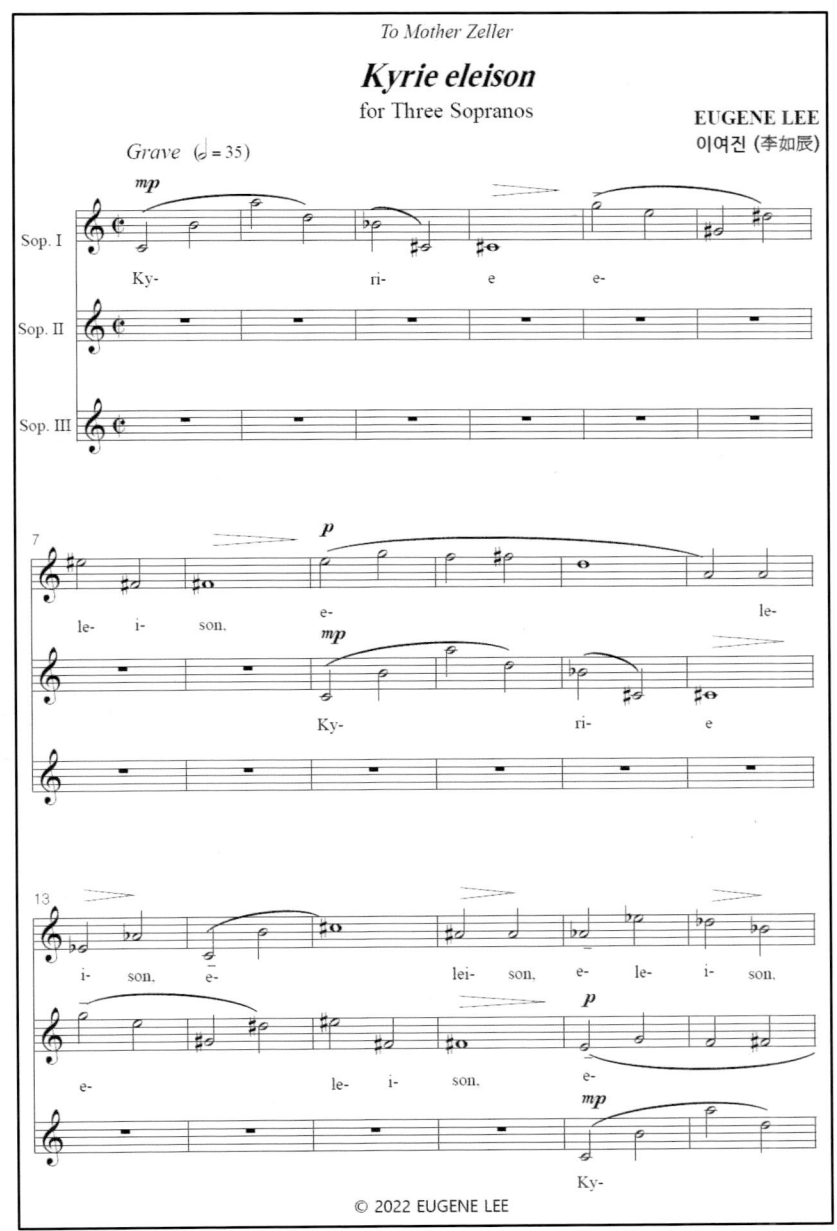

Kyrie eleison
for Three Sopranos

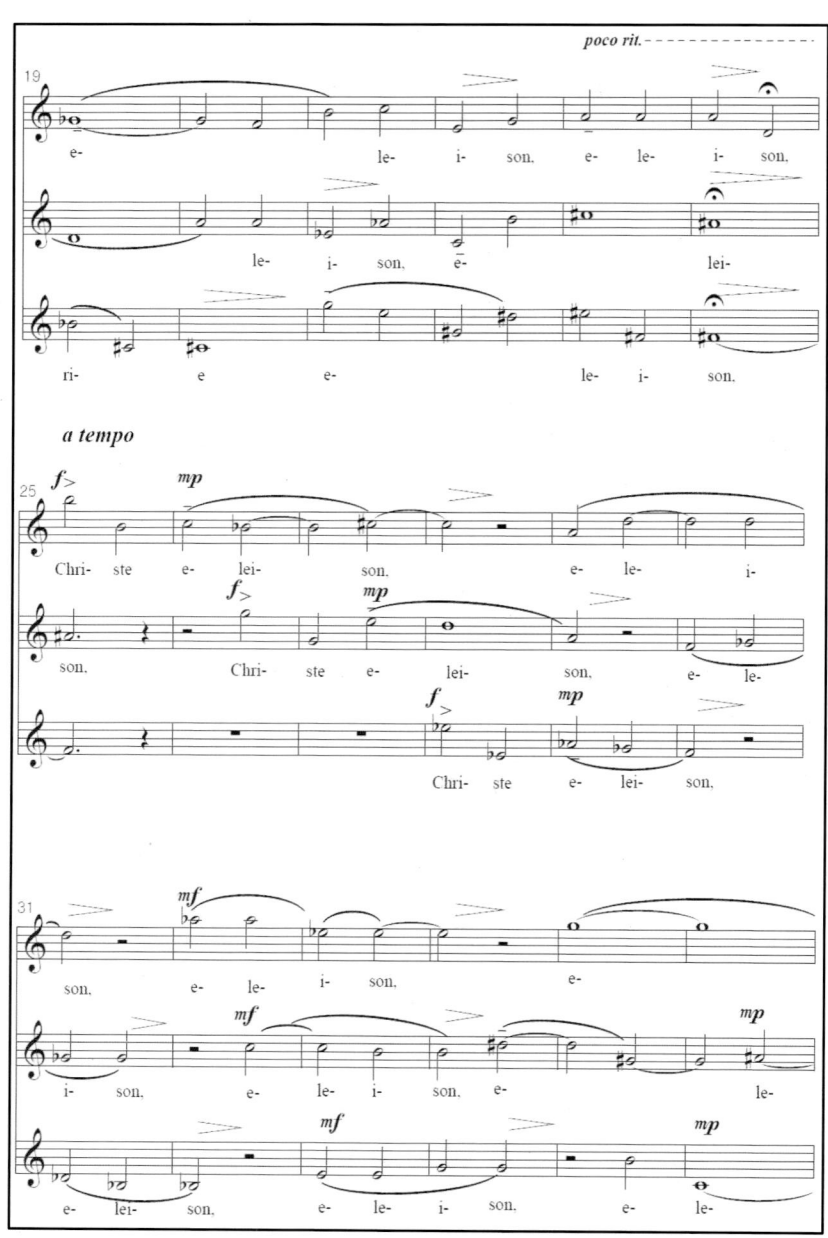

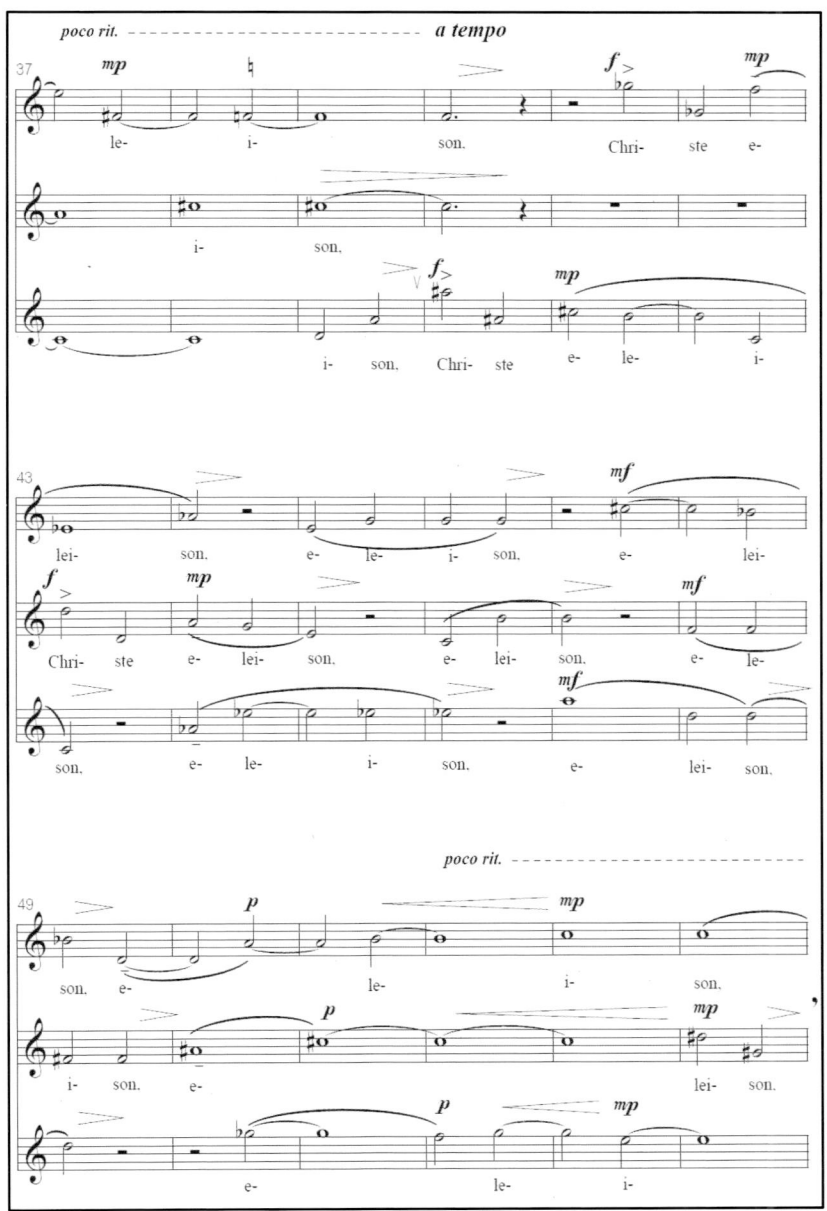

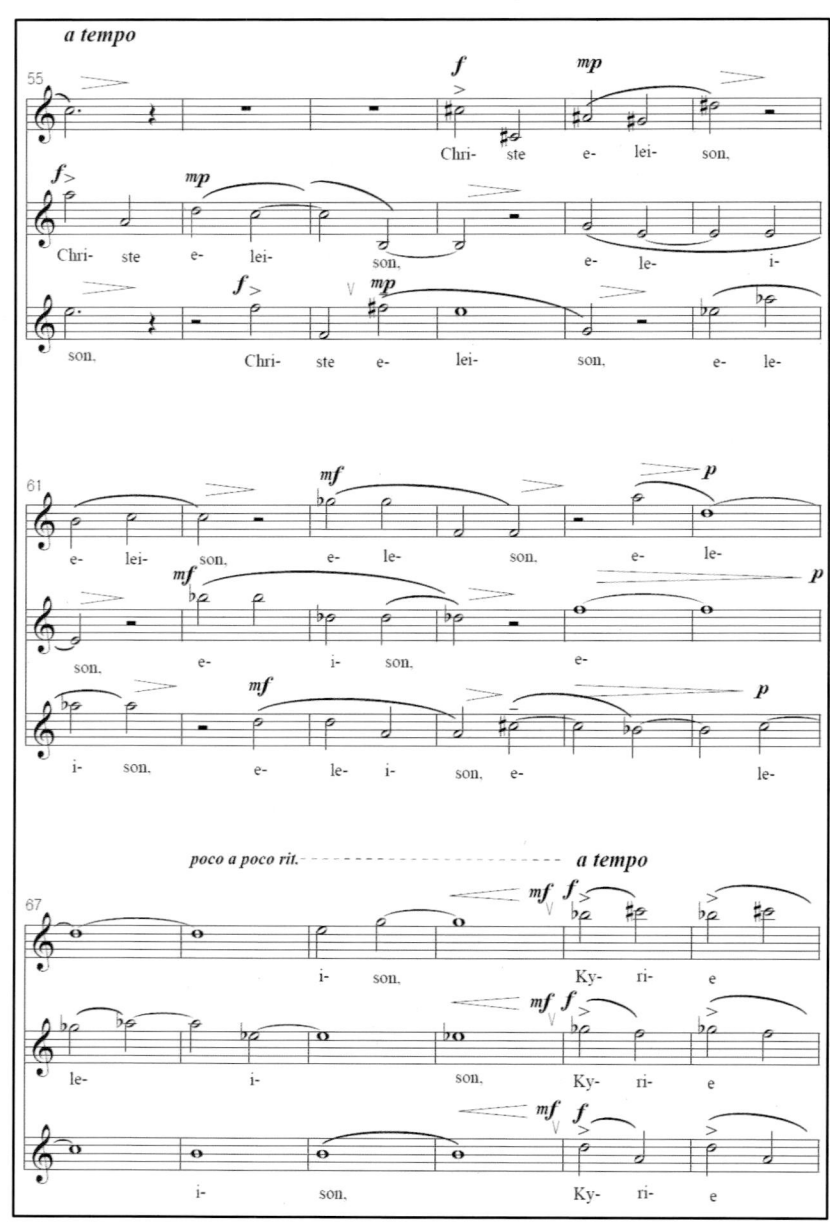

1690 절대음악 혼자 간다

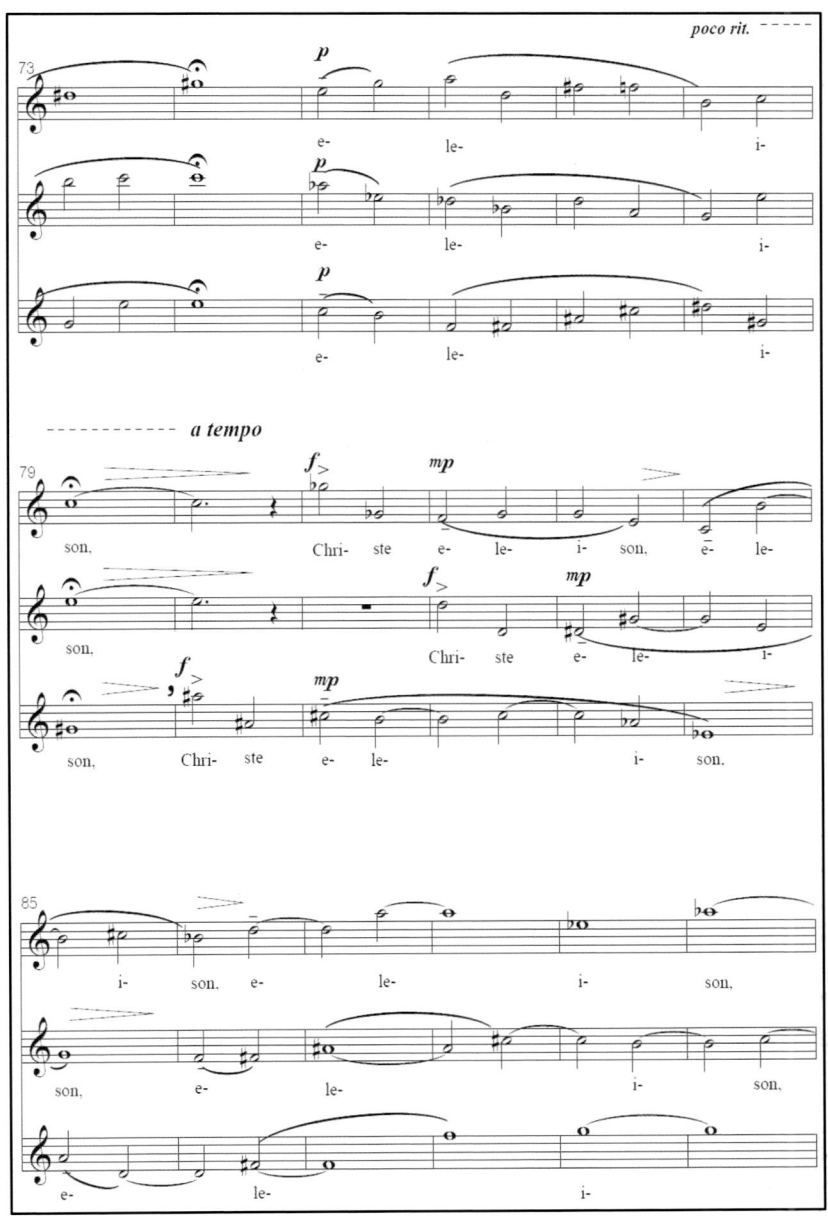

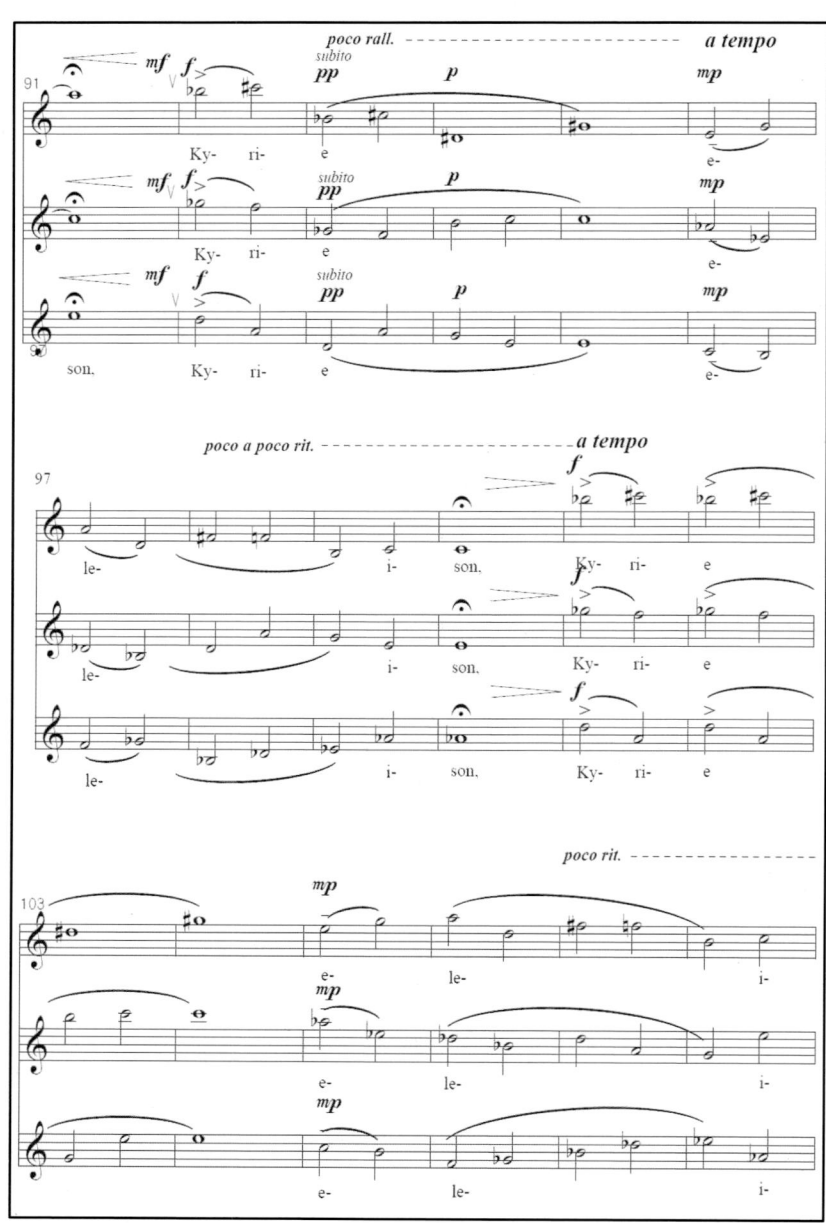

1692 절대음악 혼자 간다

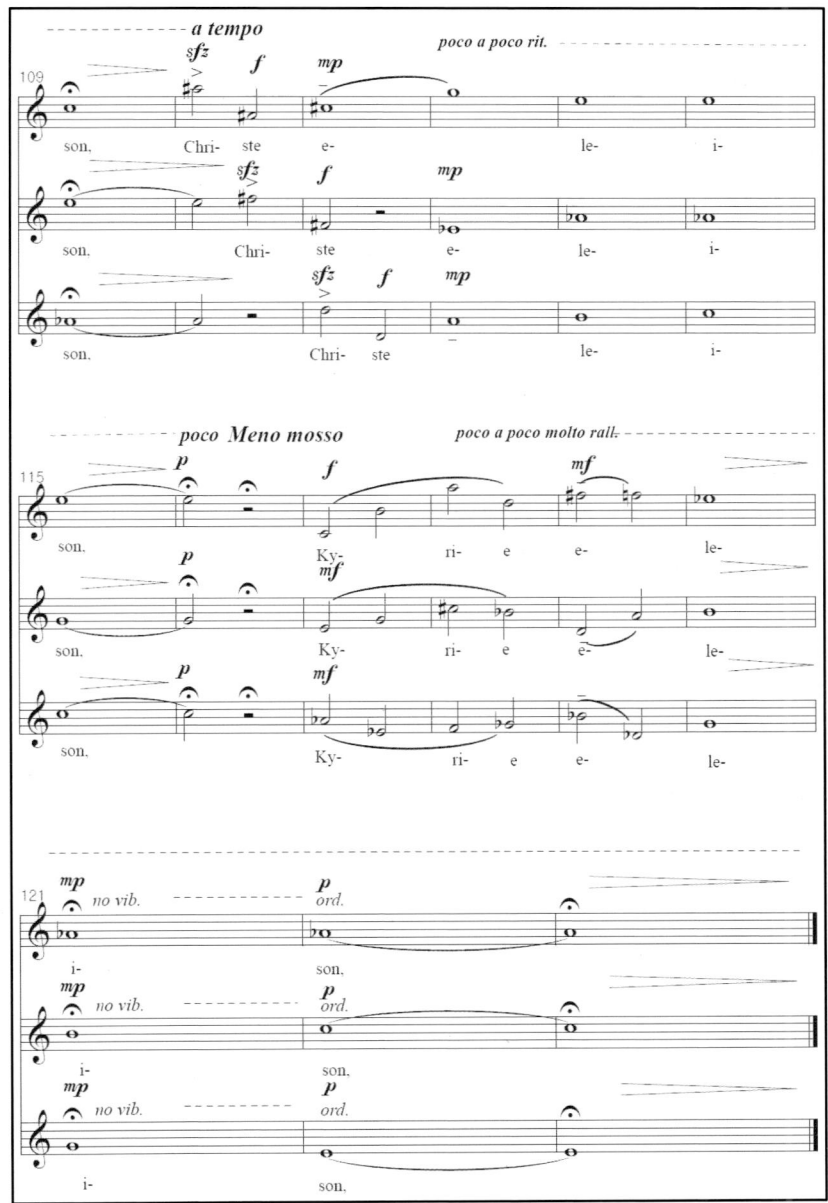

32. *Western Wind* for Flute Solo
플루트 독주를 위한 "서풍(西風)"
— *To Soyoung Lee* —

이여진 :: EUGENE LEE :: 李如辰
(1999)

Commissioned by Soyoung Lee

CD(음반):

EUGENE LEE: *Western Wind* pour flute seule (Soyoung Lee, *fl.*) *"VARIATIONS"*, Scarbo DSK 4071, Paris, France, 2007.

YouTube(유튜브)

https://youtu.be/T0lp7rtsSMc

세계 초연	미국초연
연주자: 이소영	연주자: Patricia Spencer
장소: 예술의 전당 콘서트 홀	장소: 74 Leonard Street, N.Y.
일시: 2000년 3월 31일	일시: 2001년 11월 11일

NOTES

"Westron wynde" :: "서풍(西風)"

Westron wynde when wyll thou blow
the smalle rayne downe can rayne
Chryst yf my love wer in my armys
And I yn my bed agayne!

Anonymous (c. 1500)

Notation :: 기보

Accidentals are affected only those notes at the same *loci* in the same measure until natural mark is appeared. For example, sharps are applied to all D_5 notes, while naturals to all D_6 notes in measure 29.

임시기호는 제자리표가 나올 때까지 같은 마디 안에서 동일한 로시 *(loci)*에 위치한 음들에게만 적용된다. 예를 들어, 마디 29에서 모든 D_6 음들에는 제자리표, 즉 내추럴이 적용되는 반면 모든 D_5 음들에는 샤프(♯)가 적용된다.

1696 절대음악 혼자 간다

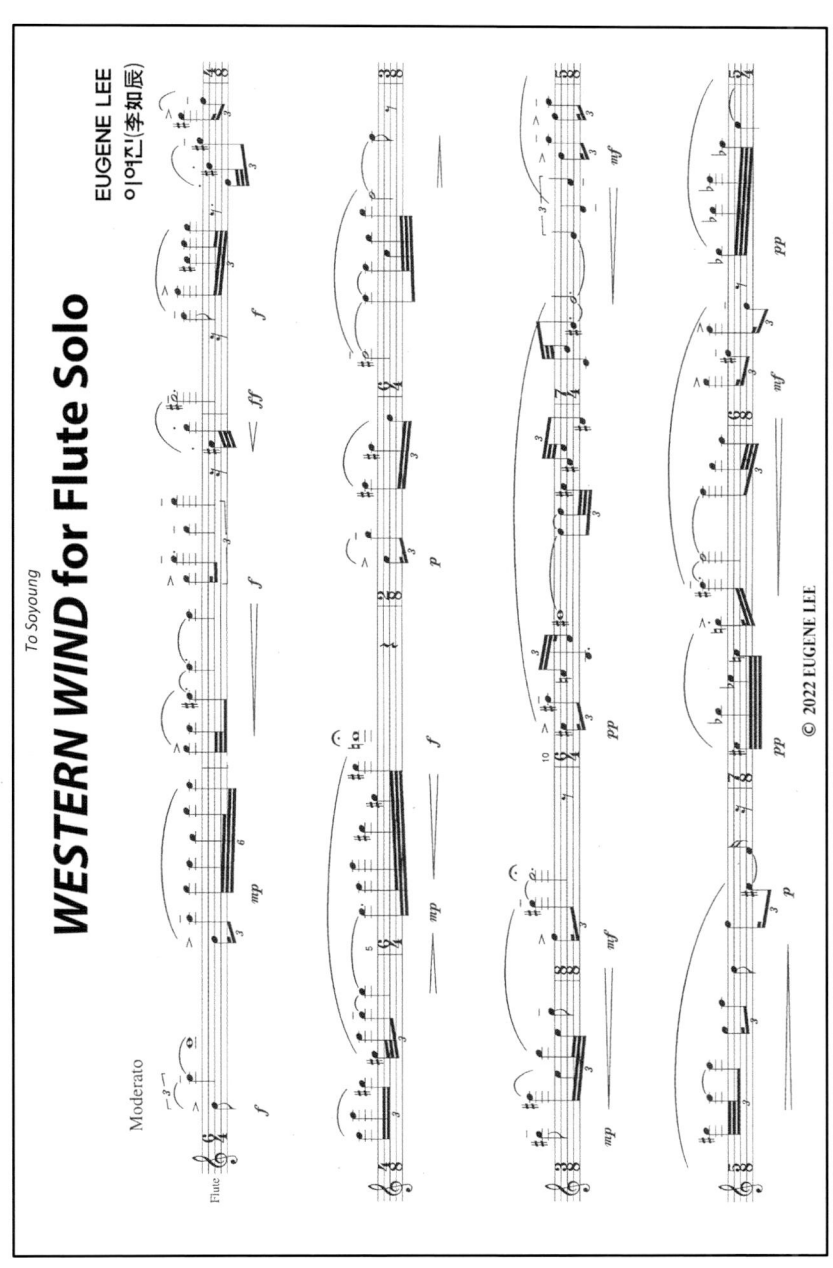

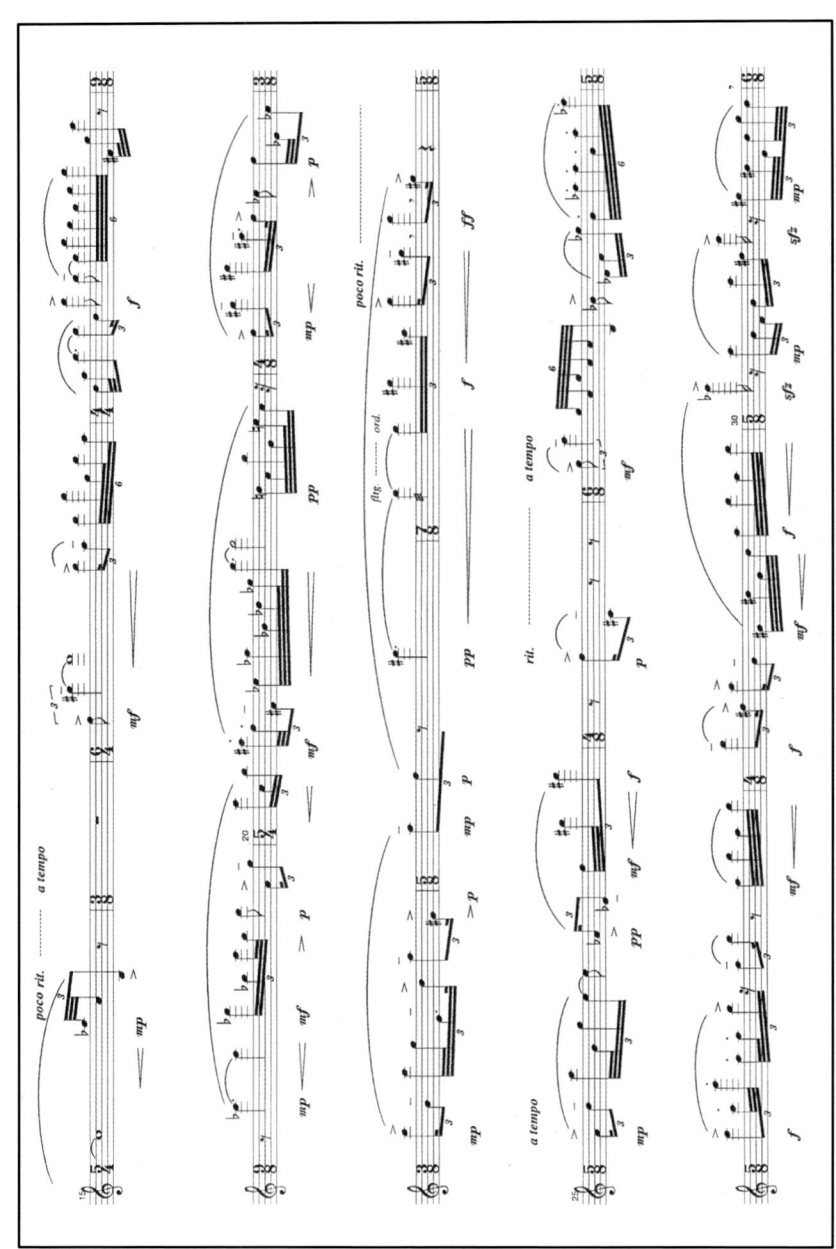

1698 절대음악 혼자 간다

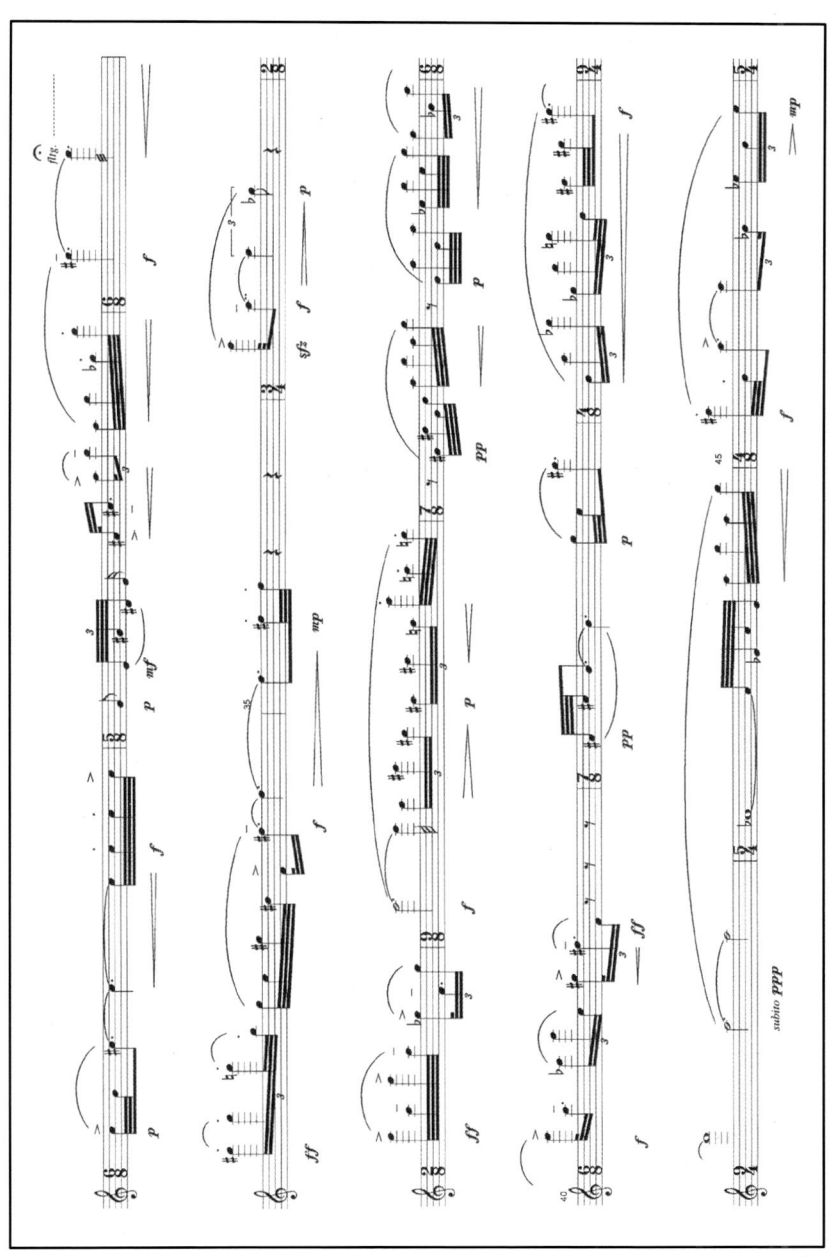

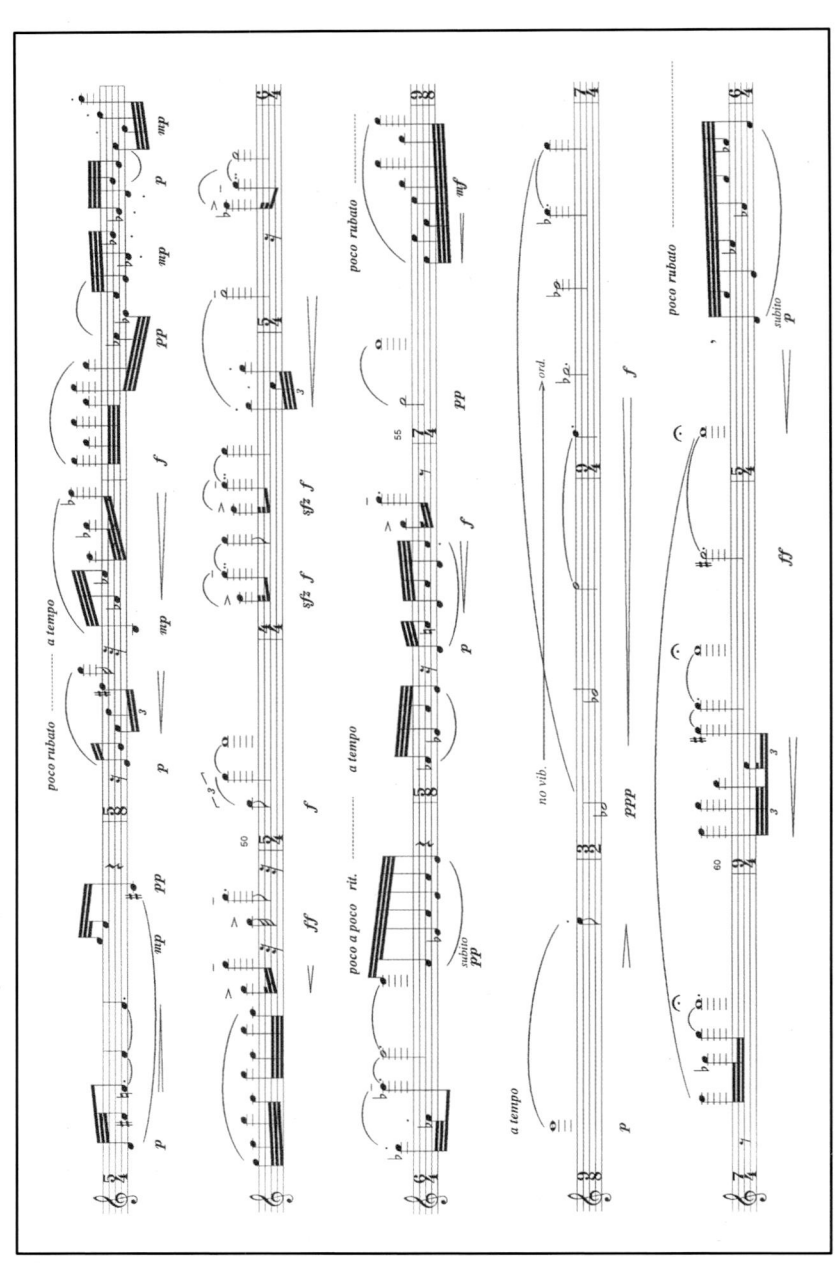

1700 절대음악 혼자 간다

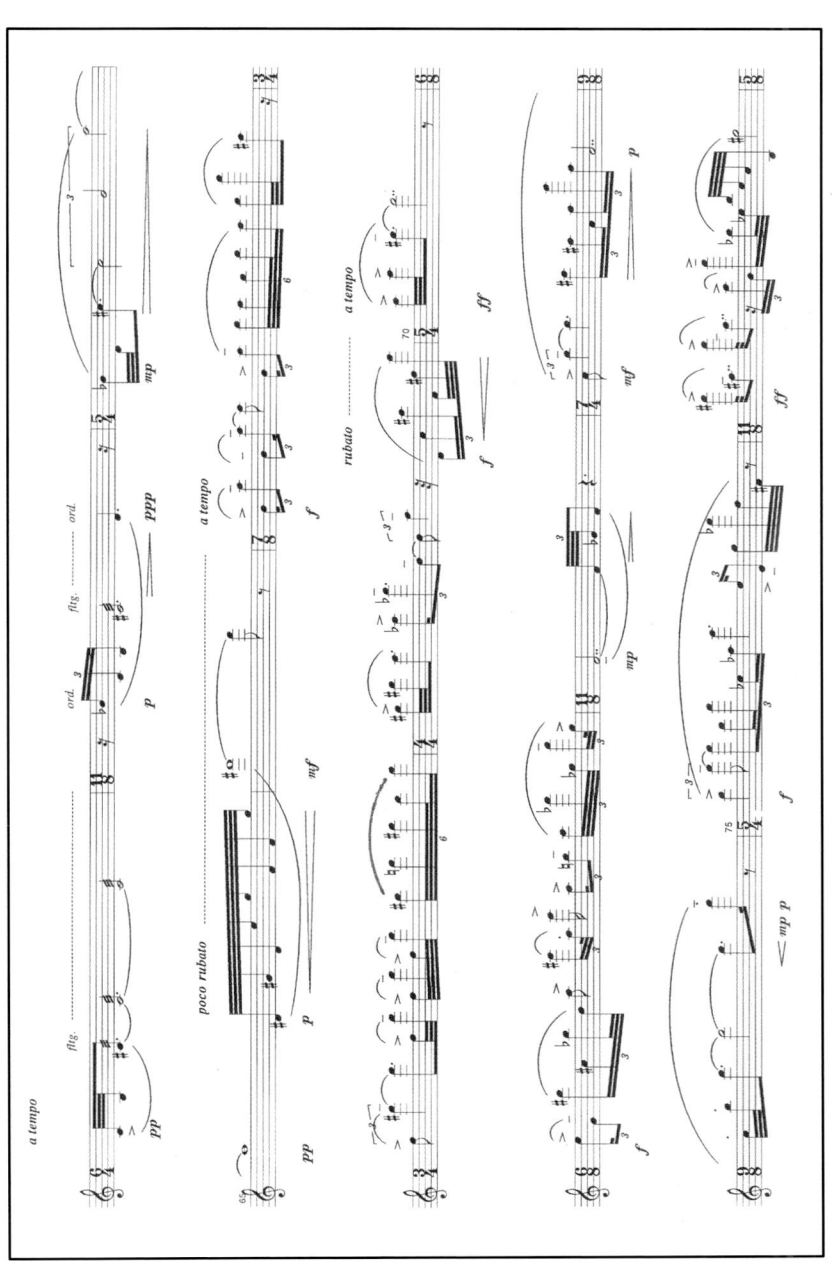

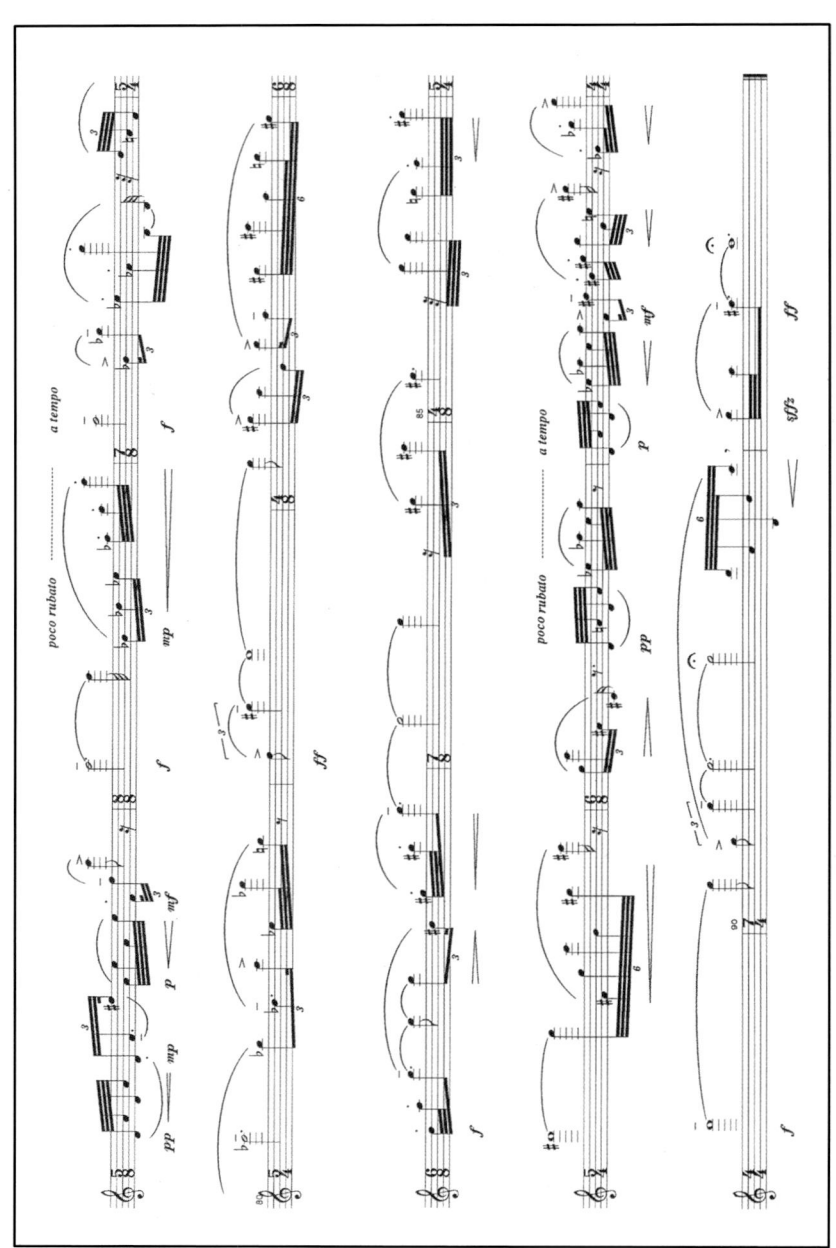

1702 절대음악 혼자 간다

33. The *Prayer* for Cello and Piano
첼로와 피아노를 위한 "기도(祈禱)"
— To all sick people in the world —

이여진 :: EUGENE LEE :: 李如辰
(2021)

YouTube(유튜브)
https://youtu.be/Sj_sX9W47u0

NOTES

The *Prayer* for Cello and Piano (첼로와 피아노를 위한 "기도(祈禱)")는 J. S. Bach의 *The Well-Tempered Clavier*(평균율) Part I, Praeludium XXII (BWV 867)을 반주 삼아 이여진이 첼로 부분을 작곡한 작품이다.

The *Prayer* for Cello and Piano is a work for cello by Eugene Lee using J. S. Bach's *The Well-Tempered Clavier*, Part I, Praeludium XXII (BWV 867) as an accompaniment.

2019년 12월 처음 확인된 Covid-19 즉, 코로나바이러스감염증-19는 그 후 전 세계를 강타하며 2022년 3월 기준으로 4.653억 이상의 확진자와 608만 명 이상의 사망자를 낸 금세기 최대 역병(疫病)으로 기록되게 되었다.

이들 피해자들을 추모하는 동시에 세상 모든 병든 이들에게 이 곡(曲)을 바친다.

First identified in December 2019, COVID-19 has since hit the world, marking it as the largest plague of the century, with more than 465.3 billion confirmed cases and more than 6.08 million deaths as of March 2022.

This song is dedicated to all sick people in the world while commemorating the victims of Covid-19.

1704 절대음악 혼자 간다

THE PRAYER for Cello and Piano
첼로와 피아노를 위한 "기도(祈禱)"

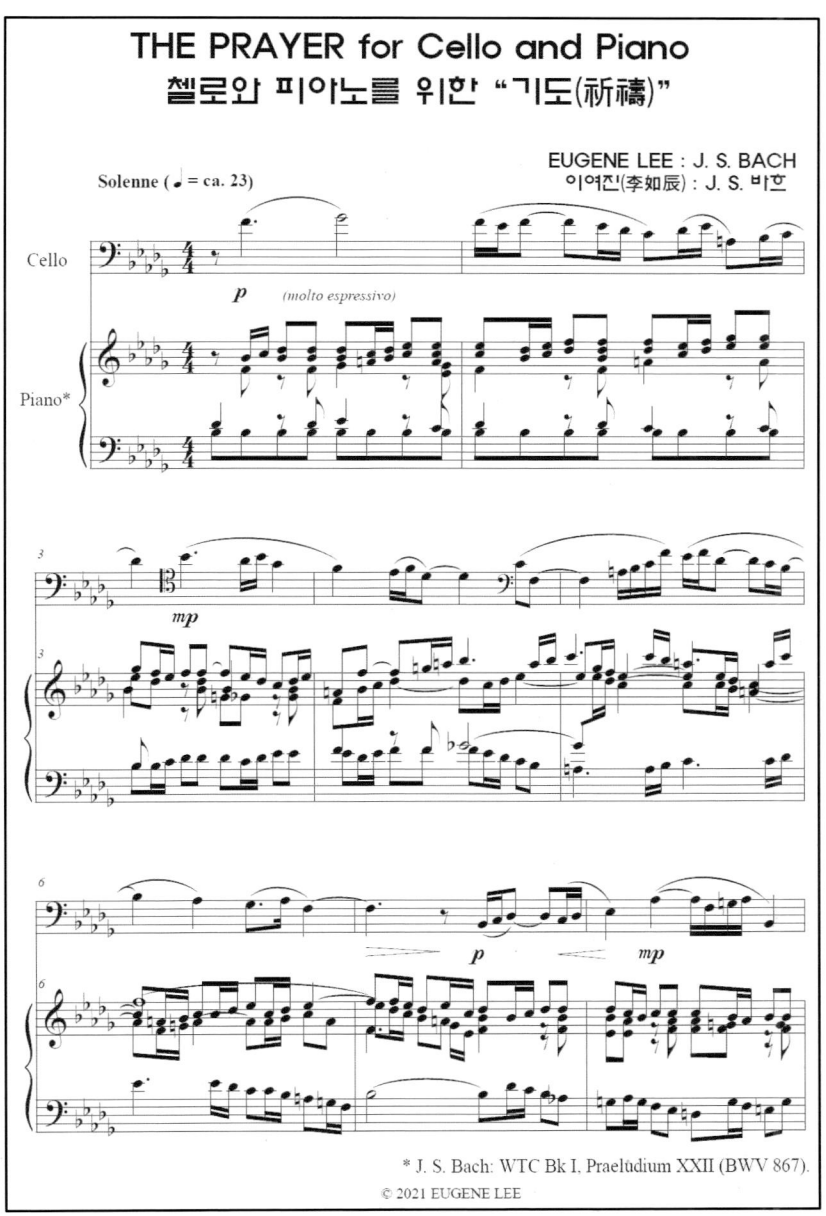

EUGENE LEE : J. S. BACH
이여진(李如辰) : J. S. 바흐

* J. S. Bach: WTC Bk I, Praelŭdium XXII (BWV 867).

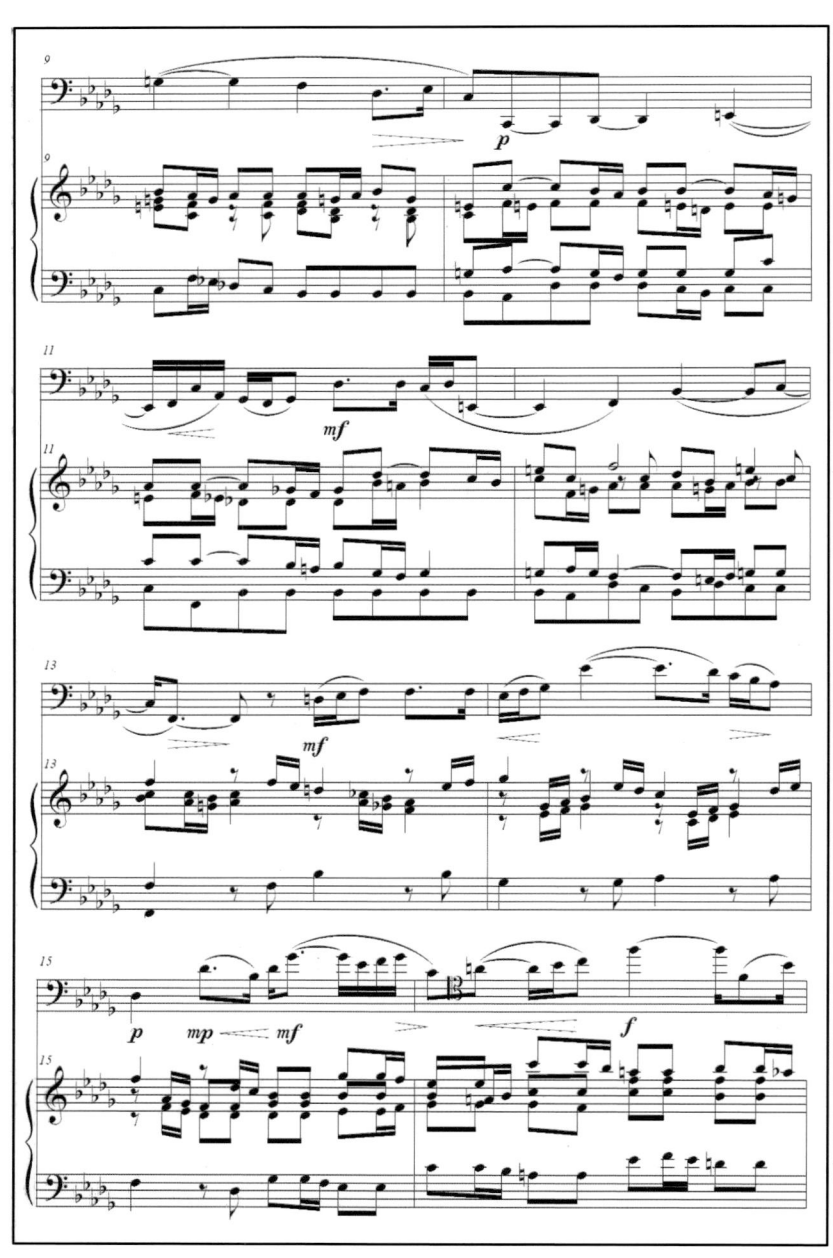

1706 절대음악 혼자 간다

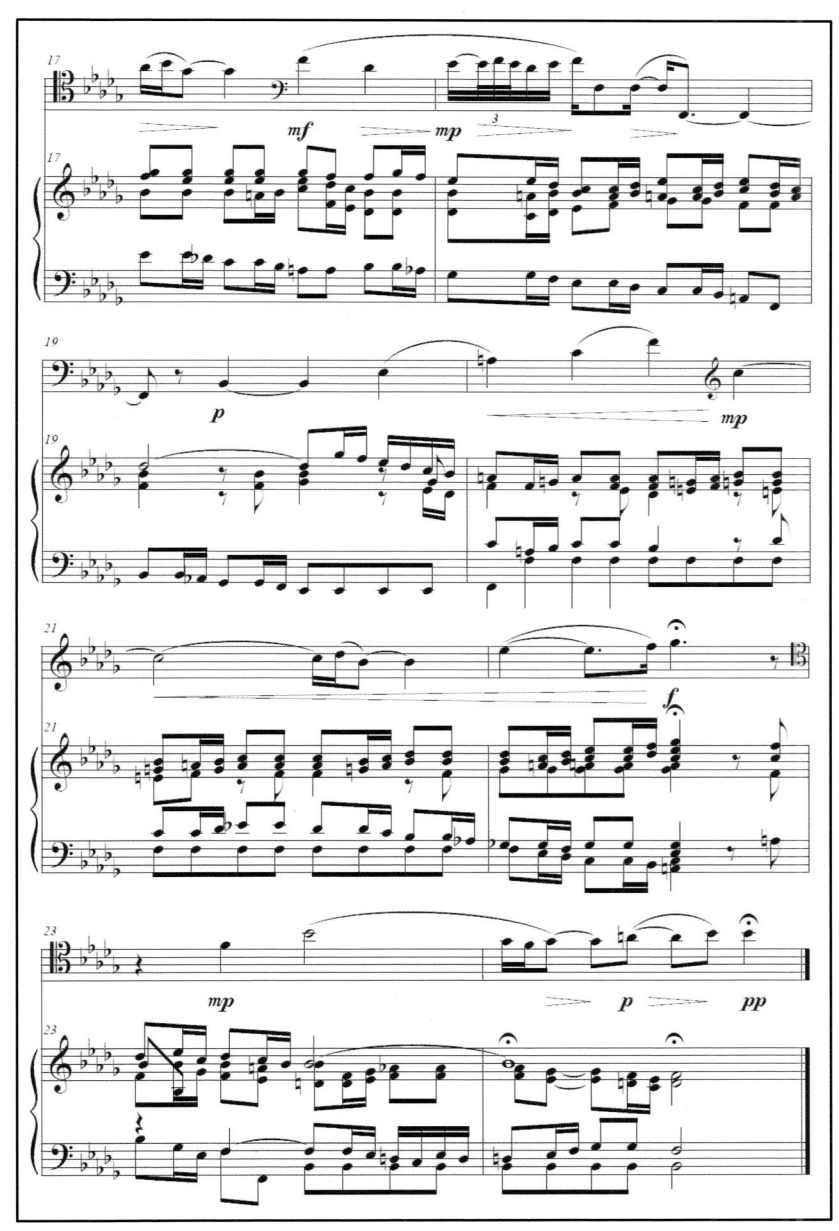

34. 『12와 18음(音) 음악』
12- & 18-TONE MUSIC
CD Jacket

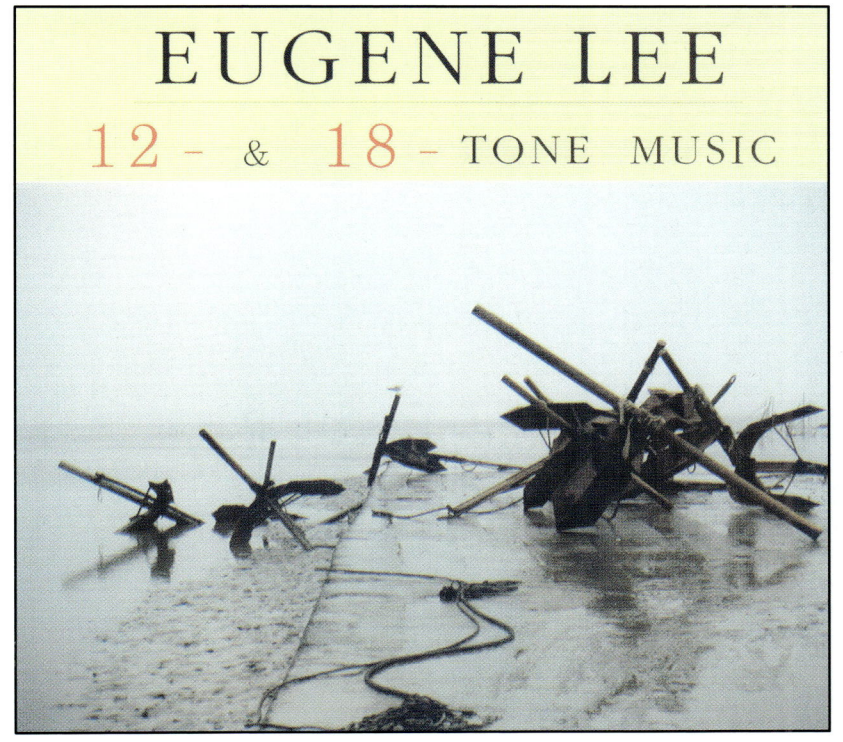

음반: UNIVERSAL MUSIC (DU 7398), 2009.

이여진(EUGENE LEE, 李如辰)의 CD 『12- 와 18-음 음악』에 세계 최초로 실린 18음음악은 물론 12음음악 작품들 역시 이를 이해한다는 것은 심지어 전문가들에게도 어려운 도전이 아닐 수 없다. 따라서 이에 조금이나마 도움이 되기 위해 수록된 작품들에 대한 최소한의 이론적 설명을 CD와 함께 특별히 첨부하였다.

이 여 진 :: EUGENE LEE :: 李 如 辰

12- 와 & 和 18- 음 음 악 TONE MUSIC 音 音 樂

1710 절대음악 혼자 간다

1712 절대음악 혼자 간다

:: 음악의 영혼 ::

요즘 감정을 표현하는 로봇을 개발 중이라고 한다. 그런가하면 백과사전을 비롯하여 엄청난 양의 정보가 입력된 초소형 컴퓨터 칩을 피부 밑에 삽입하여 두뇌와 연결시킨 cyborg, 즉 인조인간(bionic human)도 머지않아 출현하리라는 전망이다. 자동차 조립라인(assembly line)에서 기계와 인간의 구분이 어려울 정도로 서로 엉켜 조화를 이루며 작업하는 광경은 우리에게 친숙해진 지 이미 오래이다. 어쩌면 인간자체가 신이 창조한 로봇이 아닌가 싶은 의구심이 들만큼 과학기술의 발전 속도는 경이롭기만 하다. 이 같은 발전의 가속화는 컴퓨터의 발전과 직결되어 있음을 그 누구도 부인할 수 없을 것이다.

시대를 불문하고 음악은 그 시대를 대표하는 가장 앞선 과학기술의 집약체로서 발전해 왔다. 피타고라스에 의한 비율 2:1이라는 수학적 논리에 근거한 옥타브를 시작으로 총 8,000여 개의 정교한 부품들로 이루어진 피아노에 이르기까지 음악과 관련된 그 어느 하나도 수학, 물리, 음향, 공학 등 과학기술과 연계되지 않은 것은 없다. 따라서 악기는 물론 그 악기에 가장 적합하게 작곡된 작품들 역시 그 시대를 대표하는 가장 첨단의 사고를 반영한 것이다. 한 마디로 순수음악 예술은 인간이 표현할 수 있는 그 시대의 가장 앞선 지적 결과물인 것이다. 그러하기에 우리의 과거 유산들 중 가장 귀한 보물로 여기는 그 하나하나는 그것들이 당시의 가장 뛰어난 최첨단 과학기술로 표현된 가장 앞선 사고의 결정체이기 때문이다.

이 CD에 담긴 전통악기를 위한 작품들은 인간 연주자들에 의해 이미 연주됐던 작품들이다. 그럼에도 불구하고 일부 작품들을 컴퓨터로 실현한 이유는 이들 작품들이 인간 연주자에 의해 실현 가능하지 않아서가 아니라 컴퓨터라는 우리시대를 대표하는 최첨단 '만능의 악기'를 통해 나 자신 훌륭한 연주자로서 자신의 작품을 해석한다는 데 그 뜻이 있다. 악기의 종류를 불문하고 모두 다른 악기들을 작곡가 자신이 이제 스스로 훌륭히 연주할 수 있다는 것은 21세기 작곡가들에게는 큰 축복이 아닐 수 없다.

작곡가가 작곡과정 중에 몇십 번의 수정작업을 하였을 망정 일단 종지진행(cadential

progression)을 통해 한 작품을 완결짓는 것과는 달리 연주가로서의 나는 어제 완성한 연주를 오늘 다시 수정하는, 수없이 많은 반복을 경험한다. 이 부분은 조금 강하게, 저 부분은 조금 느리게, 그리고 저 음은 조금 더 짧게 등등 매일매일 다르게 표현되는 연주는 그렇게 많은 수정에도 불구하고 총 3분 길이가 결국 0.1초 길어지거나 짧아지는 미세한 차이의 결과를 초래하는 과정의 연속 속에서 미야자와 겐지(宮沢賢治)의 말대로 "영원한 미완성, 이것이 완성이다"를 실감하는 것이다.

한국에서 뿐만 아니라 서양음악의 본고장에서 개최된 음악회, 심지어 학회에서조차 작품을 이론적으로 설명하는데 대해 적대시하는 경우를 수없이 목격한다. 특히 동양 작곡가라면 자신의 작품을 으레 뜬구름 잡는 자신만의 철학으로 위장하거나 그림, 서예, 동양 시, 역경 등 음악 외적인 것들로 설명하는 것을 오히려 당연시하고, 환영하는 풍조이다. 벼락이 떨어지는 것을 보고 그들은 연을 날려 실험하고 피뢰침을 세우면서 동양인은 하늘이 노하니 엎드려 빌고만 있으라는 격이다. Leonardo Da Vinci는 진정한 미술가가 되기 위해서는 운동(motion), 정지(static), 기계(mechanics), 수학(mathematics)의 모든 이론을 알아야만 한다고 일찍이 주장했다. 해부학을 통한 뼈와 근육의 구조를 모르는 자가 어찌 인체의 아름다움을 표현할 수 있을까! 뿐만 아니라 기계와 예술과의 관계를 고찰하는 것이 또한 예술을 이해하는데 꼭 필요한 요건이라면 이제까지 단순하게 도구로만 인식해온 악기와 컴퓨터라는 기계를 예술의 표상 대상으로 재인식하는 것이야말로 새로운 감성을 탄생시키는 길일 것이다.

현대음악작품에 대한 이해의 시작은 특히 비전문적 차원의 경우 새로운 미적 경험을 향한 강렬한 욕구와 직관적 인지능력에 의존할 수밖에 없다. 그러나 음악적 아이디어의 유기체적 통일성과 완벽성과 존엄성에 따른 시대를 불문한 일관된 창작개념의 이해는 어떤 식의 이데올로기도 초월하여 작곡기법의 완성도를 통해 얻어지는 미학적 책임과 신뢰에 의한 문화적 중요성으로 받아들여질 것이다. 그러하기에 본 CD에 실린 작품들에 적용된 이론에 대해 필자는 지면관계상 최소한이라도 밝힘으로써 작품들을 설명코자 한다.

이론이 없는 작품, 문법이 없는 희곡을 상상할 수 있을까? 그래서인가 요즘 작곡가들 중에는 '자기만의 이론'을 '자기 나름대로' 만들어 작곡했다고 뽐내는 경우도 심심치 않게 본다. 나만의 문법으로 쓴 작품으로 어떻게 나 외의 독자들로부터 이해를 구해 공감을 얻어 감격을 이루어 낼 수 있을까? 이는 그 전제부터 모순된 사고에 불과하다. Beethoven이 Mozart만 못해서 이미 Mozart가 사용한 조성이론에 의해 작곡하였을까? Schoenberg가 12음 음악을 새롭게 탄생시킨 것은 조성에 의한 음 진행이 완전 소진된 상태에서, Rameau가 선법(Modality)이 해결할 수 없었던 영역, 즉 화성(Harmony)을 조성(Tonality)으로 하여금 선법의 모든 법칙을 수용하면서 해결했듯이, 과거 이론의 부정이 아니요 극도의 반음계주의, 특히 이명동음적 반음계주의(Enharmonic Chromaticism)[1]로 인한 불협화음 해결의 불합리성을 온음계적 화성(Diatonic Harmony)으로부터 반음계적 화성(Chromatic Harmony)으로 선법과 조성을 포함한 과거 전통이론의 연장선상에서 해결함으로써 한 걸음 발전시킨 것에 불과하다. 필자가 이론화한 18음 음악(Diathirdtonic Music)이론 역시 12음 음악이론의 연장선상에서 오늘날 컴퓨터라는 만능악기의 등장으로 가능해진 미분음의 실현으로 인한 전통이론의 확대일 뿐이다.

그럼에도 불구하고 이 모든 이론은 그 자체를 증명하기 위해서 태어난 것이 아니라 서로가 이해할 수 있는 의사소통의 한 방법으로 궁극적 공감대를 이루기 위한 수단에 불과하다. "고기를 낚았으면 그물은 잊어버려라"라는 Chuang Tzu(莊子)의 명언대로 어쩌면 작품 설명에서 굳이 이론을 거론할 필요는 없을 것이다. 그럼에도 불구하고 지금 이 순간, 인류 역사상 그 유래를 찾아볼 수 없는 작곡가 초과잉 시대(우리나라에서만도 100여 대학으로부터 매년 1천 명에 육박하는 작곡전공 학위소지자들을 배출하는)에 연주자나 청중, 심지어는 작곡가 자신마저 어느 한 음이 틀려도 별 문제가 되지 않을 뿐더러 심지어 알아채지 못하는 경우까지 있는가 하면, 오리엔탈리즘의 가면으로 위장한 인위적 형식에 꿰맞춰 가장 자유로운 영혼의 소유자인 양 동분서주하는 현대음악의 과도기에서 최소한의 이론적 설명은 교육적 측면에서라도 불가피하다는 생각이다.

---

1) 이여진 (2008). 창작과 분석, 제2권, (음악춘추사, 서울), 116~135쪽.

"언어로 설명될 수 없는 수학기호와 부호들로 이루어진 추상적 공식들을 진리로 받아들이듯이 언어로 설명될 수 없는 음표와 이들이 화성과 대위진행을 통해 이루는 은유적 구조와 형식의 아름다움 또한 진리로 깨달아야만 할 것이다. 우리의 많은 지식들이 분명 언어를 빌어 표현되나, 표현이란 말로 설명될 수 없는 많은 형태를 지닐 뿐만 아니라 나아가 음악에서 소위 신비성이라는 것마저도 그것은 음악작품이 지닌 복합구조와 이를 구성하고 있는 요소들의 다차원적 연관관계를 정확히 고찰하고 공리(axiom)화 할 수 있는 능력부족의 소산일 뿐임을 인정해야 할 것이다. 음악예술이 함유하고 있는 내적 그리고 외적 모든 복합관계들이 오직 과학적 언어와 과학적 방법으로 설명되고 증명되고 그리하여 우리가 아직까지 이해할 수 없었던 현상의 해답을 찾음으로써 우리의 개념을 확대하고 그것이 궁극적으로 우리들 삶의 진실을 깨닫게 하는 것이야말로 순수음악예술의 진정한 역할일 것이다.

수학을 위시한 과학이 진리에 기초한다면 음악은 아름다움을 그 근본으로 삼으며 결국 아름답다는 것은 그것이 오직 진리일 때뿐일 것이다. 진리의 아름다움과 아름다움의 진리는 곧 신의 모습을 조금은 빼어 닮은 우리 내면 가장 깊은 곳에서 울려 퍼지는 메아리이기 때문이다.[2]

끝으로 이 CD에 담긴 음악들이 좋다, 나쁘다는 선에서 받아들이기보다는 감정마저 기계화된 오늘날 정신적 자살을 꿈꾸는 한 어리석은 장난감 로봇의 광기로 연출된 작품일망정 이를 통해 그것이 무엇이든 무언가 생각하게 하는 한 순간, 한 찰나라도 감히 유발해낼 수 있다면 이 작은 CD 하나를 펴내기 위해 쏟은 그 많은 시간들을 그나마 보상받지 않을까 싶다.

2) 이여진 (2008). "과학과 기술의 발전으로 열린 음악의 새로운 지평 −서양 절대음악을 중심으로," 지식의 지평, 05호, 한국학술협의회 편 (아카넷, 서울), 116~135쪽.

:: 작품요약 ::

1 *Telekinesis* for Flute Solo (플루트 독주를 위한 '텔레키네시스')

물리적 힘의 적용 없이 물체내의 운동을 생성하는 telekinesis, 즉 염동작용 개념으로부터 영감을 얻어 작곡된 이 작품은 12 다른 음들의 반복 음을 통해 폴리포니(polyphony)의 각기 다른 성부의 차별화를 실현한 새로운 시도의 작품이다. 우리들 사이에서 모든 것을 알고 있는 듯 눈에 보이지 않는 기계가 끊임없이 우리들을 계측하고, 그 결과대로 우리들 의지와는 관계없이 우리를 움직이게 하는 심리적 예측 불허성을 표현하고 있다. 짧은 길이에도 불구하고 고난도의 연주 기술과 집중력을 요구하는 작품이다.

[0 3 B 4 2 1 A 5 9 6 8 7]의 원형집합(prime set)[3]은 구조적 2성 폴리포니의 조합집합(combinatorial set)과 함께 4번의 ID(identity) 변형[4]을 통해 결과적으로 ABCA 형식을 창출한다. ID 변형이란 옥타브 상등(identity) 개념으로부터 축소된 이의 1/2인 증4도 상등, 1/3인 장3도 상등, 1/4인 단3도 상등, 1/6인 장2도 상등을 의미한다.

초연은 이상은에 의해 2002년 4월 28일 금호아트홀에서 있었다.

2 Twelve Variations on "*Haenschen klein*" ("어린 헨셴"에 의한 12 변주)

Schoenberg가 그의 Chamber Symphony No.1에서 4도 화성, 즉 집합개념을 전통화성의 4도는 3도로의 원칙에 따라 해결한데 반해 "12 변주곡"은 우리에겐 '나비야, 나비야' 로 보다 더 잘 알려져 있는 독일민요, '어린 헨셴' 의 선율과 화성을 여집합(complementary set) 관계 안에서 해결함으로써 전통기능화성의 또 다른 하나의 진행 가능성을 제시하고 있다. 이 작품은 플루트를 공부하던 당시 12살의 어린 소녀(신지훈)의 부탁으로 작곡되었음에도 불구하고 고난도의 전통 플루트 기법이 사용된 작품이다.

---

3) 12음 음악용어에 관한 자세한 내용은 다음 용어사전 참조: 이여진, "12음 음악언어", 음연 (서울, 1995).
4) ID 개념에 관한 자세한 이론은 다음 이론서 참조: 이여진, "창작과 분석", 제3권, 음악춘추사 (서울, 2004), 293~324쪽.

초연은 신지훈에 의해 2000년 9월 17일 오퍼스홀에서 있었다.

③ - ⑤ Duo for Two Flutes (두 대의 플루트를 위한 2중주)

"Euphony"(조화로운 음조)라는 부제가 붙은 제1악장은 여러 성부들에 의한 12음 화성 진행으로 인해 마치 여러 대의 플루트가 동시에 연주하는 듯한 착각을 갖게 하는 악장이다. "Contra ea Puntare"(異見)라는 부제의 제2악장은 2 플루트가 서로 상이할 만큼 대조를 이루는 대위적 선율을 노래한다. "Melos"(노래)란 부제의 마지막 악장은 제1과 제2악장에서 사용된 요소들의 혼합된 구조를 지닌다. 플루트 악기의 높은 테크닉과 음악적 표현, 그리고 정확한 앙상블을 요구하는 작품이다.

아래에 제시하는 각 악장에서 사용된 원형집합(prime set)들은 서로 ID 변형관계로 성립되며, 이들 각각의 조합집합(combinatorial set)들과 함께 구조적 2성(lyne) 진행은 연속적 변형집합들을 통해 이루어진다.

> 제1악장: {0 3 1 2 A 5 6 9 B 4 8 7}   4부분 형식
> 제2악장: {0 9 1 8 A B 2 7 3 6 4 5}   5부분 형식
> 제3악장: {0 5 9 8 A 7 2 3 B 6 4 1}   3부분 형식

초연은 이소영과 준꼬 치바(Junko Chiba)에 의해 2001년 5월 20일 영산아트홀에서 있었다.

⑥ *Noncombinatorial Combinatoria* for Vibraphone (비브라폰을 위한 비조합적 조합)

독주 악기로서의 Vibraphone을 발전시키기 위한 일환으로 미국 Composers Guild of N.J.(뉴저지 작곡가 연맹)에서 주관하여 Schoenberg 이후 우리시대 최고의 작곡가며 이론가인 Milton Babbitt을 위시하여 총 12작곡가에게 위촉된 작품들이 수록된 Vibraphone Anthology (Calabrese Brothers Music, LLC)에 실린 작품이다. 이들 작품들에 대한 리뷰는 Percussion Arts Society에서 발행하는 *Percussive Notes*, 2005년 6월호에 실렸다.

폴리포니로 이루어진 이 작품은 비브라폰의 새로운 복합 선율적, 리듬적, 화성적 연주 가능성과 함께 완전, 반, 트레몰로 페달링 등의 사용을 통해 지금까지 절대음악에서 소외되어온 비브라폰의 독주악기로서의 새로운 가능성을 제시한 역동적 작품이다.

|0 B 3 2 4 1 5 6 A 7 9 8|의 원형집합(prime set)은 이의 조합집합(combinatorial set)과 함께 구조적 2성(lyne) 진행을 하나 실제 표현적(foreground) 차원에서는 2성부터 6성까지 다양한 폴리포니 성부로 이루어진다. ID에 의한 집합변형은 크게 4부분 구조를 형성한다.

이 작품은 Peter Jarvis에게 증정됐다.

초연은 Frank Cassara에 의해 2003년 5월 26일 뉴욕 Merkin Concert Hall에서 있었다.

7 *Kyrie eleison* for Three Sopranos (3 소프라노를 위한 '키리에 엘레이손')

미사 통상문(ordinarium missae)에서 '연민의 찬가'로 알려진 *Kyrie eleison*은 12음에 의한 3성 폴리포니(polyphony) 작품으로 Mother(수녀) Zeller에게 증정됐다.

Punctus contra punctum(점 대 점)이 전제된 대위개념으로부터 진정한 의미의 3성 대위를 진행시킨다는 것은 시대를 막론하고 모든 작곡가들에게 도전의 대상이 되어왔다.

Kyrie eleison(주여 우리를 불쌍히 여기소서), *Christe eleison*(그리스도여 우리를 불쌍히 여기소서), 그리고 다시 *Kyrie eleison*의 상징적 삼위일체의 애절한 선율로 구성된 작품이다.

|0 B 9 2 / A 1 7 4 / 8 3 5 6|의 원형집합(prime set)과 |4 7 5 6 / 2 9 3 8 / 0 B 1 A|와 |8 3 1 A / 6 5 B 0 / 4 7 9 2|의 두 추출 집합(derived set)은 4음(tetrachord) 조합관계의 3성 폴리포니를 형성하면서 각기 다른 ID 변형을 통한 복합 3부 형식을 초래한다.

실황 연주 :

박미연, Sop. I / 한은혜, Sop II / 최우영. Sop. III

4-Alpha 창작음악 조인트 리사이틀

금호아트홀, 2007년 5월 14일

Piano Etudes (피아노 에튀드)

엄격한 12음 기법과 피아노의 주법적 특성을 최대한 활용함으로써 기존 에튀드에서 소극적 내지는 소홀하게 다루어졌던 피아노의 기교적 부분들을 극대화하였다. 피아노의 첨단주법에 의한 새로운 음악적 표현을 시도한, 기술적으로 대단히 난해한 연습곡이나 Chopin의 피아노 연습곡의 경우가 그렇듯이 각각 독립된 연주곡으로 사용가능하도록 구상되었다.

8 No. 3 (3번)

이 작품은 리듬 중심의 연습곡이다. 구조적 진행은 3성 폴리포니로 아래에서 제시하는 ID 변형에 의해 연관된 3 집합(set)들은 4음(tetrachord) 조합(combinatoriality)을 이루면서 연쇄적 변형을 통해 동시 진행된다.

$$|0\ 7\ 5\ 2\ /\ A\ 9\ 3\ 4\ /\ 8\ B\ 1\ 6|$$
$$|A\ B\ 3\ 6\ /\ 8\ 1\ 7\ 2\ /\ 0\ 9\ 5\ 4|$$
$$|9\ 8\ 4\ 1\ /\ B\ 6\ 0\ 5\ /\ 7\ A\ 2\ 3|$$

초연은 Robert Pollock에 의해 1998년 11월 20일 하와이 방송국 Atherton Perfor-ming Studio에서 있었다.

9 No. 8 (8번)

이 작품은 3도 중심의 연습곡이다. 구조적 진행은 8성 폴리포니로 아래에서 제시하는 ID 변형에 의해 연관된 집합들은 각각 4쌍의 6음(hexachord) 조합(combinatoriality)을 이루면서 연쇄적 변형을 통해 동시 진행된다.

$$|0\ 3\ 5\ A\ 2\ 1\ /\ 7\ 8\ 4\ B\ 9\ 6|$$
$$|9\ 6\ 4\ B\ 7\ 8\ /\ 2\ 1\ 5\ A\ 0\ 3|$$

{6 9 B 4 8 7 / 1 2 A 5 3 0}
{3 0 A 5 1 2 / 8 7 B 4 6 9}

{1 A 8 3 B 0 / 6 5 9 2 4 7}
{4 7 9 2 6 5 / B 0 8 3 1 A}

{7 4 2 9 5 6 / 0 B 3 8 A 1}
{A 1 3 8 0 B / 5 6 2 9 7 4}

10 No. 10 (10번)

이 작품은 아르페지오, 옥타브와 유니슨 중심의 연습곡이다. 구조적 진행은 10성 폴리포니로 아래에서 제시하는 ID 변형에 의해 연관된 집합들은 2쌍의 3음(trichord)과 3쌍의 4음(tetrachord) 조합(combinatoriality)을 각각 이루면서 연쇄적 변형을 통해 동시 진행된다.

{0 7 5 2 / 8 B 1 6 / A 9 3 4}
{8 B 1 6 / A 9 3 4 / 0 7 5 2}

{A 9 3 4 / 0 7 5 2 / 8 B 1 6}
{3 4 A 9 / 5 2 0 7 / 1 6 8 B}

{6 1 B 8 / 4 3 9 A / 2 5 7 0}
{2 5 7 0 / 6 1 B 8 / 4 3 9 A}

{8 9 7 / 4 6 5 / B A 0 / 3 1 2}
{3 2 0 / B 1 A / 4 5 7 / 8 6 9}

{4 1 5 / 0 8 9 / 3 6 2 / 7 B A}
{B 6 A / 7 3 2 / 8 1 9 / 0 4 5}

초연은 김나영과 최인숙에 의해 4 hand version으로 2005년 11월 9일 금호아트홀에서 있었다.

⑫ *76 Years* for **Computer-generated Sound** (컴퓨터음향을 위한 "76년")

이 작품은 제11 트랙에서 필자의 육성으로 녹음한 Tokken의 시, *Seventy-six Years*를 아날로그(analog)로부터 디지털(digital)로 전환한 후 모음과 자음, 포만트(formant)로 불리는 목소리의 특징적 배음 등을 1초의 1/100 간격으로 분석한 후 이를 토대로 12음에 의해 작곡된 음성합성(Speech Synthesis) 작품이다. 시(詩)의 내용은 다음과 같다:

Seventy-six years,	76년,
Unborn, undying	태어나지도, 죽지도 않았네
Clouds break up,	구름은 흩어지고,
Moon sails on.	달은 항행하네.

작품에서 표출된 다양한 음색들은 녹음된 육성 외의 다른 자료가 첨가되지 않은, 전적으로 그 자체만으로부터 변형된 것이다. 예를 들어, 태어나고 죽는 것은 신만의 영역이니 이 부분은 신의 목소리를, 그리고 마지막 부분에서 달의 항행은 이 시의 마지막 음절 'on'의 발음을 사용하여 마치 배의 고동 소리를 연상케 하고 있다.

조금 더 기술적으로 음성합성기법을 서술한다면 formant tracking(포만트 추적)을 통해 앞서 낭송한 목소리를 A/D 변조기(analog to digital converter)를 통해 숫자화한 후 Linear Predictive Coding(선적 예측 부호)에 의해 이의 음도와 진폭, 모음과 자음을 분석한 후 이를 토대로 전(순)음정 집합(all-interval set) {0 B 7 4 2 9 3 8 A 1 5 6}에 의해 4성부터 12성까지의 다성으로 작곡되었다. 예를 들어, Seventy-six의 six는 6성, Years는 12성 화음 등.

Alban Berg가 *Schliesse mir die Augen beide*와 *Lyric Suite*에서 사용한, 1924년 그의 제자 Fritz Heinrich Klein이 발견한 순음정 집합은 그러나 그가 사용한 방법과는 전혀 다른 개념과 진행으로 이 작품에서 사용되었다.

초연은 1993년 5월 25일 쇼팽의 집에서 있었다.

13 *Diathirdtonic Scale* (18음 음계)
제 14~18 트랙, *Trihexadral Ballads*와 *The Breathing of a Diathirdtonic Cosmicity*의 이해를 돕기 위해 18음 음계를 제시한다.
한 옥타브를 12등분이 아닌 18등분($\sqrt[18]{2}$)한 18음 음계를 구성하는 각 음들의 비율(Ratio), 주파수(Frequency), 센트(cent)는 다음과 같다:

Notes	Ratios	Frequencies	Cents
0	1:1	440.00	0.00
1	53:51	457.27	66.67
2	27:25	475.23	133.33
3	55:49	493.88	200.00
4	771:661	513.27	266.67
5	137:113	533.42	333.33
6	63:50	554.37	400.00
7	127:97	576.13	466.67
8	83:61	598.75	533.33
9	99:70	622.25	600.00
10	97:66	646.68	666.67

5) Eugene Lee(이여진), "A Notational System for Third-Tone Music" by *Organised Sound*, Vol. 2, No. 3, (Cambridge University, U.K., 1997), 213~223쪽.

11	139:91	672.07	733.33
12	100:63	698.46	800.00
13	193:117	725.88	866.67
14	667:389	754.37	933.33
15	98:55	783.99	1000.00
16	50:27	814.77	1066.67
17	102:53	846.76	1133.33
18	2:1	880.00	1200.00

⑭ – ⑰ *Trihexadral Ballads* for Three Violins with Computer-generated Sound
(3 바이올린과 컴퓨터음향을 위한 트라이헥사드랄 발라드)

이 작품은 총 4악장으로 구성되며 각 악장들은 다음의 부제를 갖는다: 1악장 "Fanfare"(팡파르), 2악장 "Fantasia"(환상곡), 3악장 "Recitative"(낭송), 4악장 "Chant"(성가). 한 옥타브를 12 평균율이 아닌 18 평균율한 이 작품은 선율과 대위, 화성은 물론 음색을 결정짓는 배음(overtones) 역시 주제에서 전제한 음 구조에 의해 컴퓨터로 생성된 것이다. 즉, 구조적 음 진행과 음색 구조를 동시에 연계한 최초의 작품이다. 3대의 바이올린은 기존 운지법을 고수하면서 18음들을 연주할 수 있도록 다음과 같이 서로 달리 조율(scordatura)된다. 즉,

Violin I:　A4 = 475.23 cps.
Violin II:　A4 = 457.27 cps.
Violin III:　A4 = 440.00 cps.

원형집합(prime set)은 {0 H 2 1 4 3 8 9 A 7 6 5 G D F C E B}로 여기에서 표기 A=10, B=11, C=12, D=13, E=14, F=15, G=16, H=17이다.

이 작품은 Jacquline Carrasco, Sarah Parkins, Lisa DeLuca에 의해 프린스톤(Princeton) 대학 Frank E. Taplin37 Auditorium in Fine Hall에서 1997년 5월 20일 세계 초연되었다.

실황 연주 :

정유진(Geenie Jun), Vln. I / 홍다연(Dayeon Hong), Vln. II / 함지민(Jimin Ham), Vln. III / 조정현(Jung-Hyun Cho), Cond.

4-Alpha 창작음악 조인트 리사이틀

금호아트홀, 2007년 5월 14일

(이 트랙은 실황연주에서 스피커로 재생된 컴퓨터 음향을 다시 마이크로폰을 통해 녹음한 것이 기에 볼륨을 높여 감상하는 것이 컴퓨터로부터 생성된 많은 미세한 음들의 손실을 그나마 최소화시킬 수 있을 것이다.)

18 *The Breathing of a Diathirdtonic Cosmicity* (다이아서드타닉(18음) 우주의 숨결)

그리스어로 diatonos란 '온음에 의한 진행'을 뜻하며 따라서 필자의 diathirdtonic이란 1/3음, 즉 18음 음계를 뜻한다. 이 작품의 원형집합(prime set)은 한 옥타브를 18등분($\sqrt[18]{2}$)한 18 평균율의 완전조합집합(all-combinatorial set)으로 아래에서 제시하는 18조합집합(combinatorial sets)들은 선적으로나 수직적으로 동일한 어떤 음도 서로 겹치거나 중복되지 않는 18성부 폴리포니로 음과 연계된 음가와 함께 진행된다. 18성부의 각 음들의 선율적, 화성적, 시간적 상호 연관관계의 총체적 진행의 중요성으로 인해 쉽게 알아차릴 수 있는 통상적인 단편적 주제개념이 배제된 무주제적(athematic) 순수 절대음악 작품이다.

무한한 우주에서 절대적 법칙에 의해 끊임없이 매순간 펼쳐지는, 상상을 초월하는 무쌍한 변화는 그러나 어느 한 순간 그 모든 것들이 오히려 정적으로 받아드려지는 무아경(無我境)으로 우리를 인도한다. 뿐만 아니라 저 밤하늘의 찬란히 빛나는 별들을 어느 위치에서 바라보느냐에 따라 모두 다른 모습으로 비춰지듯이 이 작품에서의 18 다른 음들 역시 어느 위치에서 든느냐에 따라 서로 다른 음들의 강조로 들릴 것이다. 심지어 동일한 장소에서 머리 방향을 조금 바꾸기만 해도 이 같은 현상은 감지될 수 있을 것이다. 이 작품에서 사용된 실음음역은 27.50 Hz~28,160 Hz 이다.

(컴퓨터로부터 생성된 넓은 음역의 많은 미세한 음들과 이들 각각의 서로 다른 phase, 즉 변화

하는 음파의 모습을 충분히 감지하기 위해서는 이 트랙의 볼륨을 '충분히' 높여 감상하실 것을
권장한다.)

```
0  3  1  4  2  5  6  8  7  A  B  9  C  G  E  F  D  H
3  0  2  H  1  G  F  B  E  B  A  C  9  5  7  6  8  4
1  G  0  F  H  E  D  B  C  9  8  A  7  3  5  4  6  2
4  7  5  8  6  9  A  C  B  E  F  D  G  2  0  1  H  3
2  5  3  6  4  7  8  A  9  C  D  B  E  0  G  H  F  1
5  2  4  1  3  0  H  F  G  D  C  E  B  7  9  8  A  6
6  9  7  A  8  B  C  E  D  G  H  F  0  4  2  3  1  5
8  B  9  C  A  D  E  G  F  0  1  H  2  6  4  5  3  7
7  4  6  3  5  2  1  H  0  F  E  G  D  9  B  A  C  8
A  D  B  E  C  F  G  0  H  2  3  1  4  8  6  7  5  9
B  8  A  7  9  6  5  3  4  1  0  2  H  D  F  E  G  C
9  6  8  5  7  4  3  1  2  H  G  0  F  B  D  C  E  A
C  F  D  G  E  H  0  2  1  4  5  3  6  A  8  9  7  B
G  1  H  2  0  3  4  6  5  8  9  7  A  E  C  D  B  F
E  H  F  0  G  1  2  4  3  6  7  5  8  C  A  B  9  D
F  C  E  B  D  A  9  7  8  5  4  6  3  H  1  0  2  G
D  A  C  9  B  8  7  5  6  3  2  4  1  F  H  G  0  E
H  E  G  D  F  C  B  9  A  7  6  8  5  1  3  2  4  0
```

초연은 Ebb & Flow Arts이 주최한 North South East West Festival에서 Joseph Ciotti
의 영상과 함께 2005년 5월 7일 Hawaii의 The Imaginarium에서 있었다.

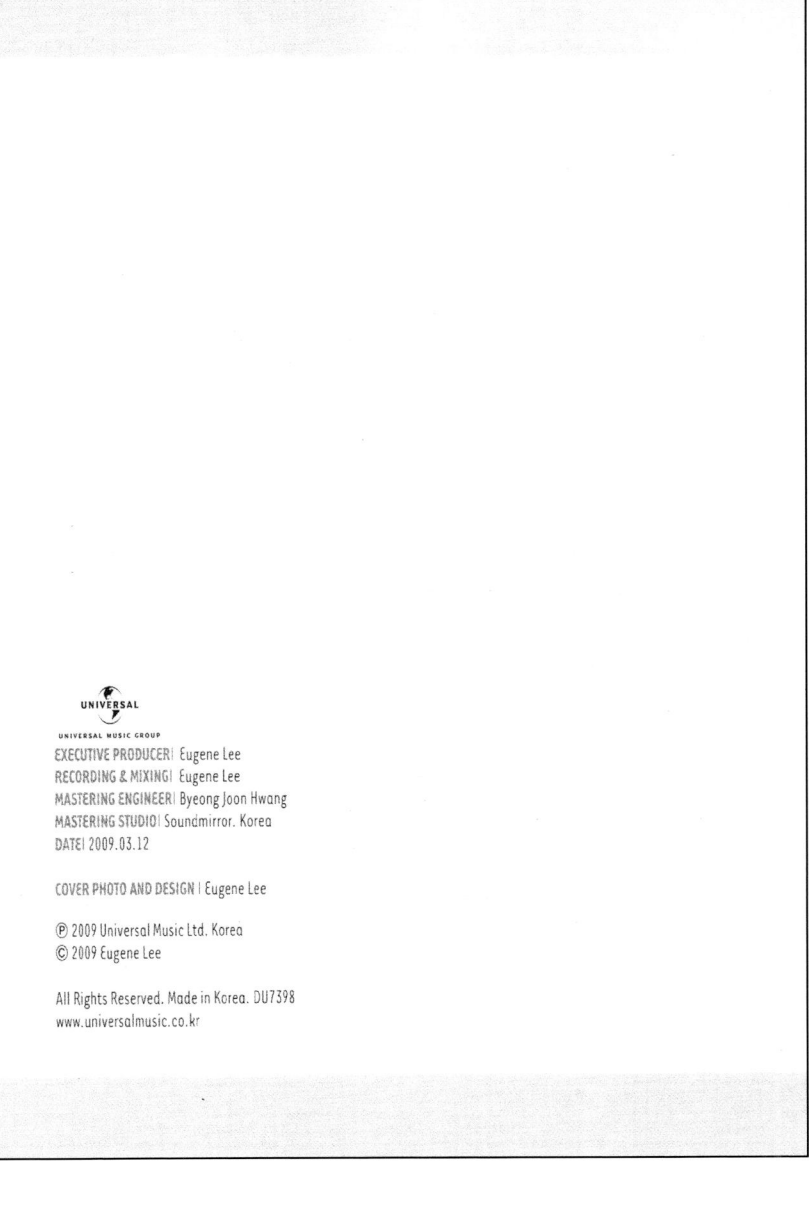

UNIVERSAL

UNIVERSAL MUSIC GROUP

EXECUTIVE PRODUCER| Eugene Lee
RECORDING & MIXING| Eugene Lee
MASTERING ENGINEER| Byeong Joon Hwang
MASTERING STUDIO| Soundmirror. Korea
DATE| 2009.03.12

COVER PHOTO AND DESIGN | Eugene Lee

[C] 이여진: 34. 『12와 18음 음악』　1727

35. 컴퓨터 음악
(COMPUTER MUSIC)

이여진(李如辰)
(2016)

목 차

서 론

4차 산업혁명이라 일컫는 AI(Artificial Intelligence), 즉 인공지능은 21세기 우리들의 삶을 송두리째 바꿔놓고 있다. 너무도 짧은 시간의 이 같이 막대한 변화를 가져온 컴퓨터는 그동안 명령수행의 단순단계를 넘어 인간만이 소유했다고 자부해 온 창의력에 도전하는 21세기를 맞이하게끔 급속한 발전을 거듭하고 있다.

얼마 전 인간 바둑기사에 도전한 *AlphaGo*(알파고)는 한동안 온 세상을 떠들썩하게 만들었고 4승1패라는 놀라운 기록으로 압승하는 섬뜩한 결과를 낳았다. 그런가하면 최근 (2016년 초) 일본에서 있은 문학상 공모전, 제3회 "호시신이치(ほししんいち) 상" 일반부분에 출품된 1450편의 소설 중 11편이 인공지능이 집필한 것으로 4차 심사 후 발표된 당선작에는 포함되지 못했으나 이들 중 최소 1편 이상이 1차 심사를 통과하였다는 놀라운 소식은 우리 모두를 경악하게 만들기에 충분했다.

불과 몇 년 전까지만 해도 상상할 수 없었던 AI(인공지능)가 정착된 무인차의 상용화는 앞으로 PC와 함께 일반 가정에서 쉽게 찾아볼 수 있는 생활용품이 될 전망이고, 쌍방향 대화가 가능한 "수퍼 걸 자라"*(Super Girl ZARA)* 시스템 등등 AI 기술은 이제 인간의 사고능력마저 압도할 기세로 우리 앞에 다가와 있다.

인공지능의 이 같은 놀라운 발전은 음악분야에서는 어떠한가? 다시 말해 *Encore, Finale, Sibelius* 등 간단하게는 악보사보로부터 Computer-aided Instruction, 즉 컴퓨터 도움 학습지도뿐만 아니라 Spectral Analysis, 즉 스팩트럼 분석 등은 물론 MIDI(Musical Instrument Digital Interface)와 연결된 synthesizer(신시사이저)와 컴퓨터, 또는 algorithm(알고리즘)만으로 생성되는 음원의 컴퓨터 programming(프로그래밍)에 의한 재생처리, 즉 컴퓨터 음악 작곡 등등 컴퓨터의 정확한 명령수행, 다시 말해 컴퓨터는 그 운영자가 입력한 내용을 가감(加減) 없이 수행하는 단계를 넘어 운영자가 제시한 범위 내에서 컴퓨터 자신이 나름대로 해석할 수 있는 일종의 Automated Music, 소위 '자동화 음악'으로 일컬을 수 있을 음악의 AI, 즉 algorithm에 의한 MI, 즉 Music Intelligence(음악지능)에 대한 연구 역시 1980년 중반을 전후하여 활발히 연구되어 오고 있다.

그럼에도 불구하고 우리의 현실은 MI 분야에 대한 학구적 연구가 거의 전무(全無)한 상태이다. 이 같은 결과를 초래할 수밖에 없는 많은 주요원인들 중에서 몇 가지를 추정해 본다면 우선 해방 직후 국내 종합대학 내 음악대학이 최초로 설립되었을 당시 만들어진 교과과정으로부터 거의 변한 것이 없는 교과내용들로 음악대학 교육이 현재까지 운영됨으로써 음악대학생들은 아직까지도 심지어 20세기 음악마저 소홀히 다루어지면서 오직 고전과 낭만 음악에 기초한 음악과 이론만을 주된 교육내용으로 받아 들여져 왔다는 데 있다. 최근 전자음악이나 컴퓨터 음악이 신설된 몇몇 음악대학 교과과정이라고 하더라도 한, 두 학기의 기초 과정으로 이미 외국에서 제작된 software(소프트웨어)에 숫자만 다르게 입력하는 수준에 그치기 고작인 형편이다.

수학, 물리, 컴퓨터 과학에 대한 지식 없이 MI에 접근한다는 것은 사실 불가능한 경지로 여겨진다. 음(音)이란 어디까지나 물리적 현상으로써 수학적 해석 없이 이해될 수 없는 실체이다. 따라서 고대 그리스의 *Quardrivium,* 즉 4學(학)에 산수, 기하, 천문학과 함께 음악을 필수로 두었다는 사실은 21세기라는 새로운 눈으로 학문을 바라보는 이들에게는 음악 예술교육 또한 어떤 방향으로 개혁되어야만 하는지를 밝혀줄 한 줄기 빛이 아닐까 생각된다. 더욱이 요즘 대학이 학문 연구의 요람이기 보다는 직업 준비과정의 한 단계로 전락하면서 취업 우선의 교육내용만이 강조되는 실정에서 어쩌면 요원한 음악대학 교과과정의 개혁만을 고대하며 하루가 다르게 변하고 발전하는 외국의 모습을 부러워만 하며 주저앉아 있을 수만 없는 입장에서 현 음악대학 과정을 이수하고 있는, 또는 이수한 수준의 음악학도라 할지라도 조금만 스스로 노력하면 이해할 수 있는 MI에 대한 최소한의 기초자료를 제시함으로써 서양음악의 기원으로 여겨지는 고대 그리스의 학문적 정신이 그러했듯 음악 역시 수학과 함께 학문으로서의 예술적 가치를 한 번쯤 다시 생각하게 하기 위함이다.

수학자이며 물리학자인 Hermann Weyl(1885~1955)은 그의 작업에서 진실을 아름다움과 융합하도록 노력하지만 이들 중 하나를 선택해야만 할 경우 그는 아름다움을 택한다고 말했다. 그가 수학의 진실을 아름답게 표현하려는 것과 같이 음악의 아름다움 역시 진실이어야만 할 까닭이다.

아무리 기초 중에 기초를 다룬다고 하더라도 다음에 제시하는 최소의 컴퓨터 관련 지식을 전제한다:

(1) Sound Synthesis (음 합성) 기법

원하는 음향을 만들기 위한 Electrically-generated acoustical

elements(전자발생 음향 요소들)을 실현 가능케 하는 Sound Synthesis(음합성)에 대해 다음에 제시하는 항목들에 대한 최소한의 이해를 요구한다:

① Direct Synthesis (직접 합성법)
② Additive Synthesis (부가 합성법)
③ Subtractive Synthesis (감산 합성법)
④ Non-linear Synthesis (비선형 합성법)
⑤ Sampling Synthesis (샘플링 합성법)

(2) C Programming Language (C 프로그래밍 언어)

시중에 넘쳐나는 컴퓨터 관련 서적 중 C 관련 언어가 가장 많이 출판되지 않았을까 여겨지며 이에 대한 이들 대부분 서적의 내용은 거의 대동소이하다. Stephen G. Kochan의 *Programming in C* (Hayden Book, 1990, U.S.A.) 역시 그중 하나일 것이다. C 언어의 기초 개념인 Identifiers, Comments, Constants, Data Types, Declarations, Expressions, Storage, Functions, Statements, Preprocessor Statements에 대한 최소한의 이해가 필수로 요구된다.

(3) CSOUND (C사운드)

다양한 종류의 Audio Processing System, 즉 오디오 처리 시스템 중에서 특별히 CSOUND (C사운드)를 선택한 이유는 CSOUND는 C 언어로 쓰여 졌을 뿐만 아니라 전통음악을 전공한 본인과 같은 음악도들에게 익숙한 작곡방법, 즉 5선지에 음을 기록한 후 특정 악기를 통해 연주하는 두 단계

방식과 유사한 Score File(악보 파일)과 Orchestra File(관현악 파일)을 각각 입력한 후 실현하는, 다시 말해 File.orc에 설정된 특정한 음향들을 File.sco에 지시한 순서와 지속시간, 음도와 강약 등으로 연주하는 방식이기 때문이다. 따라서 CSOUND와 관련된 오케스트라 Syntax(신택스, 즉 構文)와 Numeric Score(숫자 악보), GEN Routines, 등 CSCORE(C스코어) 전반에 대한 이해 역시 필수이다.

(4) *Computer Music in C* ("C[언어] 안에서 컴퓨터음악")

Phil Winsor와 Gene DeLisa가 집필한 *Computer Music in C* (Windcrest/McGraw-Hill, 1991)에서 제시한 총 82개의 Function(기능)들 중 몇 개를 응용하기로 한다. 이들 Function을 구성하고 있는 요소들을 이해하기 위해
① function declaration, ② parameter declarations, ③ variable declarations, ④ statements of function calls, ⑤ comments에 대한 이해를 필수로 한다. 이들은 앞서 요구한 (2) *C Programming Language* 에서 이미 전제된 바이다.

(5) Microsoft Visual C 2010 Express (마이크로소프트 비주얼 C 2010 익스프레스) 설치

완성된 C program을 실현시키기 위해 컴퓨터에 Microsoft Visual C^{++} 2010 Express(MVE)를 설치하여야 한다. 그리고 이 MVE에서 Build, Debug 등 주요 작동 방법 및 운영에 대해서도 숙지하여야만 한다.

(6) CSOUND Compiler (C사운드 컴파일러) 설치

CSOUND program에 따라 Standard numeric format(기본 숫자 구성방식)으로 작성된 Score(스코어)를 사용자가 정의한 High-level syntax(고급 구문)로 구성된 Orchestra(오케스트라)를 통해 Audio processing routine(음성 처리 루틴)으로 유도하기 위해 1980년대 중반 Barry Vercoe가 최초로 완성한 CSOUND Compiler 설치를 요한다.

(7) DAC 설치

이렇게 생성된 소리를 청각을 통해 듣기 위해서 Digital to Analogue Converter, 즉 디지털에서 아날로그로의 변환 장치를 필요로 한다.

본 론

제 1 부: BETA (베타)

1. Beta Probability Distribution: 베타 확률분포

1.1 Beta.c (베타.c)

[Ex. 1] Beta.c

```c
/*
BETA.C (Eulerian Beta Probability Distribution Function: 오일러 베타 확률분
포 함수)
*/

#include <stdio.h>
#include <math.h>

#define RND_MAX 32767.

main()
{

int seed = -43;
int j;        /* loop index */

float parm0 = .4;    /* controls values nearer to 0 */
float parm1 = .2;    /* controls values nearer to 1 */

double x[100];        /* array for storing Beta distribution */
double Beta();

srand( seed );
for( j = 0; j < 100; j++)
   {
   if( j % 5 == 0)
      printf("\n");
   x[j] = Beta( parm0, parm1 );
   printf("%f ", x[j] );
   }
printf("\n\n");

}
```

```
/*   BETA FUNCTION */

double  Beta( prob0, prob1 )
double  prob0,prob1;


{

double  u1;              /* random real number 1 ( > 0 < 1. ) */
double  u2;              /* random real number 2 ( > 0 < 1. ) */

double  t1;              /* computed probability 1 */
double  t2;              /* computed probability 2 */
double  sum;             /* total of probabilities 1 and 2 */

double  result;         /* final Beta value */

double  Fpower();

prob0 = 1. ;            /* prob0 */
prob1 = 1. ;            /* prob1 */

do
   {
   u1 = rand() / RND_MAX ;
   u2 = rand() / RND_MAX;
   t1 = Fpower( u1, prob0 );
   t2 = Fpower( u2, prob1 );

   sum = t1 + t2;
   }
   while( sum > 1.0 );
result = ( t1 / sum );

return( result );

}
```

```
/*   FPOWER FUNCTION */ */

double  Fpower( value, tothe )
double  value, tothe ;

{

int  sign;
double  result;

sign = ( tothe < 0.0 ) ? -1 : 1 ;
tothe = fabs( tothe );
result = exp( log( value ) * tothe );

if( sign < 0 )
   {
   result = 1.0 / result;
   printf("%f \n",result );
   }
return( result );

}
```

Computer Music in C, pp. 180~181에 실린 Beta.c 의 Program source code(프로그램 원천부호, Ex. 1)와 이의 Program execution(프로그램 실행) 결과인 Output File(출력파일, Ex. 2)은 다음과 같다.

[Ex. 2] Beta.c 의 Output File.

[OUTPUT FILE]

```
0.292723  0.780121  0.171378  0.996871  0.114846
0.431120  0.438832  0.327003  0.392615  0.050339
0.672638  0.312048  0.776727  0.807679  0.111889
0.005947  0.384592  0.304038  0.659433  0.414080
0.894966  0.585201  0.680974  0.222118  0.153720
0.258895  0.698389  0.413535  0.131592  0.088595
0.284655  0.373788  0.003949  0.497663  0.839632
0.711915  0.135355  0.875693  0.829548  0.023119
0.280378  0.345743  0.469390  0.083807  0.771223
0.517122  0.321943  0.129314  0.558804  0.265625
0.546936  0.498832  0.443875  0.334165  0.551750
0.396251  0.391789  0.013465  0.778322  0.448497
0.661821  0.310475  0.178799  0.204809  0.714067
0.530130  0.127501  0.735438  0.568472  0.351353
0.384878  0.606517  0.163549  0.281895  0.542808
0.467846  0.430003  0.093580  0.451333  0.910159
0.834341  0.702408  0.547754  0.552132  0.325730
0.308456  0.732371  0.520463  0.030273  0.930504
0.702365  0.425030  0.882217  0.848998  0.018737
0.473467  0.812809  0.300984  0.511741  0.716092
```

오직 이 뿐이다.

　본인과 같이 전통 서양음악을 전공한 음악학도라면 이 시점에서 누구나 당황스러울 것이 당연하겠다. 더 이상의 설명이 없는 이 책자를 통해 이 출력파일의 숫자들이 과연 무슨 의미인지, 그리고 무엇보다도 이들 결과를 어떻게 음악과 연관하여 의미 있게 응용할 수 있는지 오히려 공포심마저 드는 것이다. 그러나 이 같은 두려움을 극복하고 이를 이해하기 위해 우선 Probability theory(확률이론)에서 Beta distribution(베타분포)에 대해 알아보자.

먼저 베타분포를 Beta function, 즉 베타 기능과 혼동해서는 안 된다. Probability distribution(확률분포)의 일종인 Eulerian Beta Probability Distribution Function(오일러 베타 확률분포 함수)로도 일컫는 베타분포는 2개의 매개변수(parameter) α와 β에 의해 [0, 1] 구간에서 정의되는 연속 분포의 일종이다. 따라서 0%와 100% 사이의 값을 갖는 비율에 대한 확률 모형을 나타낸다.

예를 들어, Beta(1/2, 1/2)은 Ex. 3에서 제시하는 바와 같이 0.5를 축으로 좌우 대칭을 이루는 arcsine(逆 사인) 분포의 확률 density(밀도)를 나타낸다.

[Ex. 3] Beta(1/2, 1/2).

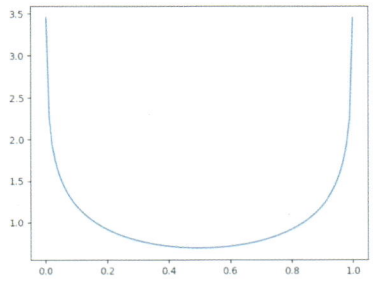

이 확률분포는 후에 언급할 Random Walk(醉步, 또는 難步)의 기본정리 (Fundamental Theorem)로도 나타난다.

따라서 Program source code(프로그램 원천부호)에서 (0 〈 x 〈 1)로 이루어진 x 값의 parm(parameter, 즉 매개변수) 0와 parm 1의 설정은 Ex. 4 에서 보여주는 바와 같이 베타확률의 분포를 좌우한다. 다시 말해 동일한 모수 α에 대하여 β가 커지면 왼쪽으로 치우치고, 동일한 모수 β에 대하여 α가 커지면 오른쪽으로 치우치며, α = β이면 x = 0.5를 중심으로 대칭을 이룬다.

[Ex. 4] 베타(Beta)확률의 분포

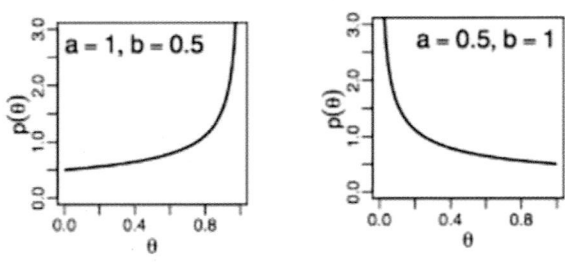

이제 실제 CSOUND(C사운드)에서 활용 가능케 할 간단한 programming(프로그래밍) 작성에 대해 알아보자.

1.21 Betascore1.c

Ex. 2의 결과를 낳은 Ex. 1에서 제시한 베타 확률분포 함수기능을 실제 음악과 연계하여서는 과연 어떻게 사용할 수 있는 것인가 하는 문제에 대해서 *Computer Music in C*는 제시하고 있지 않다. 더욱이 우리가 전제한 전통 작곡 방식에 가장 가까운 방식으로 베타 확률분포 함수기능을 CSOUND와 연계하여 사용하기 위해서는 다음에 제시하는 새로운 프로그래밍을 작성하여야만 한다.

CSOUND에서 'Orchestra'로 불리는 악기(Instrument) 구조, 즉 사용자가 구상하는 특정 음향을 생성 가능케 하는 컴퓨터 프로그래밍에 대한 언급은 생략하고 — Audio Processing System, CSOUND에 대한 기본 학습을 하였다는 가정하에 — 기본 숫자악보 형태로 만들어진 'Score'로 불리는 각각의 음들에 대한 자세한 정보, 다시 말해 프로그램을 읽고 이에 정확히 반응하여 일련의 데이터(data)를 초래하는 과정에서 어떻게 베타 확률분포를 응용하여 사용할 것인가에 대해 살펴보자.

Ex. 5에서 제시하는 Betascore1.c는 CSOUND 포맷을 고려하여 주파수(frequency), 지속시간(duration), 진폭(amplitude) 등을 베타 확률분포로 조정 가능하도록 새롭게 프로그래밍한 것이다.

Ex. 6은 MVC(Microsoft Visual C^{++})에서 Betascore1.c를 실행(Execution)하여 Debugging(교정)하면 출현하는 I/O(Input/Output) Section(入出力區分)으로 사용자가 원하는 구체적 지시를 컴퓨터가 수행하도록 가능케 한 것이다.

Random generation(랜덤 발생기)의 seed(시드) 뿐만 아니라 베타 확률분포에서 parm 0와 parm 1의 값 또한 사용자가 지정할 수 있게끔 구성되었다. 이 밖에 리듬, 진폭(amp.), 주파수(freq.)의 범위 역시 사용자가 지정할 수 있다.

[Ex. 5] Betascore1.c

```c
/*
Betascore1.c - (Eulerian Beta Probability Distribution Function: 오일러 베타
확률분포 함수)
*/

#include <stdio.h>
#include <math.h>

#define RND_MAX 32767.

main()
{

int seed, notenum;
int j;        /*  loop index */

float rrange, rlowerlimit; /* dur */
float arange, alowerlimit; /* amp */
float prange, plowerlimit; /* pitch */

float overlap=.05;    /*  initialize overlap factor to .5 seconds */

float parm0;          /*  controls values nearer to 0 */
float parm1;          /*  controls values nearer to 1 */
float start=1;        /*  initialize starting time */

double dur[1000];   /*  array for storing Beta dist. of dur */
double amp[1000];   /*  array for storing Beta dist. of amp   */
double pitch[1000]; /*  array for storing Beta dist. of pitch */

double Beta();


/* I/O section */

/* make user definable seed */
```

1744 절대음악 혼자 간다

```c
printf("what is the seed value (integer)?    -> ");
scanf("%d",&seed);
srand( seed );/* use the seed to seed the random generator */

/* user defined number of notes */
printf("\nHow many notes in output score (1000 max)?    -> ");
scanf("%d",&notenum);

/* user input parm0 */
printf("\nEnter parm0 (controls values near 0) number between 0 and 1    -> ");
scanf("%f",&parm0);

/*user input parm1 */
printf("\nEnter parm1 (controls values near 1) number between 0 and 1    -> ");
scanf("%f",&parm1);

/*user input r range and r lower limit */
printf("\nEnter range of rhythmic values  (float)-> ");
scanf("%f",&rrange );
printf("\nEnter lower limit for rhythmic values (float)-> ");
scanf("%f",&rlowerlimit );

/*user input a range and a lower limit */
printf("\nEnter range of amplitude values (float)-> ");
scanf("%f",&arange );
printf("\nEnter lower limit for amplitude values (float)-> ");
scanf("%f",&alowerlimit );

/*user input frequency  range and frequency  lower limit */
printf("\nEnter range of frequency values (float)-> ");
scanf("%f",&prange );
printf("\nEnter lower limit for frequency values (float)-> ");
scanf("%f",&plowerlimit );
```

```
/* loop to make computations */
for( j = 0; j < notenum; j++){
/* compute beta values for duration */
   dur[j] = Beta( parm0, parm1 ) * rrange + rlowerlimit;

/* compute beta values for pitch */
   pitch[j] = Beta( parm0, parm1 ) * prange + plowerlimit;

/* compute beta values for amplitude  */
   amp[j] = Beta( parm0, parm1 ) * arange + alowerlimit;
}

/* score output section - prints values in score format */
printf("\n\nc beta score - parameters #4=freq in Hz. #5=amp\n");
printf("f1  0  128  7  128  1  0\n");

/*score output */
for( j = 0; j < notenum; j++){
printf("i1  %6.4f    %6.4f %6.4f    %8.4f \n",  start, dur[j]+overlap, pitch[j],
amp[j]);
start = start+dur[j];
}

printf("end of score\n\n");


}




/*   BETA  FUNCTION   */

double Beta( prob0, prob1 )
double prob0, prob1;

{
```

```
double u1;          /*  random real number 1 ( > 0 < 1. ) */
double u2;          /*  random real number 2 ( > 0 < 1. ) */

double t1;          /*  computed probability 1 */
double t2;          /*  computed probability 2 */

double sum;         /*  total of probabilities 1 and 2 */
double result;      /*  final Beta value */

double Fpower();

prob0 = 1. ;        /*  prob0 */
prob1 = 1. ;        /*  prob1 */

do
  {
  u1 = rand() / RND_MAX ;
  u2 = rand() / RND_MAX;

  t1 = Fpower( u1, prob0 );
  t2 = Fpower( u2, prob1 );

  sum = t1 + t2;
  }
  while( sum > 1.0 );
result = ( t1 / sum );

return( result );

}


/*  FPOWER FUNCTION  */

double Fpower( value, tothe )
double value, tothe ;
```

```
{

int  sign;
double  result;

sign = ( tothe < 0.0 ) ? -1 : 1 ;
tothe = fabs( tothe );
result = exp( log( value ) * tothe );

if( sign < 0 )
   {
   result = 1.0 / result;
   printf("%f \n",result );
   }
return( result );

}
```

[Ex. 6] Betascore1.c의 I/O Section.

    c beta score - parameters #4=freq in Hz. #5=amp

    f1 0 128 7 128 1 0

    what is the seed value (integer)?   -> 24

    How many notes in output score (1000 max)?   -> 50

    Enter parm0 (controls values near 0) number between 0 and 1   -> .5

    Enter parm1 (controls values near 1) number between 0 and 1   -> .5

Enter range of rhythmic values   (float)-> 3

Enter lower limit for rhythmic values (float)-> .2

Enter range of amplitude values (float)-> 5000

Enter lower limit for amplitude values (float)-> 500

Enter range of frequency values (float)-> 1000

Enter lower limit for frequency values (float)-> 100

이는 곧 컴퓨터 운영자의 의도된 구체적 지시인 것으로, 예를 들어 Ex. 6에서의 경우 베타 (.5, .5) 확률분포가 input(입력)되었다.

1000개 까지 출력 가능한 음들에서 Ex. 7에서 제시하는 Output File(출력파일)에는 100개의 음들만을 예로 실현한 결과로서 이들 구성은 앞으로 사용할 CSOUND 악보를 염두에 둔 format(서식)으로 형성되어있다.

[Ex. 7] Betascore1.c 의 Output File.

[OUTPUT FILE]

```
c beta score - parameters #4=freq in Hz. #5=amp
f1  0  128  7  128  1  0
i1  1.0000   0.3453   588.8214    866.0087
i1  1.2953   2.2365   103.5112   3744.2047
i1  3.4818   2.5982   453.3064   2307.7368
i1  6.0299   1.3244   424.4710   1329.1689
```

```
i1  7.3043   2.8860  469.5164  2361.4476
i1  10.1403  2.3426  982.2883  5081.5855
i1  12.4329  2.1207  479.2263   904.4798
i1  14.5035  1.6711  663.0754  3660.7427
i1  16.1246  2.4215  199.9951  5266.2422
i1  18.4961  2.4884  979.3345  4755.1151
i1  20.9345  2.7223  493.5798  4508.4563
i1  23.6068  2.4754  878.1589  4278.9368
i1  26.0322  1.2809  531.2526  4608.4717
i1  27.2631  1.2702  645.9130  1345.9477
i1  28.4832  1.0751  238.0302  4517.8833
i1  29.5083  0.9865  896.3787  5219.4327
i1  30.4448  1.0504  1028.2394 1692.0755
i1  31.4452  0.4385  480.7848  4861.9282
i1  31.8337  0.4110  1053.1814 5026.2438
i1  32.1947  2.8993  916.8103  4625.4014
i1  35.0440  2.7029  294.8983  4792.4250
i1  37.6969  0.7817  506.7723  2246.6088
i1  38.4285  1.6509  670.7005  4394.9535
i1  40.0294  0.9781  902.1413  1038.0475
i1  40.9575  0.4120  620.8353  3888.5732
i1  41.3195  1.0674  744.7670  4642.1544
i1  42.3369  3.1522  1041.3121  830.4857
i1  45.4391  2.7438  114.8458  4201.5959
i1  48.1329  2.9824  1084.1917 1677.2811
i1  51.0653  2.6309  738.7682  3927.2736
i1  53.6462  2.9335  511.3346  4583.2147
i1  56.5297  1.9366  215.4335   540.6637
i1  58.4163  3.0859  821.9104  1832.1552
i1  61.4522  2.5685  538.3435  4763.8310
i1  63.9707  2.9231  782.5873  1725.7601
i1  66.8438  0.7413  763.6795  1803.6566
i1  67.5351  2.9982  318.9202  4496.3563
i1  70.4833  1.4325  386.6824  5306.3134
i1  71.8659  2.3214  328.6949  4569.8365
i1  74.1373  2.2065  958.7958  1512.7323
```

```
i1  76.2938   0.8415   636.2087   2467.2602
i1  77.0853   2.7575   180.7401   1204.9930
i1  79.7928   2.6644   872.8064   3970.1735
i1  82.4072   1.8001   640.5511   3351.0724
i1  84.1573   0.7310   274.8776   3385.7553
i1  84.8383   2.1336   888.8684   1074.1638
i1  86.9219   1.7242   128.3377   1508.4051
i1  88.5960   0.5195   772.6374   2709.8147
i1  89.0655   1.5187   986.4263   1489.7706
i1  90.5342   1.2007   757.4118   3587.7595
end of score
```

1.22 CSOUND Synthensis I (C사운드 합성 I)

CSOUND에서 어떻게 특정 음색을 지닌 악기를 만드느냐 하는 문제는 본론 밖의 영역일 뿐만 아니라 우리의 상상력이 멈추지 않는 한 악기들의 그 다양성 역시 그 수를 셀 수 없이 무한할 수밖에 없기 때문이다. 따라서 현재 우리의 논의, 즉 MI를 위해 그중 가장 간단한 컴퓨터 악기를 사용하여 예를 들도록 하겠다.

Ex. 8에서 제시한 악기는 pluck instrument(뜯는 악기)로 Harp(하프)와 같이 손가락으로 뜯는 악기 소리를 모방한 음향의 매우 간단한 구조의 instr(instrument의 약자)를 Beta1.orc으로 사용하고 있다.

Beta1.sco는 Betascore1.c 의 Output File(Ex. 7), 즉 출력파일의 결과들 중 첫 20개의 음들만을 예로 보여준 것이다. 따라서 p3 dur, 즉 제3 매개변수(parameter)에 duration of a note(음의 지

속시간);

p4 freq, 즉 제4 매개변수(parameter)에 frequency(Hz., 주파수);

p5 amp, 즉 제5 매개변수(parameter)에 amplitude(진폭)는 베타 확률 분포 [.5, .5] 기능에 의해 조정된 음악적 적용으로 자동 생성된 결과에 의해 구성된 것으로서 MI의 한 초보적 단계를 보여주고 있다.

[Ex. 8] Beta1.orc / Beta1.sco

```
;Csound Synthesizer
;<Beta1.orc>

sr = 44100
kr = 4410
ksmps = 10
nchnls = 1

;p3 = duration of a note
;p4 = max amplitude for linen statement
;p5 = frequency (Hz)

instr 1

icps = p4
a1 pluck p5, icps, icps, 0, 1
out a1

endin


;<Beta1.sco>

c beta score - parameters #4=freq in Hz. #5=amp
```

```
f1  0  128  7  128  1  0
i1   1.0000   0.3453   588.8214    866.0087
i1   1.2953   2.2365   103.5112   3744.2047
i1   3.4818   2.5982   453.3064   2307.7368
i1   6.0299   1.3244   424.4710   1329.1689
i1   7.3043   2.8860   469.5164   2361.4476
i1  10.1403   2.3426   982.2883   5081.5855
i1  12.4329   2.1207   479.2263    904.4798
i1  14.5035   1.6711   663.0754   3660.7427
i1  16.1246   2.4215   199.9951   5266.2422
i1  18.4961   2.4884   979.3345   4755.1151
end of score
```

1.31 Betascore2.c

Ex. 9는 Ex. 5에서 제시한 Betascore1.c 에서의 주파수(freq), 지속시간(dur), 진폭(amp) 외에 전방 180°를 기준으로 좌우 진폭 (0-1)의 변화를 통해 스트레오(stereo) 효과를 얻을 수 있는 panning(팬닝), 즉 ipan을 베타 확률분포로 조정 가능하도록 만든 프로그램이다.

따라서 Ex. 10은 MVC에서 Betascore2.c 를 실행(Execution), 교정(Debugging)하여 출현되는 I/O Section으로 Betascore1.c 의 항목에는 없었던 panning을 추가한 것이다. 즉, pan value(팬 값) .99와 lowerlimit(최소값) .01이 베타(.5, .5) 확률 분포에 의해 생성되는 스테레오 효과 기능을 추가한 것이다. 이의 Output File, 즉 출력파일은 Ex. 11에서와 같다.

[Ex. 9] Betascore2.c

```c
/*
Betascore2.c - (Eulerian Beta Probability Distribution Function)
*/

#include <stdio.h>
#include <math.h>

#define RND_MAX 32767.

main()
{

int seed,notenum;
int j;        /*   loop index */

float rrange,rlowerlimit;           /*   dur */
float arange,alowerlimit;           /*   amp */
float prange,plowerlimit;           /*   pitch */
float irange,ilowerlimit;           /*   ipan */

float overlap;          /* initialize overlap   */
float maxoverlap;

float parm0;            /*   controls values nearer to 0 */
float parm1;            /*   controls values nearer to 1 */
float start=1;          /*   initialize starting time */

double dur[1000];       /*   array for storing Beta dist. of dur */
double amp[1000];       /*   array for storing Beta dist. of amp   */
double pitch[1000];     /*   array for storing Beta dist. of pitch   */
double pan[1000];

double Beta();


/* I/O section */
```

1754 절대음악 혼자 간다

```c
/* make user definable seed */
printf("\nWhat is the seed value (integer)?    -> ");
scanf("%d",&seed);
srand( seed );/* use the seed to seed the random generator */

/* user defined number of notes */
printf("\nHow many notes in output score (1000 max)?    -> ");
scanf("%d",&notenum);

/* ovewrlap maximum   */
printf("\nWhat is the maximum overlap to be added (float)?    -> ");
scanf("%f",&maxoverlap);

/* user input parm0 */
printf("\nEnter parm0 (controls values near 0) number between 0 and 1    ->
");
scanf("%f",&parm0);

/*user input parm1 */
printf("\nEnter parm1 (controls values near 1) number between 0 and 1    ->
");
scanf("%f",&parm1);

/*user input r range and r lower limit   */
printf("\nEnter range of rhythmic values   (float)-> ");
scanf("%f",&rrange );
printf("\nEnter lowerlimit for rhythmic values (float)-> ");
scanf("%f",&rlowerlimit );

/*user input a range and a lower limit   */
printf("\nEnter range of amplitude values (float)-> ");
scanf("%f",&arange );
printf("\nEnter lowerlimit for amplitude values (float)-> ");
scanf("%f",&alowerlimit );

/*user input frequency   range and frequency   lower limit   */
```

```c
printf("\nEnter range of frequency values (float)-> ");
scanf("%f",&prange );
printf("\nEnter lowerlimit for frequency values (float)-> ");
scanf("%f",&plowerlimit );

/*user input ipan range and ipan lower limit  */
printf("\nEnter range of pan values (float)-> ");
scanf("%f",&irange );
printf("\nEnter lowerlimit for pan values (float)-> ");
scanf("%f",&ilowerlimit );


/* loop to make computations */
for( j = 0; j < notenum; j++){
/* compute beta values for duration */
   dur[j] = Beta( parm0, parm1 ) * rrange + rlowerlimit;

/* compute beta values for pitch */
   pitch[j] = Beta( parm0, parm1 ) * prange + plowerlimit;

/* compute beta values for amplitude  */
   amp[j] = Beta( parm0, parm1 ) * arange + alowerlimit;

/* compute beta values for pan  */
   pan[j] = Beta( parm0, parm1 ) * irange + ilowerlimit;

}


/* score output section - prints values in score format  */
printf("\n\nc beta score - parameters #4=freq in Hz. #5=amp #6=ipan\n");
printf("f1 0 1024 10 1\n");

/*score output */
for( j = 0; j < notenum; j++){

overlap = (rand() / RND_MAX) * maxoverlap;
```

```c
printf("i1   %6.4f    %6.4f    %6.4f    %8.4f    %1.2f \n", start, dur[j]+overlap,
pitch[j], amp[j], pan[j]);
start = start+dur[j];
}

printf("end of score\n\n");

}


/*  BETA FUNCTION  */

double Beta( prob0, prob1 )
double prob0,prob1;

{

double u1;          /*  random real number 1 ( > 0 < 1. ) */
double u2;          /*  random real number 2 ( > 0 < 1. ) */

double t1;          /*  computed probability 1 */
double t2;          /*  computed probability 2 */
double sum;         /*  total of probabilities 1 and 2 */
double result;      /*  final Beta value */
double Fpower();

prob0 = 1. ;/*  prob0 */
prob1 = 1. ;/*  prob1 */

do
  {
  u1 = rand() / RND_MAX ;
  u2 = rand() / RND_MAX;
  t1 = Fpower( u1, prob0 );
  t2 = Fpower( u2, prob1 );
```

```
      sum  =  t1  +  t2;
      }
    while( sum > 1.0 );
result = ( t1 / sum );

return( result );

}


/*  FPOWER FUNCTION  */

double Fpower( value, tothe )
double value, tothe ;

{

int sign;
double result;

sign = ( tothe < 0.0 ) ? -1 : 1 ;
tothe = fabs( tothe );
result = exp( log( value ) * tothe );

if( sign < 0 )
   {
   result = 1.0 / result;
   printf("%f \n",result );
   }
return( result );

}
```

[Ex. 10] Betascore2.c 의 I/O Section.

1758 절대음악 혼자 간다

What is the seed value (integer)?   -> 7777

How many notes in output score (1000 max)?   -> 100

What is the maximum overlap to be added (float)?   -> 4

Enter parm0 (controls values near 0) number between 0 and 1   -> .5

Enter parm1 (controls values near 1) number between 0 and 1   -> .5

Enter range of rhythmic values (float)-> 5

Enter lowerlimit for rhythmic values (float)-> .1

Enter range of amplitude values (float)-> 10000

Enter lowerlimit for amplitude values (float)-> 1000

Enter range of frequency values (float)-> 2000

Enter lowerlimit for frequency values (float)-> 25

Enter range of pan values (float)-> .99

Enter lowerlimit for pan values (float)-> .01

[Ex. 11] Output File.

[OUTPUT FILE]

c beta score - parameters #4=freq in Hz. #5=amp #6=ipan

```
f1  0  1024  10  1
i1   1.0000    4.4023   1531.1728    5752.2511   0.12
i1   5.0321    2.2621   1855.2343    2436.2713   0.26
i1   6.1056    2.7444    771.2787    4624.9645   0.61
i1   7.7735    4.7012   1308.9702    7888.1478   0.10
i1   9.0531    2.1490   1690.8514    8691.4446   0.07
i1   9.9546    4.3433   1591.0377   10018.4105   0.18
i1  11.7764    4.1410   1544.4797    2241.1972   0.29
i1  15.4758    3.3920   1660.4336   10300.7313   0.90
i1  17.4080    2.8224    276.9724    1079.2833   0.54
i1  20.1780    6.0194   1529.5034    4548.3871   0.84
i1  22.8113    2.7486    897.2293   10670.9324   0.74
i1  23.6672    5.8399    607.8772    4636.9697   0.75
i1  28.1811    5.3432    695.2858    3725.7473   0.61
i1  30.7822    7.6623    797.6883    7363.8074   0.76
i1  34.8275    7.1268     89.2167    8616.8576   0.91
i1  39.1458    3.6183   1251.9836    8556.8987   0.63
i1  40.5348    5.9861   1798.5556    4292.6829   0.28
i1  42.8693    6.3658   1581.7568    2769.8504   0.46
i1  46.9153    5.0755    859.2391    2100.6942   0.67
i1  50.4513    1.6352    866.9083    5012.4597   0.15
i1  51.9670    4.9247   1188.0581    6328.4571   0.45
i1  52.9663    6.6383   1775.9363    2916.8637   0.37
i1  56.5259    0.9058    927.7643    1473.3060   0.84
i1  57.1517    6.5072    201.8451    7359.1090   0.63
i1  60.0860    5.5103    242.4330   10085.0069   0.52
i1  63.2353    5.4179   1431.2825    4525.3811   0.68
i1  66.7286    5.2586   1053.7664   10322.5457   0.72
i1  68.3212    2.6139    999.7390    7993.6910   0.55
i1  68.4387    6.1337    548.0044    6865.3234   0.62
i1  70.7795    3.6995   1165.6372    8015.5095   0.50
i1  71.7937    5.9162    695.7346    8269.0152   0.57
i1  74.4863    3.8748     88.7250    9042.0135   0.74
i1  75.0806    3.0450   1457.1603   10813.4781   0.77
i1  77.9868    2.8559    307.4796    2932.8309   0.90
i1  78.4999    6.1300    589.8606    5459.9486   0.43
```

i1	80.8318	4.1618	1772.7938	2073.0488	0.68
i1	82.9752	2.6749	1254.1951	3076.2994	0.77
i1	84.4129	4.1614	1339.3471	1371.3580	0.36
i1	85.5497	3.6612	416.4818	5208.9972	0.09
i1	87.1322	2.5073	1467.7761	1216.3098	0.84
i1	88.2155	7.0819	1670.6374	10139.6339	0.70
i1	92.7000	3.7273	271.9412	4185.5345	0.34
i1	95.1752	2.5358	945.7035	9138.7496	0.85
i1	96.3558	4.3719	178.6542	7027.1846	0.36
i1	97.6596	7.8124	1433.9173	5034.5422	0.92
i1	102.2833	5.5914	121.8134	6797.3355	0.60
i1	104.8029	1.5252	63.9279	1839.9038	0.30
i1	105.7049	2.3375	245.3693	1283.1766	0.52
i1	107.4821	3.5602	1372.6431	4440.2755	0.37
i1	110.6476	7.7160	415.3471	3148.1050	0.49
i1	114.6692	6.7972	1654.7871	5586.9988	0.97
i1	119.3005	1.8013	656.4337	8793.2458	0.84
i1	119.7998	3.4125	206.8558	5158.2224	0.19
i1	119.9567	1.4410	1995.1926	9781.0531	0.92
i1	121.1306	6.9245	1953.8046	2742.8804	0.54
i1	124.3159	3.8874	1799.9976	6460.6976	0.55
i1	125.7693	5.8565	1931.3755	9705.8824	0.22
i1	128.5009	3.9945	1651.0973	2404.9351	0.13
i1	132.0923	7.6840	54.6057	5441.5715	0.99
i1	136.2943	4.7725	735.4769	2876.6300	0.14
i1	140.4628	6.1804	1644.6531	8709.1642	0.12
i1	143.7780	4.9432	159.4376	5879.4876	0.89
i1	145.6265	7.8133	1453.0269	4463.1477	0.77
i1	149.7618	2.1649	721.8271	10905.9745	0.20
i1	150.7458	7.0872	1531.9026	8837.3347	0.66
i1	154.1245	5.7566	540.6764	6984.0367	0.99
i1	157.2486	1.8729	78.7303	7079.5094	0.51
i1	157.6259	7.3747	875.5379	4796.5023	0.79
i1	162.4628	5.5929	559.3740	1633.5368	0.32
i1	165.1514	3.4787	1946.1540	9514.9470	0.63
i1	168.4705	3.6430	1419.7185	7506.5590	0.40

i1	171.2867	3.8041	190.8103	10900.7989	0.45
i1	174.0596	6.1298	335.0347	3606.3573	0.08
i1	178.9060	2.8318	534.5805	3006.1695	0.10
i1	180.2545	6.1954	811.9396	8950.4204	1.00
i1	185.0948	2.9566	76.8533	9620.7306	0.70
i1	187.7511	3.4544	1113.1137	4220.8443	0.34
i1	189.3458	4.9353	1434.2158	2374.2218	0.03
i1	192.5137	7.9557	281.7428	4101.3417	0.91
i1	197.4961	5.6922	300.6136	4214.0722	0.60
i1	200.6762	4.4161	241.0889	5168.5251	0.85
i1	202.4965	8.3483	415.2269	5753.5557	0.02
i1	207.1104	2.3759	310.4586	8462.5190	0.96
i1	207.8072	3.4115	1362.8255	9598.4601	0.06
i1	210.0434	4.3900	27.3997	1164.8594	0.27
i1	213.9745	6.9850	367.0615	6503.4997	0.83
i1	218.9590	7.8911	1053.0296	10024.6083	0.65
i1	223.7786	1.4064	1681.2562	4846.1538	0.32
i1	224.0333	3.9068	1714.8745	4225.5756	0.20
i1	226.0505	2.2132	234.4157	10949.0473	0.64
i1	228.0960	3.7537	1283.3822	3590.3316	0.55
i1	230.2761	2.8923	1598.1616	7387.7481	0.97
i1	231.6826	3.4300	1552.5206	6216.0020	0.55
i1	234.3018	4.6754	1087.2047	9292.7603	0.36
i1	237.6789	7.0465	73.4589	6010.7456	0.48
i1	241.2174	6.5290	1489.6580	1987.7480	0.23
i1	245.0651	7.5782	1485.1286	9409.6898	0.32
i1	249.3442	4.1912	531.4125	4063.8466	0.79
i1	251.1370	3.4144	252.5689	8921.6354	0.56
i1	252.4043	4.9879	1607.7741	10137.5519	0.06

end of score

1.32 CSOUND Synthesis II (C사운드 합성 II)

1762 절대음악 혼자 간다

Ex. 11의 Output File(출력 파일), 즉 100개의 음들에서 처음 20개의 음들을 예로 선택하여 Ex. 12에서 제시하는 Beta2.sco에 제시한다. 따라서 pitch, dur, amp와 ipan은 베타 (.5, .5) 확률분포로 조정된다. 이는 osceli로 이루어진 Beta2.orc의 매우 단순한 instr(악기)로 연주된다.

[Ex. 12] Beta2.orc / Beta2.sco

```
;<Beta2.orc>

<CsOptions>
</CsOptions>
<CsInstruments>

  sr = 44100
  kr = 4410
  ksmps = 10
  nchnls = 2

instr 1
  ipch = p4
  ipan = p6

aenv linseg 0, p3/2, p5, p3/2, 0, 1, 0
asig oscili aenv, ipch,1

  outs asig*ipan, asig*1-ipan
  endin

</CsInstruments>


;<Beta2.sco>
```

```
; c beta score - parameters #4=freq in Hz. #5=amp #6=ipan
f1  0  1024  10  1
i1   1.0000   4.4023   1531.1728   5752.2511   0.12
i1   5.0321   2.2621   1855.2343   2436.2713   0.26
i1   6.1056   2.7444    771.2787   4624.9645   0.61
i1   7.7735   4.7012   1308.9702   7888.1478   0.10
i1   9.0531   2.1490   1690.8514   8691.4446   0.07
i1   9.9546   4.3433   1591.0377  10018.4105   0.18
i1  11.7764   4.1410   1544.4797   2241.1972   0.29
i1  15.4758   3.3920   1660.4336  10300.7313   0.90
i1  17.4080   2.8224    276.9724   1079.2833   0.54
i1  20.1780   6.0194   1529.5034   4548.3871   0.84
i1  22.8113   2.7486    897.2293  10670.9324   0.74
i1  23.6672   5.8399    607.8772   4636.9697   0.75
i1  28.1811   5.3432    695.2858   3725.7473   0.61
i1  30.7822   7.6623    797.6883   7363.8074   0.76
i1  34.8275   7.1268     89.2167   8616.8576   0.91
i1  39.1458   3.6183   1251.9836   8556.8987   0.63
i1  40.5348   5.9861   1798.5556   4292.6829   0.28
end of score

</CsScore>
</CsoundSynthesizer>
```

Ex. 13은 Beta2.sco에서 사용된 ipan에 의해 CSOUND Output File로서 오른쪽 2열(列, column)에 좌우 진폭 값들이 서로 각각 다른 값으로 산출되어 스테레오 효과를 보여주고 있다.

[Ex. 13] Beta2.orc / Beta2.sco의 Output File.

[OUTPUT FILE]

SECTION 1:

ftable 1:

B   0.000 .. 1.000 T   1.000 TT   1.000 M: 0.0   0.0
new alloc for instr 1:
B   1.000 .. 5.032 T   5.032 TT   5.032 M: 690.1   5750.3
new alloc for instr 1:
B   5.032 .. 6.106 T   6.106 TT   6.106 M: 600.2   2308.3
B   6.106 .. 7.774 T   7.773 TT   7.773 M: 2819.8   4623.3
B   7.774 .. 9.053 T   9.053 TT   9.053 M: 2211.4   4288.5
B   9.053 .. 9.955 T   9.955 TT   9.955 M: 1232.5   14481.1
new alloc for instr 1:
B   9.955 .. 11.776 T 11.776 TT 11.776 M: 1743.3   17172.7
B 11.776 .. 15.476 T 15.476 TT 15.476 M: 2008.2   11482.4
B 15.476 .. 17.408 T 17.408 TT 17.408 M: 9267.9   10298.6
B 17.408 .. 20.178 T 20.178 TT 20.178 M: 7969.8   8854.6
B 20.178 .. 22.811 T 22.811 TT 22.811 M: 3342.0   3979.4
B 22.811 .. 23.667 T 23.667 TT 23.667 M: 8098.4   10432.1
B 23.667 .. 28.181 T 28.181 TT 28.181 M: 10877.2   14282.8
B 28.181 .. 30.782 T 30.782 TT 30.782 M: 2211.1   3624.7
B 30.782 .. 34.828 T 34.827 TT 34.827 M: 5595.7   7361.9
B 34.828 .. 39.146 T 39.146 TT 39.146 M: 7917.6   8719.8
B 39.146 .. 40.535 T 40.535 TT 40.535 M: 7246.7   9974.2
B 40.535 .. 41.954 T 41.954 TT 41.954 M: 7717.4   11490.4
B 41.954 .. 42.764 T 42.764 TT 42.764 M: 2961.5   5833.2
B 42.764 .. 46.521 T 46.521 TT 46.521 M: 1201.7   4292.2
Score finished in csoundPerform().
inactive allocs returned to freespace
end of score.   overall amps: 10877.2   17172.7
             overall samples out of range: 0   0
0 errors in performance
Elapsed time at end of performance: real: 47.071s, CPU: 47.072s
4007 2048-byte soundblks of shorts written to dac

제 2 부: MUSICAL FRACTAL (음악적 프랙털)

2. Fractal (프랙털)

Fractal(프랙털)이란 1955년 수학자 Benoit Mandelbrot(브누아 멘델브로)가 최초로 사용한 용어로서 자연현상, 또는 수학적 집합으로 모든 부분에 표출되는 한 반복적인 패턴(pattern)을 뜻한다. 다시 말해, 일부 아주 작은 조각이 이와 유사한 기하학적 전체 형태를 구성하는 것으로 확장대칭(expanding symmetry), 또는 진화대칭(evolving symmetry) 이라고도 알려진 자기 유사성(self-similar)을 지닌 기하학적 구조를 뜻한다. 프랙털 구조는 산과 바다, 구름과 번개 같은 자연계에서 자주 발견되지만 음악, 특히 클래식 음악에서 motive(동기)의 구조적 발전과 그 유사성이 발견됨으로써 예술 분야에서 또한 많은 주목을 받고 있다.

[Ex. 14] 눈송이.

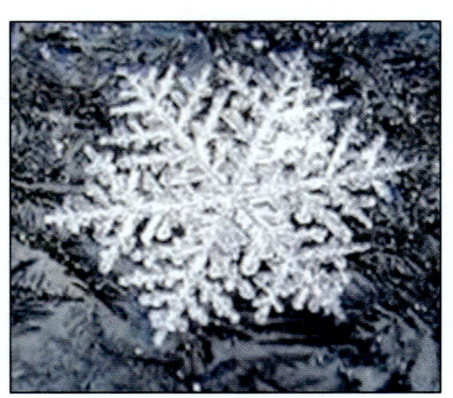

[Ex. 15] 눈송이의 구조.

(1)   (2)   (3)   (4)

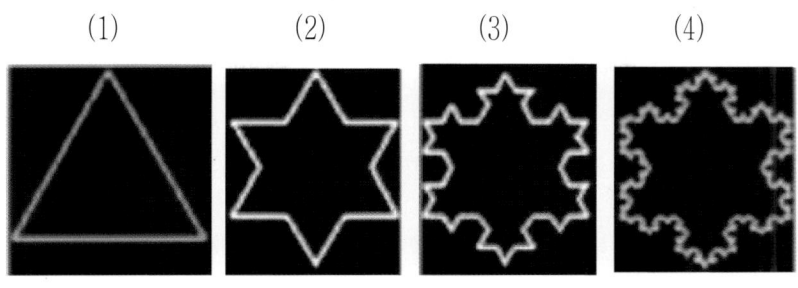

  Ex. 14에서 제시한 실제 눈송이의 구조는 Ex. 15에서 제시하는 (1)의 삼각형 구조가 (4)까지, 그리고 다시 무한대로 반복된 결과인 것이다.

  정수(整數) 배열을 생성하는 분홍색 잡음(Pink noise), 또는 1/f 잡음 (noise)의 특성을 지닌 프랙털은 파워(power) 스펙트럼 밀도(즉, 에너지)가 주파수에 대해 반비례인 주파수 스펙트럼(spectrum)을 지닌 신호 또는 절차를 말한다.

  분홍색 잡음 안에서 각 옥타브, 즉 (비례 2 : 1 = 1/2)과 (주파수 × 2)는 동일한 양의 소음 파워(noise power)를 지니며 이 파워 스펙트럼의 가시적 빛이 분홍색을 띠므로 분홍색 이론이란 이름이 생겨났다.

2.1 Voss.c

  Ex. 16에서 제시하는 Voss.c 는 *Computer Music in C*, pp. 279~281에 제시된 예이다.

[Ex. 16] Voss.c

```
/*
VOSS.C (Fractals routine)
*/

#include <stdio.h>
main ()
{
int x[200];
int last = 24;          /* last value generated */
int total = 200, seed = 3111;
void Voss ();
srand(seed);
printf ("\nhere is the resulting fractal sequence:\n");
Voss(x, total,last);
} /* end of main */

/*=================== MIC 7.10 ===================== */

/* VOSS () fractals function (generates 1/f fractional noise patterns) */

void Voss(x, total, last)
int x[50], total, last;
{
int fract;              /* current 1/f value */
int halfvals;           /* 1/2 the number of possible values */
int temp;               /* temporary computation storage */
int k;                  /* loop index */
float prob;             /* 1/number of possible values */
float u;                /* random number > 0 and < 1.0 */

for(k = 0;k < total; k++)
{
if(k % 15 == 0)
```

```
printf("\n");
fract = 0;
halfvals = 16;
prob = .03125;   /* <------------- */
while(halfvals >= 1)
{
temp = last/halfvals;
if(temp == 1)
last -= halfvals;
u = rand()/32767.;
if(u < prob)
temp = 1 - temp;
fract = fract + temp*halfvals;
halfvals /= 2;
prob *= 2.;
}
x[k] = fract;
printf("%d ", x[k]);
last = fract;
}
}
/* end of Voss() fractals function */
/* END OF VOSS.C */
```

Voss.c의 Output(출력)은 Ex. 17에서 제시하는 바와 같다.

[Ex. 17] Voss.c의 Output File.

[OUTPUT]

here is the resulting fractal sequence:

```
24  29  21  17  17  18  18  17  16  19  17  16  17  16  17
16  16  16  16  24  25  9  9  8  27  27  26  26  27  27
27  26  31  31  30  29  20  20  23  21  20  21  21  17  2
3  2  3  3  1  3  17  17  17  17  16  17  23  20  16
26  29  20  6  5  4  5  6  6  4  7  7  7  7  6
6  4  4  1  4  5  4  6  6  7  4  0  1  2  3
1  3  3  7  6  7  6  5  5  4  4  5  7  6  3
2  1  0  2  3  2  3  3  3  7  3  3  6  5  5
21  21  22  16  25  25  25  26  26  25  24  24  17  16  19
18  17  21  20  21  20  21  20  21  21  4  4  6  7  6
4  4  4  5  6  4  5  5  5  3  3  3  3  0  0
8  8  10  10  9  10  11  10  8  8  8  1  0  1  7
7  5  6  5  4  4  5  7  6  7  7  4  7  2  10
10  9  8  8  8
```

전체 200개의 프랙털 확률분포에 의한 임의숫자가 출력된 Ex. 17 결과는 Program source code인 Ex. 16의 Mic 7.10, if statement에 화살표로 표시된 prob = .03125 (화살표)에 의해 그 성격이 결정된다. 다시 말해, 1/.03125 = 32로 이는 서로 다른 32 가능한 값의 출력을 의미하는 것이다. 예를 들어, 만일 서로 다른 108 가능한 값을 우리가 원한다면 prob 값은 .00926이 되어야만 할 것이다.

2.2 Mixedscore.c

Ex. 17의 결과를 낳는 Ex. 16에서 제시한 프랙털 확률분포 함수기능을 실제 음악과 연관하여서는 과연 어떻게 사용할 것인가 하는 문제에 대해서 *Computer Music in C* 는 제시하고 있지 않다. 더욱이 우리가 앞서 전제한 전통 작곡방식에 가장 가까운 방법으로 CSOUND와 연계하여 프랙털을 포함하여 그 밖의 확률분포 함수기능을 사용할 수 있게 하기 위해서는 다음에 제시하는 새로운 프로그래밍을 작성하여야만 한다.

Ex. 18에서 제시하는 Mixedscore.c에서는 [2.1]에서 언급한 Voss.c와 앞서 [1.1]에서 논한 Beta.c의 확률 분포기능 뿐만 아니라 미처 언급하지 않은 Gaussian Probability Density Function, 즉 가우스 확률 밀도 함수가 포함된다. 표준분포(Standard Normal Distribution)라고도 알려져 있으며 종곡선(bell curve)이라고도 비공식적으로 불리는 확률밀도분포 중에서 정규분포의 식은 Ex. 19.1과 같다.

[Ex. 18] Mixedscore.c

```
/* Mixedscore.c */
        /*Beta - dur, pan*/
        /*Gauss - amp*/
        /*Voss - freq*/
        /*random - overlap times*/

#include <stdio.h>
#include <math.h>

#define RND_MAX 32767.

main()
{

int seed,notenum;
int j;                  /*  loop index */
```

```c
int last = 20;          /* seed for 1/f generator */
int oct;                /* octave for oct.pch */
float octpch;

float rrange,rlowerlimit;
float irange,ilowerlimit;

/* add variable for new function call */
double adev;            /* controls standard deviation  */
double amean;           /* controls statistical mean */

float overlap;          /* initialize overlap  */
float maxoverlap;

/*parms for beta function */
float parm0;            /*   controls values nearer to 0 */
float parm1;            /*   controls values nearer to 1 */
float start=1;          /*   initialize starting time */

double dur[1000];       /*   array for storing Beta dist. of dur */
double amp[1000];       /*   array for storing Beta dist. of amp  */
int pitch[1000];        /*   array for storing Beta dist. of pitch  */
double pan[1000];

double Beta();
double Gauss();         /* initialize new functions in main */
void Voss ();

/* I/O section */

/* make user definable seed */
printf("\nWhat is the seed value (integer)?    -> ");
scanf("%d",&seed);
srand( seed );/* use the seed to seed the random generator */

/* user defined number of notes */
```

1772 절대음악 혼자 간다

```c
printf("\nHow many notes in output score (1000 max)?    -> ");
scanf("%d",&notenum);

/* ovewrlap maximum   */
printf("\nWhat is the maximum overlap to be added (float)?    -> ");
scanf("%f",&maxoverlap);

/* enter parms for beta function   */
printf("\nEnter parm0 for beta function (controls values near 0) number
between 0 and 1 -> ");
scanf("%f",&parm0);

/*user input parm1 */
printf("\nEnter parm1 for beta function (controls values near 1) number
between 0 and 1 -> ");
scanf("%f",&parm1);

/*user input r range and r lower limit */
printf("\nEnter range of rhythmic values  (float)-> ");
scanf("%f",&rrange );
printf("\nEnter lowerlimit for rhythmic values (float)-> ");
scanf("%f",&rlowerlimit );

/*user input octave for pitch */
printf("\nEnter octave for oct.pch output (int)-> ");
scanf("%d",&oct );

/*user input amp mean and deviation  */
printf("\nGaussian amplitude parameters:\n");

/* scanf for "long float" or double precision float to be consistant */
/* with declaration of "double" needed for function call: scanf("%lf... */

printf("\nEnter mean amplitude values (float)-> ");
scanf("%lf",&amean );
printf("\nEnter deviation for amplitude values (float)-> ");
```

```c
scanf("%lf",&adev );

/*user input ipan range and ipan lower limit   */
printf("\nEnter range of pan (Beta) values (float)-> ");
scanf("%f",&irange );
printf("\nEnter lowerlimit for pan (Beta) values (float)-> ");
scanf("%f",&ilowerlimit );

/* loop to make computations */
for( j = 0; j < notenum; j++){
/* compute beta values for duration */
   dur[j] = Beta( parm0, parm1 ) * rrange + rlowerlimit;

/* compute Gaussian values for amplitude   */
   amp[j] = Gauss( adev, amean );

/* compute beta values for pan */
   pan[j] = Beta( parm0, parm1 ) * irange + ilowerlimit;

}

Voss(pitch, notenum, last);

printf("\n\nc beta-gauss-voss score - p: #4=freq in Hz. #5=amp #6=ipan\n");
printf("f1 0 1024 10 1\n\n");

/*score output */
for( j = 0; j < notenum; j++){

overlap = (rand() / RND_MAX) * maxoverlap;

octpch = ((float)pitch[j]/100)+oct;

printf("i1   %6.4f    %6.4f    %2.2f    %8.4f    %1.2f \n", start, dur[j]+overlap,
octpch, amp[j], pan[j]);
start = start+dur[j];
```

1774 절대음악 혼자 간다

```
    }

    printf("end of score\n\n");

}


/*   BETA FUNCTION */

double  Beta( prob0, prob1 )
double  prob0,prob1;

{

    double  u1;           /*   random real number 1 ( > 0 < 1. ) */
    double  u2;           /*   random real number 2 ( > 0 < 1. ) */

    double  t1;           /*   computed probability 1 */
    double  t2;           /*   computed probability 2 */
    double  sum;          /*   total of probabilities 1 and 2 */

    double  result;       /*   final Beta value */

    double  Fpower();

    prob0 = 1. ;          /*   prob0 */
    prob1 = 1. ;          /*   prob1 */

    do
      {
      u1 = rand() / RND_MAX ;
      u2 = rand() / RND_MAX;
      t1 = Fpower( u1, prob0 );
      t2 = Fpower( u2, prob1 );

      sum = t1 + t2;
```

```
        }
    while( sum > 1.0 );
result = ( t1 / sum );

return( result );

}


/* GAUSS FUNCTION */

double Gauss( dev,mean )
double dev,mean;      /* control std. dev. & stat. mean   */
{

int j;
int num = 12;         /*  no. of random values used to compute */

double u;             /*   random no. > 0 & < 1 */
double result;        /*   final Gaussian value */
double sum = 0.0;     /*  sum of random numbers */
double scale = 1.0;   /*   internal scaling factor */
double halfnum = num / 2.0;

for( j = 0; j < num; j++)
   {
   u = rand() / RND_MAX;
   sum = sum + u;
   }
result = dev * scale * (sum - halfnum) + mean;
return result ;

}

/* VOSS () fractals function (generates 1/f fractional noise patterns) */
```

```
void Voss(x, total, last)
int x[1000], total, last;
{
int fract;              /* current 1/f value */
int halfvals;           /* 1/2 the number of possible values */
int temp;               /* temporary computation storage */
int k;                  /* loop index */
float prob;             /* 1/number of possible values */
float u;                /* random number > 0 and < 1.0 */

for(k = 0;k < total; k++)
{
if(k % 15 == 0)
printf("\n");
fract = 0;
halfvals = 16;
prob = .03125;
while(halfvals >= 1)
{
temp = last/halfvals;
if(temp == 1)
last -= halfvals;
u = rand()/32767.;
if(u < prob)
temp = 1 - temp;
fract = fract + temp*halfvals;
halfvals /= 2;
prob *= 2.;
}
x[k] = fract;
/* take out print */
/*printf("%d ", x[k]); */
last = fract;
}
}
```

```
/* end of Voss() fractals function */
/* END OF VOSS.C */

/*   FPOWER FUNCTION   */

double Fpower( value, tothe )
double value, tothe ;

{

int sign;
double result;

sign = ( tothe < 0.0 ) ? -1 : 1 ;
tothe = fabs( tothe );
result = exp( log( value ) * tothe );

if( sign < 0 )
   {
   result = 1.0 / result;
   printf("'%f \n",result );
   }
return( result );

}
```

[Ex. 19.1] 정규분포, 즉 가우스(Gauss) 분포

$$f (x : \mu , \sigma^2) = \frac{1}{\sqrt{2\pi}\,\sigma} \exp \left\{ - \frac{(x-\mu)^2}{2\sigma^2} \right\}$$

$$-\infty < x < \infty$$

[$\mu = 0, \sigma^2 = 1$ 인 경우 표준정규분포의 확률밀도함수라고 한다.]

1778 절대음악 혼자 간다

표준편차 값에 따라 분포곡선이 달라짐을 Ex. 19.2에서 보여주고 있다.

[Ex. 19.2] 분포곡선.

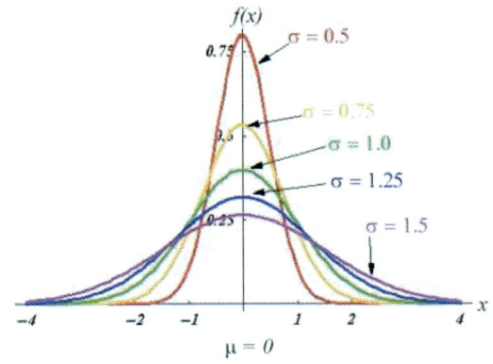

Ex. 18에서 제시하는 Mixedscore.c에서
　　dur(지속시간)와, pan(팬닝)은 Beta(베타);
　　amp(진폭)는 Gauss(가우스);
　　freq(주파수)는 Voss(보스, 즉 프랙털); 그리고
　　overlap times(겹침 시간)은 rand(랜드, 즉 무작위 생성기)에 의
　　해 조정된다.

이들 각각의 다른 확률분포에 대한 조정은 Ex. 20에서 제시하는 I/O Section(입출력 구분)에서 이루어진다. 앞서 Betascore1.c 와 Betascore2.c 에서 주파수(freq)를 직접 사용한 것과는 달리 Mixedscore.c 에서는 *oct.pch*, 즉 octave point pitch-class(8[ve] *pc)* 가 *octpch* = ((float) pitch[j]/100) + oct에 의해 처리된다.

[Ex. 20] Mixedscore.c의 I/O Section.

[I/O SECTION]

What is the seed value (integer)?   -> 24

How many notes in output score (1000 max)?   -> 100

What is the maximum overlap to be added (float)?   -> 4

**Enter parm0 for beta function (controls values near 0) number
between 0 and 1 -> .5**

**Enter parm1 for beta function (controls values near 1) number
between 0 and 1 -> .5**

Enter range of rhythmic values   (float)-> 4

Enter lowerlimit for rhythmic values (float)-> .2

Enter octave for oct.pch output (int)-> 8

Gaussian amplitude parameters:

Enter mean amplitude values (float)-> 10000

Enter deviation for amplitude values (float)-> 2000

Enter range of pan (Beta) values (float)-> .99

Enter lowerlimit for pan (Beta) values (float)-> .01

CSOUND 형식에 맞춰 출력된 100개의 음들에 대한 결과는 Ex. 21,
Output File에 제시한다.

[Ex. 21] Mixedscore.c의 Output File.

```
c beta-gauss-voss score - p: #4=freq in Hz. #5=amp #6=ipan
f1  0  1024  10  1

i1    1.0000    1.6103    8.29    10098.6969    0.01
i1    1.3270    4.6240    8.28     8743.9802    0.33
i1    4.1224    3.5171    8.25    10138.3099    0.88
i1    4.9857    5.1578    8.24     6350.2304    0.64
i1    8.8510    5.6353    8.25     8844.3251    0.85
i1   11.9463    7.2854    8.26     9067.2323    0.35
i1   15.4427    3.5462    8.26     7880.9778    0.15
i1   17.3677    7.1438    8.24     9229.8349    0.93
i1   20.7820    4.7172    8.25    10249.9466    0.06
i1   21.9357    4.6735    8.17    12660.8478    0.83
i1   25.9484    3.8125    8.18    12740.6842    0.20
i1   29.4190    3.6984    8.18     6817.9571    0.47
i1   33.0529    6.0258    8.22    10311.5329    0.25
i1   35.5357    5.7487    8.22    10478.5913    0.68
i1   38.9443    2.0310    8.23    10373.2414    0.97
i1   40.2342    7.6541    8.20     8764.3056    0.91
i1   44.1994    6.9432    8.31    11568.5904    0.64
i1   48.3362    3.2776    8.30     9060.9455    0.57
i1   51.2780    1.4706    8.30     4383.2514    0.85
i1   51.9397    4.8431    8.31    10467.2994    0.67
i1   55.7038    3.8249    8.31     8390.1486    0.40
i1   56.9468    4.3368    8.31     9505.4781    0.82
i1   58.2935    4.2513    8.25     8815.3935    0.54
i1   61.1021    3.5447    8.28     6148.8083    0.78
i1   62.8759    6.5535    8.28     9374.3706    0.18
i1   65.8521    4.7446    8.20    11769.1580    0.12
i1   68.3607    4.8386    8.17    10367.0766    0.10
i1   70.5262    3.0740    8.16     8723.2276    0.32
i1   73.4168    3.8358    8.17    10588.6410    0.56
```

i1	76.2464	4.0136	8.17	7785.6990	0.33
i1	77.2394	5.2595	8.16	9365.0929	0.60
i1	78.6034	3.7029	8.17	10383.6177	0.59
i1	80.8858	7.1068	8.16	11445.1735	0.91
i1	84.3084	3.5171	8.16	8757.7136	0.03
i1	87.3099	4.8473	8.16	9878.0480	0.73
i1	91.4201	2.4336	8.19	7656.1785	0.76
i1	92.6808	3.2645	8.19	5789.8495	0.40
i1	93.1245	4.1165	8.18	10791.8332	0.36
i1	96.9974	1.9324	8.26	10709.0670	0.34
i1	97.7502	6.5574	8.26	8716.3305	0.90
i1	100.4582	3.7039	8.27	10343.6384	0.29
i1	102.0315	4.2640	8.31	11695.4863	0.84
i1	104.0539	2.7314	8.28	11022.6142	0.30
i1	105.2193	3.4154	8.29	8093.3866	0.74
i1	107.5789	4.6921	8.22	9902.4018	0.64
i1	109.3799	3.1137	8.27	11420.9418	0.52
i1	112.1026	2.8721	8.19	13108.6764	0.13
i1	113.8604	5.1690	8.01	9250.3433	0.27
i1	116.4754	6.7804	8.00	10636.4940	0.61
i1	119.6864	2.3746	8.12	10961.5772	0.33
i1	120.0268	4.2891	8.13	10077.2729	0.09
i1	120.7508	5.3823	8.14	6479.5679	0.45
i1	124.3135	7.1798	8.12	9949.7665	0.66
i1	127.8478	6.2722	8.15	12870.9983	0.18
i1	131.1135	4.0955	8.11	10144.6577	0.45
i1	134.6235	4.3523	8.15	11485.8242	0.73
i1	138.6467	5.8149	8.13	12217.9632	0.59
i1	141.2063	4.0660	8.13	7264.6260	0.95
i1	142.0651	4.2381	8.13	8667.9891	0.45
i1	144.7454	2.9408	8.13	11761.4063	0.44
i1	146.9899	3.0399	8.08	10948.5763	0.70
i1	149.7514	3.4333	8.08	10206.7934	0.54
i1	151.3502	0.7608	8.02	9389.6908	0.70
i1	151.7369	2.4845	8.06	13811.4566	0.54
i1	153.4359	1.8150	8.06	11036.9579	0.92

i1	154.7530	1.6516	8.02	7372.7836	0.12
i1	154.9954	7.5944	8.03	7710.0131	0.08
i1	158.7250	4.3671	8.01	12646.8093	0.92
i1	160.1638	5.0766	8.01	6017.0293	0.16
i1	162.7870	4.7880	8.05	14843.3485	0.98
i1	163.8624	0.6968	8.21	11651.4786	0.92
i1	164.0751	4.9842	8.21	12711.3254	0.30
i1	166.6954	3.6281	8.17	9798.7609	0.05
i1	169.7079	3.8803	8.17	10429.2734	0.12
i1	170.8246	4.9112	8.25	9961.7908	0.89
i1	173.8553	4.1314	8.24	11251.2589	0.28
i1	176.9531	1.7286	8.26	12764.9159	0.96
i1	178.1752	4.2645	8.26	9071.6880	0.95
i1	180.4792	5.3509	8.26	6878.4448	0.05
i1	181.8589	5.8649	8.26	12342.9060	0.76
i1	184.8729	1.6237	8.27	7954.6495	0.77
i1	185.1083	2.7788	8.27	8779.4427	0.06
i1	187.3772	1.4363	8.26	7954.8936	0.94
i1	188.6604	3.7159	8.24	14930.4483	0.95
i1	191.8041	4.0450	8.24	11004.3641	0.76
i1	195.6998	3.3291	8.24	9870.0522	0.81
i1	198.7570	1.7133	8.09	9818.9032	0.40
i1	199.2004	2.8044	8.08	12574.5415	0.64
i1	199.6091	0.5936	8.11	9688.2839	0.47
i1	200.1930	4.1806	8.03	9173.1925	0.61
i1	202.2302	6.4647	8.02	7861.5070	0.94
i1	205.7335	0.8800	8.06	6174.3828	0.52
i1	206.2027	2.4676	8.04	5909.2990	0.33
i1	206.9984	6.5367	8.05	8191.8394	0.98
i1	210.4301	4.6787	8.04	10887.8445	0.83
i1	212.0863	3.2633	8.12	11795.3429	0.87
i1	214.3251	1.6610	8.12	10913.3580	0.32
i1	215.4443	4.3452	8.06	7608.0203	0.75
i1	216.7323	4.1815	8.06	10831.8125	0.42
i1	219.5208	4.7336	8.07	9091.0367	0.39

end of score

Ex. 21에서 p1 = instr # (악기번호);

　　　　　　p2 = start time (시작시간);

　　　　　　p3 = dur (지속);

　　　　　　p4 = freq (주파수);

　　　　　　p5 = amp (진폭); 그리고

　　　　　　p6 = ipan (팬닝) 이다.

이 결과물 중 시작부분 16개 음들만을 예로 든 Ex. 22의 Mixed.sco 는 매우 간단한 oscili 악기로 구성된 Mixed.orc 와 함께 CSOUND에서 사용된다.

[Ex. 22] Mixed.orc / Mixed.sco

```
;<Mixed.orc>

sr = 44100
kr = 4410
ksmps = 10
nchnls = 2
        ;p3 = duration of a note
        ;p4 = 8.pc
        ;p5 = amp

instr 1

ipch = cpspch(p4)
        ;print ipch
ipan = p6

aenv linseg 0,p3/2,p5,p3/2,0,1,0
asig oscili aenv,ipch,1
```

```
   outs  (asig*ipan)*.9,  (asig*1-ipan)*.9
   endin

</CsInstruments>
<CsScore>


;<Mixed.sco>

c  beta-gauss-voss  score - p: #4=freq  in  Hz.  #5=amp  #6=ipan
f1  0  1024  10  1
i1  1.0000  1.6103  8.29  10098.6969  0.01
i1  1.3270  4.6240  8.28  8743.9802  0.33
i1  4.1224  3.5171  8.25  10138.3099  0.88
i1  4.9857  5.1578  8.24  6350.2304  0.64
i1  8.8510  5.6353  8.25  8844.3251  0.85
i1  11.9463  7.2854  8.26  9067.2323  0.35
i1  15.4427  3.5462  8.26  7880.9778  0.15
i1  17.3677  7.1438  8.24  9229.8349  0.93
i1  20.7820  4.7172  8.25  10249.9466  0.06
i1  21.9357  4.6735  8.17  12660.8478  0.83
i1  25.9484  3.8125  8.18  12740.6842  0.20
i1  29.4190  3.6984  8.18  6817.9571  0.47
i1  33.0529  6.0258  8.22  10311.5329  0.25
i1  35.5357  5.7487  8.22  10478.5913  0.68
i1  38.9443  2.0310  8.23  10373.2414  0.97
i1  40.2342  7.6541  8.20  8764.3056  0.91
end  of  score
</CsScore>
</CsoundSynthesizer>
```

CSOUND Synthesis에서 출력된 결과는 Ex. 23에서와 같다. Ex. 23에
서 원편의 start time 과 dur 외에 오른편 2단은 ipan 에 의한 amp(진폭)
로 스테레오 효과를 나타낸다.

[Ex. 23] Mixed.orc / Mixed.sco의 Output File.

[OUTPUT FILE]

SECTION 1:
ftable 1:
B   0.000 .. 1.000 T   1.000 TT   1.000 M: 0.0   0.0
new alloc for instr 1:
B   1.000 .. 1.327 T   1.327 TT   1.327 M: 36.9   3686.5
new alloc for instr 1:
B   1.327 .. 4.122 T   4.122 TT   4.122 M: 2596.5   10664.6
B   4.122 .. 4.986 T   4.986 TT   4.986 M: 5013.4   7755.5
new alloc for instr 1:
B   4.986 .. 8.851 T   8.851 TT   8.851 M: 9305.0   11277.6
B   8.851 .. 11.946 T 11.946 TT 11.946 M: 6765.1   7958.8
B 11.946 .. 15.443 T 15.443 TT 15.443 M: 6091.8   7830.8
B 15.443 .. 17.368 T 17.368 TT 17.368 M: 2934.1   11285.0
B 17.368 .. 20.782 T 20.782 TT 20.782 M: 7379.3   10359.4
B 20.782 .. 21.936 T 21.936 TT 21.936 M: 7753.9   10472.2
B 21.936 .. 25.948 T 25.948 TT 25.948 M: 10135.7   18060.9
B 25.948 .. 29.419 T 29.419 TT 29.419 M: 2671.8   11460.6
B 29.419 .. 33.053 T 33.053 TT 33.053 M: 2881.8   6132.0
B 33.053 .. 35.536 T 35.536 TT 35.536 M: 1911.1   7644.7
B 35.536 .. 38.944 T 38.944 TT 38.944 M: 6037.9   8069.0
B 38.944 .. 40.234 T 40.234 TT 40.234 M: 11932.2   13603.1
B 40.234 .. 40.975 T 40.975 TT 40.975 M: 8904.5   10208.3
B 40.975 .. 41.284 T 41.284 TT 41.284 M: 2075.9   2533.3
B 41.284 .. 47.888 T 47.888 TT 47.888 M: 7175.9   7886.4
Score finished in csoundPerform().
inactive allocs returned to freespace
end of score.   overall amps: 11932.2   18060.9
**   overall samples out of range: 0   0**
0 errors in performance
Elapsed time at end of performance: real: 48.410s, CPU: 48.411s
4125 2048-byte soundblks of shorts written to dac

Exx. 5, 9, 18을 통해 제시한 예들은 제한된 확률분포 이론들이나마 이들을 음악에 직접 적용하기 위해 매우 기초적이며 기본적인 C 프로그래밍 작성을 이해하게 하기 위함으로써 그러나 보다 복합적이고 의미 있는 프로그래밍을 앞으로 고안하는데 시작점이 될 수 있으리라 믿는다.

또한 Exx. 8, 12, 22에서 제시한 CSOUND 프로그램 역시 보다 차원 높은 C 프로그래밍과 연계된 Score 뿐만 아니라 Orchestra 구조, 예를 들어 50개의 서로 다른 악기를 동시에 사용한다거나, 2 방향이 아닌 4 방향의 스테레오 효과를 나타낸다거나, 20개의 다른 parameter fields를 사용하여 보다 정교한 음들을 표출할 수 있는 고차원의 악기를 앞으로 구상하는데 기초적 사고를 할 수 있는 시작점이 될 수 있을 것으로 바라는 마음이다.

결론

이상에서 논한 확률분포 이론을 응용한 CSOUND 작곡을 AI에 근접한 MI로 여기기에는 턱없이 부족함을 넘어 포함시킬 수조차 없는 수준 미달의 것들이다. 뿐만 아니라 이상에서 논한 방법 외의 확률분포 이론을 응용한 다양한 프로그래밍(programming)들 또한 존재한다.

UNIX(유닉스)의 Fromp(프롬프)에 의한 확률분포를 응용한 score를 한 예로 Ex. 24에 제시한다면 amp에서는 Brown, 즉 Random Walk(난보, 醉步) 소음으로도 일컫는 갈색 소음(Brown noise)에 의한 확률분포가 사용되어 있다. 앞서 본론의 한 예에서 제시한 Pink noise 와는 달리 Brown noise는 파워 스펙트럼의 가시적 빛에 의해 정해진 이름이 아니라 Brownian motion(브라운 운동)을 발견한 Robert Brown(1773~1858)의 이름에서 유래된 것이다.

[Ex. 24] Fromp.sco

```
;<Fromp.sco>

(4,4,5,7.00,12)
!f1  0  1024  9  1  1  0
!i7  0  26

limits(1,4)
limits(2,4)
limits(3,4)
limits(4,4)

overlap(1,1)
overlap(2,funif(.1,.4))
overlap(3,funif(.1,.2))
overlap(4,funif(.1,.2))

instr(1,1)
instr(2,2)
instr(3,3)
instr(4,4)

durs(1,(6,4,2,12))
durs(2,copy(1))
durs(3,copy(1))
durs(4,copy(1))

ints(1,(8,7,4,5))
```

```
ints(2,copy(1))
ints(3,copy(1))
ints(4,copy(1))

amps(1,unif(500,1000),1)
amps(2,brown(200,500,1000),1)
amps(3,brown(200,500,1000),1)
amps(4,brown(200,500,1000),1)
```

Fromp.sco(Ex. 24)에서 (4, 4, 5, 7.00, 12)는 4 levet fractal, 4 note set per level, 5 parameters, keynote: 7:00 oct.dec, octave/12 increments를 구사한다. 4층의 amps(level number), brown step size (semitone), low & high random numbers로 구성된 음악적 프렉털을 생성한 출력 결과의 극히 일부만을 Ex. 25에서 제시한다.

[Ex. 25] Fromp.out

```
;<Fromp.out>
c -------------------------------------------
c  Fractal information:
c        4 levels
c        4 notes
c      keynote: 7.00
c      temperament: 0.083333
c      Random seed = 746666747
c -------------------------------------------
f1  0 1024 9 1 1 0
i7  0 26
i4    1.0000    0.2608    9.6667    856.0000
i4    1.0938    0.1948    9.5833    656.0000
i4    1.1563    0.2214    9.3333    856.0000
i4    1.1875    0.3356    9.4167    656.0000
```

i3	1.0000	0.4937	9.0000	766.0000
i4	1.3750	0.2296	9.5833	856.0000
i4	1.4375	0.1739	9.5000	656.0000
i4	1.4792	0.2110	9.2500	856.0000
i4	1.5000	0.2731	9.3333	656.0000
i3	1.3750	0.3630	8.9167	966.0000
i4	1.6250	0.1983	9.3333	856.0000
i4	1.6563	0.1531	9.2500	656.0000
i4	1.6771	0.2005	9.0000	856.0000
i4	1.6875	0.2106	9.0833	656.0000
i3	1.6250	0.2634	8.6667	766.0000

.
.
.

end of score

[Ex. 26] Antony Gormley의 *Quantum Cloud* ("양자 구름").

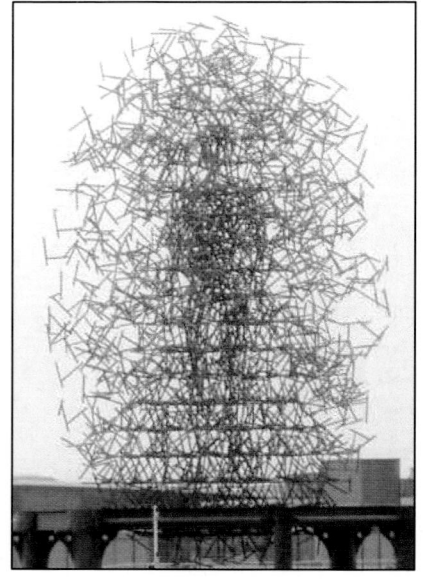

Karl Pearson이 1905년 최초로 소개한 Random Walk에 의한 Antony Gormley의 30m 높이 조각 작품, *Quantum Cloud* ("양자 구름", Ex. 26)에 서처럼 프랙털과 연관된 확률이론은 다양한 방법으로 음악 외의 다른 예술 분야, 특히 미술과 조각 작품에서 활발히 응용되어 오고 있다.

물론 음악 분야에서도 확률에 의한 다양한 컴퓨터 음악작품들이 선보이 고 있다. 알고리즘(algorithm)에 의해 작곡된 많은 음악 작품들은 그 나름대 로의 의미와 공헌을 하고 있는 것도 사실이다. 본인이 경험한 바로는 외국 의 많은 젊은 공학도들, 특히 컴퓨터 공학을 대학에서 전공한 학생들이 대 학원 내지는 박사과정에서 음악으로 전공을 바꿔 작곡가로 행세하는 경우를 종종 보았다. 그들 대부분은 어려서 음악에 취미를 갖고 있던 중 컴퓨터 공 학을 전공하고 뒤늦게 음악으로 전향한 다수의 경우들이다. 이들 대부분은 엄격한 음악교육, 특히 이론교육을 받지 않고 확률을 포함해 흥미로운 수학 방정식을 컴퓨터 프로그래밍을 통해 음향화 함으로써 그들 주장대로라면 이 전 작곡가들로서는 상상도 못할 새로운 법칙의 음악을 최초로 만들었다며 자부심을 드러낸다. 그들의 주장이 모두 다 틀린 말만은 아니리라. 그러나 필자와 같이 구식(舊式)의 보수적 입장에서일 망정 그들의 음악을 그 나름 대로 받아들일 수 없어서가 아니라 그러나 시작부터 음악을 전공해온 나의 행위는 수 천년 지속해 온 전통음악만이 지닌 그 본질과 무관할 수 없기 때 문이다. 다시 말해 음악을 포함해서 세상의 모든 것, 모든 법칙, 모든 결과 를 수학으로 해석할 수 있다고 해서 수학 그 자체가 음악일 수는 없는 것이 다. 음악에서 아직까지도 내게 중요한 것은 시*(si)*는 도*(do)*로 해결해야하 고 만일 이를 따르지 않았을 경우에는 성부 진행(voice-leading)의 음 기능 (pitch function) 안에서 설명되어야만 한다는 음악의 원칙이 있기 때문이 다. 따라서 음악 예술에는 장인의 기술뿐만 아니라 표현과 철학, 그리고 삶이 전통과 함께 공존하고 있다는 명백한 사실이다.

아름답다는 것은 궁극적으로 진실이어야만 한다는 점에서 수학과 음악은 아마도 그 일치점을 발견하겠지만 그러나 수학이 진실 그 자체라면 음악은 그 진실을 아름답게 표현하는 예술인 것이다. 더욱이 새롭다는, 더 정확하게는, 누구도 이전에 그와 같이 하지 않았다는 오직 그 이유 하나만으로 무조건적으로 예술일 수 없음은 세계최초로 무대 위에서 망치와 도끼로 피아노를 때려 부수었기 때문에 이를 소위 행위예술이라고 부르는 용어, '예술'의 무차별적 남발과 남용을 결사반대하는 이유인 것이다.

그러하기에 앞서 예로 든, 예를 들어 확률이론을 어떻게 전통음악 이론의 정신 안에서 과거의 부정이 아닌 과거의 문제점들을 해결하는 하나의 수단으로 활용할 수 있을 것인가를 위해 컴퓨터와 연계된 이 같은 연구는 필수라고 믿는다. 더욱이 앞으로 100년, 또는 200년 후 작곡가로 칭하는 인간은 이 지구상에서 사라지고 감정까지 지닌 AI 로봇이 각기 다른 인간 취향에 가장 적합한 맞춤 작품들을 작곡해 낼 것을 믿지 않을 수 없는 우리의 현 초고속 발전 상황에서 그 AI 로봇이 한 때는 인간만의 영역이었던 창작과정에서 인간이 성취했던 가장 숭고하고 높은 경지의 절제된 규범들을 일부라도 지켜주기 절실한 마음으로 소망하기에 이 같은 연구는 비록 초보적 단계일망정 우리도 심각한 각오로 시작하지 않을 수 없는 시점에 와 있는 것이다.

본 논문에서 다룬 내용의 중심은 *Computer Music in C* 에서 제시한 기능(function)들을 책에서 제시하지 않은, 실제로 음들을 구성하고 있는 변수(parameter)들에 적용할 수 있는 예로 한정하였다. 그러나 예로 든 서적을 떠나서 보더라도 컴퓨터 언어 C는 그 밖의 어떤 다른 컴퓨터 언어들보다도 음악을 전공하는 우리들에게 역시 중요한 언어로 여겨짐으로써 이를 중심으로 논하였다.

우리나라는 세계 어느 나라보다도 실용적 적용능력 면에서 월등히 앞서 나가고 있다고 여겨진다. 스마트폰, 스마트 TV, PC, 자동차, 냉장고, 세탁기 등등 수익(收益)과 직결된 제품과 분야는 눈부신 발전을 거듭해 오고 있다. 음악 분야에서 역시 대중음악을 중심으로 한류를 대표한 K-POP을 위시하여 아이돌 그룹 등등 이들 연예인들은 스타로 불리며 대한민국 문화훈장의 수상과 함께 그 위상을 세계에 떨치고 있다. 반면 기초학문을 음악 분야로 한정해서 예를 들더라도 순수작곡, 이론 분야는 마치 공룡의 멸종처럼 이 세상에서 더 이상 볼 수 없는, 필요 없는, 존재가치 없는 분야로 전락하고 말았다. 이 같은 결과를 초래하게 된 이유에 대한 논의는 또 다른 한 편의 논문거리이니 여기서는 생략하기로 한다. 그러나 우리가 다시 한번 깊이 짚어 본다면 기초과학에 대한 연구 없이 오늘날 세계를 제패했다고 자부하는 어떤 상품도 결코 살아남지 못하게 될 것은 자명하다. 단지 시간 문제 일 뿐이다.

루소(Jean-Jacque Rousseau, 1712~1778)가 "자연으로 돌아가자." 라고 외쳤다는데 나는 오늘 "그리스로 돌아가자." 라고 외치고 싶은 심정이다. 음악을 단순히 즐기고 인기와 돈 버는 수단의 차원을 넘어 천문학과 수학과 같이 학문으로 받아들일 수 있을 때 음악 예술 역시 인간이 성취한 최고의 지적(知的)역사의 한 장으로 다시 한번 그 진정한 가치를 인정받을 수 있게 될 것이기 때문이다.

36. 그림과 조각

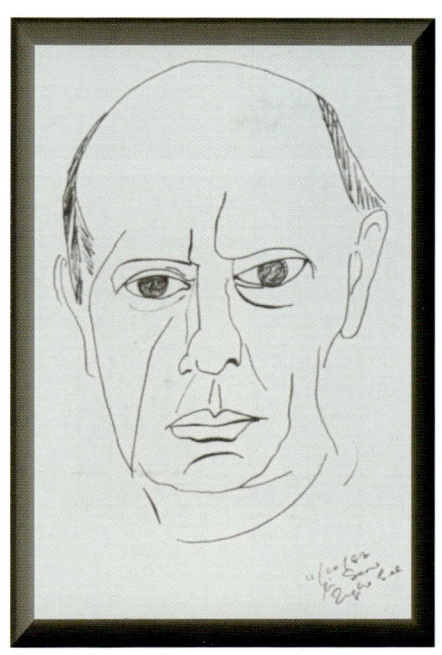

제목: 쇤베르크(Schoenberg)
제작일: 1983년
재료: 종이, 연필
길이: 18 cm
높이: 26 cm

제목: 진로(塵勞)
제작일: 1985년
재료: 종이, 연필
길이: 14.5 cm
높이: 7 cm

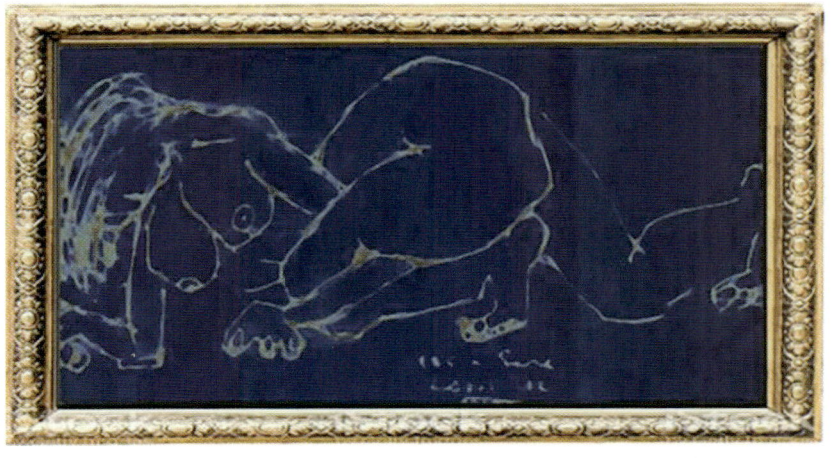

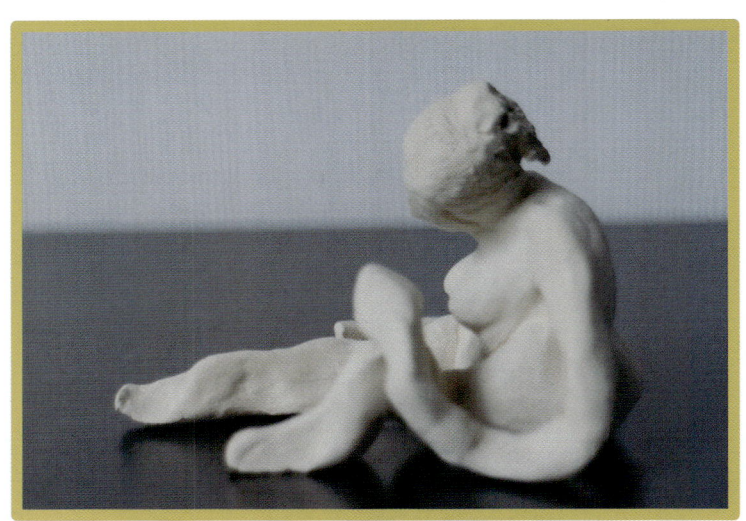

제작일: 1983년
재료: 점토
길이: 약 8 cm
높이: 약 5 cm

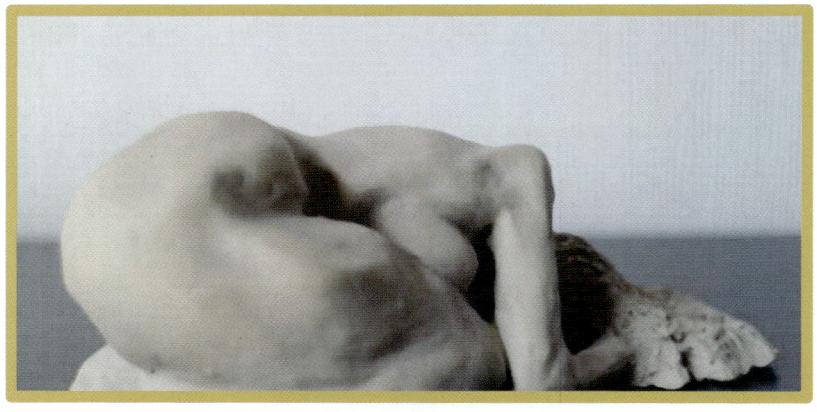

제작일: 1985년
재료: 점토
길이: 약 13 cm
높이 약 5 cm

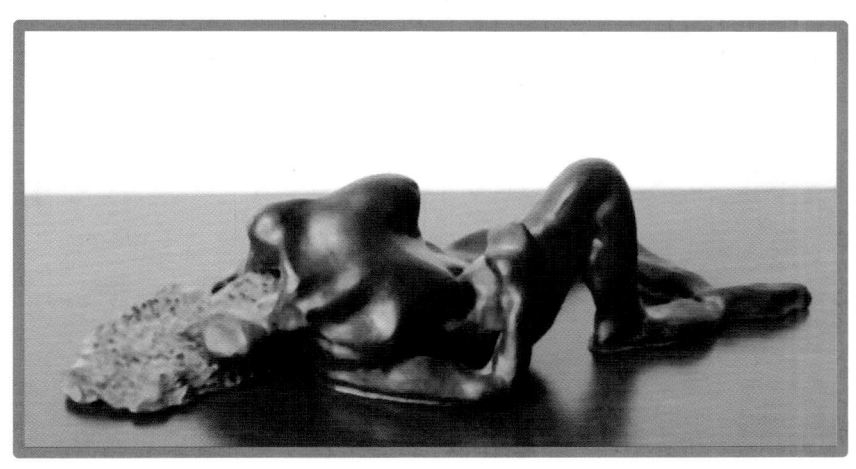

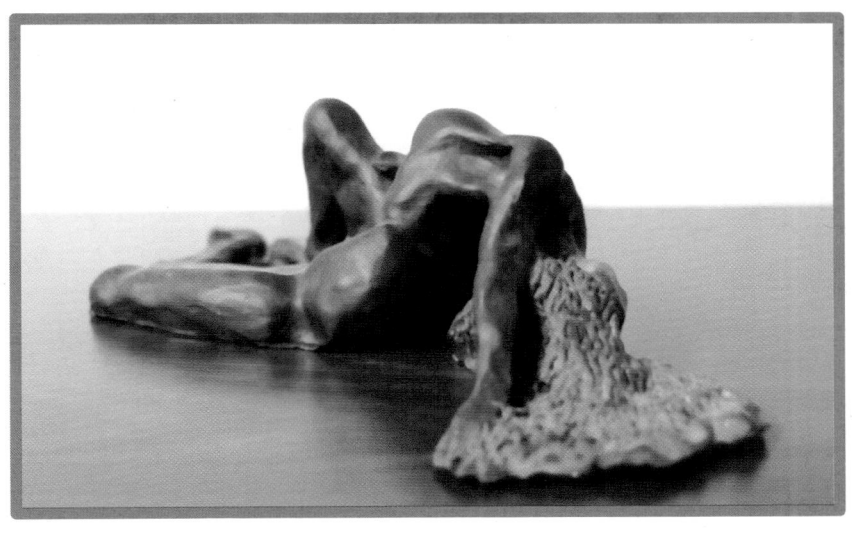

제작일: 1986년
재료: 점토
길이: 약 25 cm
높이: 약 6.5 cm

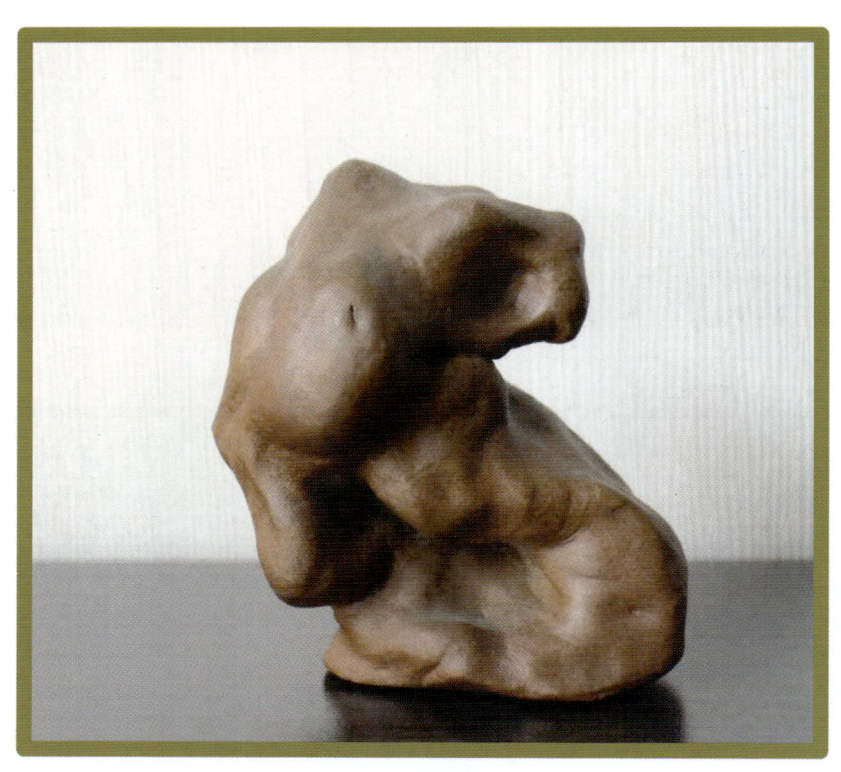

제작일: 1984년
재료: 점토
높이: 약 8 cm

1800 절대음악 혼자 간다

절대음악 혼자 간다: 부록 II

2024년 5월 24일 발행

저자: 이여진(李如辰, EUGENE LEE)

발행인 · 노창영 | 발행처 · **음악춘추** | 주소 · 서울시 중구 다산로 11길 13, 405호

TEL · (02)2231-9001~3 | FAX · (02)2236-9734 | 등록 · 1977.6.20.No.2-44

ISBN   978-89-13-98612-3 (93670)
SET ISBN 978-89-13-98608-6 (94670)

값 30,000원